Trierer Schriften
zur Wirtschaftstheorie
und Wirtschaftspolitik

herausgegeben von
Prof. Dr. El-Shagi El-Shagi
Prof. Dr. Eckhard Knappe
Prof. Dr. Hellmuth Milde

Band 10

Die EU-Osterweiterung

Konsequenzen für die erforderlichen Reformprozesse
in Deutschland und in den Beitrittsländern

Oliver Berck

Centaurus Verlag & Media UG 2003

Oliver Berck, geb. 1973, studierte Volkswirtschaftslehre an der Universität Trier, 2003 Promotion zum Dr. rer. pol. Er war Wissenschaftlicher Mitarbeiter an der Universität Trier, am Lehrstuhl für Volkswirtschaftslehre mit dem Schwerpunkt „Internationale Beziehungen/Entwicklungsländer".

Die Deutsche Bibliothek – CIP-Einheitsaufnahme

Berck, Oliver:
Die EU-Osterweiterung : Konsequenzen für die erforderlichen
Reformprozesse in Deutschland und in den Beitrittsländern /
Oliver Berck. - Herbolzheim : Centaurus-Verl., 2003
 (Trierer Schriften zur Wirtschaftstheorie und Wirtschaftspolitik ; Bd. 10)
 Zugl.: Trier, Univ., Diss., 2003
 ISBN 978-3-8255-0453-3   ISBN 978-3-86226-351-6 (eBook)
 DOI 10.1007/978-3-86226-351-6

ISSN 0940-7200

Alle Rechte, insbesondere das Recht der Vervielfältigung und Verbreitung sowie der Übersetzung, vorbehalten. Kein Teil des Werkes darf in irgendeiner Form (durch Fotokopie, Mikrofilm oder ein anderes Verfahren) ohne schriftliche Genehmigung des Verlages reproduziert oder unter Verwendung elektronischer Systeme verarbeitet, vervielfältigt oder verbreitet werden.

© CENTAURUS Verlags-GmbH & Co. KG, Herbolzheim 2003

Satz: Vorlage des Autors
Umschlaggestaltung : DTP-Studio, A. Walter, Hinterzarten

Vorwort

Die vorliegende Arbeit, die im Frühjahr 2003 vom Fachbereich IV der Universität Trier als Promotionsschrift angenommen wurde, entstand während meiner Tätigkeit als wissenschaftlicher Mitarbeiter am Lehrstuhl für Volkswirtschaftslehre mit dem Schwerpunkt „Internationale Beziehungen/Entwicklungsländer" an der Universität Trier. In dieser Zeit wurde ich von einigen Menschen begleitet und unterstützt, denen ich an dieser Stelle meinen Dank aussprechen und damit meine Verpflichtung ihnen gegenüber festhalten will.

In dieser Hinsicht ist zu allererst mein verehrter akademischer Lehrer und Doktorvater Herr Prof. Dr. El-Shagi El-Shagi zu nennen. Seine Kompetenz und Humanität waren die entscheidenden Faktoren für das Gelingen der Arbeit.

Des weiteren habe ich Frau Margret Laufer und Frau Susie Lee zu danken. Sie spendeten mir während all der Jahre Trost, Mut und Leben. Ferner danke ich Herrn Dr. Peter Baltes und Frau Esete Baltes sowie Herrn Carlheinz Straub für ihre Freundschaft. Herrn Prof. Dr. Eckhard Knappe danke ich sehr für die rasche Übernahme des Zweitgutachtens.

Schließlich möchte ich meinen besonderen Dank gegenüber meinen Eltern Hans-Wolfgang und Veronika Berck zum Ausdruck bringen. Sie ermöglichten mir nicht nur meine akademische Ausbildung, sondern hielten mir stets auch den Rücken frei und boten mir immer ein Refugium.

Trier, im Juni 2003   Oliver Berck

Inhaltsverzeichnis

Seite

Vorwort V
Inhaltsverzeichnis VII
Tabellenverzeichnis XI

1. Einführung 1

2. Reformbedarf und Reformchancen in Deutschland 5
   2.1   Der Reformbedarf 5
       2.1.1   Statistische Konkretisierung des Reformbedarfs 5
       2.1.2   Der Reformbedarf auf den Güter- und Kapitalmärkten ...14
       2.1.3   Der Reformbedarf auf dem Arbeitsmarkt 17
            2.1.3.1 Die Arbeitsmarktordnung 17
            2.1.3.2 Die Sozialleistungssysteme 21
       2.1.4   Der Reformbedarf in den öffentlichen Haushalten 27
   2.2   Die erforderlichen Reformmaßnahmen 31
       2.2.1   Die erforderlichen Reformmaßnahmen auf den Güter- und
            Kapitalmärkten 31
       2.2.2   Die erforderlichen Reformmaßnahmen auf dem Arbeitsmarkt .32
       2.2.3   Die erforderlichen Reformmaßnahmen in den öffentlichen
            Haushalten 35
   2.3   Die Durchsetzbarkeit der Reformen 41

3. Konsequenzen der Ost-Erweiterung für Deutschland: Einkommens- und Verteilungswirkungen aus der Liberalisierung der Güter- und Faktorbewegungen und ihre Auswirkungen auf den erforderlichen Reformprozeß 54
   3.1   Konsequenzen aus der Liberalisierung der Güterbewegungen 54
       3.1.1   Entwicklung und Stand der Liberalisierung 54
       3.1.2   Größenordnung, Struktur und Entwicklung der Handelsbe-
            ziehungen 57
       3.1.3   Zu erwartende Auswirkungen des Beitritts auf künftige
            Handelsflüsse 61
            3.1.3.1 Das Außenhandelspotential 61
            3.1.3.2 Die potentielle Struktur der Arbeitsteilung 64
                   3.1.3.2.1 Die komparativen Kostenvorteile der
                             Beitrittsländer gegenüber Deutschland
                             zu Beginn der Transformation 65

        3.1.3.2.2 Der Einfluß der marktwirtschaftlichen Transformation und des Beitritts auf die komparativen Kostenvorteile der Beitrittsländer gegenüber Deutschland........67

        3.1.3.2.3 Intraindustrieller Handel........70

3.1.4 Handelsgewinne und deren Verteilung zwischen Deutschland und den Beitrittsländern........71

3.1.5 Verteilungswirkungen der Gütermarktintegration in Deutschland........75

3.2 Konsequenzen aus der Freiheit des Kapitalverkehrs........77

  3.2.1 Bisherige Entwicklung des Umfangs und sektorale Verteilung deutscher Direktinvestitionen in den Beitrittsländern........77

  3.2.2 Motive ausländischer Direktinvestitionen und ihre Einkommens- und Verteilungswirkungen im Heimatland des Kapitals 80

  3.2.3 Motivation deutscher Direktinvestitionen in den Beitrittsländern........84

  3.2.4 Standortfaktoren der mittel- und osteuropäischen Beitrittsländer........86

        3.2.4.1 Generelle Standortfaktoren........87

                3.2.4.1.1 Infrastrukturausstattung........87

                3.2.4.1.2 Monetäre Stabilität........89

        3.2.4.2 Spezielle Standortfaktoren........91

                3.2.4.2.1 Größe und Wachstum der Märkte der Beitrittsländer........91

                3.2.4.2.2 Arbeitskosten und Arbeitsproduktivität.92

                3.2.4.2.3 Steuerbelastung........95

                3.2.4.2.4 Protektionismus der Europäischen Union und unsichere Beitrittsperspektive........96

        3.2.4.3 Fazit Standortfaktoren........98

  3.2.5 Zu erwartende Auswirkungen des Beitritts auf künftige Investitionsflüsse........99

  3.2.6 Einkommens- und Verteilungswirkungen eines zunehmenden Kapitalabflusses für Deutschland und Konsequenzen für den erforderlichen Reformprozeß........103

3.3 Konsequenzen aus der Arbeitnehmerfreizügigkeit 106
   3.3.1 Ost-Erweiterung mit sofortiger Arbeitnehmerfreizügigkeit 107
      3.3.1.1 Faktoren, die eine hohe Zuwanderung nach Deutschland begründen 107
         3.3.1.1.1 Ausmaß der Einkommensdifferenzen .. 107
         3.3.1.1.2 Wahrscheinlichkeit, im Zielland eine Beschäftigung zu finden 108
         3.3.1.1.3 Faktoren, die Risiken und Kosten der Migration beeinflussen 110
         3.3.1.1.4 Ökonomische Realität und Perspektiven in den Beitrittsländern 110
      3.3.1.2 Schätzungen zur voraussichtlichen Zuwanderung .. 112
      3.3.1.3 Konsequenzen der Zuwanderung 118
         3.3.1.3.1 Konsequenzen der Zuwanderung für den Arbeitsmarkt 118
         3.3.1.3.2 Konsequenzen der Zuwanderung für die öffentlichen Finanzen 123
         3.3.1.3.3 Konsequenzen der Zuwanderung für Wirtschaftswachstum und Strukturwandel 128
      3.3.1.4 Fazit 129
   3.3.2 Ost-Erweiterung mit Übergangsregelung im Bereich der Arbeitnehmerfreizügigkeit 131
   3.3.3 Fazit 135

4. Reformbedarf und Reformchancen in den Beitrittsländern 137
   4.1 Der Stand des marktwirtschaftlichen Transformationsprozesses 137
      4.1.1 Die Rechts- und Eigentumsordnung 138
      4.1.2 Die Freiheit der Preisbildung 140
      4.1.3 Die Freiheit des Marktzutritts und des Marktaustritts 141
      4.1.4 Die Sicherung des Wettbewerbs 142
      4.1.5 Die Konvertibilität der Währung 142
      4.1.6 Das Wechselkursregime 143
      4.1.7 Die Liberalisierung der internationalen Austauschbeziehungen 144
      4.1.8 Die Sicherung der Geldwertstabilität 145
      4.1.9 Die Finanzordnung 145
      4.1.10 Der Finanzsektor 146
      4.1.11 Die Sozialpolitik 148

	4.2	Grunddaten der gesamtwirtschaftlichen Entwicklung	154
		4.2.1 Entwicklung des realen Bruttoinlandsprodukts, der Produktionsstruktur und der Investitionsquote	154
		4.2.2 Kennzahlen des Wohlstandsniveaus	156
		4.2.3 Entwicklung der Arbeitslosenquote	157
		4.2.4 Entwicklung der Verbraucherpreise	158
		4.2.5 Entwicklung der nominalen und realen Außenwerte der Währungen	158
		4.2.6 Entwicklung der Leistungsbilanzen	160
		4.2.7 Zufluß ausländischer Direktinvestitionen	161
	4.3	Fazit: Der Reformbedarf in den Beitrittsländern	162
	4.4	Die Reformbereitschaft der mittel- und osteuropäischen Gesellschaften	163
5.	Konsequenzen der Ost-Erweiterung für die Beitrittsländer: Übernahme des Gemeinschaftlichen Besitzstandes der Europäischen Union und Auswirkungen hieraus auf die erforderlichen Reformprozesse		166
	5.1	Konsequenzen aus der Integration in die Zollunion	167
	5.2	Konsequenzen aus der Liberalisierung der Faktorbewegungen	168
	5.3	Konsequenzen aus der Übertragung der Gemeinsamen Agrarpolitik	169
	5.4	Konsequenzen aus der Übertragung der Strukturpolitik	174
	5.5	Konsequenzen aus der Übertragung der gemeinschaftlichen Wettbewerbspolitik	175
	5.6	Konsequenzen aus der Übertragung der gemeinschaftlichen Sozialpolitik	177
	5.7	Konsequenzen aus der Übertragung der gemeinschaftlichen Umweltpolitik	179
	5.8	Konsequenzen aus der Aufnahme in die Wirtschafts- und Währungsunion	183
	5.9	Fazit: Konsequenzen der Ost-Erweiterung für die erforderlichen Reformprozesse	188
6.	Fazit und politische Handlungsempfehlung		191
Literaturverzeichnis			196

Tabellenverzeichnis

Seite

Tabelle 1: Deutsche Direktinvestitionen im Ausland und ausländische Direktinvestitionen in Deutschland 8

Tabelle 2: Kumulierter Zufluß von Direktinvestitionen im internationalen Vergleich (in Mrd. US-Dollar) 9

Tabelle 3: Entwicklung der Investitionsquote in Deutschland 12

Tabelle 4: Durchschnittliche jährliche Wachstumsraten des Bruttoinlandsprodukts im internationalen Vergleich (1990-1999) 13

Tabelle 5: Entwicklung der Ex- und Importe im Zeitverlauf (in Mill. US-Dollar) 58

Tabelle 6: Entwicklung des Anteils des Handels mit den Beitrittsländern am Gesamthandel der Altmitgliedstaaten (in Prozent) 59

Tabelle 7: Regionalstruktur der Importe und Exporte Mittel- und Osteuropas im Jahre 1998 – tatsächliche versus langfristig erwartete Werte (in Prozent des Gesamthandels) 63

Tabelle 8: Komparative Kostenvorteile der Beitrittsländer im Handel mit Deutschland nach Industriegruppen 66

Tabelle 9: Intraindustrieller Handel ausgewählter EU-Mitgliedstaaten mit mittel- und osteuropäischen Volkswirtschaften (Grubel-Lloyd-Indizes in Prozent) 70

Tabelle 10: Bestände europäischer Direktinvestoren in Polen, Ungarn und der Tschechischen Republik am Jahresende 1998 (in Mill. Euro) 78

Tabelle 11: Deutsche Direktinvestitionen nach Wirtschaftszweigen und Ländergruppen in den Jahren 1990 und 1999 – Absolute und relative Bestandswerte der unmittelbaren und mittelbaren Direktinvestitionen 79

Tabelle 12: Dichte der Straßennetze im Ost-West-Vergleich (Daten aus dem Jahre 1994) 88

Tabelle 13: Bewertung der Infrastruktur in Polen, Ungarn und der Tschechoslowakei auf einer Notenskala von 0 bis 10 89

Tabelle 14: Arbeitskosten in Euro in der Verarbeitenden Industrie im Jahre 2000 92

Tabelle 15: Nominale Steuersätze in West- und Osteuropa 96

Tabelle 16: Kenngrößen für das Ausmaß der Sozialpolitik in den Beitrittsländern im Vergleich zu westlichen Industriestaaten; Werte bezogen auf 1997 .. 153

Tabelle 17: Entwicklung des realen Bruttoinlandsprodukts in den Beitrittsländern (in Prozent) 155

Tabelle 18: Wohlstandsindikatoren in den Beitrittsländern und in der Europäischen Union (in Euro) 156

Tabelle 19: Entwicklung der Arbeitslosenquoten in den Beitrittsländern (in Prozent) 157

Tabelle 20: Entwicklung der Verbraucherpreise in den Beitrittsländern (in Prozent) 158

Tabelle 21: Nominaler und realer Außenwert der Währungen ausgewählter Beitrittsländer (1995 = 100) 159

Tabelle 22: Entwicklung der Leistungsbilanzsalden der Beitrittsländer – absolut und (in Klammern) in Relation zum Bruttoinlandsprodukt (in Mill. US-Dollar) 160

Tabelle 23: Entwicklung der Nettobestände ausländischer Direktinvestitionen in den Beitrittsländern 161

Tabelle 24: Prozentuale Veränderungen von Produktion, Nachfrage sowie Nettoexporten und -importen im Agrarsektor aller zehn mittel- und osteuropäischen Beitrittsländer im Jahre 2007 als Folge eines Beitritts zur Europäischen Union 171

Tabelle 25: Realisierungsgrad der Maastricht-Kriterien in den Beitrittsländern im Jahre 2002 185

1. Einführung

Deutschland ist spätestens seit Mitte der neunziger Jahre durch eine paradoxe Situation charakterisiert. Hohe Arbeitslosigkeit, Firmenpleiten, drückende Steuer- und Abgabenbelastung und eine dennoch unsichere Zukunft der Sozialversicherungen sowie eklatante Fälle von Mißbrauch der Sozialleistungssysteme und überhaupt das von nationalen und internationalen Organisationen verbriefte Faktum, nicht mehr in der Spitze, sondern nunmehr bestenfalls im Mittelfeld zu rangieren, führen zur omnipräsenten Forderung nach Reformen. So findet man in der Regel an einem einzigen Tag in jeder überregionalen Zeitung mindestens einmal das Wort „Reform" in der Schlagzeile gedruckt. Gleichzeitig wird aber allenthalben ein „Reformstau" angemahnt, ein „Ruck durch die Gesellschaft" postuliert. Blockiert sich die deutsche Gesellschaft etwa selbst? Welche Konsequenzen läßt in einer solchen Situation die Ost-Erweiterung erwarten? Wird sie die Durchführung von Reformen hierzulande begünstigen oder gar erzwingen? Oder wird sie nicht eher die Realisierungschancen von Reformen beeinträchtigen?

Auf der anderen Seite, welche Konsequenzen läßt die Mitgliedschaft in der Europäischen Union für die mittel- und osteuropäischen Beitrittsländer erwarten? Sie sind allesamt vor etwa dreizehn Jahren mit dem Anspruch angetreten, die damals vorherrschenden Zentralverwaltungswirtschaften durch marktwirtschaftliche Ordnungen zu substituieren – ein Prozeß, der gemeinhin als marktwirtschaftliche Transformation tituliert wird. Wenn man aber vernünftigerweise nicht davon ausgeht, daß Marktwirtschaft systemimmanent mit hoher und dauerhafter Arbeitslosigkeit verbunden ist, und Deutschland hat vor längst vergangenen Zeiten gar bewiesen, das Marktwirtschaft ein „Wirtschaftswunder" entfachen kann, dann läßt bereits ein Blick auf die Entwicklung der Arbeitslosenquoten dieser Länder Defizite in der Umsetzung dieser Ordnung vermuten. Wenn es aber diesen Ländern nach mehr als einer Dekade anscheinend nicht gelungen ist, das Ziel des Transformationsprozesses, das sinnvollerweise nur in der Umsetzung einer freien leistungsfähigen Wettbewerbsordnung[1], als der höchsten Stufe an Marktwirtschaftlichkeit, liegen kann, zu erreichen, kann dann die Ost-Erweiterung dazu beitragen, diesen Prozeß zu vollenden?

Auf diese Fragen versucht die vorliegende Arbeit Antworten zu geben. Im Zentrum steht dabei das bereits erwähnte Konzept der freien leistungsfähigen Wettbewerbsordnung, also jene Wirtschaftsordnung, die die höchste Allokationseffizienz und Entwicklungsdynamik gewährleistet und damit auch ein Höchstmaß an internationaler Wettbewerbsfähigkeit. Einbußen und Verluste bei diesen drei Größen markieren Reformbedarf und basieren mithin auf Abweichungen von diesem Leitbild. Die im Titel angesprochenen erforderlichen Reformprozesse müssen folglich darauf ausgerichtet sein, diese Ab-

---

[1] Eine Erläuterung dieses Terminus erfolgt im zweiten Kapitel, Fußnote 18.

weichungen zu eliminieren bzw. eine freie leistungsfähige Wettbewerbsordnung umzusetzen. Allerdings sind den Mitgliedstaaten der Europäischen Union bei der Umsetzung dieser Wirtschaftsordnung Grenzen gesetzt. Denn zahlreiche Abweichungen vom Leitbild wurden und werden auf Ebene der Gemeinschaft beschlossen und können von einem einzelnen Mitgliedstaat nicht beseitigt werden. Das trifft beispielsweise auf die unzweifelhaft protektionistische Außenhandelspolitik der Europäischen Union zu.[2] Wenn also im folgenden von der Umsetzung einer freien leistungsfähigen Wettbewerbsordnung die Rede ist, dann sind nur jene Reformen angesprochen, für deren Durchführung allein die Mitgliedstaaten die Kompetenz haben. Die Reform interventionistischer Politiken der Europäischen Union wird dagegen nicht thematisiert. Es wird allerdings unterstellt, daß in dem Maße, in dem Mitgliedstaaten sich marktwirtschaftlich neu ausrichten, sie früher oder später auch diese Politiken der Union angreifen werden, und damit langfristig Wettbewerbsordnungen in den Mitgliedstaaten doch vollständig umgesetzt werden können.

Im zweiten Kapitel wird zunächst der Reformbedarf in Deutschland statistisch konkretisiert, um den politischen Handlungsbedarf zu fundieren. Danach werden die Faktoren expliziert, die auf den Güter- und Faktormärkten und in den öffentlichen Haushalten für die aufgezeigten Fehlentwicklungen ursächlich sind. Es folgt eine Darstellung der in diesen Bereichen erforderlichen Reformmaßnahmen, d.h. die Maßnahmen, die vom Staat zu ergreifen sind, um die von ihm in der Vergangenheit verursachten Abweichungen vom Leitbild zu beseitigen. Um den Ernst der Lage zu verdeutlichen, werden Diagnose und Therapie sehr ausführlich behandelt. Den angemahnten Reformmaßnahmen muß sich angesichts der Realität in Deutschland eine Untersuchung anschließen, in der zu fragen sein wird, welche Faktoren die Durchführung marktwirtschaftlicher Reformen generell erschweren und wie die Politik auf diese Reformhindernisse reagieren kann. Entgegen manch pessimistischer Position, wird in der vorliegenden Arbeit die (graduelle) Umsetzung einer freien leistungsfähigen Wettbewerbsordnung unter Status-quo-Bedingungen für möglich erachtet. Es wird daher rein exemplarisch ein Reformprogramm konzipiert, an dem die Probleme, aber auch die Chancen der Durchführung marktwirtschaftlicher Reformen dargestellt werden. Wenn im dritten Kapitel die Konsequenzen der Ost-Erweiterung für den obligaten Reformprozeß in Deutschland analysiert werden, wird auf diese Ausführungen zu rekurrieren sein.

Um im dritten Kapitel die Konsequenzen der Ost-Erweiterung für den erforderlichen Reformprozeß hierzulande zu eruieren, werden zunächst die Einkommens- und Verteilungswirkungen aus der Liberalisierung der Güter- und Faktorbewegungen für Deutschland ermittelt und anschließend wird gefragt, inwieweit diese die Durchführung marktwirtschaftlicher Reformen beeinflussen. Obwohl die Bundesregierung bereits angekündigt hat, bei der Arbeitnehmerfreizügigkeit von der vereinbarten Übergangsregelung Gebrauch zu machen, die den Altmitgliedstaaten der Europäischen Union die

---

[2] Siehe hierzu beispielsweise Abschnitt 3.1.1.

Möglichkeit einräumt, die Zuwanderung aus den mittel- und osteuropäischen Neumitgliedstaaten um maximal sieben Jahren zu verhindern bzw. zu reglementieren, werden dennoch zunächst die Konsequenzen expliziert, die die sofortige und vollständige Liberalisierung der Migration zwischen Deutschland und den Beitrittsländern erwarten läßt. Dies geschieht zum einen um zu demonstrieren, daß hinsichtlich der Arbeitnehmerfreizügigkeit, als eine der vier Grundfreiheiten eines Gemeinsamen Marktes, in der Tat eine politische Entscheidung erforderlich war, und zum anderen wird zu verdeutlichen sein, daß die anfangs aufgezeigten Konsequenzen trotz der vereinbarten Übergangsregelung prinzipiell relevant bleiben, mithin nach wie vor politischer Handlungsbedarf existiert.

Das vierte Kapitel beschäftigt sich mit dem Reformbedarf und den Reformchancen in den mittel- und osteuropäischen Beitrittsländern. Aus Gründen der Vereinfachung wird diese Ländergruppe jedoch auf Polen, Ungarn und die Tschechische Republik reduziert. Die Konzentration auf diese drei Länder ist insofern legitim, als daß sie zum einen die wirtschaftliche Verflechtung Deutschlands mit allen zehn mittel- und osteuropäischen Beitrittskandidaten maßgeblich prägen, und zum anderen, weil von den Beitrittskandidaten der ersten Erweiterungsrunde nur diese drei Länder ein quantitativ bedeutsames Migrationspotential aufweisen. Aufgrund der anfangs erwähnten spezifischen Ausgangslage der Beitrittsländer wird der Reformbedarf hier eruiert, indem der Stand des marktwirtschaftlichen Transformationsprozesses analysiert wird. Da aber der erreichte Grad an Marktwirtschaftlichkeit nicht beziffert werden kann, wird anhand einer kommentierten Darstellung der bisher ergriffenen Reformmaßnahmen untersucht, inwieweit der Staat in den Beitrittsländern seinen Aufgaben in einer freien leistungsfähigen Wettbewerbsordnung gerecht wurde bzw. wo er durch sein Handeln ordnungspolitischen Reformbedarf begründet hat. Diesen Ausführungen schließt sich eine Darstellung von Grunddaten der gesamtwirtschaftlichen Entwicklung an, die einerseits den offengelegten Reformbedarf fundieren, und andererseits über den wirtschaftlichen Aufholprozeß gegenüber Westeuropa, als dem Zweck der Transformation[3], informieren sollen. Abschließend gilt es einen Blick auf die Reformbereitschaft der mittel- und osteuropäischen Gesellschaften zu werfen. Die Resultate dieses letzten Abschnitts spielen wiederum eine wichtige Rolle, wenn im nächsten Kapitel die Folgen der Ost-Erweiterung für die erforderlichen Reformprozesse in den Beitrittsländern analysiert werden.

Wie erwähnt, werden im fünften Kapitel die Konsequenzen analysiert, die die Mitgliedschaft in der Europäischen Union, und d.h. die Verpflichtung zur Übernahme des Gemeinschaftlichen Besitzstandes, also jenes Regelwerks der Gemeinschaft, das die Rechte und Pflichten der einzelnen Mitgliedstaaten enthält, für die Umsetzung einer

---

[3] Die Differenzierung zwischen Ziel und Zweck einer Aktion basiert auf Clausewitz: „"...man sollte vernünftigerweise keinen [Krieg] anfangen, ohne sich zu sagen, was man mit und was man in demselben erreichen will, das erstere ist der Zweck, das andere das Ziel" [Clausewitz, C. v., Vom Kriege, 18. Aufl., Bonn 1972, S. 952].

freien leistungsfähigen Wettbewerbsordnung in diesen Ländern verspricht. D.h. anhand der wichtigsten Politikbereiche der Europäischen Union wird untersucht, wie die Anwendung ihrer Regelungen im Zuge der Ost-Erweiterung die Umsetzung des Leitbilds in den Beitrittsländern beeinflußt.

Im finalen sechsten Kapitel werden die Konsequenzen der Ost-Erweiterung für die erforderlichen Reformprozesse in Deutschland und in den Beitrittsländern resümiert und darauf aufbauend die politische Empfehlung ausgesprochen, die Ost-Erweiterung im Interesse Deutschlands auf unbestimmte Zeit zu verschieben. Um aber dennoch beiden Seiten die Erzielung statischer und dynamischer Handelsgewinne zu ermöglichen, gleichzeitig aber auch den obligaten Reformprozeß in Deutschland zu flankieren, wird ein alternatives Integrationskonzept vorgeschlagen.

2. Reformbedarf und Reformchancen in Deutschland

Wie im Prolog ausgeführt wurde, muß in Deutschland ein massiver Reformbedarf existieren. Dieser soll im folgenden zunächst anhand verschiedener Indikatoren statistisch konkretisiert werden. Anschließend sind die Ursachen für die aufgezeigten Fehlentwicklungen zu explizieren und die obligaten Reformen abzuleiten. Dem schließt sich eine Untersuchung über die grundsätzliche Durchführbarkeit ordnungspolitischer Reformen hierzulande an.

2.1 Der Reformbedarf

2.1.1 Statistische Konkretisierung des Reformbedarfs

Der Reformbedarf einer Volkswirtschaft wird durch die Verschlechterung zweier Kriterien angezeigt: zum einen aus dem Verlust an internationaler Wettbewerbsfähigkeit und zum anderen durch Einbußen an Allokationseffizienz und Entwicklungsdynamik. Die internationale Wettbewerbsfähigkeit einer Volkswirtschaft (kurz: die Standortwettbewerbsfähigkeit) manifestiert sich in der Fähigkeit dieses Landes bzw. ihrer Akteure, sich auf den internationalen Güter- und Faktormärkten gegenüber der ausländischen Konkurrenz durchzusetzen was den Absatz von Gütern und die Attraktion von Produktionsfaktoren betrifft. Maßgeblich für die Durchsetzungsfähigkeit auf den jeweiligen Märkten ist die Existenz von Kostenvorteilen sowie die Ertragserwartungen für Sach- und Finanzkapital sowie für Humankapital. Bezogen auf die Kostenvorteile ist jedoch zu berücksichtigen, daß auf der Grundlage der ricardianischen Außenhandelstheorie jedes Land über komparative Kostenvorteile verfügt (vorausgesetzt natürlich, daß unterschiedliche Kostenrelationen existieren, die die Transportkosten ausgleichen – eine Prämisse, die in der Realität erfüllt ist). Daher kommt es zur Beurteilung der Wettbewerbsfähigkeit eines Landes insbesondere darauf an, inwieweit sich seine Unternehmen in der internationalen Arbeitsteilung mit Produkten durchsetzen können, die mit hohen Einkommenszuwächsen verbunden sind. Die Standortwettbewerbsfähigkeit drückt sich somit letztlich in den Wohlstandspositionen der am Außenhandel beteiligten Länder aus. Reformbedarf wird folglich dann angezeigt, wenn sich die Wohlstandsposition eines Landes im Vergleich zu anderen Nationen über einen längere Periode verschlechtert. Die relative Wohlstandsposition eines Landes als Ausdruck der internationalen Wettbewerbsfähigkeit kann jedoch nicht als alleiniges Kriterium zur Beurteilung des

Reformbedarfs einer Volkswirtschaft herangezogen werden. Denn es kann beispielsweise sein, daß eine Verbesserung der Wohlstandsposition darauf zurückzuführen ist, daß die Vergleichsländer noch schlechter „funktionieren" als das betreffende Land. Damit ist das zweite wichtige Kriterium zur Beurteilung des Reformbedarfs einer Volkswirtschaft angesprochen, nämlich die Funktionsfähigkeit einer Volkswirtschaft im Sinne der Allokationseffizienz und der Entwicklungsdynamik (Investitions- und Innovationsdynamik).

Auf der Grundlage dieser Ausführungen soll im folgenden anhand verschiedener Indikatoren der Reformbedarf in Deutschland statistisch konkretisiert werden. Ein möglicher Verlust an internationaler Wettbewerbsfähigkeit wird anhand der Entwicklung der Exportanteile sowie der Entwicklung des Saldos der Bilanz der Direktinvestitionen analysiert. Nach Effizienzeinbußen und nachlassender Entwicklungsdynamik wird anhand der Entwicklung der Arbeitslosigkeit und der Investitionsquote gesucht. Abschließend wird die durchschnittliche Wachstumsrate des Bruttoinlandsprodukts im internationalen Vergleich betrachtet.

Ein Indikator, der eine mangelnde internationale Wettbewerbsfähigkeit signalisiert, ist der Verlust von Exportanteilen. In dieser Hinsicht ist zu eruieren, daß seit 1991 der Anteil der deutschen Exporte an den Gesamtexporten der Welt von 11,4% auf 8,7% im Jahre 2000 zurückgegangen ist. Der Anteil liegt deutlich unter dem langfristigen Durchschnitt von 10,6% für den Zeitraum von 1975 bis 1989. Auch der Anteil am Industriewarenexport aller Mitgliedstaaten der Organisation für wirtschaftliche Zusammenarbeit und Entwicklung (OECD) ist – anders als bei den Vereinigten Staaten – rückläufig; er geht stärker zurück als bei Frankreich, Großbritannien und Italien. Zu den Sektoren, die in den letzten zwei Jahrzehnten – gemessen an RCA-Werten[1] – ihre komparativen Wettbewerbsvorteile verloren haben, zählen die elektrotechnische Industrie, die Telekommunikation und die optische Industrie. Erfolge verbuchen nach wie vor der Maschinenbau und die Automobilindustrie. Insgesamt betrachtet zeigt sich eine Spezialisierung auf Exportgüter der mittleren Technologie. Bei den technologieintensiven Gütern, denen für die Erzielung hoher Einkommen und Vorsprungsgewinne besondere Bedeutung zugemessen wird, weist Deutschland dagegen deutliche Nachteile auf – im Kontrast zu den Vereinigten Staaten, zu Großbritannien und zu Frankreich. Die wichtigsten Innovationen in den neuen Sektoren – so in der Informationstechnologie und in der Biotechnologie – kommen weitgehend aus dem Ausland.[2]

Ein weiterer Indikator für die Beurteilung der Standortwettbewerbsfähigkeit, der allerdings sehr interpretationsbedürftig ist und daher eher als Indiz zu behandeln ist, ist

---

[1] RCA steht für Revealed Comparative Advantage. RCA-Werte messen den an den Handelsströmen offenbar werdenden komparativen Kostenvorteil des betreffenden Landes in der jeweiligen Industrie. Auf dieses Konzept wird in Abschnitt 3.1.3.2.1 näher eingegangen.
[2] Vgl. Siebert, H., The Stalling Engine in Wirtschaftswunder-Land: Germany's Economic Policy Challenges, (Kieler Diskussionsbeiträge; Bd. 386) Kiel 2002, S. 3f.

der Saldo der Bilanz der Direktinvestitionen. Direktinvestitionen, als eine Form internationaler Kapitaltransaktionen, werden deshalb als Indikator für die Attraktivität eines Standorts hervorgehoben, weil mit ihnen, im Gegensatz zu Finanzinvestitionen, eher ein unmittelbares unternehmerisches Engagement verbunden ist.[3] Gemäß den obigen Ausführungen ist ein persistent passiver Saldo in der Bilanz der Direktinvestitionen ein Anzeichen dafür, daß sowohl von Inländern als auch von Ausländern die Renditen unter Berücksichtigung der Risiken (und damit die Standortqualitäten[4]) in anderen Ländern höher eingeschätzt werden als im Inland. Die folgende Tabelle gibt einen Überblick über die Entwicklung des Saldos der Direktinvestitionen.

---

[3] Vgl. Hoffmann, L., Der Standort Deutschland im internationalen Vergleich, in: Deutschland im internationalen Standortwettbewerb, Hrsg.: E. Kantzenbach/O. G. Mayer, (Veröffentlichungen des HWWA-Institut für Wirtschaftsforschung – Hamburg; Bd. 18) Baden-Baden 1994/95, S. 56.

[4] Um die Rentabilitätschancen des eingesetzten Kapitals zu bestimmen, müssen zahlreiche Faktoren berücksichtigt werden, deren Ausprägungen die Standortqualität eines bestimmten Ziellandes im Vergleich zu anderen potentiellen Empfängerländern und zum Heimatland des Investors determinieren. Dazu zählen vor allem: das langfristige Marktpotential, die wirtschaftsnahe Infrastruktur, die lokale Verfügbarkeit von Arbeitskräften mit den benötigten Qualifikationen, das Kostenniveau (besonders die Arbeitskosten), die Unternehmensbesteuerung, die Stetigkeit und Verläßlichkeit der Wirtschaftspolitik, die politische Stabilität etc. [Vgl. Donges, J. B., Deutschland in der Weltwirtschaft – Dynamik sichern, Herausforderungen bewältigen, (Meyers Forum; Bd. 30) Mannheim u.a. 1995, S. 35f.].

Tabelle 1: Deutsche Direktinvestitionen im Ausland und ausländische Direktinvestitionen in Deutschland[1]

Zeitraum	Deutsche Netto-Direktinvestitionen im Ausland	Ausländische Netto-Direktinvestitionen in Deutschland	Saldo der Direktinvestitionen
In Mio. Euro			
2001	-48.340	+35.574	-12.766
2000	-54.045	+211.786	+157.741
1999	-102.729	+51.392	-51.338
In Mio. DM			
1998	-156.302	+43.276	-113.026
1997	-72.480	+21.233	-51.248
1996	-76.449	+9.890	-66.559
1995	-55.962	+17.233	-38.729
1994	-30.605	+11.578	-19.027
1993	-28.431	+609	-27.822
1992	-29.046	-3.263	-32.309
1991	-38.065	+7.845	-30.220
1990	-39.157	+4.786	-34.371
1989	-28.377	+13.025	-15.353
1988	-25.544	+2.043	-23.502
1987	-15.685	+3.801	-11.883
1986	-21.856	+5.036	-16.819
1985	-16.647	+2.577	-14.069
1984	-13.481	+1.520	-11.961
1983	-9.398	+4.371	-5.028
1982	-7.330	+1.831	-5.498
1981	-10.130	+744	-9.388
1980	-8.542	+621	-7.922
1979	-9.108	+3.180	-5.929
1978	-7.834	+3.201	-4.634
1977	-5.550	+2.188	-3.362
1976	-6.577	+3.324	-3.252
1975	-5.354	+1.652	-3.704
1974	-5.483	+5.608	+125
1973	-5.187	+5.464	+278
1972	-5.762	+6.053	+293
1971	-4.232	+3.825	-403

Anmerkung: [1] Als Direktinvestitionen gelten Finanzbeziehungen zu in- und ausländischen Unternehmen, an denen der Investor 10% oder mehr (bis Ende 1989 25% oder mehr, von 1990 bis Ende 1998 mehr als 20%) der Anteile oder Stimmrechte unmittelbar hält; einschließlich Zweigniederlassungen und Betriebsstätten. Weitere Erläuterungen siehe Deutsche Bundesbank, Zahlungsbilanzstatistik – Dezember 2001, Statistisches Beiheft zum Monatsbericht, Nr. 3, Tabelle 9c.
Quelle: Deutsche Bundesbank, Zahlungsbilanzstatistik, Statistisches Beiheft zum Monatsbericht, Nr. 3, lfd. Jgg.

Aus Tabelle 1 geht hervor, daß die deutsche Bilanz der Direktinvestitionen seit Mitte der siebziger Jahre permanent defizitär ist, und zwar – bis Ende der neunziger Jahre – mit steigender Tendenz.[5] Betrug der Nettoabfluß von Investivkapital in den siebziger

---

[5] Der massive Nettozufluß von Direktinvestitionen im Jahre 2000 basiert im wesentlichen auf der Übernahme von Mannesmann durch Vodafone (Transaktionsvolumen rund 153 Mrd. Euro). Solche Großakquisitionen und Fusionen (auf deutscher Seite ist beispielsweise der Erwerb von Chrysler durch Daimler-Benz im Jahre 1998 zu erwähnen; Transaktionsvolumen rund 50 Mrd. DM), aber auch die zunehmende Bildung von Holdinggesellschaften, erschweren spätestens seit Ende der neunziger Jahre zusätzlich die Interpretation dieses Saldos hinsichtlich der Standortwettbewerbsfähigkeit [Siehe

Jahren im Jahresdurchschnitt ca. 2 Mrd. DM, so waren es in den achtziger Jahren bereits 12 Mrd. DM und in den neunziger Jahren etwa 51 Mrd. DM. Des weiteren verdeutlicht Tabelle 2, daß sich ausländische Unternehmen mit ihren Investitionen in Deutschland auffällig zurückhalten. Abgesehen von Italien und dem Sonderfall Japan wird in keinem führenden Industrieland so wenig ausländisches Investivkapital angelegt wie in Deutschland. Dabei verlagern sich vor allem die amerikanischen und japanischen Direktinvestitionen seit Mitte der neunziger Jahre zunehmend nach Großbritannien und in die Niederlande.[6] Das geringe investive Engagement ausländischer Unternehmen in Deutschland ist insofern überraschend, als daß die zentrale Lage in Europa und der relativ große und kaufkräftige Inlandsmarkt Deutschland als besonders prädestiniert für Direktinvestitionen erscheinen lassen.[7]

Tabelle 2: Kumulierter Zufluß von Direktinvestitionen im internationalen Vergleich (in Mrd. US-Dollar)

	USA	Großbritannien	Frankreich	Belgien-Luxemburg	Niederlande	Spanien	Schweden	Deutschland	Italien	Japan
1981-1990	363.421	130.469	54.588	27.986	37.857	46.158	8.619	19.691	24.888	3.324
1991-1999	878.427	286.837	200.195	115.240	147.358	83.941	125.662	113.504	31.353	24.203

Quelle: Organisation for Economic Co-Operation and Development, International Direct Investment Statistics Yearbook 2000, a.a.O., Tabelle 2, S. 13.

Aus der zunehmenden Scherenöffnung zwischen ausfließenden und zufließenden Direktinvestitionen kann jedoch nicht automatisch auf qualitative Mängel des Standorts Deutschland geschlossen werden, wie dies oftmals in der öffentlichen Diskussion geschieht.[8] Denn der Aussagegehalt des passiven Saldos der Bilanz der Direktinvestitionen bezüglich der internationalen Wettbewerbsfähigkeit wird durch den Umstand sehr stark limitiert, daß für ein Land wie Deutschland, daß durch hohe Handelsbilanzüberschüsse charakterisiert ist, ein Nettokapitalexport in Form von Direktinvestitionen nachvollziehbar und auch sinnvoll ist, da deutsche Exportunternehmen durch Vertriebs- und Produktionsstätten am Absatzmarkt präsent sein müssen, um Marktanteile zu halten

---

hierzu Jungnickel, R., Direktinvestitionen – ein problematischer Standortindikator, in: Wirtschaftsdienst – Zeitschrift für Wirtschaftspolitik, 80. Jg. (2000), H. 6, S. 371-374].

[6] Vgl. Organisation for Economic Co-Operation and Development, International Direct Investment Statistics Yearbook 2000, Paris 2001, S. 229 für Japan und S. 399 für die Vereinigten Staaten.

[7] Vgl. Härtel, H.-H./Jungnickel, R. et al., Grenzüberschreitende Produktion und Strukturwandel – Globalisierung der deutschen Wirtschaft, (Veröffentlichungen des HWWA-Institut für Wirtschaftsforschung; Bd. 29) Baden-Baden 1996, S. 90.

[8] Vgl. beispielsweise Beyfuß, J., Standort Deutschland – Auslandsinvestitionen signalisieren Defizite, in: Sparkasse, 113. Jg. (1996), H. 11, S. 497.

und zu erweitern. Ausländische Direktinvestitionen, die solchen absatzorientierten Motiven folgen,[9] sind gemeinhin Ausdruck der gegenwärtigen Exportstärke des betreffenden Landes. Solche Direktinvestitionen weisen – zunächst einmal – nicht auf Standortschwächen hin. Unterstützt wird die obige Aussage hingegen von Direktinvestitionen, die in Form von Produktions- und Investitionsverlagerungen vorgenommen werden und die deshalb im Ausland getätigt werden, weil sich der Betrieb der Anlage bzw. die Realisierung des Projekts in Deutschland unter den gegebenen allgemeinen Rahmenbedingungen nicht rechnet, und die Rahmenbedingungen wiederum durch Abweichungen von einer freien leistungsfähigen Wettbewerbsordnung gekennzeichnet sind. Die Problematik besteht folglich darin, zu differenzieren, ob solche kostenorientierten Direktinvestitionen allein deshalb vorgenommen wurden, um Kostenvorteile des Auslands zu nutzen, oder aber, ob sie auch deshalb getätigt wurden, weil die Faktorkosten im Inland politisch verzerrt sind, d.h. nicht den relativen Knappheiten entsprechen. Solche kostenorientierten Direktinvestitionen wären, wenn sie denn quantifizierbar wären, ein aussagekräftiger Indikator für die Standortwettbewerbsfähigkeit. Da sie aber statistisch nicht zu erfassen sind, ist man auf Unternehmensbefragungen angewiesen, deren Ergebnisse jedoch aufgrund empirischer Insuffizienzen lediglich den Charakter von Indizien haben können. Aus solchen Interviews geht hervor, daß bei den deutschen Direktinvestitionen im Ausland absatzorientierte Motive deutlich dominieren, kostenorientierte Motive, d.h. vor allem niedrigere Arbeitskosten im Ausland, allerdings zunehmend an Bedeutung gewinnen.[10] Berücksichtigt man dazu – und dies wird im folgenden Abschnitt zu zeigen sein –, daß die ordnungspolitischen Rahmenbedingungen in Deutschland durch ausgeprägte Abweichungen vom Leitbild einer freien leistungsfähigen Wettbewerbsordnung gekennzeichnet sind, dann ist dies ein deutlicher Hinweis darauf, daß das zunehmende Gewicht kostenorientierter Direktinvestitionen im Ausland nicht alleine auf vorteilhafte Faktorausstattungen der Zielländer zurückzuführen ist, sondern zum Teil „Standortflucht" darstellt. Beachtet man ferner, daß die Exportstärke deutscher Unternehmen im starken Maße auf Rationalisierungsinvestitionen als Reaktion auf Standortmängel zurückgeführt wird, so wird die Dominanz absatzorientierter Direktinvestitionen im Ausland relativiert. Nimmt man abschließend das „überraschend" geringe investive Engagement ausländischer Unternehmen in Deutschland zur Kenntnis, so kann der persistent passive Saldo der Bilanz der Direktinvestitionen durchaus als starkes Indiz für eine nachlassende Wettbewerbsfähigkeit des Standorts Deutschland angesehen werden.

---

[9] Zur Kategorisierung ausländischer Direktinvestitionen nach dem dominierenden Investitionsmotiv und den daraus abgeleiteten Konsequenzen für Einkommen und Beschäftigung im Heimatland des Kapitals siehe Abschnitt 3.2.2.

[10] Vgl. Köddermann, R./Wilhelm, M., Umfang und Bestimmungsgründe einfließender und ausfließender Direktinvestitionen ausgewählter Industrieländer – Entwicklungen und Perspektiven, (ifo-Studien zur Strukturforschung; Bd. 24, Gutachten im Auftrag des Bundesministeriums für Wirtschaft) München 1996 sowie Sachverständigenrat zur Begutachtung der gesamtwirtschaftlichen Entwicklung, Jahresgutachten 1996/1997: Reformen voranbringen, Stuttgart 1996, Zi. 249.

Denn anscheinend wird es für immer mehr in- und ausländische Unternehmen lukrativer, den deutschen Markt bevorzugt von den Mitgliedstaaten der Europäischen Union aus zu bedienen.

Ein Indikator, der oftmals zur Beurteilung der gesamtwirtschaftlichen Allokationseffizienz herangezogen wird, ist die Entwicklung der Arbeitslosenquote in einer Volkswirtschaft. Diese Größe signalisiert, daß ein Teil der Produktionsfaktoren nicht optimal genutzt wird.[11] Bezogen auf Deutschland ist in dieser Hinsicht zu konstatieren, daß im Durchschnitt des Jahres 2002 knapp 4,1 Millionen Personen als arbeitslos registriert waren. Dies entspricht einer Arbeitslosenquote von 9,8%. Berücksichtigt man neben den registrierten Arbeitslosen auch die verdeckt Arbeitslosen, d.h. Personen, die durch arbeitsmarktpolitische Maßnahmen und vorzeitigen Ruhestand abgesichert werden, erhöht sich die Arbeitslosigkeit um 1,74 Millionen Personen auf 5,8 Millionen. Die Arbeitslosenquote steigt auf 13,4%.[12] Für das Jahr 2003 erwartet der Sachverständigenrat zur Begutachtung der gesamtwirtschaftlichen Entwicklung einen weiteren Anstieg der Arbeitslosenquote der offen und verdeckt arbeitslosen Personen auf 13,5%.[13]

Konzentriert man die Beobachtungen auf Westdeutschland, so ist über die Jahrzehnte hinweg ein beträchtlicher Anstieg der Arbeitslosigkeit festzustellen. Seit 1970 ist die Anzahl der registrierten Arbeitslosen von 149.000 auf rund 2,5 Millionen Personen im Jahre 2001 gewachsen, die Arbeitslosenquote hat sich von 0,6% auf 8,3% erhöht. Darüber hinaus hat sich die verdeckte Arbeitslosigkeit seit 1980 verfünffacht (195.000 versus 1 Million Personen im Jahre 2001). In diesem Zeitraum hat sich ferner die Anzahl der Langzeitarbeitslosen, d.h. Personen, die seit mindestens einem Jahr arbeitslos sind, versiebenfacht (106.000 versus 786.000 Personen).[14] Alles in allem ist der westdeutsche Arbeitsmarkt durch eine „langfristige Stufenentwicklung zu einem höheren Niveau und zur Verfestigung der Arbeitslosigkeit"[15] charakterisiert.

---

[11] Diese Aussage ist jedoch insofern zu relativieren, als daß z.B. in Entwicklungsländern im Autarkiezustand eine Situation gegeben sein kann, in der aufgrund des Vorhandenseins überschüssiger Arbeitskräfte die Entlohnung den Grenzwert der Muße erreicht bevor Vollbeschäftigung realisiert wird. Dies ist u.a. durch die unzulängliche Ausstattung mit Komplementärfaktoren (in der klassischen Darstellung vor allem Boden) zu erklären. D.h. es ist ein Zustand denkbar, in der Arbeitslosigkeit mit höchstmöglicher Allokationseffizienz verbunden sein kann. Diese Situation bildet den Ausgangspunkt der vent-for-surplus-Theorie gemäß Adam Smith und später Myint. Sie beschreibt einen Mechanismus, über den dynamische Handelsgewinne wirksam werden können [Siehe hierzu El-Shagi, E.-S., Handelsgewinne, Handelsrestriktionen und Annahmen der Außenhandelstheorie, in: Zeitschrift für Wirtschaftspolitik, 37. Jg. (1988), S. 255f.].

[12] Vgl. Sachverständigenrat zur Begutachtung der gesamtwirtschaftlichen Entwicklung, Jahresgutachten 2002/2003: Zwanzig Punkte für Beschäftigung und Wachstum, Stuttgart 2002, Tabelle 23, S. 119.

[13] Vgl. ebenda, Zi. 324.

[14] Vgl. ebenda, Tabelle 16*, S. 414 sowie Sachverständigenrat zur Begutachtung der gesamtwirtschaftlichen Entwicklung, Jahresgutachten 1998/1999: Vor weitreichenden Entscheidungen, Stuttgart 1998, Tabelle 16*, S. 339f.

[15] Siebert, H., Geht den Deutschen die Arbeit aus? Wege zu mehr Beschäftigung, München 1994, S. 21.

Eine derart persistent hohe Arbeitslosigkeit ist zugleich ein Indiz, das auf eine zu geringe Investitionstätigkeit hindeutet. Wie aus Tabelle 3 hervorgeht, weist die Investitionsquote (Bruttoanlageinvestitionen in Prozent des Bruttoinlandsprodukts) in Deutschland seit Anfang der neunziger Jahre einen abnehmenden Trend auf.

Tabelle 3: Entwicklung der Investitionsquote in Deutschland[1]

1991	1992	1993	1994	1995	1996	1997	1998	1999	2000	2001
23,8	24,0	23,0	23,1	22,4	21,8	21,4	21,4	21,5	21,6	20,1

Anmerkung: [1] Ab 1999 vorläufige Ergebnisse.
Quelle: Sachverständigenrat zur Begutachtung der gesamtwirtschaftlichen Entwicklung, Jahresgutachten 2002/2003, a.a.O., Tabelle 26*, S. 426f.

Neben der tendenziell sinkenden Investitionsquote geben auch die vorherrschenden Investitionsmotive Grund zur Besorgnis. In der jährlich vom Deutschen Industrie- und Handelstag durchgeführten Unternehmensbefragung zu den Hauptmotiven der Investitionstätigkeit in Deutschland dominieren mit weitem Abstand das Ersatz- und das Rationalisierungsmotiv vor den Motiven Produktinnovation und Kapazitätserweiterung.[16] Die hohe Relevanz von Rationalisierungsinvestitionen ist insofern problematisch, als daß derartige Engagements einen primär defensiven Charakter haben, d.h. sie dienen in erster Linie der Festigung bestehender Marktpositionen.[17] Zwar können deutsche Unternehmen mittels derart motivierter Investitionen Produktivitätsfortschritte erzielen und damit ihre internationale Wettbewerbsfähigkeit verbessern und im Ergebnis auch Arbeitsplätze sichern, aber trotz alledem führt diese Strategie zu Beschäftigungseinbußen, die sich zu verfestigen drohen. Darüber hinaus ist es nur eine Frage der Zeit, bis die durch Rationalisierung erzielte Verbesserung der Wettbewerbsfähigkeit durch aufholende Schwellenländer eingeholt wird. Erforderlich zur Schaffung von Beschäftigung sowie zur Steigerung des Einkommensniveaus sind Erweiterungsinvestitionen und Innovationen. Die Dominanz von Rationalisierungsinvestitionen gegenüber Kapazitätserweiterungen und Produktinnovationen deutet jedoch darauf hin, daß vielen Unternehmen die letztgenannten Engagements als zu riskant erscheinen, und sie daher auf Konsolidierung statt auf Expansion setzen.

Die Ausprägungen all dieser Indikatoren und Indizien spiegeln sich schließlich in den wirtschaftlichen Wachstumsraten wider. Wie aus Tabelle 4 hervorgeht, zählt Deutschland seit 1990 zu den am langsamsten wachsenden Industrienationen – zusammen mit Italien, Japan – und noch extremer – der Schweiz. Es ist naheliegend, daß die Wachstumsschwäche mit dem Verlust an internationaler Wettbewerbsfähigkeit und den Einbußen an Allokationseffizienz und Entwicklungsdynamik ursächlich verbunden ist.

---

[16] Vgl. Sachverständigenrat zur Begutachtung der gesamtwirtschaftlichen Entwicklung, Jahresgutachten, Stuttgart, lfd. Jgg.
[17] Vgl. Sachverständigenrat zur Begutachtung der gesamtwirtschaftlichen Entwicklung, Jahresgutachten 1995/1996: Im Standortwettbewerb, Stuttgart 1995, Zi. 258.

Tabelle 4: Durchschnittliche jährliche Wachstumsraten des Bruttoinlandsprodukts im internationalen Vergleich (1990-1999)

EU-Staaten (ohne Luxemburg)														Nicht-EU-Staaten				
B	DK	D	FIN	F	GB	GR	IRL	I	NL	P	SP	SWE	Ö	CDA	CH	J	ROK	USA
1,7	2,8	1,5	2,5	1,7	2,2	1,9	7,9	1,2	2,7	2,5	2,2	1,5	2,0	2,3	0,5	1,4	5,7	3,4

Anmerkung: CDA = Kanada, J = Japan, ROK = Südkorea.
Quelle: Weltbank, Weltentwicklungsbericht 2000/2001 – Bekämpfung der Armut, Bonn 2001, Tabelle 11, S. 346f.

Nach dieser statistischen Konkretisierung des Reformbedarfs soll im folgenden analysiert werden, welche Faktoren für die aufgezeigten Fehlentwicklungen ursächlich sind. Da in einer freien leistungsfähigen Wettbewerbsordnung ein Höchstmaß an Allokationseffizienz und an Entwicklungsdynamik gewährleistet ist, und damit auch an internationaler Wettbewerbsfähigkeit, muß der Reformbedarf durch Abweichungen von diesem Ideal bedingt sein.[18] In etablierten Marktwirtschaften, wie in Deutschland der Fall, werden diese Abweichungen vor allem durch Interventionismus evoziert. In den folgenden Abschnitten wird daher expliziert, wie der Staat durch sein Handeln auf den Güter- und Kapitalmärkten, auf dem Arbeitsmarkt und in den öffentlichen Haushalten Reformbedarf begründet.

---

[18] Die freie leistungsfähige Wettbewerbsordnung basiert im Kern auf der „freien" Wettbewerbsordnung wie sie von Hoppmann, basierend auf Hayek, ausgearbeitet wurde. Charakteristisch für diese Konzeption ist die Zurückweisung der Vorstellung einer optimalen Marktstruktur sowie die Ablehnung sogenannter performance-Tests (im Sinne von Clark und Kantzenbach), da das Marktergebnis, wie Hayek zu Recht akzentuiert, offen ist [Eine Einführung in diese Thematik bietet: Schmidt, I., Wettbewerbspolitik und Kartellrecht – Eine Einführung, 6., neu bearb. und erweiterte Aufl., Stuttgart 1999, S. 1ff.]. Die Ergänzung „leistungsfähig" wird hier in Anlehnung an El-Shagi verwendet, der hervorhebt, daß eine weitgehend freie Wettbewerbsordnung höchstmögliche Leistung garantiert [Siehe hierzu El-Shagi, E.-S., Die Wettbewerbsordnung und ihre Relevanz für Länder der Dritten Welt, in: List Forum, 12. Jg. (1983/84), H. 2, S. 78-106 sowie Ders., Die Überlegenheit des marktwirtschaftlichen Entwicklungsweges, (Argumente der Freiheit – Friedrich-Naumann-Stiftung) Sankt Augustin 1992]. Dieses Potential resultiert aus der Fähigkeit einer funktionierenden Wettbewerbsordnung, eine Optimumorientierung im Sinne der Ausrichtung auf ein sich bewegendes Optimum zu gewährleisten [Siehe auch El-Shagi, E.-S., Strategie der wirtschaftlichen Integration, (Volkswirtschaftliche Schriften; Bd. 298) Berlin 1980, zugl. Habil.-Schr. Bochum 1980]. In dieser Ordnung hat der Staat neben der Schaffung bzw. Gewährleistung der notwendigen Voraussetzungen für den erstrebten freien leistungsfähigen Wettbewerb, weitere verschiedene ergänzende bzw. korrigierende Aufgaben zum Wettbewerb wahrzunehmen [Vgl. El-Shagi, E.-S., Die Überlegenheit des marktwirtschaftlichen Entwicklungsweges, a.a.O., S. 21ff.]. Mithin geht es in dieser marktwirtschaftlichen Ordnung ausdrücklich nicht um „Laissez-faire", also um eine vom Staat völlig unbeeinflußte Wirtschaftstätigkeit des einzelnen [Vgl. Grüske, K.-D./Recktenwald, H. C., Wörterbuch der Wirtschaft, 12. Aufl., Stuttgart 1995, S. 361]. Eine Auflistung der wichtigsten Aufgaben des Staates in einer freien leistungsfähigen Wettbewerbsordnung erfolgt im Abschnitt 4.1.

2.1.2 Der Reformbedarf auf den Güter- und Kapitalmärkten

Mitverantwortlich für die skizzierten Verluste an internationaler Wettbewerbsfähigkeit sowie für die Einbußen an Allokationseffizienz und Entwicklungsdynamik sind Regulierungen auf den hiesigen Gütermärkten, deutlich weniger auf den hiesigen Kapitalmärkten, sowie umfangreiche Subventionen und Protektionismus. Da aber wie in der Einführung erwähnt wurde die Kompetenzen für die Außenhandelspolitik wie auch für die Agrarpolitik vollständig auf die Institutionen der Europäischen Union übergegangen sind, eine Reform dieser unzweifelhaft protektionistischen bzw. interventionistischen Gemeinschaftspolitiken mithin von Deutschland allein nicht zu bewerkstelligen ist, wird auf eine Darstellung dieser Politikbereiche und ihrer Rückwirkungen auf den Reformbedarf hierzulande verzichtet.

In Deutschland sind Regulierungen auf den Güter- und Kapitalmärkten, trotz der großen Fortschritte, die bei ihrer Reduktion seit Mitte der neunziger Jahre erzielt wurden (zu den herausragenden Beispielen gehören zweifelsohne die Bereiche Telekommunikation, Strom- und Gaswirtschaft, Straßengüterfernverkehr und Luftverkehr), noch immer weit verbreitet. Zu den Sektoren, die nach wie vor vom Wettbewerbsrecht ausgenommen und Sonderregelungen unterworfen sind, zählen insbesondere der öffentliche Personennahverkehr, die Montanindustrie, Sparkassen und Landesbanken[19], der Wohnungsmarkt, der Markt für Gesundheitsleistungen sowie das Handwerk und freie Berufe. Hinzu kommen noch Teilbereiche der Post, der Versorgungsbetriebe (Wasser und Elektrizität) und der Eisenbahn. Als Begründung für ihre wettbewerbliche Ausnahmestellung wird oftmals das Argument des (partiellen) Marktversagens angeführt.[20, 21] Liegt dieser Tatbestand vor, so sind Regulierungen absolut berechtigt, um die Effizienz der Faktorallokation zu verbessern. Allerdings haben sich die Regulierungen in der Realität vom ökonomisch Notwendigen weit entfernt und dienen nicht in erster Linie der Beseitigung eines Marktversagens, sondern offenkundig dem Schutz etablierter Anbieter vor dem Wettbewerb durch neue Konkurrenten.[22] So erhalten die erfolgreichen

---

[19] Vgl. Donges, J. B. et al., Privatisierung von Landesbanken und Sparkassen, (Frankfurter Institut – Stiftung Marktwirtschaft und Politik; Bd. 38) Bad Homburg 2001.

[20] Viele marktwidrige Regulierungen werden allerdings auch mit wesentlich schlichteren Aussagen begründet, etwa mit Versorgungssicherheit, mit regional- und beschäftigungspolitischen Zielen oder mit dem Verbraucherschutz. Diese Faktoren rechtfertigen jedoch keinen Eingriff in den Marktmechanismus [Vgl. Donges, J. B., Die Wirtschaftspolitik im Spannungsverhältnis von Regulierung und Deregulierung, in: Ordo (Jahrbuch für die Ordnung von Wirtschaft und Gesellschaft; Bd. 48), Hrsg.: H. O. Lenel et al., Stuttgart 1997, S. 210].

[21] Vgl. ebenda, S. 209ff.

[22] Vgl. Freytag, A., International operierende Unternehmen und nationale Wirtschaftspolitik, in: Die Rolle des Staates in einer globalisierten Wirtschaft, Hrsg.: J. D. Donges/A. Freytag, Stuttgart 1998, S. 270.

Interessenvertreter Privilegien, während Dritte – aktuelle und potentielle in- und ausländische Wettbewerber und vor allem Konsumenten – diskriminiert werden.[23]

Infolge der Regulierungen ist das Güterangebot, gemessen an den Präferenzen der Nachfrager, zu undifferenziert, da Anreize für Verfahrens- und Produktinnovationen nur schwach ausgeprägt sind. Die Anreize zum Kostensparen sind gering und damit sind die Preise auf regulierten Märkten zu hoch. Ein überteuertes und nur mäßig differenziertes Güterangebot reduziert nicht nur die Wohlfahrt der Konsumenten, sondern schwächt – sofern die Güter als Vorleistungen in die Produktion eingehen – auch die internationale Wettbewerbsfähigkeit des Produktionsstandorts Deutschland. Aufgrund von Regulierungen unterbleiben ferner Unternehmensneugründungen.[24] Des weiteren laden sie zu Handlungen in der Grauzone oder zu Rechtsbruch ein.[25] Schließlich sind Regulierungen mit erheblichen Fehlallokationen von Produktivkräften und damit Wohlstandseinbußen verbunden. Zum einen werden unternehmerische Fähigkeiten auf die Erzielung von Verteilungsgewinnen statt auf gesamtwirtschaftlich produktive bzw. entwicklungskonforme Aktivitäten ausgerichtet.[26] Ferner werden Lobbyaktivitäten induziert, die ebenfalls volkswirtschaftliche Ressourcen binden, ohne daß gesamtwirtschaftlich mehr Wertschöpfung entsteht. Eine Verschwendung von Ressourcen findet darüber hinaus durch die Aufblähung der Bürokratie statt, die die Einhaltung der Regulierungen kontrollieren muß.[27] Zum anderen wird der für das wirtschaftliche Wachstum notwendige Strukturwandel behindert, und die Vorteile der internationalen Arbeitsteilung werden nur bedingt genutzt.[28]

Ebenso wie Regulierungen können auch Subventionen in bestimmten Fällen ökonomisch gerechtfertigt sein, etwa in der Grundlagenforschung. Die Rechtfertigung für die staatliche Förderung derartiger privater Aktivitäten basiert allerdings nicht – wie oftmals in der Literatur behauptet wird[29] – auf dem Umstand, daß positive externe Effekte generiert werden. Sondern die Subventionierung von Grundlagenforschung kann deshalb sinnvoll sein, weil die Resultate nicht direkt produktiv bzw. nicht unmittelbar öko-

---

[23] Vgl. Berthold, N., Wettbewerbsfähigkeit der deutschen Wirtschaft – Gefahr im Verzug?, (Wirtschaftspolitische Kolloquien der Adolf-Weber-Stiftung; Bd. 19) Berlin 1992, S. 58.

[24] Dies zeigt sich besonders deutlich am Beispiel des Handwerks, wo der Marktzutritt über den „Großen Befähigungsnachweis" erschwert wird, demzufolge eine handwerkliche Tätigkeit als Selbständiger den Meistertitel voraussetzt [Vgl. Donges, J. B., Wirtschaftspolitik im Spannungsverhältnis..., a.a.O., S. 204ff.].

[25] Vgl. ebenda, S. 211.

[26] Vgl. El-Shagi, E.-S., „Soziale Marktwirtschaft" – wohlgemeinte Idee mit negativen Folgen für die marktwirtschaftliche Ordnung, in: List Forum für Wirtschafts- und Finanzpolitik, 23. Jg. (1997), H. 4, S. 354.

[27] Vgl. Donges, J. B., Wirtschaftspolitik im Spannungsverhältnis..., a.a.O., S. 211.

[28] Vgl. Berthold, N., Wettbewerbsfähigkeit..., a.a.O., S. 58.

[29] Siehe beispielsweise Peffekoven, R., Finanzpolitik im Konflikt zwischen Effizienz und Distribution, in: Ordo (Jahrbuch für die Ordnung von Wirtschaft und Gesellschaft; Bd. 48), Hrsg.: H. O. Lenel et al., Stuttgart 1997, S. 123.

nomisch verwertbar sind. Derartige Fälle schlagen jedoch mit Blick auf das Gesamtvolumen der Subventionen kaum zu Buche.[30] Der aller größte Teil der öffentlichen Finanzhilfen ist ergo reine Einkommensumverteilung. Laut einer Untersuchung des Kieler Instituts für Weltwirtschaft (2002) summierten sich im Jahre 2001 die Subventionen in einer sehr weiten Abgrenzung zu einem Volumen von 155,6 Mrd. Euro (und zwar ohne Zahlungen an den Bereich der Grundlagenforschung[31]). Von dieser Summe entfallen 39,8 Mrd. Euro auf Steuervergünstigungen und 115,8 Mrd. Euro auf Finanzhilfen. Das Gesamtvolumen entsprach 7,5% des Bruttoinlandsprodukts und 34,9% des Steueraufkommens.[32, 33] Dabei ist bezogen auf den Unternehmenssektor der Kreis der Subventionsbegünstigten sehr klein. Von den sektorspezifischen Subventionen in Höhe von 85,5 Mrd. Euro entfallen 76% auf die Sektoren Landwirtschaft, Bergbau, Verkehr und Woh-

---

[30] Vgl. Peffekoven, R., Finanzpolitik im Konflikt..., a.a.O., S. 123.

[31] Vgl. Boss, A./Rosenschon, A., Subventionen in Deutschland: Quantifizierung und finanzpolitische Bewertung, (Kieler Diskussionsbeiträge; Bd. 392/393) Kiel 2002, S. 11.

[32] Dagegen weist der Subventionsbericht des Bundes, der einen engen Abgrenzung folgt, für das Jahr 2001 Beihilfen in Höhe von knapp 57,8 Mrd. Euro aus (inklusive der Beihilfen der Länder und Gemeinden, der Finanzhilfen aus dem Vermögen des European Recovery Program (ERP) und der Ausgaben der Europäischen Union für die Agrarmarktordnungen (dagegen werden die von der Europäischen Union aus den Struktur- und Sozialfonds geleisteten Zuschüsse an Unternehmen nicht gesondert ausgewiesen, da sie in den Finanzhilfen der Bundesländer enthalten sind)) [Vgl. Bundesministerium der Finanzen, Bericht der Bundesregierung über die Entwicklung der Finanzhilfen des Bundes und der Steuervergünstigungen für die Jahre 1999 – 2002 (Achtzehnter Subventionsbericht), Berlin 2001, Übersicht 7, S. 22]. Die Differenz zwischen der Angabe des Kieler Instituts für Weltwirtschaft und der Bundesregierung basiert zum großen Teil darauf, daß das Kieler Institut für Weltwirtschaft bei der Berechnung des Subventionsvolumens im Gegensatz zum Subventionsbericht des Bundes auch Finanzhilfen an öffentliche Unternehmen und öffentliche Einrichtungen wie beispielsweise Museen, Theater, Krankenhäuser etc. berücksichtigt. Des weiteren werden die Steuervergünstigungen um zahlreiche Punkte ergänzt wie beispielsweise die Umsatzsteuerbefreiung der Sozialversicherungsträger und der Krankenhäuser. Ferner werden im Gegensatz zum Subventionsbericht des Bundes auch sozialpolitische Ausgaben als Beihilfen erfaßt, sofern sie nicht auf hilfsbedürftige Individuen zugeschnitten sind, sondern potentiell jedem Bürger gewährt werden. Insofern werden beispielsweise Maßnahmen der aktiven Arbeitsmarktpolitik (wie z.B. Lohnsubventionen) und das Wohngeld als Subventionen gewertet. Dagegen werden ERP-Finanzhilfen nicht zu den Subventionen gezählt [Vgl. Boss, A./Rosenschon, A., a.a.O., S. 9ff.].

[33] Trotz der sehr weiten Abgrenzung ist das Subventionsvolumen dennoch unterzeichnet. Einer lückenlosen Erfassung aller Subventionen steht jedoch ein Mangel an Daten bzw. zu hohe Informationskosten im Wege. Beispielsweise können finanzielle Vorteile, die der Staat Privaten dadurch gewährt, daß er – gemessen an den Marktpreisen – zu teuer einkauft oder zu billig verkauft nicht berücksichtigt werden, weil in den öffentlichen Haushalten solche (Preis-)Subventionen nicht dokumentiert werden. Weitere Beispiele für Subventionen, die nicht erfaßt werden (können), sind Steuermindereinnahmen aufgrund des ermäßigten Umsatzsteuersatzes, die zum (praktisch kostenlosen) Angebot an Schulausbildung komplementären Realtransfers wie die verbilligte Schülerbeförderung etc. Zu bedenken ist auch, daß mit der Subventionspolitik Verwaltungskosten entstehen, deren Ausmaß allerdings unbekannt ist [Vgl. Boss, A./Rosenschon, A., a.a.O., S. 26f.].

nungsvermietung. Der Anteil dieser Sektoren an der Wertschöpfung des Unternehmenssektors ist jedoch relativ gering und weiter fallend. Es handelt sich folglich bei diesen Branchen überwiegend um schrumpfende Segmente.[34] Unabhängig davon aber, ob Subventionen hauptsächlich der Strukturkonservierung dienen oder anderen Zwecken wie beispielsweise der Förderung sogenannter Zukunftsbranchen oder der Herstellung „sozialer Gerechtigkeit"[35], beeinträchtigen sie die einzel- und gesamtwirtschaftliche Effizienz und Dynamik. Sie führen zu Preisverzerrungen und zur Fehlallokation von Ressourcen, behindern den technischen Fortschritt und fördern statt dessen eine Subventionsmentalität. Ferner entziehen die Steuern zur Finanzierung von Subventionen Ressourcen aus anderen, leistungsfähigen Sektoren und verzerren damit einerseits die Entscheidungen der besteuerten Sektoren und schwächen andererseits ihre relative Position. Subventionen sind somit ebenso wie Regulierungen eine der Ursachen für die anhaltende Wachstumsschwäche, die nachlassende Exportstärke und die persistent hohe Arbeitslosigkeit.

2.1.3 Der Reformbedarf auf dem Arbeitsmarkt

Die Verluste an internationaler Wettbewerbsfähigkeit sowie die Einbußen an Allokationseffizienz und an Entwicklungsdynamik werden des weiteren durch das Zusammenwirken von Arbeitsmarktordnung und Sozialleistungssystemen verursacht. Dies soll im folgenden am Beispiel der Arbeitslosigkeit, als Indikator für die Allokationseffizienz, expliziert werden.

2.1.3.1 Die Arbeitsmarktordnung

Die Ordnung des Arbeitsmarktes wird in erster Linie durch die kollektiven Arbeitsrechtsgesetze geprägt. Mit dem Koalitions- und Tarifvertragsrecht wird die Tarifautonomie konstituiert. Durch sie werden Verhandlungen über die Arbeitsbedingungen (vor allem Löhne und Arbeitszeiten) zugelassen, die durch tariffähige Parteien, d.h. in erster Linie Gewerkschaften und Arbeitgeberverbände,[36] vorgenommen werden und die ohne

---

[34] Vgl. Boss, A./Rosenschon, A., a.a.O., S. 25f.
[35] Zur Problematik und Fragwürdigkeit des Begriffs „soziale Gerechtigkeit" siehe – mit Bezugnahme auf Hayek – El-Shagi, E.-S., „Soziale Marktwirtschaft"..., a.a.O., S. 348-362.
[36] Neben Gewerkschaften und Arbeitgeberverbänden gelten auch einzelne Arbeitgeber als tariffähige Partei. Daher können auch zwischen einem Arbeitgeber und einer Gewerkschaft sogenannte Firmentarifverträge abgeschlossen werden [Vgl. Franz, W., Arbeitsmarktökonomik, 4., überarb. Aufl., Berlin u.a. 1999, S. 234f.]. Somit können auf betrieblicher Ebene Arbeitsbedingungen nur mit einer Gewerkschaft oder durch individuelle Arbeitsverträge mit einzelnen Mitarbeitern normiert werden. Hiervon wird noch die Rede sein.

staatliche Einflußnahme vor sich gehen.[37] Da die Arbeitgeberverbände für ihre Mitgliedsunternehmen mit den Gewerkschaften Arbeitsbedingungen als Mindestkonditionen per Flächentarifvertrag verbindlich festlegen (in Deutschland auf Ebene der Branche und Region), also wettbewerblich relevante Aktionsparameter gleichgeschaltet werden, liegt eine – wettbewerbstheoretisch grundsätzlich bedenkliche – gesetzlich fundierte Kartellvereinbarung vor.[38, 39] Erschwerend kommt hinzu, daß die Marktmacht der Tarifvertragsparteien durch weitere gesetzliche Maßnahmen vor Konkurrenz geschützt wird. So können die tarifvertraglichen Regelungen vom Bundesminister für Wirtschaft und Arbeit als „allgemeinverbindlich" erklärt werden (Paragraph 5 Tarifvertragsgesetz). Dies hat zur Konsequenz, daß die bilateralen Absprachen auch den nicht tarifgebundenen Arbeitgebern und -nehmern oktroyiert werden. Ferner werden durch die Nachwirkungsregel (Paragraph 3 Absatz 3 Tarifvertragsgesetz) und das Günstigkeitsprinzip (Paragraph 4 Absatz 3 Tarifvertragsgesetz) die Möglichkeiten einzelner tarifgebundener Unternehmen, sich den Tarifvereinbarungen zu entziehen, begrenzt. So ist der Arbeitgeber nach dem Austritt aus seinem Verband noch bis zum Auslaufen des bestehenden Tarifvertrags an die Abmachungen gebunden. Abweichungen vom Inhalt eines Tarifvertrags sind nur gestattet, wenn der tarifgebundene Arbeitnehmer durch diese günstiger gestellt wird. Dabei bewertet allerdings die enge Auslegung des Prinzips durch das Bundesarbeitsgericht jeglichen Verzicht auf tariflich zugestandene Rechte des tarifge-

---

[37] Vgl. Schürfeld, A., Die deutsche Arbeitsmarktordnung auf dem Prüfstand, in: Die Rolle des Staates in einer globalisierten Wirtschaft, Hrsg.: J. D. Donges/A. Freytag, Stuttgart 1998, S. 77f.

[38] Ein Tarifvertrag gilt zunächst nur für Mitglieder der Tarifparteien, d.h. für die Arbeitgeber, die Mitglied des tarifschließenden Verbandes sind, und für die Arbeitnehmer, sofern sie der tarifschließenden Gewerkschaft angehören. Daraus resultiert, daß auch tarifgebundene Arbeitgeber mit Nicht-Gewerkschaftsmitgliedern Löhne vereinbaren können, die unterhalb der Tariflohnes liegen. In der Praxis ist der nach dem Tarifvertragsgesetz fehlende Rechtsanspruch der Nicht-Gewerkschaftsmitglieder auf Erhalt der vereinbarten Leistungen jedoch ohne Bedeutung. Denn abgesehen von den Allgemeinverbindlichkeitserklärungen, auf die noch einzugehen sein wird, wird in vielen individuellen Arbeitsverträgen auf die Tarifverträge Bezug genommen, so daß ein Anspruch der nicht-organisierten Arbeitnehmer auf die tariflich vereinbarten Leistungen zwar nicht durch das Tarifvertragsgesetz, wohl aber durch den Arbeitsvertrag entsteht. Von dieser Möglichkeit machen oftmals auch nicht tarifgebundene Unternehmen Gebrauch [Vgl. Franz, W., Arbeitsmarktökonomik, a.a.O., S. 234f.]. Durch die Bezugnahme auf Tarifverträge werden die vereinbarten Normen zwar zum Inhalt des einzelnen Arbeitsvertrags, sie wirken jedoch nicht wie Tarifnormen, die sa durch Vereinbarung zwischen Arbeitgeber und Arbeitnehmer oder durch eine Änderungskündigung auch zuungunsten des tarifgebundenen Arbeitnehmers abgeändert werden können [Vgl. Bauer, J.-P., Zuständigkeit der Akteure, in: Handbuch der Arbeitsbeziehungen, Hrsg.: G. Endruweit et al., Berlin/New York 1985, S. 162]. Für die Unternehmen liegt der Vorteil der Tarifverträge vor allem in der Reduktion von Transaktionskosten und in der Wahrung des Betriebsklimas, da ressourcenbindende Tarifverhandlungen auf betrieblicher Ebene vermieden werden.

[39] Vgl. Görgens, E., Arbeitsmarktinstitutionen und Beschäftigung in Deutschland, in: Ordo (Jahrbuch für die Ordnung von Wirtschaft und Gesellschaft; Bd. 48), Hrsg.: H. O. Lenel et al., Stuttgart 1997, S. 386.

bundenen Arbeitnehmers als ungünstig, auch wenn durch diesen möglicherweise der Arbeitsplatz gesichert werden kann.[40] Flexible Anpassungsmöglichkeiten, d.h. vor allem freiwillige Lohnzurückhaltung zur Verbesserung der Beschäftigungschancen, werden somit durch das Günstigkeitsprinzip faktisch eliminiert. Daneben werden flexible, betriebsnahe Anpassungen der Arbeitsbedingungen an veränderte Umweltbedingungen auch durch den Paragraphen 77 Absatz 3 Betriebsverfassungsgesetz versperrt. Diesem Gesetz zufolge sind Betriebsvereinbarungen unzulässig, wenn sie etwas regeln, was auch nur „üblicherweise" tariflich geregelt wird (es sei denn, der Tarifvertrag sieht entsprechende Ausnahmeregelungen ausdrücklich vor oder es liegt eine betriebliche Notsituation vor). Dieser „Vorrang des Tarifvertrags" soll auch in nicht tarifgebundenen Unternehmen gelten. Verboten sind danach (formelle) Betriebsvereinbarungen, nicht aber formlose Regelungsabsprachen zwischen Unternehmensleitung und Betriebsrat sowie einzelvertragliche Abmachungen mit den Arbeitnehmern.[41] Sind diese tarifgebunden, so müssen solche Einzelabreden wiederum „günstiger" sein als der Tarifvertrag.[42]

Darüber hinaus wird die Anpassungsflexibilität der Unternehmen auch durch das Kündigungsschutzgesetz reduziert. In seiner gegenwärtigen Ausgestaltung geht es weit über das Maß hinaus, das willkürliches Entlassungsverhalten der Arbeitgeber verhindert.[43] Vielmehr definiert es den Faktor Arbeit zu einem quasi-fixen Faktor,[44] und verringert damit in erster Linie die Beschäftigungschancen der Arbeitslosen, da jede Neueinstellung für die Unternehmen ein Kostenrisiko darstellt.

All diese Inflexibilitäten tragen bereits zur Beeinträchtigung einer möglichst vollbeschäftigungskonformen Anpassung an neue Bedingungen auf den Güter- und Arbeitsmärkten bei.[45] Die Beschäftigungsschädlichkeit der bestehenden Arbeitsmarktordnung wird allerdings noch dadurch verschärft, das Gewerkschaften die derart abgesicherte Tarifautonomie dazu nutzen, um Tariflöhne oberhalb der markträumenden Löhne festzulegen bzw. die gebotene Differenzierung der Lohnstruktur entsprechend den relativen Knappheiten zu unterlassen, was von den Arbeitgeberverbänden oftmals hingenommen wird. Die Gründe für dieses beschäftigungsschädliche Verhalten resultieren aus der In-

---

[40] Vgl. Schürfeld, A., a.a.O., S. 79.
[41] Aus dem Vorrang des Tarifvertrags resultiert folglich, daß selbst nicht tarifgebundene Unternehmen mit jedem einzelnen Arbeitnehmer über die Arbeitsbedingungen verhandeln müssen. Um die hieraus resultierenden Probleme und Kosten zu vermeiden, nehmen sie oftmals in den Arbeitsverträgen auf tarifvertragliche Regelungen Bezug [Vgl. Franz, W., Arbeitsmarktökonomik, a.a.O., S. 235].
[42] Vgl. Rüthers, B./Siebert, H., Die kollektive Zwangsjacke abstreifen, in: Frankfurter Allgemeine Zeitung, Nr. 47 v. 24.02.2001, S. 15.
[43] Vgl. Berthold, N., Mehr Beschäftigung, weniger Arbeitslosigkeit: Setzt sich das ökonomische Gesetz gegen (verbands-)politische Macht durch?, in: Ordo (Jahrbuch für die Ordnung von Wirtschaft und Gesellschaft; Bd. 51), Hrsg.: H. O. Lenel et al., Stuttgart 2000, S. 238.
[44] Vgl. Berthold, N., Wettbewerbsfähigkeit..., a.a.O., S. 61f.
[45] Vgl. Görgens, E., a.a.O., S. 394.

teressenlage der Tarifvertragsparteien. Beide Parteien vertreten die Interessen der organisierten Mitglieder, nicht aber die der Arbeitslosen.[46] Dies ist insofern nachvollziehbar, als daß das Interesse der Verbandsgeschäftsführungen in einem Machterhalt durch steigende, zumindest aber nicht rückläufige, Mitgliederzahlen und in der Wiederwahl durch dieselben liegt. Daher werden die Interessen der Mitglieder (diese sind auf seiten der Gewerkschaften primär in einer Steigerung der Realeinkommen und Verbesserung der Arbeitsbedingungen zu sehen, jedenfalls solange bestehende Arbeitsplätze nicht ernsthaft gefährdet sind, während es den Arbeitgeberverbänden in erster Linie um die Vermeidung von Arbeitskämpfen geht) im Eigeninteresse der Funktionäre vehement vertreten, ohne Rücksicht auf die Kosten, die dadurch der Allgemeinheit entstehen. Maßgeblich begünstigt wird dieses Verhalten dadurch, daß durch die umfassende soziale Sicherung, auf die als nächstes einzugehen sein wird, die Folgen der Fehlentscheidungen sozialisiert werden und somit nicht in den Verantwortungsbereich der Verursacher fallen.[47] Die Bereitschaft der Gewerkschaften zu einer beschäftigungsorientierten Lohnzurückhaltung (d.h. der reale Lohnanstieg bleibt für einen längeren Zeitraum hinter dem Zuwachs der originären Arbeitsproduktivität zurück[48]) ist demnach sehr begrenzt.[49] Fällt aber die Zunahme der Lohnkosten größer aus als der Produktivitätsfortschritt, und kann der Anstieg der Lohnkosten von den Unternehmen nicht auf die Preise überwälzt werden, dann bauen die Arbeitgeber Arbeitsplätze ab, etwa indem sie Arbeit durch Kapital substituieren oder im Ausland anstatt im Inland investieren.[50, 51] Des weiteren verfolgen die Gewerkschaften unter dem Schutz der gegenwärtigen Arbeitsmarktordnung und unter dem Motto „Gleicher Lohn für gleiche Arbeit" eine Lohnpolitik, die sich an den Verhältnissen in prosperierenden Regionen, Branchen und Unternehmen orientiert, die aber auf besondere Beschäftigungsprobleme strukturschwacher Gebiete und produktivitätsschwacher Unternehmen wenig oder gar keine Rücksicht nimmt.[52] Hier kann durchaus von negativen Demonstrationseffekten zwischen den um Macht und Ansehen

---

[46] Vgl. Schürfeld, A., a.a.O., S. 81.
[47] Vgl. ebenda, S. 82.
[48] Der originäre Produktivitätsfortschritt basiert auf technischen Neuerungen im Produktionsverfahren, Produktinnovationen, organisatorischen Verbesserungen oder steigendem Kapitaleinsatz – nicht aber auf der Freisetzung von Arbeitskräften [Vgl. Siebert, H., Geht den Deutschen die Arbeit aus?, a.a.O., S. 78].
[49] Vgl. Schürfeld, A., a.a.O., S. 81.
[50] Diese Reaktionsmöglichkeiten (inklusive eines möglicherweise gegebenen Preiserhöhungsspielraums infolge günstiger Absatzprognosen) mögen auch erklären, warum die Arbeitgeber überzogenen Tarifforderungen der Gewerkschaften keinen hinreichenden Widerstand entgegensetzen, der einen Arbeitskampf provozieren könnte.
[51] Vgl. Siebert, H., Hundert Punkte für mehr Beschäftigung, (Kieler Diskussionsbeiträge; Bd. 264) Kiel 1996, S. 3f.
[52] Vgl. Donges, J. B., Deregulierung am Arbeitsmarkt und Beschäftigung, (Walter Eucken Institut, Vorträge und Aufsätze; Bd. 138) Tübingen 1992, S. 34.

miteinander konkurrierenden Einzelgewerkschaften gesprochen werden.[53] Hinzu kommt, daß die Gewerkschaften ihre Machtposition mißbrauchen, um mit Hilfe der Lohnpolitik weniger qualifizierten Arbeitnehmern Einkommensvorteile zu verschaffen, die am Markt nicht zu erzielen wären. Die Vereinbarung von Sockelbeträgen bei Tarifabschlüssen verteuert jedoch einfache Arbeit absolut (gemessen an ihrer Produktivität) und im Verhältnis zu qualifizierten Facharbeitern; mithin führen sie zur Verschlechterung der Beschäftigungschancen von weniger qualifizierten Arbeitskräften, obwohl ihnen diese Maßnahme zugute kommen sollte.[54] Empirische Untersuchungen bestätigen, daß die Lohnstruktur, d.h. die relativen Abstände der Entgeltgruppen, in den letzten zwei Jahrzehnten in Deutschland im wesentlichen konstant geblieben ist und in bezug auf die Qualifikationen sogar gestaucht wurde. Auch Daten für einzelne Branchen und Tarifgebiete zeigen, daß die tarifliche Struktur der Entgeltgruppen über die Zeit weitgehend unverändert geblieben ist. Diese Konstanz der Lohnstruktur ist insofern höchst bedenklich, als daß sich in Deutschland seit einiger Zeit am Arbeitsmarkt ein markanter struktureller Wandel vollzieht, bei dem insgesamt die Beschäftigung von Arbeitnehmern mit niedriger Qualifikation zurückgeht und die Beschäftigung von Personen mit höherer Qualifikation steigt.[55]

Zusammenfassend ist festzuhalten, daß durch die Regulierung des Arbeitsmarktes Raum für die Ausbreitung der Verbandsmacht geschaffen wurde. Erschwerend kommt hinzu, und hiervon wird im folgenden Abschnitt die Rede sein, daß die Tarifparteien aufgrund des gut ausgebauten Sozialstaates die Folgen ihrer Fehlentscheidungen auf Dritte überwälzen können. Wegen der bestehenden Regelungen kann die Arbeitsmarktordnung keine markträumenden Löhne gewährleisten. In vielen Facetten dient sie dem Bestandsschutz der Arbeitsplatzbesitzer und lähmt dadurch den Wettbewerb. Das starre institutionelle Arrangement auf dem deutschen Arbeitsmarkt verhindert eine flexible und differenzierte Reaktion auf den permanent zunehmenden Strukturwandeldruck.[56] Das Resultat ist nicht zuletzt die persistent hohe Arbeitslosigkeit.

2.1.3.2 Die Sozialleistungssysteme

Im vorangegangenen Abschnitt wurde bereits darauf hingewiesen, daß zwischen den Sozialleistungssystemen und dem Arbeitsmarkt ein enger Zusammenhang existiert. So definiert die Politik durch Mittel der Arbeitslosenunterstützung und der Sozialhilfe ein staatlich garantiertes und zeitlich unbefristetes Mindesteinkommen bei Nichtarbeit.[57, 58]

---

[53] Vgl. Donges, J. B., Deregulierung..., a.a.O., S. 23.
[54] Vgl. ebenda, S. 21.
[55] Vgl. Sachverständigenrat zur Begutachtung der gesamtwirtschaftlichen Entwicklung, Jahresgutachten 2000/2001: Chancen auf einen höheren Wachstumspfad, Stuttgart 2000, Zi. 417.
[56] Vgl. Schürfeld, A., a.a.O., S. 83.
[57] Gegenwärtig gewährt das deutsche System der Arbeitslosenunterstützung Arbeitslosengeld im Rahmen einer beitragsfinanzierten Zwangsversicherung in Höhe von 60% des letzten Nettolohnes (67%

Dieses staatlich garantierte Mindesteinkommen hat sowohl Auswirkungen auf den Lohnfindungsprozeß als auch auf das Angebotsverhalten der Arbeitsanbieter und die Arbeitsnachfrage der Unternehmen. Des weiteren hat die Finanzierung der Sozialleistungssysteme Rückwirkungen auf den Arbeitsmarkt. Neben der Arbeitslosenunterstützung und der Sozialhilfe spielen hier die Renten- und die Krankenversicherung eine weitere gewichtige Rolle. Da die Finanzierung der Sozialversicherungen im wesentlichen am Arbeitsverhältnis anknüpft, die Beitragssatzentwicklung damit Einfluß auf die Höhe der Lohnneben- bzw. Arbeitskosten nimmt, gilt den Sozialversicherungen in diesem Abschnitt ein besonderes Interesse.

Von Relevanz für das Arbeitsangebot wie auch für die Arbeitsnachfrage ist vor allem die Relation zwischen Sozialhilfe als Untergrenze staatlich bereitgestellten Einkommens bei Nichtarbeit[59] zum potentiellen Nettoeinkommen durch Erwerbstätigkeit. Aussagen

---

für Personen mit mindestens einem Kind), und zwar für eine Zeit von 12 bis 32 Monaten, abhängig vom Alter der Betroffenen und der Dauer der früheren Beschäftigung. Sobald die Zahlung des Arbeitslosengeldes ausläuft, wird es ersetzt durch die Arbeitslosenhilfe. Diese wird grundsätzlich für die restliche Zeit der Arbeitslosigkeit unter Maßgabe des Bedarfs gewährt, allerdings nach Prüfung jeweils nur für ein Jahr bewilligt. Für Arbeitslose ohne Kinder beträgt die Arbeitslosenhilfe 53% des früheren Nettolohnes, bei Arbeitslosen mit mindestens einem Kind sind es 57%. Dabei gilt die Höhe der Sozialhilfe für nicht arbeitslose Personen in analog bedürftiger Situation als Untergrenze, denn soweit die Arbeitslosenhilfe (oder auch schon das Arbeitslosengeld) niedriger ausfällt als die der betroffenen Person zustehende Sozialhilfe, zahlt das Sozialamt die Differenz als aufstockende Sozialhilfe. Ein Arbeitsloser hat einen Anspruch auf Arbeitslosengeld bzw. –hilfe in der skizzierten Höhe, wenn er keine Beschäftigung findet, die für ihn zumutbar ist. Für die Zumutbarkeit von Beschäftigungsangeboten gelten andere – und zwar grundsätzlich weniger scharfe, aber detaillierter geregelte – Grundsätze als bei der Sozialhilfe [Vgl. Paqué, K.-H., Beschäftigung für Arbeitskräfte mit geringer Produktivität, in: Jahrbücher für Nationalökonomie und Statistik, o.Jg. (1999), Bd. 219/1+2, S. 199f.]. Im Vergleich zu den Verhältnissen in den Vereinigten Staaten sind Leistungshöhe und Bezugsdauer der Arbeitslosenunterstützung in Deutschland als luxuriös, die Zumutbarkeitskriterien als lasch zu bewerten [Vgl. Peter, W., Arbeitslosenversicherung in Deutschland, Großbritannien und den USA, in: iw-Trends, 25. Jg. (1998), H. 4, S. 53-63]. Hinzu kommt, daß die Sanktionsmechanismen der Kürzung von Sozialhilfe oder Arbeitslosenunterstützung nur selten angedroht oder gar angewandt werden [Vgl. Paqué, K.-H., Beschäftigung..., a.a.O., S. 198]. Beispielsweise wurden Ende der neunziger Jahre in Deutschland gegenüber nur etwa 1% der Arbeitslosengeldempfänger Sanktionen verhängt, in Großbritannien dagegen traf es 10% und in den Vereinigten Staaten sogar 57%. Dieses Resultat ist nicht zuletzt darauf zurückzuführen, daß in Deutschland bislang die Arbeitsämter den Beweis für ein Fehlverhalten des Arbeitslosen antreten mußten. Erst das Anfang 2003 in Kraft getretene Gesetzespaket zur Umsetzung der Hartz-Reform am Arbeitsmarkt kehrt die Beweislast um. Zudem verschärft es die Zumutbarkeit: Ab Mitte 2003 müssen Arbeitsuchende – ausgenommen solche mit Familie – auch einen Umzug in Kauf nehmen [Vgl. Institut der deutschen Wirtschaft, Hartz-Reform – Allenfalls ein Anfang, in: iwd – Informationsdienst des Instituts der deutschen Wirtschaft, o.Jg. (2003), H. 3, http://www.iw-koeln.de/Publikationen/frs_publikationen.htm, Stand: 19.2.2003]. Abzuwarten bleibt, ob diese Änderungen in der Praxis zu besseren Vermittlungsergebnissen führen.

[58] Vgl. Siebert, H., Geht den Deutschen die Arbeit aus?, a.a.O., S. 148.
[59] Siehe Fußnote 57.

über dieses Verhältnis lassen sich in Modellrechnungen für typische Haushalte gewinnen. Eine Übersicht zu diesem Sachverhalt hat in jüngerer Zeit das Institut für Wirtschaftsforschung in Köln präsentiert. Gemäß ihrer Studie betrug das verfügbare Einkommen eines Alleinstehenden aus Sozialhilfe im Durchschnitt für Westdeutschland im ersten Halbjahr 2000 603,84 Euro pro Monat. Ab einem Bruttomonatsverdienst von 977,50 Euro verliert ein Alleinstehender jeglichen Anspruch auf Sozialtransfers. Sein verfügbares Nettoeinkommen beträgt dann 748,53 Euro. Es ist folglich um 144,69 Euro höher als das staatliche Transfereinkommen bei Nichtarbeit. Die Fehlanreize des existierenden Systems werden noch deutlicher, wenn man als Modellhaushalt einen verheirateten Alleinverdiener mit zwei Kindern in den Blick nimmt: Ein Ehepaar mit zwei Kindern erzielt aus der Sozialhilfe ein verfügbares Einkommen von 1.479,17 Euro im Monat. Demgegenüber verfügt ein verheirateter Alleinverdiener mit zwei Kindern bei einem Bruttoverdienst von 1.533,87 Euro über ein Nettoeinkommen einschließlich der Sozialtransfers von 1.571,71 Euro (Nettoverdienst: 1.217,89 Euro; Kindergeld: 276,10 Euro; Wohngeld: 77,72 Euro). Zwischen Nichtarbeit und Vollzeiterwerbstätigkeit liegt demnach nur eine Differenz von 92,54 Euro.[60]

Diese Beispiele legen die Vermutung nahe, daß die Einkommen aus Arbeitslosenunterstützung und Sozialhilfe arbeitsfähigen Hilfeempfängern zu wenig Anreize geben, schnell auf den regulären Arbeitsmarkt zurückzukehren und eine Beschäftigung zu relativ niedrigen Nettolöhnen zu akzeptieren. Zumal – wie gesagt – die den Modellrechnungen zugrunde liegende Sozialhilfe lediglich die Untergrenze staatlich bereitgestellten Einkommens bei Nichtarbeit bildet. Die Ansprüche auf Arbeitslosengeld und -hilfe können im Einzelfall höher liegen. Negative Anreizwirkungen sind vor allem bei gering qualifizierten Arbeitskräften anzunehmen, erst Recht, wenn sie gleichzeitig Vorsteher von Mehrpersonenhaushalten sind.[61] Ferner ist zu präsumieren, daß dort, wo es kein erkennbares Arbeitsangebot von seiten der Empfänger von Arbeitslosenunterstützung oder Sozialhilfe gibt, auch keine marktwirksame Arbeitsnachfrage zustande kommt, etwa in Form ausgeschriebener offener Stellen. Dies gilt insbesondere für den Bereich einfacher und persönlicher Dienstleistungen,[62] obwohl gerade in diesem Bereich bei entsprechendem Arbeitsangebot ein enormes Nachfragepotential bedient werden könnte und für viele gering qualifizierte Unterstützungsempfänger in diesem Niedriglohnsegment die einzige Chance zur Erwerbstätigkeit liegt.[63]

Neben Arbeitsangebot und -nachfrage beeinflussen die Einkommen aus Arbeitslosenunterstützung und Sozialhilfe ebenfalls den Lohnfindungsprozeß. So haben einer-

---

[60] Vgl. Peter, W., Das deutsche Sozialhilfesystem: Im Spannungsfeld zwischen sozialer Fürsorge und Hilfe zur Arbeit, in: iw-Trends, 27. Jg. (2000), H. 2, S. 57-70.
[61] Ende September 2001 wiesen 37% der Arbeitslosen (rund 1,38 Mill. Personen) keine abgeschlossene Berufsausbildung auf [Vgl. Statistisches Bundesamt, Statistisches Jahrbuch 2002 für die Bundesrepublik Deutschland, Stuttgart 2002, S. 121].
[62] Vgl. Paqué, K.-H., Beschäftigung..., a.a.O., S. 198.
[63] Vgl. ebenda, S. 202.

seits die Tarifvertragsparteien wenig Anreiz, die gesamtwirtschaftliche Arbeitslosigkeit in ihren Abschlüssen angemessen zu berücksichtigen, wenn die Sozialleistungssysteme ein vergleichsweise hohes und zeitlich unbefristetes Einkommen bereitstellen.[64] Andererseits konstituiert das staatliche Einkommen aus Nichtarbeit den Eckpunkt für die untere Lohngruppe. Wenn das Einkommen aus sozialer Absicherung steigt, verschieben sich erfahrungsgemäß auch die Tariflöhne für die unteren Lohngruppe nach oben, mit der Folge, daß die Nachfrage nach Arbeitskräften in den unteren Lohngruppen abnimmt.[65]

Wie eingangs erwähnt wurde, hat auch die Finanzierung der Sozialleistungssysteme Rückwirkungen auf den Arbeitsmarkt. So wird die Finanzierung der Sozialversicherungen weitgehend „paritätisch" von Arbeitgebern und Arbeitnehmern über Beitragszahlungen getragen.[66] Ergo führt (wenn man von einem konstanten Leistungsniveau ausgeht und von steuerfinanzierten Zuschüssen abstrahiert) ein Anstieg der Ausgaben der Sozialversicherungen über die Einnahmen zu steigenden Beitragssätzen und damit zu höheren gesetzlichen Lohnnebenkosten. Die Konsequenzen für die Arbeitsnachfrage hängen nun davon ab, ob der Anstieg der gesetzlichen Lohnnebenkosten (wie auch der tariflichen und freiwilligen Lohnnebenkosten) im Lohnerhöhungsspielraum, der durch den originären Produktivitätsfortschritt determiniert wird, bei den Tarifverhandlungen eingerechnet wird. Geschieht dies nicht, und dies ist oftmals der Fall, denn die Arbeitnehmer betrachten die von den Unternehmen gezahlten Lohnnebenkosten nicht im gleichen Maß als Teil ihres Einkommens wie das normale Entgelt, dann verteuert sich der Faktor Arbeit und die Nachfrage der Unternehmen nach Arbeitskräften reduziert sich.[67, 68, 69] Erschwerend kommt hinzu, daß die ineffiziente Organisation der deutschen Sozial-

---

[64] Vgl. Siebert, H., Eine ordnungspolitische Agenda, in: Offensive für mehr Beschäftigung – Ordnungspolitische Leitlinien für den Arbeitsmarkt, Hrsg.: Bertelsmann Stiftung/Heinz Nixdorf Stiftung/ Ludwig-Erhard-Stiftung, (Forschungsprogramm „Weiterentwicklung und Perspektiven der Sozialen Marktwirtschaft"; Konferenzbeiträge zum Schwerpunkt „Markt und Staat") Gütersloh 1996, S. 109.

[65] Vgl. Siebert, H., Hundert Punkte..., a.a.O., S. 18.

[66] Mit der Einführung der kapitalgedeckten Alterssicherung als eigenständige Sicherungssäule im Rahmen der Rentenreform des Jahres 2001 wird das Prinzip der paritätischen Finanzierung der Altersvorsorge erstmals durchbrochen, da die Privatvorsorge allein vom Arbeitnehmer zu finanzieren ist.

[67] Prinzipiell könnte ein Anstieg der Arbeitskosten über den Produktivitätsfortschritt hinaus durch entsprechende Preiserhöhungen kompensiert werden. Aufgrund der hohen Weltmarktverflechtung der deutschen Volkswirtschaft ist allerdings der Spielraum für Preisüberwälzungen sehr eng. Eine übermäßige Steigerung der Arbeitskosten läuft daher auf eine Verschlechterung der Beschäftigungschancen hinaus.

[68] Diese Zusammenhänge verdeutlichen, daß es sich bei der paritätischen Finanzierung der Sozialversicherungen durch Arbeitgeber und Arbeitnehmer lediglich um eine Phrase handelt, die auf eine Verschleierung der tatsächlichen Traglast der Beiträge hinausläuft. Nach Beendigung aller Anpassungsprozesse müssen die Arbeitnehmer auch die Arbeitgeberbeiträge tragen. Zwar liegt die unmittelbare Zahllast bei den Unternehmen, aber auch wenn die Arbeitnehmer nicht unmittelbar Lohnzurückhal-

versicherungen geradezu auf steigende oder zumindest sehr hohe Beitragssätze hinwirkt.[70] Maßgeblich hierfür sind im wesentlichen zwei Faktoren: Zum einen haben die Versicherten kaum Wahlrechte bezüglich des Versicherungsanbieters. Ein Marktwettbewerb mit den Mitteln eines günstigen Prämien-Leistungsverhältnisses ist damit ausgeschlossen. Aufgrund der weitgehenden Ausschaltung des Wettbewerbs sind die Prämien generell höher als unter Wettbewerbsbedingungen und drohen zudem ständig zu steigen, da weder für die Versicherungen noch für die Versicherten Anreize für kostenorientiertes Verhalten bestehen, und die Sozialversicherungen ferner für politisch motivierte Umverteilungsaktivitäten mißbraucht werden.[71] Zum anderen erweist sich das in der Rentenversicherung praktizierte Umlageverfahren als besonders empfindlich gegenüber der absehbaren gravierenden Verschlechterung der Altersstruktur der Bevölkerung[72], da eine wachsende Zahl an Leistungsempfängern durch eine schrumpfende Zahl an Leistungspflichtigen alimentiert werden muß. Unter sonst gleichen Umständen muß der Rentenversicherungsbeitragssatz steigen. Mit der Rentenreform des Jahres 2001 soll dieser Entwicklung jedoch entgegengewirkt werden. Die Reform sieht zum einen eine graduelle Verringerung des Gewichts der umlagefinanzierten Alterssicherungssäule durch den subventionierten Aufbau einer freiwillig abzuschließenden kapitalgedeckten Privatvorsorge vor, und zum anderen das Bemühen um eine einnahmenorientierte Ausgabenpolitik in der Gesetzlichen Rentenversicherung.[73] Durch die neue Rentenanpassungsformel soll laut Berechnungen des damaligen Bundesministeriums für Arbeit- und

---

tung üben, fällt die Traglast auf sie zurück, sei es bei preislichen Überwälzungsmöglichkeiten über sinkende Realeinkommen, sei es ansonsten über Beschäftigungseinbußen [Vgl. Sachverständigenrat zur Begutachtung der gesamtwirtschaftlichen Entwicklung, Jahresgutachten 1996/1997, a.a.O., Zi. 451].

[69] Vgl. Siebert, H., Geht den Deutschen die Arbeit aus?, a.a.O., S. 80.

[70] Betrugen die Sozialversicherungsbeiträge für Arbeitgeber und Arbeitnehmer im früheren Bundesgebiet im Jahre 1960 noch 22,4% des beitragspflichtigen Entgelts [Vgl. Sachverständigenrat zur Begutachtung der gesamtwirtschaftlichen Entwicklung, Jahresgutachten 1996/1997, a.a.O., Tabelle 52, S. 224], so lagen sie im Jahre 2001 bei 40,9% [Vgl. Bundesministerium für Gesundheit und Soziale Sicherung, Statistisches Taschenbuch 2002 – Arbeits- und Sozialstatistik, Bonn 2002, Tabelle 7.7]. Berücksichtigt man die Leistungen, die von den Arbeitgebern zusätzlich zu den Sozialversicherungsbeiträgen erbracht werden, dann summierten sich die Lohnnebenkosten im verarbeitenden Gewerbe in Westdeutschland auf 81,2% im Jahre 2001 (1972: 55,6%) [Vgl. Institut der deutschen Wirtschaft, Deutschland in Zahlen – Ausgabe 2002, Köln 2002, Tabelle 5.4, S. 50].

[71] Vgl. Knappe, E., Umbau des Sozialstaates – Kranken-, Renten- und Arbeitslosenversicherung, in: List Forum für Wirtschafts- und Finanzpolitik, 21. Jg. (1995), H. 4, S. 351f.

[72] Zur voraussichtlichen demographischen Entwicklung siehe Abschnitt 3.3.1.3.2.

[73] Im Gegensatz zu der bis dahin dominierenden ausgabenorientierten Einnahmepolitik, bei der sich die Einnahmeerfordernisse an einem vorgegebenen festen Leistungsniveau orientieren, sind bei einer einnahmenorientierten Ausgabenpolitik die Rentenleistungen eine abhängige Variable eines ex ante definierten Pfades der Beitrags- bzw. Einnahmeentwicklung [Vgl. Rürup, B., Die Rentenreform in Deutschland – eine kritische Würdigung, in: Die Zukunft des Sozial- und Steuerstaates (Festschrift für Dieter Fricke), Hrsg.: F. Söllner/A. Wilfert, Heidelberg 2001, S. 288].

Sozialordnung der Beitragssatz bis zum Jahre 2020 unter 20% begrenzt und bis zum Ende des Rechnungszeitraums im Jahre 2030 unter 22% der Bruttolöhne und -gehälter gehalten werden. Bei der angenommen Beitragssatzentwicklung wird das Nettorentenniveau (Nettostandardrente in Relation zum jeweiligen Nettoarbeitsentgelt) des Eckrentners[74] im Jahre 2030 bei 68% liegen statt bei 70,8% im Jahre 2000. Um die Dauerhaftigkeit dieser Reform zu sichern, wurde eine Rentenniveausicherungsklausel eingeführt, welche die jeweilige Regierung zum Handeln auffordert, sobald das Rentenniveau nachhaltig den Wert von 67% zu unterschreiten droht. Gleichermaßen ist ein Handeln gefordert, wenn der Beitragssatz die anvisierten Zielmarken übersteigt.[75] Ob die mit der Reform angestrebten quantitativen Zielvorgaben für die Entwicklung von Beitragssatz und Rentenniveau allerdings tatsächlich erreicht werden, hängt von der Validität der Annahmen ab, die den Kalkulationen zugrunde liegen. Einige dieser Annahmen erscheinen bereits heute als illusorisch und dürften der Intention der Reformatoren geschuldet sein, den Änderungsbedarf möglichst gering zu halten. So wird u.a. unterstellt, daß sich die Zunahme der Lebenserwartung in den kommenden 30 Jahren gegenüber den zurückliegenden 30 Jahren halbieren wird; die Arbeitslosenquote bis zum Jahre 2025 auf 3% sinken und die Zahl der Erwerbstätigen – trotz rückläufiger Bevölkerungszahl – in diesem Zeitraum stetig steigen wird.[76] Bereits in den Jahren 2001 und 2002 erwiesen sich jedoch die Annahmen bezüglich der Arbeitsmarktentwicklung als Makulatur. Im Jahre 2001 waren 150.000 Personen mehr als präsumiert arbeitslos. Ein Jahr später liegt zum einen die Zahl der Erwerbstätigen voraussichtlich um 0,5 Millionen unter und zum anderen die Zahl der Arbeitslosen um rund 0,6 Millionen über den Projektionszahlen.[77] Im Jahre 2002 konnte der Beitragssatz in Höhe von 19,1% nur durch das Abschmelzen der Schwankungsreserve der Rentenversicherung (die Rücklage für Ausgabenschwankungen) von 100% einer Monatsausgabe auf 80% konstant gehalten werden. In Aussicht gestellt wurde dagegen für das Jahr 2002 eine Senkung des Beitragssatzes auf 19,0%[78]. Die voraussichtliche Entwicklung der Einnahmen und Ausga-

---

[74] Der Eckrentner stellt einen Versicherten dar, der 45 Jahre lang Beiträge aus einem Durchschnittseinkommen abgeführt hat.
[75] Vgl. Sachverständigenrat zur Begutachtung der gesamtwirtschaftlichen Entwicklung, Jahresgutachten 2001/2002: Für Stetigkeit – Gegen Aktionismus, Stuttgart 2001, Zi. 241ff.
[76] Vgl. Miegel, M.: Rentenreform 2001: Ende einer Illusion, in: Aktuelle Themen (Hrsg.: Deutsche Bank Research), o.Jg. (2001), Nr. 220, S. 4.
[77] Vgl. Schnabel, R./Miegel, M., Rentenreform 2001 – Auf dünnem Eis gebaut, (Hrsg. Deutsches Institut für Altersvorsorge), Köln 2001, S. 5f. Die Ist-Zahlen sind dem Jahresgutachten 2002/2003 des Sachverständigenrats zur Begutachtung der gesamtwirtschaftlichen Entwicklung entnommen (Tabelle 46, S. 200).
[78] Zu den erwarteten Auswirkungen der Rentenreform des Jahres 2001 auf den Beitragssatz und das Leistungsniveau in der Gesetzlichen Rentenversicherung gemäß den Vorstellungen der Bundesregierung siehe Sachverständigenrat zur Begutachtung der gesamtwirtschaftlichen Entwicklung, Jahresgutachten 2001/2002, a.a.O., Tabelle 32, S. 145.

ben im Jahre 2003 hätte eine Beitragssatzerhöhung auf bis zu 19,9% nahegelegt (laut Schätzungen des Sachverständigenrates zur Begutachtung der gesamtwirtschaftlichen Entwicklung wird im Jahre 2003 die Erwerbstätigkeit weiterhin abnehmen und die Arbeitslosigkeit weiterhin zunehmen[79]).[80] Der Beitragssatz wurde jedoch „nur" auf 19,5% angehoben. Um die absehbare Finanzierungslücke dennoch schließen zu können, wurde die Schwankungsreserve nochmals reduziert: von 80% einer Monatsausgabe auf die Bandbreite von 50% bis 70%, und die Beitragsbemessungsgrenze erhöht: in Westdeutschland von 4.500 Euro auf 5.100 Euro, in Ostdeutschland von 3.750 Euro auf 4.250 Euro.[81] In Aussicht gestellt war – ohne Herabsetzung der Schwankungsreserve und ohne Erhöhung der Beitragsbemessungsgrenze – eine Senkung des Beitragssatzes auf 18,7%. Diese Zielverfehlungen bereits nach kürzester Zeit, wie auch die Bildung der Regierungskommission zur Reform der Sozialversicherungssysteme Ende des Jahres 2002, sprechen nicht für die Solidität der jüngsten Rentenreform.[82] Verläuft die wirtschaftliche und demographische Entwicklung weiterhin ungünstiger als unterstellt, dann werden weitere Finanzierungslücken entstehen, die – sofern die Leistungen der Gesetzlichen Rentenversicherung nicht gesenkt werden – durch steigende Beitragssätze geschlossen werden müssen. Schließlich wird dem Unternehmenssektor und den privaten Haushalten zur Finanzierung der Sozial- und Arbeitslosenhilfe, aber auch zur Finanzierung der Leistungen der Sozialversicherungen, eine hohe Steuerbelastung aufgebürdet. Der Einfluß der Steuerlast auf die Arbeitslosigkeit sowie auf die übrigen genannten Fehlentwicklungen ist Gegenstand des nächsten Abschnitts.

2.1.4 Der Reformbedarf in den öffentlichen Haushalten

Die Verluste an internationaler Wettbewerbsfähigkeit sowie die Einbußen an Allokationseffizienz und an Entwicklungsdynamik werden schließlich auch durch das Angebot an staatlichen Leistungen und das hierzu erforderliche Steueraufkommen verursacht (im folgenden werden der Einfachheit halber auch Sozialversicherungsbeiträge und sonstige öffentliche Abgaben unter Steuern subsumiert). In diesem Kontext sind zunächst einmal zwei Effekte hervorzuheben, die mit jeder Steuer verbunden sind. Wie bereits im Zusammenhang mit der Finanzierung von Subventionen angesprochen wurde, entziehen Steuern zum einen den Besteuerten Einkommen, das ihnen für andere Verwendungen (Konsum, Investition, Eigenvorsorge etc.) nicht mehr zur Verfügung steht. Das Ausmaß

---

[79] Vgl. Sachverständigenrat zur Begutachtung der gesamtwirtschaftlichen Entwicklung, Jahresgutachten 2002/2003, a.a.O., Tabelle 46, S. 200.
[80] Vgl. ebenda, Zi. 229f.
[81] Vgl. Jahn, J./Schwenn, K., Auf die Bürger kommt eine Fülle neuer Steuer- und Abgabenlasten zu, in: Frankfurter Allgemeine Zeitung, Nr. 301 v. 28.12.2002, S. 12.
[82] Vgl. Schnabel, R./Miegel, M., a.a.O., S. 6 sowie Sachverständigenrat zur Begutachtung der gesamtwirtschaftlichen Entwicklung, Jahresgutachten 2002/2003, a.a.O., Zi. 230.

dieses Einkommenseffekts, also der Umfang der vom Staat für sich beanspruchten Mittel, wird durch die dem Staat übertragenen Aufgaben und die daraus resultierenden Ausgaben bestimmt. Zum anderen entstehen Anreize zu Verhaltensänderungen, weil besteuerte Tatbestände gemieden werden und versucht wird, sie durch nicht oder geringer besteuerte Sachverhalte zu ersetzen.[83] So entsteht für Arbeitnehmer bei einer Erhöhung des Einkommensteuersatzes (ähnliches gilt bei einer Erhöhung der Verbrauchsteuern oder der Sozialversicherungsbeiträge) ein Anreiz, ihr Arbeitsangebot einzuschränken und sich für mehr Freizeit zu entscheiden oder aber ihre Aktivitäten im Bereich der Schattenwirtschaft auszudehnen sowie andere legale und illegale Steuervermeidung zu praktizieren. Makroökonomisch gesehen sinkt dadurch die wirtschaftliche Effizienz, da die Vorteile, die die Arbeitsteilung aufgrund der Spezialisierung bietet, in einem geringeren Maße genutzt werden. Für Kapitaleigner dagegen entsteht im Falle einer Erhöhung des Einkommensteuersatzes (und damit eine Reduktion der künftigen Nach-Steuer-Erträge zusätzlicher Investitionen) der Anreiz, entweder den Gegenwartskonsum auszudehnen, oder aber nach legalen und illegalen Möglichkeiten der Steuervermeidung im In- und Ausland zu suchen. Gleichzeitig werden ausländische Kapitalanleger das Inland als Standort meiden. Mithin resultiert ein höherer Steuersatz in einem verminderten inländischen Kapitalangebot für produktive Zwecke. Ein höherer Steuersatz auf Kapitaleinkünfte hat darüber hinaus auch einen Einfluß auf die Nachfrage nach Kapital. Höhere Steuersätze erhöhen die Rentabilitätsschwelle von Investitionen. Geplante Investitionen, die bei dem höheren Steuersatz nicht mehr profitabel sind, unterbleiben, und die Nachfrage nach Kapital verringert sich. In der Summe kann daher davon ausgegangen werden, daß hohe (marginale) Steuersätze auf Einkommen aus Arbeit und Kapital sowohl das Angebot an wie auch die Nachfrage nach Arbeit und Kapital verringern. Die gesamtwirtschaftlichen Produktionsmöglichkeiten sinken, ebenso wie die wirtschaftliche Effizienz, und das Wirtschaftswachstum nimmt ab.[84]

Beide Effekte sind insbesondere dann von Relevanz, wenn die Steuerbelastung von den Besteuerten im Vergleich zu den Erträgen, die aus der mit den Steuern finanzierten Bereitstellung öffentlicher Güter resultieren, als zu hoch erachtet wird. Dies kann der Fall sein, wenn beispielsweise das Steueraufkommen primär der Umverteilung dient und weniger der Bereitstellung grundlegender öffentlicher Güter, die zur gesamtwirtschaftlichen Produktion komplementär sind (wie beispielsweise Rechtssicherheit, innere und äußere Sicherheit). Das Wirtschaftssystem ändert dann seinen Charakter; weg von der Marktwirtschaft hin zum Wohlfahrtsstaat. Unter diesen Rahmenbedingungen wird die gesamtwirtschaftliche Produktion sinken, weil eine ineffiziente Steuerverwendung sowohl das Potential als auch den Anreiz zu investieren und zu arbeiten reduziert.

---

[83] Vgl. Peffekoven, R., Finanzpolitik für Wachstum und Beschäftigung, in: Politische Studien, 47. Jg. (1996), H. 348, S. 48.

[84] Vgl. Heitger, B., Wachstums- und Beschäftigungseffekte einer Rückführung öffentlicher Ausgaben – Eine empirische Analyse für die OECD-Länder, (Kieler Studien; Bd. 291) Tübingen 1998, S. 9f.

Betrachtet man die Relationen in Deutschland, so kann man sich angesichts einer Staatsquote von 48,3% (2001) und einer Abgabenquote[85] von 41,2%[86] kaum vorstellen, daß dieser Belastung äquivalente Erträge aus der Bereitstellung öffentlicher Güter gegenüberstehen;[87] zumal Sozialleistungen (2001: ca. 608 Mrd. Euro) drei Fünftel der Staatsausgaben (2001: 1.000,52 Mrd. Euro) ausmachen.[88] Eine marktwirtschaftliche Ordnung, die auf Freiheit, Eigenverantwortung und wettbewerblich determinierter Einkommensverteilung fußt, ist mit einer derart überzogenen und soziallastigen Staatsquote unvereinbar.[89] Die zur Finanzierung solch übertrieben hoher Staatsausgaben erforderliche Steuerbelastung muß zwangsläufig zu Lasten der Allokationseffizienz und des Wirtschaftswachstums gehen.[90] Denn zusätzlich zu den beschriebenen Einkommens- und Substitutionseffekten hoher und steigender Steuersätze auf der Finanzierungsseite, die sich u.a. in der – gemessen an der Arbeitslosigkeit – unzureichenden Investitionstätigkeit, im Saldo der Bilanz der Direktinvestitionen und im Ausmaß der Schwarzarbeit widerspiegeln[91], generiert ein System, in dem der Staat über fast die Hälfte des Brutto-

---

[85] Steuern und Sozialbeiträge in Relation zum Bruttoinlandsprodukt.

[86] Vgl. Sachverständigenrat zur Begutachtung der gesamtwirtschaftlichen Entwicklung, Jahresgutachten 2002/2003, a.a.O., Tabelle 34*, S. 440f.

[87] In den Worten Schlecht's, ist die Soziale Marktwirtschaft bei derartigen Proportionen zur halben Staatswirtschaft pervertiert [Vgl. Schlecht, O., Ordnungspolitik für eine zukunftsfähige Marktwirtschaft – Erfahrungen, Orientierungen und Handlungsempfehlungen, (Zukunft der Marktwirtschaft; Bd. 1) Frankfurt am Main 2001, S. 46f.].

[88] Bezogen auf das Bruttoinlandsprodukt erreichen die staatlichen Sozialleistungen im Jahre 2001 eine Größenordnung von rund 29%. Berücksichtigt man dazu noch die Arbeitgeberleistungen wie Lohnfortzahlung im Krankheitsfall, betriebliche Altersversorgung etc. in Höhe von rund 55,6 Mrd. Euro, dann werden 32% des Bruttoinlandsprodukts für soziale Zwecke beansprucht [Vgl. Sachverständigenrat zur Begutachtung der gesamtwirtschaftlichen Entwicklung, Jahresgutachten 2002/2003, a.a.O., Tabelle 66*, S. 483]. Dieser Wert unterschätzt jedoch das Ausmaß der Sozialpolitik, da auch die Subventionierung bestimmter Sektoren zumindest zum Teil sozialpolitisch motiviert ist (etwa um Arbeitsplätze in strukturschwachen Regionen zu erhalten oder um ein bestimmtes Einkommensniveau in der Landwirtschaft zu sichern) [Vgl. El-Shagi, E.-S., „Soziale Marktwirtschaft"..., a.a.O., S. 358].

[89] Ferner ist zu berücksichtigen, daß der Staat auch durch das Setzen von Regeln in den Wirtschaftsprozeß eingreift, die dem privaten Sektor zusätzliche Kosten aufbürden. Das Ausmaß der Sozialisierung der deutschen Volkswirtschaft ist mithin höher als die ausgewiesene Staatsquote.

[90] Heitger (1998) weist empirisch nach (bezogen auf die Mitgliedstaaten der Organisation für wirtschaftliche Zusammenarbeit und Entwicklung und den Zeitraum von 1960 bis 1990), daß je höher die Staatsquote war, desto niedriger fiel das Wirtschaftswachstum aus. Ferner zeigt er, daß hohe Staatsausgaben (und die damit verbundene hohe Steuerbelastung) mit einer niedrigeren Beschäftigung bzw. einer höheren Arbeitslosigkeit einhergingen [Vgl. Heitger, B., a.a.O., S. 41 sowie S. 91].

[91] Laut Schätzungen gingen im Jahre 2002 durch Schwarzarbeit voraussichtlich rund 350 Mrd. Euro an der regulären Wirtschaft vorbei. Damit steigt der Anteil der Schattenwirtschaft gemessen am offiziellen Bruttoinlandsprodukt von ca. 16% im Jahre 2001 auf etwa 16,5% im Jahre 2002 [Vgl. Schneider, F., Der Umfang der Schwarzarbeit des Jahres 2002 in Deutschland, Österreich und der Schweiz – Weiteres Anwachsen der Schwarzarbeit, http://www.economics.uni-linz.ac.at/Members/Schneider/PfuschOeDCH. PDF, Stand: 12.9.2002].

inlandsprodukts verfügt, gravierende Verhaltensänderungen auf der Leistungsseite, die – wie im Abschnitt 2.3 expliziert wird – sich auch nur sehr schwer korrigieren lassen.[92] Angesichts der hohen Steuerbelastung und der grassierenden Umverteilung wird versucht, für den vom Staat entzogenen Einkommensteil möglichst viel an – gerechtfertigter wie auch ungerechtfertigter – Gegenleistung zu erwirken.[93] Es entwickelt sich eine Eigendynamik, die zu ständig wachsenden Forderungen nach mehr verteilungspolitischen Maßnahmen führt.[94] Statistisch läßt sich dieses Phänomen an der Entwicklung des Sozialbudgets ablesen, das neben den staatlichen Sozialleistungen auch die Leistungen der Arbeitgeber an ihre jeweiligen Beschäftigten erfaßt[95]. Im Jahre 1960, also zu Zeiten, in denen die Marktwirtschaft in Deutschland noch den Stempel Ludwig Erhard's trug, machte das Sozialbudget 21% des Bruttoinlandsprodukts aus[96]; im Jahre 2001 wurden bereits 32% des Bruttoinlandsprodukts für Sozialleistungen verwendet. Bedenkt man, daß in diesem Zeitraum der Wohlstand in Deutschland, und damit die Möglichkeit zur Eigenvorsorge, kontinuierlich zunahm, so ist diese Entwicklung ein beredtes Zeichen dafür, daß Anspruchsdenken, Mißbrauch und Mitnahmeeffekte in der Gesellschaft um sich greifen und sich verfestigen.[97] Aus dieser, dem Wohlfahrtsstaat inhärenten Entwicklung, resultiert im Extremfall ein Teufelskreis. Hohe und steigende Steuerbelastungen, denen keine äquivalenten Erträge aus der Bereitstellung öffentlicher Leistungen gegenüberstehen, beeinträchtigen die wirtschaftliche Leistungsfähigkeit und -bereitschaft und tragen zu einem steigenden Bedarf an staatlichen Leistungen bei (z.B. zur Alimentierung der steigenden Arbeitslosigkeit, aber auch aus der Eigendynamik des Systems heraus), während gleichzeitig das Steueraufkommen sinkt. Vermehrte staatliche Leistungen führen wiederum zu höheren Steuerbelastungen usw. Letztlich gefährdet der Wohlfahrtsstaat mit seinen überzogenen umverteilungspolitischen Aktivitäten seine

---

[92] Vgl. Westerhoff, H.-D., Die Staatsquote als Zwischenziel der Politik?, in: Orientierungen zur Wirtschafts- und Gesellschaftspolitik, o.Jg. (1995), H. 3, S. 20.

[93] Vgl. Sachverständigenrat zur Begutachtung der gesamtwirtschaftlichen Entwicklung, Jahresgutachten 1996/1997, a.a.O., Zi. 376.

[94] Vgl. zur Eigendynamik der wachsenden Ansprüche an den Sozialstaat El-Shagi, E.-S., „Soziale Marktwirtschaft"..., a.a.O, S. 355ff.

[95] Siehe Fußnote 88.

[96] Diese Relation wird auch als Sozialleistungsquote bezeichnet; vgl. Sachverständigenrat zur Begutachtung der gesamtwirtschaftlichen Entwicklung, Jahresgutachten 2002/2003, a.a.O., Tabelle 66*, S. 483.

[97] Daß die in Deutschland realisierte Menge an Umverteilung weit über das ökonomisch zu rechtfertigende Niveau hinausgeht, wird auch durch die Ausgestaltung des Sozialstaates untermauert. Denn wie im vorangegangen Abschnitt ausgeführt wurde, ist das deutsche Sozialleistungssystem derart konstruiert, daß u.a. arbeitsfähige Hilfeempfänger kaum einen Anreiz haben dürften, eine Beschäftigung aufzunehmen, deren Entlohnung nicht deutlich über dem Hilfesatz liegt [Vgl. Berthold, N./Thode, E., Globalisierung – Drohendes Unheil oder schöpferische Kraft für den Sozialstaat?, in: Ökonomische Theorie der Sozialpolitik (Festschrift für Bernhard Külp), Hrsg.: E. Knappe/N. Berthold, Heidelberg 1998, S. 355].

eigene ökonomische Basis und schadet damit allen Bevölkerungsgruppen, weil er die Quellen des Wohlstands zum Versiegen bringt.[98]

2.2 Die erforderlichen Reformmaßnahmen

Nachdem, gemessen am Leitbild der freien leistungsfähigen Wettbewerbsordnung, der Reformbedarf auf den Güter- und Faktormärkten sowie in den öffentlichen Haushalten expliziert wurde, gilt es im folgenden die erforderlichen Reformmaßnahmen aufzuzeigen, die in diesen Bereichen zu ergreifen sind, um eben die dargestellten Abweichungen vom Leitbild zu eliminieren bzw. um das Leitbild umzusetzen, und um so wiederum an internationaler Wettbewerbsfähigkeit und an Allokationseffizienz und Entwicklungsdynamik zu gewinnen.

2.2.1 Die erforderlichen Reformmaßnahmen auf den Güter- und Kapitalmärkten

Die primäre Aufgabe der Wirtschaftspolitik auf den Güter- und Kapitalmärkten besteht darin, die verbliebenen, ökonomisch nicht zu rechtfertigenden Regulierungen und Subventionen zu beseitigen und konsequent den Wettbewerb zu garantieren. Welche Regulierungen konkret in den in Abschnitt 2.1.2 genannten Bereichen zu beseitigen sind, soll im folgenden nicht weiter ausgeführt werden. Prinzipiell sind aber alle Markteingriffe, die bestimmte Gruppen von Marktteilnehmer privilegieren und andere in ihrer wirtschaftlichen Betätigung diskriminieren, abzuschaffen. Für die Subventionen heißt das, daß sie mit einigen wenigen Ausnahmen wie etwa die Grundlagenforschung pauschal auf null zu kürzen sind. Hiervon wird im nächsten Abschnitt noch die Rede sein. Schließlich muß sich Deutschland auf Ebene der Europäischen Union für eine Politik stark machen, die den Wettbewerb stärkt. Für die angesprochene gemeinschaftliche Außenhandelspolitik heißt das beispielsweise, daß sich Deutschland vehement für den Freihandel einsetzen muß, der auch den Handel mit Agrarprodukten einschließt.[99]

---

[98] Vgl. Berthold, N., Der Sozialstaat auf dem Prüfstand, in: 100 Jahre Ludwig Erhard – Das Buch zur sozialen Marktwirtschaft, Düsseldorf 1997, S. 76.

[99] Die Maxime des Freihandels schließt natürlich nicht aus, daß man auf eine ausbeuterische Außenhandelspolitik des Auslands mit Handelsrestriktionen reagiert. D.h. wenn das Ausland durch Import- oder Exportrestriktionen die Terms of Trade zu seinen Gunsten verschiebt, dann ist es legitim, daß das betroffene Land – ausreichende Marktmacht vorausgesetzt (eine Prämisse, die die Europäische Union zweifelsohne erfüllt) – durch eigene Handelsbeschränkungen die Austauschverhältnisse wiederum für sich verbessert. Dabei ist jedoch ein behutsames Vorgehen angezeigt, da die Situation nach der Vergeltung oder gar nach einem dadurch induzierten Handelskrieg eine Schlechterstellung beider Seiten im Vergleich zum Freihandel darstellt. Folglich sind Verhandlungen, kombiniert mit der Androhung

Wird der Wettbewerb auf den Güter- und Kapitalmärkten derart intensiviert, dann ist mit Kostensenkungen und Ressourceneinsparungen zu rechnen (nicht zuletzt aufgrund nachlassender Lobbyaktivitäten und sinkender Bürokratieaufwendungen). Der Anreiz für innovatives Verhalten wird gesteigert, die Gründung neuer Unternehmen wird attraktiver oder überhaupt erst möglich. Die Konsumenten und – sofern die Güter als Vorleistungen in die Produktion eingehen – die Unternehmen profitieren von niedrigeren Preisen, einem vielfältigeren Angebot und einem besseren Service.[100] Infolge des Subventionsabbaus kann die Steuerbelastung reduziert werden, was wiederum Fehlanreize verringert. Hindernisse für einen erfolgreichen Strukturwandel werden aus dem Weg geräumt. Letztlich kommt es zu einer höheren Effizienz und Entwicklungsdynamik und damit zu einer Mehrnachfrage nach Arbeitskräften. Es wäre allerdings verfehlt zu erwarten, daß sich das Problem der persistenten Arbeitslosigkeit vorrangig oder gar allein durch eine Stimulierung des wirtschaftlichen Wachstums lösen ließe. Denn wirtschaftliches Wachstum und die Nachfrage nach Produktionsfaktoren stehen nicht zwingend in einem fixen Zusammenhang. Ob Wachstum beschäftigungsintensiv ist, hängt u.a. von der Höhe der Arbeitskosten und der Lohnstruktur und damit von den institutionellen Regelungen auf dem Arbeitsmarkt ab.[101] Dies ist unmittelbar einsichtig, wenn man berücksichtigt, daß viele Arbeitslose mit ihren obsoleten beruflichen Qualifikationen nicht den Anforderungen entsprechen, die typischerweise für neu geschaffene Stellen im Industrie- und Dienstleistungsbereich vorausgesetzt werden, und gleichzeitig das staatliche garantierte Mindesteinkommen oftmals eine Beschäftigung im Niedriglohnsektor unattraktiv macht. Faktisch zeigt sich auch, daß in Deutschland wirtschaftliches Wachstum in den vergangenen beiden Jahrzehnten mit wenig neuer Beschäftigung verbunden war; es geht weitgehend an der Arbeitslosigkeit vorbei.[102] Ergo muß zur Überwindung der Arbeitslosigkeit zwingend auch am Arbeitsmarkt angesetzt werden.

2.2.2 Die erforderlichen Reformmaßnahmen auf dem Arbeitsmarkt

Auf dem Arbeitsmarkt gilt es, daß Tarifkartell durch die Stärkung der Vertragsfreiheit und des Wettbewerbs zu entmachten, um eine knappheitsadäquate Preisbestimmung für den Faktor Arbeit zu ermöglichen. Nur so kann das System wieder ins Gleichgewicht zurücksteuern, d.h. Vollbeschäftigung realisiert werden. Dabei geht es nicht darum, den

---

außenhandelspolitischer Vergeltungsmaßnahmen und notfalls auch einer dosierten, temporären Retorsion, die bei einer positiven Reaktion des Auslands zurückgenommen wird, der sicherlich bessere Weg als eine harte Konfrontationslinie [Vgl. El-Shagi, E.-S., Plädoyer für eine Liberalisierung des Welthandels, in: List Forum, 19. Jg. (1993), H. 3, S. 197].

[100] Vgl. Boss, A./Laaser, C.-F./Schatz, K.-W. et al., Deregulierung in Deutschland: Eine empirische Analyse, (Kieler Studien; Bd. 275) Tübingen 1996, S. 1.
[101] Vgl. Siebert, H., Geht den Deutschen die Arbeit aus?, a.a.O., S. 64ff.
[102] Vgl. Siebert, H., Hundert Punkte..., a.a.O., S. 5.

Flächentarifvertrag trotz grundsätzlicher wettbewerbstheoretischer Bedenken aufzugeben, sondern seine Vorteile sind mit der Notwendigkeit seiner Flexibilisierung in Einklang zu bringen.[103] In seiner gegenwärtigen Form setzt der Flächentarifvertrag voraus, daß der Lohnerhöhungsspielraum in den Unternehmen einer Branche ähnlich ist. Diese Bedingung ist aber in einer globalisierten Weltwirtschaft mit markant verändertem Umfeld nicht mehr gegeben. Da die strukturellen Veränderungen, die der internationale Wettbewerb induziert, die Unternehmen unterschiedlich treffen, sind betriebsnahe Tarifverhandlungen unumgänglich. De facto werden entsprechende Betriebsvereinbarungen zwischen Unternehmensleitungen und Belegschaften in der Praxis auch verstärkt abgeschlossen. Sie sind in der Regel dadurch charakterisiert, daß die Unternehmensleitung Beschäftigungszusagen für einige Jahre gibt, etwa auch in der Form, daß bestimmte Produktionslinien an einem Standort erhalten werden, und daß die Belegschaft dafür Zugeständnisse bei den Tarifen oder bei der Flexibilität der Arbeitszeit macht.[104] Sie stellen mithin für jede Seite eine Verbesserung der Position dar. Aus ordnungspolitischer Sicht sind sie eine sinnvolle Entwicklung, weil dadurch ein Weg gefunden wird, eine größere Lohndifferenzierung zu erreichen. Allerdings sind derartige Betriebsvereinbarungen gemäß Paragraph 77 Absatz 3 des Betriebsverfassungsgesetzes vom Gesetz her nichtig, wenn sie nicht in den Flächentarifverträgen explizit vorgesehen sind.[105] Ob die Tarifvertragsparteien die Kraft haben, von dieser Möglichkeit in Zukunft verstärkten, uneingeschränkten Gebrauch zu machen, ist jedoch angesichts der bisherigen Erfahrungen zweifelhaft.[106] Bis dato tolerieren sie lediglich derartige Arrangements zwischen Arbeitgebern und Beschäftigten. Der Gesetzgeber ist daher im Interesse der Standorts

---

[103] Vgl. Sachverständigenrat zur Begutachtung der gesamtwirtschaftlichen Entwicklung, Jahresgutachten 1996/1997, a.a.O., Zi. 326.

[104] Flexible Arbeitszeiten ermöglichen es, daß Unternehmen in Engpaßsituationen und in Phasen einer Absatzschwäche elastisch mit dem Einsatz der Arbeitnehmer reagieren können. Durch längere Maschinenlaufzeiten und eine flexiblere Nutzung der betrieblichen Anlagen im Zeitablauf kann das Sachkapital auf Dauer besser ausgelastet werden, was mit einem Anstieg der Arbeitsproduktivität verbunden ist [Vgl. Dahlmanns, G., Mehr Markt für den Arbeitsmarkt, in: Aus Politik und Zeitgeschichte, 47. Jg. (1997), Bd. 35, S. 36].

[105] Das Bundesarbeitsgericht hat im April 1999 der zuständigen Gewerkschaft ein (im konkreten Fall erfolgreiches) Verbandsklagerecht gegen solche abweichenden Abmachungen mit tarifgebundenen Arbeitnehmern eingeräumt [Vgl. Rüthers, B./Siebert, H., a.a.O., S. 15.].

[106] Selbst wenn betriebsnahe Anpassungen der Arbeitsbedingungen in den Tarifverträgen ausdrücklich gestattet sind, wie dies beispielsweise im Bundesentgelttarifvertrag der chemischen Industrie im Jahre 1998 der Fall war oder im jüngsten Tarifabschluß der Metallindustrie der Fall ist, wird die Wirksamkeit der Betriebsvereinbarung von der Zustimmung der Tarifvertragsparteien abhängig gemacht [Vgl. Wagner, U., Reform des Tarifvertragsrechts und Änderungen der Verhaltensweisen der Tarifpartner als Voraussetzungen für eine wirksame Bekämpfung der Arbeitslosigkeit, in: Ordo (Jahrbuch für die Ordnung von Wirtschaft und Gesellschaft; Bd. 50), Hrsg.: H. O. Lenel et al., Stuttgart 1999, S. 150f. sowie o.V., Das Tarifergebnis von Böblingen, in: Frankfurter Allgemeine Zeitung., Nr. 113 v. 17.05.2002, S. 14].

Deutschland bzw. im Interesse der von einer realen Arbeitsplatzgefährdung betroffenen Arbeitnehmer aufgefordert, den Paragraphen 77 zu novellieren. Dabei ist der Vorrang des Tarifvertrags auf Betriebe zu beschränken, deren Arbeitgeber tarifgebunden sind. Allerdings sind die Flächentarifverträge durch Öffnungsklauseln für Betriebsvereinbarungen zu öffnen, und die Abstimmungsverfahren und das notwendige Quorum für die Feststellung des Einvernehmens der Belegschaft zu präzisieren.[107, 108] Eine solche Änderung beseitigt nicht generell die Tarifautonomie. Sie bedeutet nur die betriebsverfassungsgesetzliche Anerkennung des Günstigkeitsprinzips. Sie würde klarstellen, daß Belegschaften selbst beurteilen können und dürfen, was für sie günstiger ist. Dabei kann den tarifgebundenen Arbeitnehmern in solchen Vereinbarungen ein Wahlrecht zwischen der tariflichen und der betrieblichen Regelung eingeräumt werden.[109]

Den Problemgruppen unter den Arbeitslosen (Langzeitarbeitslose, Berufsanfänger, ältere Arbeitslose) helfen Betriebsvereinbarungen jedoch kaum weiter. Damit sie ihren Produktivitätsnachteil ausgleichen können, müssen sie das Recht erhalten, tariflich vereinbarte Löhne unterbieten zu können. Eine Möglichkeit hierzu sind gesetzlich vorgeschriebene Einstiegstarife, mit denen sich Arbeitslose – etwa 20 Prozent unter dem Tariflohn – in die Beschäftigung einklinken können.[110]

Zur Flexibilisierung der Lohnstruktur und damit zur Stärkung der Arbeitsnachfrage hat der Staat des weiteren prinzipiell auf die Allgemeinverbindlichkeitserklärung von Tarifvereinbarungen zu verzichten (sinnvollerweise indem Paragraph 5 Tarifvertragsgesetz gestrichen wird), und die Nachwirkungsfrist von Tarifverträgen bei Austritt aus dem Arbeitgeberverband zu verkürzen. Beide Maßnahmen erhöhen den Druck auf die Tarifvertragsparteien, eine differenzierte produktivitätsorientierte Lohnpolitik zu verfolgen. Schließlich sind auch andere gesetzliche Regelungen, die die Nachfrage nach Arbeitskräften schwächen, zu verändern. So ist insbesondere der Kündigungsschutz weniger extensiv zu gestalten und zu interpretieren.[111] Letztlich bedarf nur der Schutz vor willkürlicher Entlassung einer arbeitsrechtlichen Regelung.

Wie im Abschnitt 2.1.3 ausgeführt wurde, besteht zwischen den Sozialleistungssystemen und dem Arbeitsmarkt ein enger Zusammenhang, den es bei Reformen am Arbeitsmarkt zu berücksichtigen gilt. Andernfalls droht jede Reform der Arbeitsmarktordnung ins Leere laufen. Im Zusammenhang mit der Einführung von Einstiegstarifen ist

---

[107] Der Sachverständigenrat zur Begutachtung der gesamtwirtschaftlichen Entwicklung schlägt hierzu vor, daß vom Tarifvertrag abweichende Betriebsvereinbarungen zulässig sein sollten, wenn diesbezüglich Einvernehmen mit dem Betriebsrat hergestellt wird und wenn außerdem eine qualifizierte Mehrheit der Belegschaft den Abweichungen zustimmt [Vgl. Sachverständigenrat zur Begutachtung der gesamtwirtschaftlichen Entwicklung, Jahresgutachten 1999/2000: Wirtschaftspolitik unter Reformdruck, Stuttgart 1999, Zi. 362].
[108] Vgl. Siebert, H., Eine ordnungspolitische Agenda, a.a.O., S. 106f.
[109] Vgl. Rüthers, B./Siebert, H., a.a.O., S. 15.
[110] Vgl. Siebert, H., Eine ordnungspolitische Agenda, a.a.O., S. 108.
[111] Vgl. ebenda, S. 108f.

dies unmittelbar einsichtig. Verminderte Tariflöhne können im Bereich niedrig entlohnter Tätigkeiten möglicherweise zu geringfügig oberhalb oder sogar unterhalb des Niveaus von Unterstützungszahlungen liegen, so daß für die Betroffenen kaum ein Anreiz zur Arbeitsaufnahme bestehen dürfte. Arbeitslosenunterstützung und Sozialhilfe sind folglich dahingehend zu reformieren, daß die persönlichen Kosten des Zustands der Arbeitslosigkeit steigen, damit zum einen für Arbeitslose der Anreiz zunimmt, aktiv nach Beschäftigung zu suchen, und zwar auch zu relativ niedrigen Löhnen, und zum anderen der Druck auf die Gewerkschaften wächst, beschäftigungsfreundlichere Tarifabschlüsse auszuhandeln.[112] Ferner muß durch ordnungskonforme Reformen der Sozialleistungssysteme die Belastung der Produktionsfaktoren Arbeit und Kapital mit Steuern und Abgaben reduziert werden. Nähere Details zu diesen Reformerfordernissen werden im folgenden Abschnitt behandelt, der sich mit der Reform des Wohlfahrtsstaats im engeren Sinne auseinandersetzt.

2.2.3 Die erforderlichen Reformmaßnahmen in den öffentlichen Haushalten

In der Finanzpolitik ist eine grundsätzliche Diskussion um die Aufgabenverteilung zwischen Staat und Privaten erforderlich. Ziel muß es sein, daß der Staat nur jene Aufgaben übernimmt, bei deren Wahrnehmung privatwirtschaftlicher Wettbewerb versagt. Dabei ist darauf zu achten, daß die Steuerbelastung und die Erträge aus der Bereitstellung von öffentlichen Gütern in Einklang gebracht werden (im folgenden werden wieder der Einfachheit halber auch Sozialversicherungsbeiträge und sonstige öffentliche Abgaben unter Steuern subsumiert). Denn Gesellschaften stehen nicht nur mit ihren Steuern, sondern auch mit ihrem Angebot an öffentlichen Gütern im Wettbewerb um international mobile Faktoren.[113] Viele Länder haben in dieser Hinsicht (und im Hinblick auf die Deregulierung der Güter- und Faktormärkte) bereits respektable Fortschritte gemacht mit entsprechenden Zugewinnen an internationaler Wettbewerbsfähigkeit. Die deutsche Wirtschaftspolitik steht mithin unter Zugzwang. Dabei geht es angesichts der Höhe der deutschen Staatsquote nicht um kleine Korrekturen des Systems, sondern um dessen grundlegende Umgestaltung. Erst eine deutliche ordnungskonforme Reduktion der Staatsquote ermöglicht eine signifikante Senkung der Steuerbelastung und damit eine Verbesserung der Ertragsaussichten, die wiederum entscheidend die Investitions- und Leistungsbereitschaft determinieren.

---

[112] Vgl. Berthold, N./Fehn, R., Arbeitslosigkeit in Deutschland – Diagnose und Therapie, Würzburg 1994, S. 23.

[113] Vgl. Soltwedel, R., Dynamische Märkte – Solide soziale Sicherung. Leitlinien der institutionellen Reform, Hrsg.: Bertelsmann Stiftung/Heinz Nixdorf Stiftung/Ludwig-Erhard-Stiftung, (Forschungsprogramm „Weiterentwicklung und Perspektiven der Sozialen Marktwirtschaft"; Abschlußbericht zum Schwerpunkt „Markt und Staat") Gütersloh 1997, S. 40.

Betrachtet man die Struktur der Staatsausgaben, dann fallen insbesondere die Subventionen (in der sehr weiten Abgrenzung, d.h. inklusive der sozialpolitisch motivierten Zuschüsse), die Leistungen der Sozialversicherungen und die Leistungen der Sozial- und Arbeitslosenhilfe ins Gewicht. An diesen volumenmäßig beachtlichen Ausgaben hat eine finanzpolitische Reformpolitik mit dem Ziel der effizienzorientierten Senkung der Steuerbelastung als erstes anzusetzen. Das heißt im einzelnen:
1) Wie bereits erwähnt wurde, kann kaum eine der in Deutschland geleisteten Subventionen ökonomisch begründet werden. Vielmehr dienen sie der Einkommensumverteilung. „Eine Finanzhilfe ist deshalb so gut oder so schlecht wie eine andere; die Hilfen unterscheiden sich vor allem dadurch, dass sie zu unterschiedlichen Zeiten beschlossen worden sind, nicht dadurch, dass sie eher konsumtiven oder eher investiven Charakter haben oder als irgendwie gerecht oder weniger gerecht eingestuft werden können".[114] Es läßt sich mithin keine ökonomisch begründete Rangordnung im Rahmen einer Streichliste erstellen. Folglich sind alle Subventionen pauschal abzuschaffen. Ein geeigneter Weg hierfür wird vom Sachverständigenrat zur Begutachtung der gesamtwirtschaftlichen Entwicklung (1998) vorgeschlagen: Es wird ein Zeitpunkt in sehr naher Zukunft festgelegt (z.B. Ende Dezember des nächsten Jahres), zu dem sämtliche Subventionen auslaufen. Wer über diesen Termin hinaus Finanzhilfen beanspruchen will, muß nachweisen, daß die geforderten Zahlungen im gesamtwirtschaftlichen Interesse liegen.[115] Eine Fortführung der Beihilfe kommt dann nur in Frage, wenn sie zur Steigerung der gesamtwirtschaftlichen Produktivität beiträgt. Dieser Sachverhalt ist in periodischen Intervallen zu kontrollieren. Würden die Subventionen ganz gestrichen, dann könnten die Einkommensteuersätze um fast zwei Drittel reduziert werden. Beispielsweise hätte der Eingangssteuersatz (inklusive Solidaritätszuschlag) im Jahre 2001 7,7% statt 21%, der Spitzensteuersatz 18,8% statt 51,2% betragen können (ohne Solidaritätszuschlag 6,6% statt 19,9% bzw. 16,2% statt 48,5%).[116]
2) Was die Daseinsvorsorge betrifft, so ist diese konsequent dem Individuum und dem Markt zuzuweisen. Allerdings ergibt sich in einigen Fällen die Notwendigkeit staatlichen Handelns als Ergänzung zur Wettbewerbsordnung. So hat der Staat zum einen korrigierend in die Einkommensverteilung einzugreifen, wenn aufgrund der wettbewerbsbestimmten Einkommensverteilung bestimmte Personengruppen nicht genügend Einkommen erzielen um ihre Existenz zu sichern. Denn in einer freien leistungsfähigen Wettbewerbsordnung wird die personelle Einkommensverteilung u.a. von der Leistungskraft der Individuen maßgeblich determiniert. Da diese zudem im Zeitverlauf durch Krankheit, Alter etc. stark negativ beeinträchtigt werden kann mit existenzgefährdenden Folgen, sind zum anderen staatliche Eingriffe in die Entscheidungsfreiheit des

---

[114] Boss, A./Rosenschon, A., a.a.O., S. 46.
[115] Vgl. Sachverständigenrat zur Begutachtung der gesamtwirtschaftlichen Entwicklung, Jahresgutachten 1998/1999, a.a.O., Zi. 393.
[116] Vgl. Boss, A./Rosenschon, A., a.a.O., S. 51f.

Bürgers dort erforderlich, wo abzusehen ist, daß die Wirtschaftssubjekte aufgrund der Minderschätzung zukünftigen Bedarfs und der Unsicherheit des Eintritts und des Umfangs des Bedarfsfalles keine ausreichende Vorsorge gegen diese existentiellen Risiken vornehmen werden. Mithin liegt ein meritorischer Bedarf vor.[117]

In beiden Fällen rechtfertigt sich staatliche Sozialpolitik dadurch, daß sie einen Beitrag zur Verbesserung der Voraussetzungen für einen leistungsfähigen Wettbewerb leistet, indem sie die politische Stabilität und den sozialen Frieden sichert, die wiederum von hoher Relevanz für das Investitionsklima und überhaupt für die Freisetzung wirtschaftlicher Aktivitäten sind. Ferner begründet sie sich durch die Entfaltung von Produktivkräften, z.B. durch die Ausbildungsförderung von Kindern aus armen Verhältnissen.[118]

Die für eine derart verstandene Sozialpolitik einzusetzenden Maßnahmen müssen so konstruiert sein, daß sie „den marktwirtschaftlichen Koordinationsmechanismus so wenig wie möglich beeinträchtigen und die individuelle Entscheidungsfreiheit des einzelnen und damit seine Fähigkeit, am Markt zu agieren, so wenig wie möglich berühren".[119] Schließlich gilt: Je leistungsfähiger die Marktwirtschaft ist, desto geringer ist der Bedarf an staatlicher Umverteilung.[120]

Für die Reform der Grundsicherung folgt daraus, daß zunächst einmal die Arbeitslosenhilfe, da sie nicht zu rechtfertigen ist und gegenüber der Sozialhilfe diskriminierend wirkt, abzuschaffen ist, indem die bisherigen Empfänger in die Sozialhilfe überführt werden.[121] Mit einer generellen Kürzung der Sozialhilfe zur Vergrößerung des Lohnabstandes ist es jedoch nicht getan. Zwar trifft es zu, daß mit zunehmendem Lohnabstand eine Entlastung der öffentlichen Haushalte erreicht und die Anreizwirkung zur Aufnahme von Arbeit wie auch die Arbeitsnachfrage vergrößert wird, jedoch gerät die Sozialhilfe zugleich immer mehr in Gefahr, ihr eigentliches Ziel, die Bereitstellung einer Grundsicherung für Bedürftige, zu verfehlen. Gerade dies kann aber weder politisch noch ökonomisch gewollt sein.[122] Darüber hinaus hätten Trittbrettfahrer und Schwarzarbeiter durch diese Maßnahme zwar eine finanzielle Einbuße zu verkraften, doch dürfte sie dies kaum davon abhalten, das verbleibende Transfereinkommen weiterhin gesetzwidrig in Anspruch zu nehmen.[123] Die Reduktion der Staatsausgaben bzw. die Steige-

---

[117] Vgl. Knappe, E., a.a.O., S. 347f.

[118] Vgl. El-Shagi, E.-S, Die Überlegenheit..., a.a.O., S. 26.

[119] Thuy, P., Grundeinkommenssicherung in der Sozialen Marktwirtschaft, in: Ordo (Jahrbuch für die Ordnung von Wirtschaft und Gesellschaft; Bd. 50), Hrsg.: H. O. Lenel et al., Stuttgart 1999, S. 124.

[120] Vgl. Borrmann, A. et al., Soziale Marktwirtschaft – Erfahrungen in der Bundesrepublik Deutschland und Überlegungen zur Übertragbarkeit auf Entwicklungsländer, Hamburg 1990, S. 42.

[121] Diese Maßnahme ist insofern berechtigt, als das nach spätestens sechs Monaten Bezug von Arbeitslosengeld unzweifelhaft feststehen dürfte, daß der Leistungsempfänger keine Beschäftigung entsprechend seinen Präferenzen zu finden in der Lage ist.

[122] Vgl. Thuy, P., a.a.O., S. 130f.

[123] Vgl. ebenda, S. 133f.

rung der Effizienz im Sozialhilfesystem bei gleichzeitiger Wahrung des legitimen Anrechts der wirklich Bedürftigen auf angemessene Unterstützung erfordert folglich, daß auf der Grundlage des Subsidiaritätsprinzips jeder, der physisch und psychisch und unter Berücksichtigung seines sozialen Umfelds erwerbsfähig ist, vom Empfang von Sozialhilfe auszuschließen ist.[124] Oberstes Ziel muß es ein, daß jeder Erwerbsfähige seinen Lebensunterhalt aus eigener Kraft verdient und zur Verbesserung seiner Qualifikation, zwecks Erzielung höherer Einkommen, motiviert wird.[125] Lediglich in den Fällen, in denen das Erwerbseinkommen trotz normaler Beschäftigungsverhältnisse unterhalb des Existenzminimums liegt, ergibt sich die Notwendigkeit einer staatlichen Korrektur der Einkommensverteilung. Hierzu stellen eine subjektorientierte Umverteilung auf der Grundlage von direkten Steuern und Transferleistungen, Vermögensbildungsmaßnahmen sowie bildungspolitische Maßnahmen sinnvolle Maßnahmen dar, da sie am ehesten als wettbewerbskonform angesehen werden können bzw. die geringsten Allokationsverzerrungen mit sich bringen.[126] Dagegen stellt die Verpflichtung arbeitsfähiger Hilfeempfänger zu gemeinnützigen Aufgaben bei unverändertem Bezug von Sozialhilfe keine durchgreifende Lösung zur Entlastung der öffentlichen Haushalte dar (abgesehen von der Gruppe der Schwarzarbeiter). Ihr Anreiz zur Aufnahme einer regulären Erwerbstätigkeit dürfte nach wie vor gering sein, da in vielen Fällen ihr marktmäßiges Einkommen nicht wesentlich höher sein dürfte als das staatlich gesicherte Existenzminimum, bei Zwangstätigkeiten im öffentlichen Dienst allerdings kein wirklicher Leistungsdruck besteht. Schließlich treten die staatlichen Beschäftigungsmaßnahmen in Konkurrenz zu den regulären Arbeitsmärkten und drohen dort Arbeitsplätze zu verdrängen. Der Entzug der Sozialhilfe für erwerbsfähige Empfänger ist eo ipso nur dann zu rechtfertigen, wenn entsprechende Arbeitsplätze zur Verfügung stehen oder in absehbarer Zeit entstehen werden. Mithin muß diese Maßnahme zwingend mit der beschriebenen Reform der Arbeitsmarktordnung einhergehen.

Für die Reform der Sozialversicherungen ergibt sich aus Effizienzerwägungen sowie dem Freiheitsverständnis einer Marktwirtschaft folgende Grundrichtung:
a) Die Einführung einer Mindestversicherungspflicht für Großrisiken (Arbeitslosigkeit, Krankheit, Pflege und Alter) bei freier Wahl von – soweit möglich[127] – privatwirt-

---

[124] Das impliziert, daß bei Sozialhilfeempfängern mit Familie und bei hartnäckiger Arbeitsverweigerung des Haushaltsvorstandes den Eltern das Sorgerecht für die Kinder zu entziehen ist oder der Familie nur noch Sachleistungen gestellt werden.
[125] Von den knapp 2,7 Millionen Empfängern von Sozialhilfe (Ende 2000), waren rund 940.000 Personen erwerbsfähig [Vgl. Statistisches Bundesamt, Sozialleistungen, Fachserie 13, Reihe 2 (Sozialhilfe), 2000, Stuttgart 2002, Tabelle A.1.3 sowie A.1.4, S. 15f.].
[126] Vgl. El-Shagi, E.-S., Die Überlegenheit, a.a.O., S. 25.
[127] Von den vier Großrisiken gilt das Risiko der Arbeitslosigkeit selbst bei einem funktionierendem Marktmechanismus für die Lohnbildung als sehr schwer privatwirtschaftlich zu versichern, da die individuellen Risiken, arbeitslos zu werden, weder statistisch weitgehend voneinander unabhängig sind, noch die Wahrscheinlichkeitsverteilung der Risiken hinlänglich bekannt ist. Eine private Versicherung

schaftlich organisierten, auf der Grundlage des Kapitaldeckungsverfahrens arbeitenden Versicherungsanbietern, verbunden mit der Option auf erweiterten beitragspflichtigen Schutz. Abgesehen davon, daß ein solcher Schritt die Entscheidungsfreiheit und Eigenverantwortung der Bürger stärkt, ist die rasche und vollständige Einführung des Kapitaldeckungsverfahrens (bzw. des Anwartschaftsdeckungsverfahren in der dann einstigen Gesetzlichen Kranken- und Pflegeversicherung) insofern erstrebenswert, weil sich nur so die künftigen Belastungen aus der ungünstigen Bevölkerungsentwicklung leichter bewältigen lassen.[128, 129] Ferner begünstigt das Kapitaldeckungsverfahren die volkswirtschaftliche Kapitalbildung und damit das Wirtschaftswachstum.

b) Die konsequente Verfolgung des Äquivalenzprinzips. D.h. Beiträge, individuelles Risiko und Versicherungsleistungen müssen sich entsprechen. Voraussetzung hierfür ist die Garantie eines funktionierenden Wettbewerbs zwischen den privatwirtschaftlichen Versicherungsanbietern.[130] Hohe Risiken sind dann mit hohen Beiträgen verbunden. Für

---

kann den einzelnen Arbeitnehmer gegen die materiellen Folgen der Arbeitslosigkeit aber nur absichern, wenn sie einen Risikoausgleich unter den Versicherten herbeiführen kann. Zwar schließt eine marktgerechte Preisbestimmung für den Faktor Arbeit die Gefahr einer rentabilitätsbedingten Arbeitslosigkeit aus, jedoch bleibt die Gefahr einer konjunkturell bedingten Arbeitslosigkeit bestehen und damit die Möglichkeit einer Kumulation von Schäden aufgrund einer „Risikoinfektion". Ob dieses Problem durch die Bildung von Rücklagen durch die Versicherungen beseitigt werden kann, ist fraglich. Eine staatlich organisierte Arbeitslosenversicherung wird daher wohl auch in Zukunft notwendig bleiben, und zwar selbst dann, wenn eine Organisation des Arbeitsmarktes realisiert wäre, die eine dauerhafte gesamtwirtschaftliche Arbeitslosigkeit verhindert [Vgl. Sachverständigenrat zur Begutachtung der gesamtwirtschaftlichen Entwicklung, Jahresgutachten 1996/1997, a.a.O., Zi. 448].

[128] In der Rentenversicherung bietet die vollständige Kapitaldeckung eine weit größere Unabhängigkeit der Beitragssätze (d.h. der Sparquote) von der Bevölkerungsentwicklung als eine Teilkapitaldeckung. Zwar hat die demographische Entwicklung auch Auswirkungen auf die Kapitaleinkünfte, diese lassen sich aber durch die internationale Flexibilität des Kapitaldeckungsverfahrens minimieren [Vgl. Sachverständigenrat zur Begutachtung der gesamtwirtschaftlichen Entwicklung, Jahresgutachten 1996/1997, a.a.O., Zi. 415]. Darüber hinaus können nur durch einen vollständigen Übergang zum Kapitaldeckungsverfahren die Zugriffsmöglichkeiten der Politik auf das Rentensystem eliminiert werden.

[129] In der Rentenversicherung kann der vollständige Übergang zum Kapitaldeckungsverfahren dergestalt ablaufen, daß ab einem Stichtag alle Versicherungspflichtigen in das Kapitaldeckungsverfahren einzahlen. Die bis zu diesem Zeitpunkt im Umlageverfahren erworbenen Anwartschaften werden fortgeführt. Treten die Übergangsjahrgänge in das Rentenalter ein, so setzt sich ihre Rente aus zwei Komponenten zusammen, nämlich aus dem Anspruch, der sich aus dem Umlageverfahren berechnet, und einem weiteren, der aus dem Kapitaldeckungsverfahren stammt. Im Laufe der Zeit verliert die Rentenkomponente aus dem Umlageverfahren immer mehr an Bedeutung [Vgl. Sachverständigenrat zur Begutachtung der gesamtwirtschaftlichen Entwicklung, Jahresgutachten 1996/1997, a.a.O., Zi. 419ff.]. Das Hauptproblem beim Übergang zum Kapitaldeckungsverfahren stellt die Finanzierung der im Umlageverfahren erworbenen Anwartschaften dar, während gleichzeitig ein Kapitalstock zur Finanzierung künftiger Rentenansprüche aufgebaut werden muß. Für eine Übergangsphase ist daher eine Mehrbelastung der Bürger unvermeidlich.

[130] Dies erfordert u.a. vom Staat die Festlegung von Haftungsregelungen und die Ergreifung von Maßnahmen zur Verbesserung der Transparenz hinsichtlich der Verwaltung der Beitragszahlungen. Ferner

den Einzelnen resultiert daraus der Anreiz, die Versicherung nicht übermäßig in Anspruch zu nehmen bzw. ein kostenorientiertes Verhalten an den Tag zu legen.[131] Dafür bietet der Wettbewerb zwischen den Versicherungen dem Konsumenten die Vorteile, daß die Angebote auf seine Präferenzen zugeschnitten werden und das Prämien-Leistungs-Verhältnis optimiert wird.[132] Da risikoäquivalente Beitragssätze eine Einkommensumverteilung in den Sozialversicherungen nicht zulassen, sind notwendige Umverteilungen mittels eines eigenständigen Steuer-Transfer-Systems außerhalb der Versicherungen vorzunehmen.[133] Die Verteilungsziele werden so effizienter erreicht, die Allokationsverluste fallen geringer aus.[134]

c) Die Übertragung der Verantwortung für die Daseinsvorsorge an das Individuum verlangt, daß die „paritätische" Finanzierung der Sozialversicherungen durch Arbeitgeber und Arbeitnehmer aufzukündigen ist. Die bis dato angefallen Arbeitgeberbeiträge und gegebenenfalls auch die Sozialleistungen des Unternehmens sind in voller Höhe und steuerneutral auf das Arbeitsentgelt aufzuschlagen und fallen in die Dispositionsfreiheit

---

ist dafür zu sorgen, daß die Versicherten ohne ungerechtfertigte Kosten zwischen den Versicherungen wechseln können. Das Kartellamt hat eine Konzentration wirtschaftlicher Macht bei den Versicherern zu verhindern [Vgl. Sachverständigenrat zur Begutachtung der gesamtwirtschaftlichen Entwicklung, Jahresgutachten 1996/1997, a.a.O., Zi. 416]. Des weiteren ist ein Kontrahierungszwang der Versicherungen für ein Standardpaket an Leistungen geboten, um das Problem der adversen Selektion zu verringern [Vgl. Berthold, N., Der Sozialstaat der Zukunft – mehr Markt weniger Staat, in: List Forum für Wirtschafts- und Finanzpolitik, 27. Jg. (2001), H. 1, S. 30]. Schließlich sind im Interesse der Versicherten Anlagevorschriften zu fixieren, die dem Gebot der Risikodiversifikation hinreichend entsprechen.

[131] Sollte es selbst bei einem zu gewährleistenden funktionierenden Marktmechanismus auf dem Arbeitsmarkt zu keinem ausreichenden privaten Versicherungsangebot gegen die materiellen Folgen von Arbeitslosigkeit kommen, die Arbeitslosenversicherung mithin in staatlicher Hand verbleiben, müßte sie dennoch umfassend reformiert werden, um die derzeit gegebenen Fehlanreize zu eliminieren. So ist zum einen wesentlich stärker auf Risikoäquivalenz abzustellen, in dem Sinne, daß die Beiträge nach dem individuellen Arbeitslosigkeitsrisiko gestaffelt werden, und zum anderen müssen die Leistungshöhe und die Bezugsdauer reduziert und die Zumutbarkeitskriterien restriktiver gehandhabt werden.

[132] Um günstige Prämien anbieten zu können, müssen die Krankenversicherungen auf die Preise der Leistungserbringer (Ärzte, Krankenhäuser, Apotheken etc.) direkt einwirken können. Dies erfordert wiederum eine umfassende Deregulierung des Vertragsrechts zwischen den Leistungserbringern und den Krankenversicherungen. Mithin ist nicht nur auf dem Versicherungsmarkt der Wettbewerb zu intensivieren, sondern auch auf dem Markt für Gesundheitsleistungen [Vgl. Berthold, N., Der Sozialstaat der Zukunft..., a.a.O., S. 31f.].

[133] Beispielsweise liegen zahlreiche Risiken außerhalb individueller Verantwortlichkeit und gehen auf natürliche Ursachen zurück (wie z.B. angeborene Leiden). In diesen Fällen ist es gerechtfertigt, daß der Staat hohe risikoäquivalente Beiträge nach sozialen Gesichtspunkten durch Zuschüsse abmildert [Vgl. Knappe, E., Umbau des Sozialstaates..., a.a.O., S. 368f.].

[134] Vgl. Berthold, N., Der Sozialstaat der Zukunft..., a.a.O., S. 29.

des Arbeitnehmers.[135] Die Vorteile dieser Methode liegen auf der Hand: Zum einen wird die Entwicklung der Arbeitskosten von der Entwicklung der Beitragssätze abgekoppelt. Die Illusion, daß die Beiträge von beiden Parteien getragen wird, verschwindet. Das soziale Sicherheit durch den Verzicht auf anderweitig verfügbares Einkommen erkauft werden muß, wird nun unmißverständlich deutlich. Dies trägt zum anderen dazu bei, daß die Arbeitnehmer nach beitragsmindernden Optionen suchen werden, da sie sich unmittelbar in höheren Nettoentgelten niederschlagen.[136]

Summa summarum muß das Sozialsystem so umgestaltet werden, daß der Staat sich auf seine elementarsten Aufgaben zurückzieht und seine Umverteilungsaktivitäten auf die marktwirtschaftlich gerechtfertigten Bereiche beschränkt und hierzu möglichst marktkonforme Maßnahmen verwendet, mithin Maßnahmen, die nicht den Markt-Preis-Mechanismus beeinträchtigen. Die Eigenverantwortung ist zu stärken und private Versicherungslösungen auf wettbewerblich verfaßten Märkten sind so weit wie möglich zu realisieren. Nur auf diesem Wege lassen sich effiziente Ergebnisse und eine Reduktion der Steuer- und Abgabenbelastung erzielen. Geringere Steuern und Abgaben verbessern wiederum die Gewinnsituation der Unternehmen und ermuntern sie zu mehr Investitionen, einer verstärkten Nachfrage nach Arbeitskräften und damit letztlich zu einem höheren und stetigerem Einkommen der Arbeitnehmer, zu einem höheren „Wohlstand für alle".[137]

2.3 Die Durchsetzbarkeit der Reformen

Nachdem die obligaten Reformmaßnahmen aus Sicht der ökonomischen Theorie formuliert wurden, gilt es zu untersuchen, inwieweit politökonomische Hemmnisse generell die Umsetzung der Reformen limitieren können. Denn das grundsätzliche Problem aller marktwirtschaftlichen Reformen besteht darin, daß der Abbau verteilungs- bzw. sozialpolitisch motivierter Privilegien typischerweise mit unmittelbaren und konkreten Einkommenseinbußen und Anpassungshärten (im Sinne gestiegener Anforderungen an Flexibilität, Mobilität und Lernbereitschaft) verbunden ist, während sich die Reformen über eine gestiegene Investitionstätigkeit erst langfristig in einem höheren Beschäftigungsstand und höheren Einkommen der Arbeitnehmer auswirken. Da die finanziellen Vorteile erst in Zukunft zu erwarten sind, werden sie auch nur als abstrakte Erweiterung

---

[135] Vgl. May, H., Die Krise des Sozialstaates, in: Orientierungen zur Wirtschafts- und Gesellschaftspolitik, o.Jg. (1994), H. 1, S. 53.

[136] Vgl. Sachverständigenrat zur Begutachtung der gesamtwirtschaftlichen Entwicklung, Jahresgutachten 1996/1997, a.a.O., Zi. 451.

[137] Vgl. Berthold, N./Heise, M., Rahmenbedingung der Arbeit im internationalen Wettbewerb, in: Handbuch Banken und Personal, Hrsg.: P. Siebertz/J. H. v. Stein, Frankfurt am Main 1999, S. 95.

des individuellen Handlungsspielraums betrachtet.[138] Die Gefahr für den Reformprozeß besteht nun insbesondere darin, daß die zu eliminierenden Renten das Resultat der unbeschränkten Kompetenz des Parlaments sind: diese Kompetenzfülle ermöglicht es der Parlamentsmehrheit, d.h. der Regierung, ungerechtfertigte Sondervorteile gegen Wählerstimmen zu tauschen.[139] Daraus resultiert, daß dieselbe Ursache, die die Privilegien, d.h. den Reformbedarf, generiert, gleichzeitig die Durchführung der Reformen erschwert.[140] Denn es ist zu erwarten, daß die von einer Elimination der geldwerten Vorteile negativ Betroffenen – und daß ist angesichts des Umfangs der wohlfahrtsstaatlichen Aktivitäten tendenziell jeder – beim nächsten Wahltermin – aufgrund der engen Verflechtung der Zuständigkeiten von Bund und Ländern bei der Gesetzgebung sind bereits Landtagswahlen von hoher Relevanz[141] – der regierenden Partei ihre Stimmen verweigern und ihr Heil bei oppositionellen Parteien suchen werden, die die Verteidigung oder Restauration der Privilegien offerieren. Sofern die regierende Partei befürchten muß, auf Bundes- oder Länderebene die Wahlen zu verlieren, wird sie die Reformvorschläge zurücknehmen oder abschwächen. Daß die Opposition entsprechende Offerten vorlegen und die Regierungspartei darauf wie beschrieben reagieren wird, gilt angesichts der Zielsetzung der Politiker als gesichert. Diese besteht darin, aus vornehmlich eigennützigen Interessen (in erster Linie Einkommen, Prestige und Macht, daneben aber auch die Umsetzung von Ideologien)[142] ein politisches Amt zu erringen oder beizubehalten sowie zu erreichen, daß die eigene Partei zur Regierungspartei wird und – sofern dies bereits der Fall ist – die Partei an der Regierung zu halten.[143] In diesem Zusammenhang gilt es weitere politökonomische Faktoren zu berücksichtigen, die die politische Durchsetzbarkeit marktwirtschaftlicher Reformen erschweren:
1) Ein Gefangenendilemma. „Selbst Einsicht in die Zweckmäßigkeit einer umfassenden Reformpolitik läßt bei den Inhabern von zur Diskussion stehenden verteilungspolitisch motivierten Privilegien ein Dilemma entstehen. Sie müssen mit der Möglichkeit rechnen, am Ende nur als Verlierer einer durch Widerstände anderer bewirkten halbherzigen

---

[138] Vgl. Kirsch, G., Vorwärts zum geordneten Rückzug, in: Frankfurter Allgemeine Zeitung, Nr. 245 v. 21.10.2000, S. 15.

[139] Eine eingehende Darstellung dieses Tauschvorgangs bietet Daumann, F., Interessenverbände im politischen Prozeß – Einflußnahme und Möglichkeiten der Begrenzung, in: Ordo (Jahrbuch für die Ordnung von Wirtschaft und Gesellschaft; Bd. 50), Hrsg.: H. O. Lenel et al., Stuttgart 1999, S. 171-206.

[140] Vgl. Streit, M. E., Zur politischen Ökonomie von Reformen wohlfahrtsstaatlicher Institutionen, in: Perspektiven der deutschen Wirtschaftspolitik, Hrsg.: H. Siebert, Stuttgart u.a. 1983, S. 177.

[141] Der Bundesrat eröffnet in vielen Fällen durch seine verfassungsrechtliche Stellung die Möglichkeit zu einer Blockadepolitik, wenn die Opposition im Bundestag in dieser Kammer aufgrund ihrer Erfolge in den Landtagswahlen eine Mehrheit gewinnt [Vgl. Kaltefleiter, W., Zum Spiel mit dem Wort Reformen, in: Wirtschaftsdienst – Zeitschrift für Wirtschaftspolitik, 77. Jg. (1997), H. 10, S. 559].

[142] Vgl. Daumann, F., Zur Erklärung des politischen Prozesses in Demokratien – Versuch einer evolutorischen individualistischen Fundierung der Neuen Politischen Ökonomie, in: Ordo (Jahrbuch für die Ordnung von Wirtschaft und Gesellschaft; Bd. 46), Hrsg.: H. O. Lenel et al., Stuttgart 1995, S. 83f.

[143] Vgl. Daumann, F., Interessenverbände..., a.a.O., S. 174.

Reform darzustehen."[144] Da die Vorteile einer marktwirtschaftlichen Reformpolitik den Charakter öffentlicher Güter haben, also niemand von ihrer Inanspruchnahme exkludiert werden kann, ist für die Privilegierten der Anreiz, bestehende Sondervorteile vehement zu verteidigen, auch entsprechend groß.

2) Die Neigung zum Status quo. Gewinner und Verlierer von Deregulierungsmaßnahmen lassen sich im Vorfeld nicht eindeutig eruieren. Entsprechende Vorschläge erhöhen folglich ex ante die Unsicherheit und werden daher nicht nur von jenen abgelehnt, die als direkt Betroffene um ihre staatlich zugeschanzten Besitzstände fürchten müssen, sondern evtl. auch von den primären Nutznießern der Reformen, beispielsweise den Konsumenten, da es ihnen subjektiv als sicherer erscheinen mag, für die „augenscheinlich funktionierenden" Regelungen zu votieren.[145] Die Fixierung auf den Status quo gilt beim deutschen Wähler als besonders ausgeprägt.[146]

3) Die Ideologisierung von Politik und Gesellschaft. Ein Reformkatalog, der sich vereinfachend mit der Forderung nach „Mehr Markt, weniger Staat" charakterisieren läßt, kollidiert entschieden mit vorherrschenden Weltanschauungen bzw. Gerechtigkeitsvorstellungen in Politik und Gesellschaft.[147] Denn ein marktwirtschaftlicher Umbau der gegenwärtigen Wirtschaftsordnung macht die durch wohlfahrtsstaatliche Eingriffe aller Art herbeigeführten Verteilungswirkungen zum größten Teil wieder rückgängig und fördert somit die Einkommensungleichheit. Parallel dazu eliminiert er die unberechtigten Privilegien der Arbeitsplatzbesitzer, was allzu leicht von Interessengruppen und Oppositionsparteien als Demontage von Arbeitnehmerrechten bei gleichzeitiger Stärkung der Machtposition der Arbeitgeber, und damit als Ausbeutung der Arbeitnehmer polemisiert werden kann. Inwieweit sich dagegen die Überzeugung, daß es in einer funktionierenden Marktwirtschaft aufgrund des höheren wirtschaftlichen Leistungsgrades auf Dauer allen und nicht zuletzt den sozial Schwächeren am besten geht, gegen das Verdikt der „sozialen Unausgewogenheit" durchsetzen kann, ist sehr fraglich.[148] Die vielfach vorherrschende Meinung, daß die Wettbewerbsordnung bzw. marktliche Lösungen die „Armen noch ärmer und die Reichen noch reicher" machen bzw. eine Zwei-Klassen-Gesellschaft etablieren, erschwert somit nicht nur die Durchführung entsprechender Reformen, sondern sie kann bereits auf der politischen Ebene zu einer Tabui-

---

[144] Streit, M. E., Zur politischen Ökonomie..., a.a.O., S. 174.

[145] Vgl. Slembeck, T., Probleme der Akzeptanz wirtschaftspolitischer Vorschläge, in: Finanz- und Wirtschaftspolitik in Theorie und Praxis (Festschrift für Alfred Meier), Hrsg.: H. Schmid/T. Slembeck, (Schriftenreihe Finanzwirtschaft und Finanzrecht; Bd. 86) Bern/Stuttgart/Wien 1997, S. 547.

[146] Vgl. Schmidt, M. G., Reformen der Sozialpolitik in Deutschland: Lehren des historischen und internationalen Vergleichs, in: Der deutsche Sozialstaat: Bilanzen – Reformen – Perspektiven, Hrsg.: S. Leibfried/U. Wagschal, (Schriften des Zentrums für Sozialpolitik; Bd. 10) Frankfurt/New York 2000, S. 164.

[147] Vgl. Streit, M. E., Zur politischen Ökonomie..., a.a.O., S. 174.

[148] Vgl. Issing, O., Erfolgsbedingungen einer angebotsorientierten Wirtschaftspolitik, in: Perspektiven der deutschen Wirtschaftspolitik, Hrsg.: H. Siebert, Stuttgart u.a. 1983, S. 189.

sierung von derart ausgerichteten Reformvorschlägen führen.[149] Dies mag erklären, warum derzeit in Deutschland der vollständige Übergang zum Kapitaldeckungsverfahren oder auch die komplette Privatisierung der Kranken- und Pflegeversicherung als nahezu ausgeschlossen gelten.

4) Das Eigeninteresse der staatlichen Bürokratie und der Verbände. Eine Reformpolitik, die auf eine effizienzorientierte Rückführung der Staatsquote und Deregulierung abzielt, läuft dem Interesse der Bürokratie nach Budgetmaximierung entgegen, da Einkommenschancen, Macht und Prestige an die Regulierungsintensität und an die Höhe des verwalteten Etats gekoppelt sind.[150] Die Beschränkung ihrer Aufstiegschancen läßt folglich einen starken Reformwiderstand erwarten und vergrößert letztlich das Stimmenpotential der Opposition. Für Verbandsfunktionäre bedeutet eine derart ausgerichtete Reformpolitik, daß sie ihre Klientele weniger attraktive Interessenvermittlungsangebote bei Umverteilungswünschen machen können[151] bzw. daß sie ihre Stellung durch die Verteidigung früher erkämpfter Privilegien rechtfertigen müssen. Damit stehen auch für sie Einkommenschancen, Macht und Prestige auf dem Spiel, was wiederum ihren Anreiz verstärkt, den Widerstand gegen derartige Reformpläne zu organisieren. So stellen beispielsweise die Deregulierung am Arbeitsmarkt und der beschriebene effizienzorientierte Umbau der Arbeitslosenunterstützung und der Rentenversicherung einen Frontalangriff auf die Machtposition der Gewerkschaften dar. Ihre Möglichkeiten, überhöhte Löhne durchzusetzen und die beschäftigungspolitischen Folgen auf die Gesellschaft zu überwälzen, werden eliminiert. Unter diesen Rahmenbedingungen wäre das Aushandeln von Flächentarifverträgen eine Dienstleistung, die sich im Wettbewerb mit den beiden anderen institutionellen Formen der Interessenvertretung und Lohnfindung, nämlich Betriebsvereinbarungen und einzelvertraglichen Abmachungen, behaupten müßte.[152] Damit stünde die Existenzberechtigung der Verbandsfunktionäre auf einem ganz anderen, unsicheren Fundament.

Angesichts der zu erwartenden Widerstände erscheinen die Durchführungschancen marktwirtschaftlicher Reformen als relativ gering und damit letztlich der wirtschaftliche Niedergang des Wohlfahrtsstaates als vorprogrammiert. Das legt die Konklusion nahe, daß marktwirtschaftliche Reformen zunächst eine Reform des parlamentarisch-demokratischen Systems bedingen. Denn – so könnte man resümieren – erst wenn es gelingt, den diskretionären Handlungsspielraum der politischen Entscheidungsträger einzuengen, kann man überhaupt erwarten, daß Reformen der ordnungspolitischen

---

[149] Vgl. Ribhegge, H., Chancen und Widerstände einer Reform der Sozialpolitik in demokratischen Systemen, in: Soziale und ökologische Ordnungspolitik in der Marktwirtschaft, Hrsg.: P. Oberender/ M. E. Streit, Baden-Baden 1990, S. 85f.

[150] Siehe hierzu Niskanen, W. A., Bureaucracy and Representative Government, Chicago 1971.

[151] Vgl. Streit, M. E., Zur politischen Ökonomie..., a.a.O., S. 175.

[152] Vgl. Sachverständigenrat zur Begutachtung der gesamtwirtschaftlichen Entwicklung, Jahresgutachten 1997/1998: Wachstum, Beschäftigung, Währungsunion – Orientierungen für die Zukunft, Stuttgart 1997, Zi. 315.

Rahmenbedingungen möglich sind.[153] Erforderlich wären mithin Verfassungsänderungen, um den Handlungsspielraum des Parlaments einzuschränken. Hierzu bieten sich prinzipiell zwei Lösungen an: 1) eine Beschränkung der Kompetenzen durch Verfassungsvorgaben[154] sowie 2) eine institutionelle Aufteilung der Kompetenzfülle.[155] Da sich allerdings die politischen Entscheidungsträger solche Handlungsbeschränkungen mit Verfassungsrang selbst auferlegen müssen, sind ihre Realisierungschancen denkbar schlecht.[156] Dasselbe Argument gilt freilich auch für marktwirtschaftliche Reformen innerhalb der bestehenden konstitutionellen Rahmenbedingungen – auch sie implizieren eine partielle Selbstentmachtung der Politik durch den Abbau diskretionärer Handlungsspielräume.[157] Wie die Geschichte des 20. Jahrhunderts jedoch demonstriert, sind demokratisch verfaßte Wohlfahrtsstaaten dennoch und ohne vorausgehende Verfassungsänderungen zu fundamentalen marktwirtschaftlichen Reformen in der Lage. Die herausragenden Beispiele hierfür liefern Großbritannien, wo mit dem Wahlsieg von Margaret Thatcher im Jahre 1979 die Renaissance der angebotsorientierten Politik eingeleitet wurde, die Vereinigten Staaten, wo mit dem Regierungsantritt von Ronald Reagan im Jahre 1981 der Paradigmenwechsel in der Wirtschaftspolitik begann, und – seit Mitte der achtziger Jahre – Neuseeland. Allen drei Ländern ist gemeinsam, daß sie ihre Wirtschaft mit teilweise tiefgehenden Einschnitten in das soziale Netz, mit deutlichen Steuersenkungen und weitgehenden Deregulierungsmaßnahmen sowie durch das Aufbrechen struktureller Verkrustungen auf den Arbeitsmärkten wieder auf Vollbeschäfti-

---

[153] Vgl. Berthold, N., Arbeitslosigkeit in Europa – Ein schwer lösbares Rätsel?, in: Beschäftigungsentwicklung und Arbeitsmarktpolitik, Hrsg.: E. Kantzenbach/O. G. Mayer, (Schriften des Vereins für Socialpolitik, Gesellschaft für Wirtschafts- und Sozialwissenschaften; N.F., Bd. 219) Berlin 1992, S. 76.

[154] Zu denken ist hier beispielsweise an verfassungsmäßige Schranken für die Staatsquote, die Staatsverschuldung und die Besteuerung [Vgl. Siebert, H., Wenn Steuern Wohlstand mindern – Thesen zur Steuerreform, (Kieler Diskussionsbeiträge; Bd. 344) Kiel 1999, S. 11].

[155] Vgl. Streit, M. E., Zur politischen Ökonomie..., a.a.O., S. 177f.

[156] Vgl. Streit, M. E., Wohlfahrtsstaatlicher Interessenpluralismus und marktwirtschaftliche Ordnung – Eine Kritik verbändestaatlicher Ordnungsvorstellungen, in: Wirtschaftspolitik zwischen ökonomischer und politischer Rationalität (Festschrift für Herbert Giersch), Hrsg.: M. E. Streit, Wiesbaden 1988, S. 272 sowie Cassel, D., Wirtschaftspolitik als Ordnungspolitik, in: Ordnungspolitik, Hrsg.: D. Cassel/B.-T. Ramb/H. J. Thieme, München 1988, S. 322.

[157] Marktwirtschaftliche Reformen zeichnen sich gerade dadurch aus, daß durch den Abbau von Macht dem Bürger mehr Wahlmöglichkeiten und Chancen entstehen und er aus der Ausbeutung durch Interessengruppen befreit wird, er mithin ein höheres (Real-)Einkommensniveau erreicht. Daß der Konsument diese Vorteile, nachdem er sie denn erfahren hat, zu würdigen und zu verteidigen weiß, darf als sehr wahrscheinlich angenommen werden. So ist es beispielsweise kaum vorstellbar, daß die Verbraucher sich die Vorteile, die ihnen die Deregulierungen auf den Gütermärkten gebracht haben, durch Re-Regulierungen wieder nehmen lassen. Ebenso gilt angesichts der Erfahrungen zweier Hyperinflationen die Unabhängigkeit der Zentralbank als sakrosankt. Die Flexibilisierung der Arbeitsmärkte, die Privatisierung der Sozialversicherungen bzw. eine effizienzorientierte Rückführung der Staatsausgaben dürften sich daher als ebenso beständig erweisen.

gungskurs gebracht haben.[158] Daneben liefern Kanada, die Niederlande, Irland und Portugal weitere Beispiele für erfolgreiche Reformbemühungen in der jüngeren Vergangenheit, die jedoch nicht die Radikalität der drei zuvor erwähnten Länder erreichen. Schließlich waren auch in Deutschland unter den gegebenen konstitutionellen Rahmenbedingungen marktwirtschaftlich orientierte Reformen möglich. So wurde zwischen 1982 und 1989 die Staatsquote um mehr als vier Prozentpunkte von 50,1% auf 45,8% gesenkt.[159] Mit der Rückführung der Staatsausgaben war eine Reduktion der Sozialleistungsquote verbunden. Sie sank zwischen 1982 und 1990 von 32,8% auf 28,8%.[160] Diese Entwicklung wurde erst durch die Wiedervereinigung invertiert. Darüber hinaus fanden unter der Regierungskoalition aus den beiden Unionsparteien und den Freien Demokraten begrenzte Reformen auf dem Arbeitsmarkt statt. Zu erwähnen sind hier die Aufhebung des Allgemeinvermittlungsrechts der Bundesanstalt für Arbeit; die Anhebung des Schwellenwertes, bis zu dem das Kündigungsschutzgesetz nicht gilt; die Erweiterung der Möglichkeiten zum Abschluß befristeter Arbeitsverträge; die Anhebung der Höchstdauer für Leiharbeitsverhältnisse und die Begrenzung der Entgeltfortzahlung im Krankheitsfall.[161] Ferner sind seit Mitte der neunziger Jahre beachtliche Privatisierungs- und Deregulierungserfolge zu konstatieren. Schließlich hat die Regierungskoalition aus Sozialdemokraten und Bündnis 90/Die Grünen mit der Steuer- und Rentenreform – trotz aller inhaltlicher Mängel – innerhalb einer Legislaturperiode tiefgreifendere Reformen durchgeführt als die beiden Unionsparteien und die Freien Demokraten in der Zeit nach 1989. Zudem setzt sie mit der Hartz-Reform die Liste limitierter Arbeitsmarktreformen fort.[162] Selbst in der Tarifpolitik sind graduelle Veränderungsprozesse zu beobachten. Unter dem internationalen Wettbewerbsdruck und der steigenden Flucht aus dem Flächentarifvertrag waren moderate Abschlüsse möglich, haben im begrenzten Maße Öffnungsklauseln, Arbeitszeitkorridore, Einstiegstarife und andere Rahmenregelungen für größeren betrieblichen Gestaltungsspielraum Eingang in die tarifpolitische Praxis gefunden.[163] Zwar sind alle diese Reformen vom Umfang und vom Tempo her noch unzureichend und erscheinen eher aufgrund des Diktats der leeren Kassen und dem Druck äußerer Umstände, zu denen insbesondere auch die Vorgaben der Europäi-

---

[158] Vgl. Van Suntum, U., Deutschland braucht eine umfassende Finanzreform, in: Wirtschaftsdienst – Zeitschrift für Wirtschaftspolitik, 77. Jg. (1997), H. 10, S. 561.

[159] Vgl. Sachverständigenrat zur Begutachtung der gesamtwirtschaftlichen Entwicklung, Jahresgutachten 1998/1999, a.a.O., Tabelle 33*, S. 368f.

[160] Vgl. Bundesministerium für Gesundheit und Soziale Sicherung, a.a.O., Tabelle 7.2.

[161] Vgl. Neumann, M. J. M., Deutschlands Regelwerk für den Arbeitsmarkt – Reformbedarf und Modernisierungschancen, in: Arbeitsplätze durch mehr Mut zum Markt, Hrsg.: Konrad-Adenauer-Stiftung, (Aktuelle Fragen der Politik; Bd. 55) Sankt Augustin 1998, S. 18.

[162] Zum Inhalt und zur Beurteilung der Gesetze zur Umsetzung der Hartz-Reform siehe beispielsweise Institut der deutschen Wirtschaft, Hartz-Reform, a.a.O.

[163] Vgl. Schlecht, O., Deutschland kommt um nachhaltige Reformen nicht herum, in: Wirtschaftsdienst – Zeitschrift für Wirtschaftspolitik, 77. Jg. (1997), H. 10, S. 555.

schen Union im Rahmen des Binnenmarktprogramms zählen, vorgenommen worden zu sein als aufgrund ordnungstheoretischer Räson,[164] aber dennoch dokumentieren sie die Reformfähigkeit der politischen Entscheidungsträger in Deutschland.[165]

All diese Beispiele verdeutlichen, daß es letztlich auf den Willen zur Reform ankommt. Der Wunsch hierzu ist in Deutschland zweifellos vorhanden. Denn daß der Sozialstaat ökonomisch effizienter und damit kostengünstiger sein muß, gehört seit Mitte der neunziger Jahre zum Repertoire der meisten Parteien. Der politische Streit geht dabei weniger um das Ob als vielmehr um das Wie der Reform.[166] Darüber hinaus ist auch in der Bevölkerung eine zunehmende Reformbereitschaft zu konstatieren. Die hohe Belastung der Bürger mit Steuern und Abgaben und der offenkundige Mißbrauch in den Sozialleistungssystemen bzw. das wachsende Empfinden, daß wohlfahrtsstaatliche Leistungen nur „den anderen" zugute kommen, während der Staat gleichzeitig seine elementaren Aufgaben in den Bereichen innerer und äußerer Sicherheit sowie Infrastruktur vernachlässigt, schüren die Unzufriedenheit mit dem bestehenden Wohlfahrtsstaat.[167] Die hohe Dauerarbeitslosigkeit und die öffentliche Diskussion um die Zukunft der Kranken- und Rentenversicherung sowie um die nachlassende Standortwettbewerbsfähigkeit Deutschlands begründen ebenso die Einsicht in die Notwendigkeit von Reformen. Dabei dürfte die Akzeptanz marktwirtschaftlicher Reformen insbesondere bei den wohlhabenderen Arbeitnehmern, mithin bei der politisch einflußreichen Mittelklasse, gegeben sein oder zumindest herstellbar sein, weil sie die Kosten der ineffizienten institutionellen Arrangements mehr und mehr zu tragen haben, da die international mobilen Produktionsfaktoren sich zunehmend den Finanzierungspflichten entziehen. Schließlich werden marktwirtschaftliche Reformen auch dadurch begünstigt, daß das Ausland demonstriert, wie sich durch die Neuausrichtung der ordnungspolitischen Rahmenbedingungen die Intensivierung der internationalen Güter- und Faktorbewegungen als Quelle höheren Wohlstand nutzen läßt. D.h. die Informationen über die Opportunitätskosten der wettbewerbsbeschränkenden Regulierungen bzw. der sozialen Gerechtigkeit im Sinne der materiellen Gleichheit verbessern sich sowohl für die Politik als auch für die Bürger. Es verwundert daher nicht, daß deutsche Politiker in letzter Zeit

---

[164] Dafür sprechen die Rückschläge in anderen Bereichen, durch welche die Reformen zum Teil konterkariert werden und die auf das Streben der Koalition aus Sozialdemokraten und Bündnis 90/Die Grünen nach Machterwerb und schließlich Machterhalt zurückzuführen sind. Zu nennen sind hier beispielsweise die Rücknahme der Einschränkung der Lohnfortzahlung im Krankheitsfall, die Verschärfung des Kündigungsschutzes und Ausweitung der betrieblichen Mitbestimmung sowie die Einführung eines Rechtsanspruch auf Teilzeitarbeit.

[165] Vgl. zu dieser Schlußfolgerung auch Schmidt, M. G., a.a.O., S. 161ff.

[166] Vgl. Sachverständigenrat zur Begutachtung der gesamtwirtschaftlichen Entwicklung, Jahresgutachten 1996/1997, a.a.O., S. 379.

[167] Siehe hierzu beispielsweise Boeri, T./Börsch-Supan, A./Tabellini, G., Der Sozialstaat in Europa. Die Reformbereitschaft der Bürger – Eine Umfrage in vier Ländern, (Hrsg.: Deutsches Institut für Altersvorsorge) Köln 2000, S. 97.

versuchen, sich mit angebotsorientierten Politikmaßnahmen, die sich im Ausland bewährt haben, im politischen Wettbewerb zu profilieren. Die genannten Faktoren lassen dabei erwarten, daß Politiker, die marktwirtschaftliche Reformkonzepte aufgreifen und glaubhaft zu „vermarkten" verstehen, auch das notwendige Wählerpotential finden.

Summa summarum lassen sich gegenwärtig zahlreiche Faktoren eruieren, die für die Durchsetzbarkeit einer marktwirtschaftlichen Reformpolitik sprechen. Jedoch muß jede reformbereite Regierung den politischen Widerstand und die sozialen Spannungen berücksichtigen, die durch die Elimination von Besitzständen provoziert werden und die – je nach ihrer Intensität – die Wiederwahl(en)[168] gefährden können und damit auch den gesamten Reformprozeß. Um diese Widerstände und Spannungen zu minimieren, ist daher zum einen ein glaubhaftes und dezidiertes Vorgehen obligat. Hierzu zählt auch, daß Ressentiments gegenüber marktlichen Lösungen ausgeräumt und die Reformen und ihre Erträge transparent gemacht werden. Zum anderen sind die unvermeidbaren Anpassungshärten zu dosieren, indem die Reformen einerseits graduell umgesetzt werden, und andererseits gegebenenfalls sozialpolitisch flankiert werden.[169] Bei der sozialpolitischen

---

[168] Wie bereits erwähnt, hängt die Durchsetzbarkeit von Reformen auch von den Machtverhältnissen im Bundesrat ab. Verfügt die Opposition hier über die Mehrheit, dann kann sie aus ihrem Eigeninteresse heraus ökonomisch sinnvolle Reformvorhaben der Regierung blockieren oder interventionistisch verwässern.

[169] Die zu erwartenden Widerstände und Spannungen, die zur Abwahl der Regierung führen können, können aber ebensogut als Argument für schnelle und umfassende Reformen im Sinne einer „Schocktherapie" angeführt werden. D.h. zu einem bestimmten Zeitpunkt – sinnvollerweise zu Beginn einer Legislaturperiode – werden Reformen in allen Bereichen gleichzeitig gestartet. Bei einer solchen Vorgehensweise fallen die unvermeidlichen Verluste bzw. Anpassungshärten mithin sehr früh und sehr massiv an. Dem steht jedoch als Vorteil gegenüber, daß schnelle und umfassende Reformen mit einer hohen Glaubwürdigkeit verbunden sind, so daß gegen Ende der Legislaturperiode zumindest deutlich positive Wachstums- und Beschäftigungsaussichten zu vermuten sind, die die Wiederwahl der Regierung begünstigen können. Diese Hoffnung ist zumindest für Deutschland und andere etablierte Marktwirtschaften, die der Elimination ordnungspolitischer Reformdefizite beharren, begründet, da in diesen Ländern die ökonomischen und institutionellen Voraussetzungen für eine mittelfristig erfolgreiche Schocktherapie gegeben und massive ökonomische Einbrüche nicht zu erwarten sind. Eine solche Schocktherapie setzt jedoch eine starke und in ordnungstheoretischen Zusammenhängen denkende Regierung voraus, die zudem gemeinwohlorientiert ist und Wiederwahlaspekte zurückstellt. Betrachtet man jedoch die derzeitige Politikerriege in Deutschland, so lassen sich derartige Charaktere nicht identifizieren. Da Berufspolitiker in Deutschland überwiegend das Ergebnis eines negatives Selektionsprozesses sind [Siehe hierzu Arnim, H. H. v., Ist der Reformstau jetzt vorbei? Von der Handlungs(un)fähigkeit der Politik, in: Stand und Perspektiven der Öffentlichen Betriebswirtschaftslehre (Festschrift für Peter Eichhorn), Hrsg.: D. Bräunig/D. Greiling, Berlin 1999, S. 306ff.], sind solche Persönlichkeiten auch in naher Zukunft nicht zu erwarten. Erschwerend kommt hinzu, daß die Umsetzung einer Schocktherapie eine gestaltende Mehrheit voraussetzt, die aber aufgrund der konkurrierenden parteiinternen Flügel, des Verhältniswahlrechts und der föderalen Staatsverfassung in Deutschland ebenfalls ungewiß ist. Infolgedessen müssen Umfang und Tempo der Reformen sich am „politisch machbaren" orientieren.

Absicherung ist allerdings darauf zu achten, daß die Reformen nicht unterlaufen und den bisherigen verteilungspolitischen Privilegien lediglich neue hinzugefügt werden.[170] Denn bei allen Forderungen nach Kompensation seitens der „Verlierer" der Reformen ist zu berücksichtigen, daß die Kompensation für derartige Reformmaßnahmen durch ein höheres Wirtschaftswachstum erfolgt, das allen Wirtschaftsteilnehmern zugute kommt. Ferner ist für den Erfolg einer sukzessiven Vorgehensweise entscheidend, daß zu Beginn einer Legislaturperiode solche Reformen gewählt werden, die innerhalb der vierjährigen Legislaturperiode wahrnehmbare Erfolge aufweisen werden, um somit die bisherigen, aber auch künftige Anpassungslasten rechtfertigen zu können.

Basierend auf den diesen Überlegungen könnte ein erster Reformschritt unter Status-quo-Bedingungen im Grundsatz wie folgt aussehen:[171] Da sich jede Regierung insbesondere an ihren Erfolgen beim Abbau der Arbeitslosigkeit messen lassen muß, sollten die ersten Reformmaßnahmen auf den Abbau der Langzeitarbeitslosigkeit zielen. Aus den bereits im Vorfeld erwähnten Gründen sind hierzu die Zahlung von Arbeitslosenhilfe einzustellen und die bisherigen Empfänger in die Sozialhilfe zu überführen. Für prinzipiell erwerbsfähige Bezieher ist dann die Sozialhilfe schrittweise zu reduzieren, um deren finanzielle Anreize zur Arbeitsaufnahme zu erhöhen. Das Ziel dieser Maßnahme muß es sein, daß die Sozialhilfe für die genannte Gruppe keine Alternative mehr zur Erwerbstätigkeit darstellt. Solange dies nicht der Fall ist, ist die Sozialhilfe weiter zu kürzen. Damit geht einher, daß es für die Betroffenen keinen Anspruch auf einen bestimmten Beruf oder einen bestimmten Lebensstandard geben kann (lediglich in den Fällen, in denen die Entlohnung eines normalen Beschäftigungsverhältnisses nicht ausreicht, um die Existenz zu sichern, ergibt sich die Notwendigkeit staatlicher Transferzahlungen). Je nach Intensität des Widerstandes und in Abhängigkeit der Aufnahmekapazität des Arbeitsmarktes sind die sukzessiven Kürzungen der Sozialhilfe vorzunehmen. Damit aber für die Betroffenen auch im ausreichenden Maße Arbeitsplätze entstehen, muß der Arbeitsmarkt liberalisiert werden. Da die Arbeitsplatzbesitzer jedoch einen besonders starken Einfluß auf politische Entscheidungen ausüben, ist im Interesse des Reformprozesses zunächst einmal ein massierter Angriff auf ihre Besitzstände zu vermeiden. Dabei stellt insbesondere die gebotene Lockerung des Kündigungsschutzes aufgrund der bisher weitgehenden Abhängigkeit der Ausprägung der sozialen Absicherung von Lohn und Beschäftigungsdauer für die Arbeitsplatzbesitzer ein brisantes Thema dar.[172] Es scheint daher angebracht, die Lockerung des Kündigungsschutzes vorläufig auf Neueinstellungen zu beschränken. Um die Beschäftigungschancen der Problem-

---

[170] Vgl. Streit, M. E., Zur politischen Ökonomie..., a.a.O., S. 176.

[171] Das einige der Maßnahmen im Bundesrat zustimmungspflichtig sind, muß im folgenden unberücksichtigt bleiben.

[172] Vgl. Ribhegge, H., Sozialpolitische Reformen in demokratischen Systemen, in: Ökonomische Theorie der Sozialpolitik (Festschrift für Bernhard Külp), Hrsg.: E. Knappe/N. Berthold, Heidelberg 1998, S. 307.

gruppen auf dem Arbeitsmarkt zu verbessern, ist des weiteren das Tarifkartell durch die gesetzliche Verankerung von Einstiegstarifen zu öffnen.

Was den hierauf zu erwartenden Reformwiderstand betrifft, so gilt es zu berücksichtigen, daß dieses Maßnahmenpaket neben den Arbeitslosen auch den produktivitätsschwachen Arbeitnehmern erhebliche Anpassungslasten aufbürdet. Durch die Einführung von Einstiegstarifen, und damit die Reduktion von Markteintrittsbarrieren, wird die Gruppe der weniger Qualifizierten mit Einkommensverlusten zu rechnen haben, sei es aufgrund von Substitutionsprozessen oder durch geringere Lohnzuwachsraten infolge der gestiegenen Konkurrenz. Zwar stellt dieser Prozeß – angesichts der überhöhten Löhne in diesem Segment infolge der Vereinbarung von Sockelbeträgen bei Tarifabschlüssen – eine Anpassung der Löhne in Richtung der relativen Knappheiten dar, auf seiten der betroffenen Arbeitnehmer wird er jedoch Widerstand auslösen. Da diese Maßnahmen einen ersten direkten Angriff auf die Machtposition der Gewerkschaften darstellen, werden sie den Reformwiderstand organisieren. Indem ihre Verbandsfunktionäre polemisieren werden, daß dieses Reformpaket Arbeitnehmerrechte demontiert bzw. die „Planungssicherheit" privater Haushalte reduziert[173], die Arbeitnehmer mithin der Ausbeutung durch die Arbeitgeber ausgesetzt werden, werden sie auch einen Teil der höher qualifizierten Arbeitnehmerschaft für ihren Widerstand einspannen können, obwohl diese durch die Reformen kaum negativ tangiert werden. Ihre Unterstützung des reaktionären Kurses der Gewerkschaften wird jedoch in dem Maße nachlassen, in dem es gelingt, Langzeitarbeitslose ins Erwerbsleben zu integrieren, da die Ausweitung von gering qualifizierten Beschäftigungsverhältnissen u.a. aufgrund von Komplementaritäten bei qualifizierten Arbeitskräften auf Lohnverbesserungen hinwirkt. Dieser Zusammenhang demonstriert, daß bei der Reduktion der Sozialhilfe für erwerbsfähige Personen zwar graduell, aber nicht allzu zaghaft vorzugehen ist. Durch Maßnahmen, die die berufliche Eingliederung und die regionale Mobilität fördern, kann dieser Schritt sozialpolitisch flankiert werden.

Daß dieser erste Reformschritt zwar schrittweise, aber dennoch zügig durchzuführen ist, wird auch dadurch unterstrichen, daß in der laufenden Legislaturperiode, die im Jahre 2006 endet, weiterer Reformbedarf akut wird, der grundlegende Reformen erforderlich macht. So steigt die Summe der Beitragssätze zu den Sozialversicherungen nach wie vor an und belastet weiterhin den Faktor Arbeit. Um also mehr Beschäftigung zu schaffen und ein höheres Wirtschaftswachstum zu realisieren, müssen die Sozialversi-

---

[173] Wenn von Gewerkschaftlern die Planungssicherheit privater Haushalte angeführt wird, etwa im Hinblick auf langfristige Kredite, die zur Finanzierung von Gebrauchsgütern aufgenommen wurden, dann geht es um die Verteidigung ungerechtfertigter Besitzstände, die zu Lasten der Anpassungsflexibilität bzw. Wettbewerbsfähigkeit der Unternehmer gehen, wie etwa der restriktive Kündigungsschutz. Die wirtschaftliche Entwicklung einer Volkswirtschaft hängt allerdings entscheidend von agilen Unternehmern ab. Dem Streben der privaten Haushalte nach Planungssicherheit im Sinne der Zementierung bestehender Verhältnisse kann mithin im Interesse der nationalen Wohlstandsposition kein allzu großer Stellenwert beigemessen werden.

cherungsbeiträge sinken. Erforderlich hierzu ist der in Abschnitt 2.2.3 beschriebene fundamentale Systemwechsel in den Sozialversicherungen, d.h. der vollständige Übergang zum Kapitaldeckungsverfahren und die konsequente Verfolgung des Äquivalenzprinzips. Diese Alternation der Finanzierungsprinzipien ist zwar angesichts der gegenwärtigen Ressentiments in der Politik gegen reine Marktlösungen in den Sozialversicherungen kaum wahrscheinlich, dennoch aber wird man insbesondere in der Kranken- und in der Rentenversicherung eher über kurz als lang diese Grundsätze stärker berücksichtigen müssen.[174] D.h. während in der Alterssicherung das Gewicht der umlagefinanzierten Säule weiter zurückzuführen und parallel dazu der Aufbau einer kapitalgedeckten Altersvorsorge zu forcieren ist, ist in der Gesetzlichen Krankenversicherung das Leistungsangebot auf eine medizinische Basisversorgung zu reduzieren. Darüber hinausgehende Zusatzleistungen sind über freiwillig abzuschließende Versicherungen zu organisieren, deren Beiträge risikoäquivalent kalkuliert werden.[175]

Als ungünstig für den Reformprozeß könnte sich dabei erweisen, daß der skizzierte Umbau der Sozialversicherungen zunächst finanzielle Mehrbelastungen für die Bürger mit sich bringen dürfte. Erschwerend kommt hinzu, daß den Versicherten mehr Eigenverantwortung und Kostenbewußtsein abverlangt wird, was viele Menschen zunächst einmal mental überfordern könnte, zumal sich angesichts des seit Jahrzehnten betriebenen Ausbaus und des heutigen Umfangs des Sozialstaats, bei vielen die Vorstellung verfestigt haben dürfte, daß sie ein Anrecht auf umfassende Absicherung oder gar Versorgung durch den Staat haben.[176]

Um die potentiellen Mehrbelastungen in Grenzen zu halten und um (zusätzlich zu den Wachstumsgewinnen, die das Kapitaldeckungsverfahren bietet) die Allokationseffizienz und die Entwicklungsdynamik in der Volkswirtschaft zu steigern (was wiederum das Vertrauen in die marktwirtschaftlichen Reformen erhöhen wird), sollten die Subventionen gekürzt und analog die Steuerbelastung reduziert werden. Angesichts der Tatsache, daß heute beinahe jeder subventioniert wird und so gut wie jede Subvention schädlich ist, ist es geboten, jede Finanzhilfe und jede Steuervergünstigung zu kürzen.[177] Die hieraus zu erwartenden Widerstände auf breiter Basis ließen sich begrenzen, wenn zu Beginn einer Legislaturperiode vereinbart wird, daß jede einzelne Subvention jährlich um einen gleichen Prozentsatz reduziert wird, so daß nach Ablauf der vier Jahre das Subventionsvolumen beispielsweise um 20 bis 30% niedriger wäre als gegenwärtig.

---

[174] Die Finanzlage der umlagefinanzierten Krankenversicherung wird durch die Bevölkerungsalterung und die (Fehl-)Entwicklungen am Arbeitsmarkt in ähnlicher Weise belastet wie die der Gesetzlichen Rentenversicherung. Der medizinisch-technische Fortschritt verschärft des weiteren die Defizitlastigkeit der Krankenversicherung. Steigende Beitragssätze sind somit unter der gegenwärtigen Konstruktion der Gesetzlichen Krankenversicherung vorprogrammiert.
[175] Vgl. Berthold, N., Der Sozialstaat der Zukunft..., a.a.O., S. 28.
[176] Vgl. El-Shagi, E.-S., „Soziale Marktwirtschaft"..., a.a.O., 356.
[177] Zum Verfahren der Identifikation ökonomisch gerechtfertigter Finanzhilfen siehe den Vorschlag des Sachverständigenrates zur Begutachtung der gesamtwirtschaftlichen Entwicklung im Abschnitt 2.2.3.

Der gleichmäßige (und verhältnismäßig geringe) Eingriff in die Besitzstände aller dürfte zusammen mit den Steuerentlastungen und Effizienzgewinnen die Ablehnung der Reformen reduzieren.[178] Neben dem Abbau der Subventionen sollten sukzessiv die letzten bestehenden Regulierungen auf den Güter- und Kapitalmärkten beseitigt werden. Als problematisch hierbei erweist sich jedoch die Status-quo-Fixierung der Gesellschaft. Um den Reformwiderstand in Grenzen zu halten, sollten daher – neben der graduellen Vorgehensweise – durch Aufklärung und den Verweis auf positive Deregulierungserfahrungen Befürchtungen in der Bevölkerung limitiert werden, und besser noch die politische Unterstützung durch die Masse der Bevölkerung aktiviert werden, um den Widerstand der Interessengruppen durch den Druck der öffentlichen Meinung zu schwächen. Diese Strategie gilt prinzipiell für alle hier präsentierten Reformmaßnahmen.

Ein weiterer akuter Reformbedarf, der mehr und mehr von der Regierung eine ordnungspolitische Entscheidung erfordert, ist die Novellierung des Paragraphen 77, also die Zulassung von Betriebsvereinbarungen über Arbeitsentgelte und sonstige Arbeitsbedingungen. Dieser Schritt leitet den finalen Angriff auf die Machtposition der Tarifvertragsparteien ein. Flankierend hierzu ist die Möglichkeit der Allgemeinverbindlichkeitserklärung von tarifvertraglichen Regelungen zu eliminieren und die Nachwirkungsfrist von Tarifverträgen zu reduzieren. Dabei begründet insbesondere der Verzicht auf Allgemeinverbindlichkeitserklärungen ebenfalls ein erhebliches Konfliktpotential, nicht zuletzt deshalb, weil bei fehlenden staatlich dekretierten Mindestlöhnen nur durch die Allgemeinverbindlichkeitserklärung von Tariflöhnen das Entsendegesetz wirksam werden kann. Um die Anpassungshärten zu dosieren, sollte daher der Verzicht auf Allgemeinverbindlichkeitserklärungen zusammen mit der Abschaffung des Entsendegesetzes eher am Ende des Reformprozesses erfolgen.

Schließlich sollte ein einsetzender Konjunkturaufschwung genutzt werden, um Höhe und Bezugsdauer des Arbeitslosengeldes zu reduzieren, die Zumutbarkeitskriterien zu verschärfen und den Kündigungsschutz weiter zu liberalisieren (bei Erreichung von Vollbeschäftigung wäre er letztlich auf den Schutz vor willkürlicher Entlassung zu beschränken). Zwar stellen diese Maßnahmen eine Attacke auf die Besitzstände der gesamten Arbeitnehmerschaft dar, jedoch dürfte sich in einer Phase des wirtschaftlichen Aufschwungs, wenn kein Bedarf nach diesen Institutionen besteht, weniger Widerstand regen.

Für eine reformwillige Regierung folgt aus alledem, daß sie nicht darum herum kommt, innerhalb einer Legislaturperiode ein umfassendes Reformwerk in Gang zu setzen. Dabei gilt, daß je mehr Mut sie bei Tempo und Umfang der Reformen beweist, um so eher bzw. schneller zahlen sich die Reformen für sie politisch aus. Denn je dezidierter sich eine Regierung bei ihrer, wenn auch nur graduellen Reformpolitik gibt, um

---

[178] Vgl. Petersen, H.-G./Bork, C., Finanzpolitischer Reformbedarf jenseits der Besteuerung – Konsequenzen für die Ausgabenseite, (Finanzwissenschaftliche Diskussionsbeiträge der Universität Potsdam; Bd. 22) Potsdam 1999, S. 24.

so eher entsteht bei potentiellen Investoren der Eindruck, daß die Reformen konsequent und zielgerichtet fortgesetzt werden, was eine Ausweitung der Investitionstätigkeit im Inland fördert. Setzt daraufhin faktisch ein wirtschaftlicher Aufschwung ein oder erscheint er zumindest absehbar, so werden die Anpassungshärten leichter ertragen, was schließlich zur Wiederwahl der Regierung beitragen kann. Eine nur sehr zögerliche und evtl. inkonsistente Reformpolitik, kann dagegen kaum zu einer Verbesserung der langfristigen Ertragsaussichten beitragen. In diesem Fall werden die Unternehmen ihre Investitionstätigkeit im Inland reduzieren bzw. weiterhin rationalisieren. Durch Abwanderung ins Ausland droht der Verlust an wertvollen Produktionsfaktoren zuzunehmen. Die Politik kann sich in dieser Situation vom Unternehmenssektor in Stich gelassen fühlen. Die Wähler sehen in diesem Fall nur die gegenwärtigen Kosten der Reformen, aber keine Perspektiven für eine Verbesserung ihrer wirtschaftlichen Lage. Die Wiederwahl der Regierung ist damit akut gefährdet, der Reformprozeß bis auf weiteres beendet.

Zusammenfassend ist festzuhalten, daß sich in Deutschland auf Dauer eine Reform, die auf die Umsetzung einer freien leistungsfähigen Wettbewerbsordnung abzielt, wegen zahlreicher politökonomischer Faktoren nicht „auf einem Schlag", d.h. innerhalb einer Legislaturperiode, realisieren läßt. Dennoch besteht gegenwärtig die Chance, durch eine entschlossene graduelle Vorgehensweise, wie sie hier beispielhaft expliziert wurde, dem anvisierten Ziel möglicherweise nach Ablauf einer Dekade bei Sicherung des sozialen Friedens und der politischen Stabilität sehr nahe zu kommen. Um zu eruieren, welchen Einfluß die Ost-Erweiterung auf die Reformbereitschaft hierzulande und damit auf den Reformprozeß erwarten läßt, werden im folgenden Kapitel die Einkommens- und Verteilungswirkungen dieser Aktion für die Wirtschaftssubjekte in Deutschland analysiert.

3. Konsequenzen der Ost-Erweiterung für Deutschland: Einkommens- und Verteilungswirkungen aus der Liberalisierung der Güter- und Faktorbewegungen und ihre Auswirkungen auf den erforderlichen Reformprozeß

3.1 Konsequenzen aus der Liberalisierung der Güterbewegungen

Um die Einkommens- und Verteilungswirkungen der Liberalisierung der Güterbewegungen mit den Beitrittsländern für Deutschland ableiten zu können, ist zunächst die bisherige Handelspolitik zu beschreiben bzw. sind hierzulande Branchen zu identifizieren, die bislang durch handelspolitische Maßnahmen vor der mittel- und osteuropäischen Konkurrenz geschützt wurden.

3.1.1 Entwicklung und Stand der Liberalisierung

Nach dem politischen Umbruch in Mittel- und Osteuropa schloß die Europäische Union[1] Ende der achtziger Jahre mit einigen der Reformländer eine Reihe von Handels- und Kooperationsabkommen ab, die diesen Ländern einen unilateralen Abbau von Zöllen und Mengenbeschränkungen zusicherten.[2] Diese Verträge wurden ab 1992 von den Assoziierungsabkommen, den sogenannten Europa-Abkommen abgelöst, die sukzessiv mit zehn mittel- und osteuropäischen Ländern abgeschlossen wurden. Primäres Ziel der Europa-Abkommen war die graduelle Realisierung einer Freihandelszone für Industriegüter bis 2002.[3] Als Instrumente der Öffnungspolitik waren Zollsenkungen, die Reduktion von Mengenbeschränkungen sowie die Anwendung von Ursprungsregeln für die

---

[1] Der Vereinfachung halber wird in dieser Arbeit oftmals der Ausdruck „Europäische Union" auch dort verwendet, wo aus juristischer oder historischer Perspektive der Begriff „Europäische Wirtschaftsgemeinschaft" oder „Europäische Gemeinschaft" angebracht wäre.

[2] Vgl. Stupp, S., Wirtschaftliche Integration Mittelosteuropas in die EU und Folgerungen für die Arbeitsmarkt- und Lohnpolitik, (Europäische Hochschulschriften: Reihe 5, Volks- und Betriebswirtschaft; Bd. 2272) Frankfurt a. M. u.a. 1998, zugl. Diss. Trier 1997, S. 35.

[3] Über den Warenhandel hinaus beinhalten die Assoziierungsabkommen auch Vereinbarungen zur Zusammenarbeit auf politischem, wirtschaftlichem und kulturellem Gebiet. Für eine detaillierte Übersicht über die handelspolitischen Vertragsgegenstände der Europa-Abkommen und die Einbettung dieser Abkommen in die allgemeine Handelspolitik der Europäischen Union vgl. Stupp, S., a.a.O., S. 36ff.

innerhalb der Freihandelszone gehandelten Güter vorgesehen.[4] Der Protektionsabbau sollte in zeitlich asymmetrischer Form geschehen, d.h. die Europäische Union verpflichtete sich zu einer zügigeren Liberalisierung als die Reformländer, die hierfür größere Zeiträume in Anspruch nehmen durften.[5]

Tatsächlich beseitigte die Europäische Union mit Inkrafttreten von Interimsabkommen[6] alle mengenmäßigen Beschränkungen bei Industriegütern – mit Ausnahme von Textilien und Kohle. Ferner hob die Gemeinschaft sofort die Zölle von etwa 50% der Importe aus den assoziierten Ländern auf. Ausgenommen vom Zollabbau im Industriebereich blieben zunächst vor allem die sogenannten „sensiblen Produkte". Hierzu zählten neben Textilien und Bekleidung auch Eisen- und Stahlerzeugnisse, chemische Produkte, Möbel, Lederwaren, Schuhe und Glaserzeugnisse.[7] Bezeichnenderweise handelte es sich hierbei um Branchen, die ihre komparativen Kostenvorteile verloren haben. Andererseits war die zügige Liberalisierung bei den übrigen, nicht sensiblen Industriegütern darauf zurückzuführen, daß bei diesen überwiegend technologieintensiven Kapital- und Zwischengütern komparative Kostennachteile der mittel- und osteuropäischen Anbieter zu vermuten waren. Für den Fall, daß sich die komparativen Kostennachteile der Assoziationspartner bei diesen Produkten im Laufe der Zeit reduzieren, wurden in den Europa-Abkommen vertragliche Schutzvorkehrungen offengehalten, die es der Europäi-

---

[4] Nach dem Wortlaut der Europa-Abkommen sind Ursprungserzeugnisse eines mittelosteuropäischen Landes Erzeugnisse, die vollständig dort gewonnen bzw. hergestellt oder zumindest ausreichend be- oder verarbeitet wurden [Vgl. Artikel 1(2) des Protokolls der Europa-Abkommen. Grundlage ist die Verordnung 804/68/EWG des Europäischen Rates]. Primäres Kriterium zur Feststellung einer ausreichenden Be- oder Verarbeitung ist nach den Europa-Abkommen die Veränderung der Tarifposition in der Kombinierten Nomenklatur. Ergänzend enthalten die Abkommen eine umfangreiche Liste mit Produkten, die nicht unter diese Regelung fallen. In diesen Fällen verlangt die Europäische Union Eigenproduktionsanteile von bis zu 60%. Erfüllen die Produkte diese vergleichsweise strengen Ursprungsanforderungen nicht, so kommen sie nicht in den Genuß der Zollfreiheit. [Vgl. Stupp, S., a.a.O., S. 77f.]. Die Kumulation der Ursprungsregeln zwischen allen zehn assoziierten mittel- und osteuropäischen Ländern und darüber hinaus den Mitgliedsländern der European Free Trade Association (EFTA) und der Türkei wurde erst ab 1997 zugelassen [Vgl. Agarwal, J. P./Dicke, H./Foders, F., Die wirtschaftlichen Auswirkungen für EU-Mitgliedstaaten im Gefolge einer EU-Erweiterung, (Forschungsauftrag des Bundesministeriums für Finanzen) Kiel 2000, S. 99].

[5] Vgl. Agarwal, J. P./Dicke, H./Foders, F., a.a.O., S. 98.

[6] Aufgrund der langwierigen Ratifizierungsverfahren wurden die handelsrelevanten Teile der Europa-Abkommen vorzeitig in Gestalt von Interimsabkommen in Kraft gesetzt. Das Interimsabkommen für die Vorreitergruppe Tschechoslowakei (später übertragen auf die Tschechische und die Slowakische Republik), Polen und Ungarn trat am 1.3.1992 in Kraft. Es folgten Rumänien (1.5.1993), Bulgarien (31.12.1993), die Baltischen Staaten (1.1.1995) und Slowenien (1.1.1996) [Vgl. Möbius, U., Handelspolitik der EU gegenüber mittel- und osteuropäischen Ländern, in: Transformation des Wirtschaftssystems in den mittel- und osteuropäischen Ländern, Hrsg.: D. Schumacher, (Sonderheft/Deutsches Institut für Wirtschaftsforschung; Bd. 161) Berlin 1997, S. 391].

[7] Vgl. Quaisser, W. et al., Die Osterweiterung der Europäischen Union: Konsequenzen für Wohlstand und Beschäftigung in Europa, (Gutachten der Friedrich-Ebert-Stiftung) Bonn 2000, S. 28.

schen Union ermöglichen, auf einen zunehmenden Importdruck mit Schutzmaßnahmen zu reagieren (eine Möglichkeit, die auch den assoziierten Ländern eingeräumt wurde). Zu nennen sind hier die sogenannte „Anti-Dumping-Klausel" (Artikel 29 Europa-Abkommen[8]) sowie die sogenannte „Sicherheitsklausel" (Artikel 30 Europa-Abkommen)[9].[10] Diese Schutzvorkehrungen behalten bis zur Aufnahme der mittel- und osteuropäischen Assoziationspartner in die Europäische Union ihre Validität.

Angesichts der angespannten wirtschaftlichen Lage der Reformstaaten mehrte sich jedoch bereits Ende 1992 die Kritik an den in vielen Bereichen sehr restriktiven Handelsbestimmungen seitens der Europäischen Union. Darauf hin wurde im Juli 1993 auf dem Gipfeltreffen von Kopenhagen beschlossen, die Handelsliberalisierung im Bereich der sensiblen Produkte zu beschleunigen.[11] Die Anti-Dumping- und die Sicherheitsklausel wurden allerdings beibehalten, und daß obwohl sich die mittel- und osteuropäischen Vertragspartner in den Europa-Abkommen dazu verpflichteten, ihre Wettbewerbspolitik und Beihilfengewährung den gemeinschaftlichen Regelungen anzugleichen.[12] Die schrittweise Reduktion der Zölle für Industriewaren fand auf seiten der Europäischen Union am 1. Januar 1997 ihren Abschluß. Im Jahre 1998 wurden auch die verbliebenen

---

[8] Die Artikelangaben zu den Europa-Abkommen beziehen sich auf den Vertrag mit Polen. Die Numerierung kann von Vertrag zu Vertrag leicht variieren.

[9] Gilt schon die Anti-Dumping-Politik der Europäischen Union in ihrer Handhabung als willkürlich und in ihrer Zielsetzung als protektionistisch, so gilt dies für die „Sicherheitsklausel" erst Recht. So heißt es im Original: „Wird eine Ware in derart erhöhten Mengen und unter solchen Bedingungen eingeführt, daß
- den inländischen Herstellern gleichartiger oder unmittelbar konkurrierender Waren im Gebiet einer der Vertragsparteien ein erheblicher Schaden zugefügt wird oder droht oder
- in einem Wirtschaftszweig schwerwiegende Störungen oder Schwierigkeiten verursacht werden oder drohen, die eine schwerwiegende Verschlechterung der Wirtschaftslage einer Region bewirken könnten, so können die Gemeinschaft und Polen, je nachdem, welche Vertragspartei betroffen ist, unter den Voraussetzungen und gemäß den Verfahren des Artikels 33 geeignete Maßnahmen treffen [Europäische Gemeinschaften, Beschluß des Rates und der Kommission vom 13. Dezember 1993 über den Abschluß des Europa-Abkommens zwischen den Europäischen Gemeinschaften und ihren Mitgliedstaaten einerseits und der Republik Polen andererseits, Amtsblatt L348 vom 31.12.1993, Luxemburg].

[10] Vgl. Stehn, J., Stufen einer Osterweiterung der Europäischen Union, in: Die Weltwirtschaft, o.Jg. (1994), H. 2, S. 197f.

[11] Vgl. Cluse, R., Ausländische Direktinvestitionen in den Transformationsstaaten Mittel- und Osteuropas – Ansätze zur Verbesserung der Standortqualität, (Schriftenreihe des Instituts für Allgemeine Wirtschaftsforschung der Albert-Ludwigs-Universität Freiburg i. Br.; Bd. 62) Freiburg i. Br. 1999, zugl. Diss. Freiburg i. Br. 1998, S. 261.

[12] Vgl. Leipold, H., Die EU im Spannungsverhältnis zwischen Vertiefung und Erweiterung, in: Ordnungsprobleme Europas: Die Europäische Union zwischen Vertiefung und Erweiterung, Hrsg.: H. Leipold, Marburg 1994, S. 56.

quantitativen Beschränkungen im Textilbereich eliminiert[13], so daß – abgesehen von den erwähnten Limitationen – seitdem für die assoziierten Länder im Industriegüterbereich ein freier Marktzugang in die Gemeinschaft existiert. Absolut unzureichend liberalisiert ist nach wie vor der Handel mit Agrarprodukten in dem Sinne, daß noch immer Handelsrestriktionen und sonstige Interventionen den Wettbewerb massiv verzerren. Stark limitiert ist auch der Handel mit Dienstleistungen. Zu erwähnen sind hier insbesondere die seit 1990 zwischen Deutschland und einzelnen mittel- und osteuropäischen Ländern vereinbarten Werkvertragsabkommen[14] sowie die nur sehr begrenzten legalen Möglichkeiten für Spediteure aus Mittel- und Osteuropa, Güter zwischen den Mitgliedstaaten der Europäischen Union zu transportieren (ein Tatbestand, der als Kabotage bezeichnet wird)[15].

3.1.2 Größenordnung, Struktur und Entwicklung der Handelsbeziehungen

Die Tabellen 5 und 6 enthalten Schlüsseldaten zur Außenhandelsverflechtung zwischen den Mitgliedstaaten der Europäischen Union und den Beitrittsländern. Auffallend sind die dynamischen Zuwächse des Güterhandels seit Beginn der Liberalisierung. Im Jahre 2000 beliefen sich die Exporte der Mitgliedstaaten in die acht Beitrittsländer auf 95 Mrd. US-Dollar, die Importe der Europäischen Union aus diesen Ländern erreichten 82 Mrd. US-Dollar; der Exportüberschuß der Gemeinschaft gegenüber dieser Ländergrup-

---

[13] Für Kohle waren die Mengenbeschränkungen ein Jahr nach dem Inkrafttreten der Abkommen aufzuheben, nur Deutschland und Spanien erhielten hierzu drei Jahre mehr Zeit [Vgl. Möbius, U., a.a.O., S. 393].

[14] In diesen Abkommen werden jährlich an die Entwicklung des deutschen Arbeitsmarktes angepaßte Kontingente für Werkvertragsarbeitnehmer festgesetzt. Daneben enthalten die Werkvertragsabkommen detaillierte Vorschriften bezüglich der Erteilung von Arbeitserlaubnissen, der Entlohnung und der Befristung der Arbeitserlaubnisse. Die Entlohnung muß, inklusive aller Sonderzahlungen, wie z.B. Auslöse, der des einschlägigen deutschen Tarifvertrages für eine vergleichbare Tätigkeit entsprechen. Die in den Heimatländern begründeten Arbeitsverhältnisse bleiben während der Entsendung bestehen, mit der Folge, daß die Beschäftigungsverhältnisse der entsandten Arbeitnehmer grundsätzlich dem Recht ihres Herkunftslandes unterliegen, was insbesondere die Höhe der Lohnnebenkosten beeinflußt [Vgl. Sieveking, K./Reim, U./Sandbrink, S., Werkvertragsarbeitnehmer aus osteuropäischen Ländern – politische Konzepte und arbeitsmarktpolitische Probleme, in: Recht in Ost und West – Zeitschrift für Ostrecht und Rechtsvergleichung, 42. Jg. (1998), H. 5, S. 158f. sowie S. 166]. Umfaßten alle Kontingente im Jahre 1991 noch rund 89.000 Werkvertragsarbeitnehmer [Vgl. Worthmann, G., Der Bauarbeitsmarkt unter Veränderungsdruck – Kontrolldefizit in Folge der Transnationalisierung, in: Institut Arbeit und Technik – Jahrbuch 1997/98, S. 70-85, http://www.iatge.de/aktuell/veroeff/am/worthmann98a.html, Stand: 29.5.2003, S. 3], lag die Zahl im Jahre 2002 noch bei rund 58.000 Personen, verteilt auf 13 Staaten [Vgl. Bundesanstalt für Arbeit: Übersicht Werkvertragskontingente nach den Regierungsabkommen, Ia5-5751 (55), Stand September 2001].

[15] Vgl. o.V., Osteuropas Lastwagen sollen warten, in: Frankfurter Allgemeine Zeitung, Nr. 106 v. 08.05.2001, S. 20.

pe betrug 13 Mrd. US-Dollar (siehe Tabelle 5). Gegenüber 1990 haben sich die Exporte der (heutigen) 15 Mitgliedstaaten der Europäischen Union vis-à-vis den Beitrittsländern mehr als verfünffacht, die Importe mehr als vervierfacht. Innerhalb der Europäischen Union ist Deutschland der mit Abstand größte Handelspartner der Beitrittsländer: im Jahre 2000 entfielen 46% des gesamten Warenaustausches auf Deutschland, gefolgt von Italien (10%), Österreich (9%), Frankreich (7%) und Großbritannien (6%).[16]

Tabelle 5: Entwicklung der Ex- und Importe im Zeitverlauf (in Mill. US-Dollar)

	1990 (Polen, Ungarn, Tschechoslowakei)[1]				1996 (P, H, CZ, SR, EST, LET, LIT, SLN)		2000 (P, H, CZ, SR, EST, LET, LIT, SLN)				Veränderung in % (2000 gegenüber 1990)		
	Exp.	Imp.	Vol.	Saldo	Exp.	Imp.	Exp.	Imp.	Vol.	Saldo	Exp.	Imp.	Vol.
B-Lux	487	547	1034	-60	2697	1690	4079	3154	7233	925	738	477	600
DK	386	473	859	-87	1600	1242	1675	1708	3383	-33	334	261	294
D	9539	7643	17182	1896	31520	26625	41535	39332	80867	2203	335	415	371
FIN	241	514	755	-273	2487	955	3316	1679	4995	1637	1276	227	562
F	995	1374	2369	-379	5479	3762	7743	5314	13057	2429	678	287	451
GB	861	1085	1946	-224	4491	3448	5245	5599	10844	-354	509	416	457
GR	86	239	325	-153	223	370	266	488	754	-222	209	104	132
IRL	64	123	187	-59	467	208	1007	564	1571	443	1473	359	740
I	1719	1816	3535	-97	9666	5169	10366	7059	17425	3307	503	289	393
NL	867	941	1808	-74	3351	2771	5304	4147	9451	1157	512	341	423
P	17	36	53	-19	133	141	271	468	739	-197	1494	1200	1294
SP	161	323	484	-162	1581	997	2592	1692	4284	900	1510	424	785
SWE	582	643	1225	-61	2502	1925	3470	3192	6662	278	496	396	444
Ö	2096	1787	3883	309	6559	4917	8269	7523	15992	546	295	332	312
Σ	18101	17544	35.645	557	72756	54220	95138	82119	177257	13019	426	368	397

Anmerkungen: [1] Für 1990 keine Angaben zu Slowenien und den Baltischen Staaten. P = Polen, H = Ungarn, CZ = Tschechische Republik, SR = Slowakische Republik, EST = Estland, LET = Lettland, LIT = Litauen, SLN = Slowenien.
Quelle: International Monetary Fund, Direction of Trade Statistics Yearbook, Washington, D.C. lfd. Jgg.

Parallel zur Entwicklung der Ex- und Importe hat sich der Anteil der Beitrittsländer am gesamten Außenhandel der (heutigen) 15 Mitgliedstaaten erhöht (siehe Tabelle 6); er war allerdings auch im Jahre 2000 noch sehr niedrig (rund 4,2% bei den Exporten und ca. 3,6% bei den Importen).

---

[16] Bereits vor dem Zusammenbruch des planwirtschaftlichen Systems war Deutschland der wichtigste westliche Handelspartner der ehemaligen Mitgliedstaaten des Rates für gegenseitige Wirtschaftshilfe (RGW), die im Durchschnitt schätzungsweise ein Drittel ihrer Einfuhren aus dem westlichen Ausland aus Deutschland bezogen [Vgl. Deutsche Bundesbank, Die relative Stellung der deutschen Wirtschaft in den mittel- und osteuropäischen Reformländern, Monatsbericht, Oktober 1999, S. 18].

Tabelle 6: Entwicklung des Anteils des Handels mit den Beitrittsländern am Gesamthandel der Altmitgliedstaaten (in Prozent)

	1990 (Polen, Ungarn, Tschechoslowakei)[1]		1996 (P, H, CZ, SR, EST, LET, LIT, SLN)		2000 (P, H, CZ, SR, EST, LET, LIT, SLN)	
	Exporte	Importe	Exporte	Importe	Exporte	Importe
B-Lux	0,40	0,46	1,54	1,05	2,12	1,72
DK	1,13	1,51	3,39	3,03	3,30	3,75
D	2,33	2,21	6,15	5,99	7,57	7,86
FIN	0,91	1,91	6,47	3,26	7,23	4,89
F	0,46	0,59	1,91	1,36	2,39	1,60
GB	0,47	0,49	1,74	1,22	1,85	1,67
GR	1,07	1,21	1,87	1,29	2,48	1,75
IRL	0,27	0,59	0,99	0,59	1,32	1,11
I	1,00	1,00	3,85	2,50	4,38	3,00
NL	0,66	0,76	1,89	1,72	2,31	1,92
P	0,10	0,14	0,56	0,41	1,16	1,22
SP	0,29	0,37	1,55	0,82	2,38	1,17
SWE	1,02	1,20	2,96	2,89	4,07	4,60
Ö	5,06	3,63	11,34	7,30	12,26	10,71
Σ	1,12	1,05	3,51	2,77	4,17	3,59

Anmerkungen: [1] Für 1990 keine Angaben zu Slowenien und den Baltischen Staaten. P = Polen, H = Ungarn, CZ = Tschechische Republik, SR = Slowakische Republik, EST = Estland, LET = Lettland, LIT = Litauen, SLN = Slowenien.
Quelle: International Monetary Fund, Direction of Trade Statistics Yearbook, a.a.O.

Wie Tabelle 6 zudem zeigt, differiert die Bedeutung des Handels mit den Beitrittsländern in den einzelnen Mitgliedstaaten erheblich. Während der Anteil dieser Ländergruppe an den portugiesischen und irischen Exporten und Importen nach wie vor insignifikant ist, und er im Falle der großen Mitgliedstaaten Großbritannien und Frankreich nur von unterdurchschnittlicher Relevanz ist, stellen die Beitrittsländer für Deutschland, Finnland und speziell für Österreich wichtige Handelspartner dar.

Bezogen auf den deutschen Außenhandel belief sich der Anteil der Beitrittsländer im Jahre 2000 ausfuhrseitig auf 7,6% und einfuhrseitig auf 7,9%, während er im Jahre 1990 bei ungefähr 2,3 bzw. 2,2% lag[17]. Dabei nahmen sowohl die Exporte als auch die Importe kontinuierlich zu. In den letzten Jahren entwickeln sich allerdings die Importe dynamischer als die Exporte in diese Region. Dennoch erzielt Deutschland im Außenhandel mit dieser Ländergruppe hohe Ausfuhrüberschüsse. Im Jahre 2000 betrug der Exportüberschuß 2,2 Mrd. US-Dollar, was 4,5% des gesamten deutschen Außenhandelsüberschusses in diesen Jahr entsprach. Die Bedeutung der Beitrittsländer als Handelspartner wird deutlicher, wenn man berücksichtigt, daß Deutschland im Jahre 2000 7,7% seines Außenhandels mit dieser Gruppe abwickelte und damit fast genauso viel wie mit Großbritannien, dem drittgrößten europäischen Handelspartner, oder ca. 1,8% weniger als mit den Vereinigten Staaten, dem wichtigsten außereuropäischen Handelspartner.[18]

---

[17] Die beiden letzten Zahlen sind etwas zu niedrig angegeben, da der Handel mit Slowenien und den Baltischen Staaten nicht berücksichtigt werden konnte, siehe Anmerkungen zur Tabelle 5 und 6.
[18] Berechnet nach den Angaben aus International Monetary Fund, Direction of Trade Statistics Yearbook, a.a.O.

Das Deutschland der mit Abstand größte Handelspartner der Beitrittsländer ist, wird meist mit der geographischen Nähe Deutschlands zu diesen Ländern und der höheren Wirtschaftskraft Deutschlands im Vergleich zu den unmittelbaren westeuropäischen Konkurrenzanbietern begründet. Dabei spielen nicht nur die niedrigeren Transportkosten eine Rolle. Sondern mit zunehmender Distanz zum potentiellen Absatzland in Mittel- und Osteuropa steigen für die Anbieter aus den anderen Industriestaaten auch die Kosten der Markterschließung und Marktsicherung. Geographisch näher gelegene Staaten wie Deutschland haben daher quasi einen „natürlichen" Vorteil auf den mittel- und osteuropäischen Märkten.[19] Weitere Faktoren, die die intensive Handelsverflechtung zwischen Deutschland und den Beitrittsländern begründen, sind das hohe Ansehen deutscher Produkte in Osteuropa, die – wie in Kapitel 3.2 zu zeigen sein wird – anhaltenden Verlagerungen von Produktionen und Investitionen in die assoziierten Länder sowie die ausgeprägten Abweichungen der Faktorproportionen bzw. Differenzen der Faktor- und Güterpreise.[20]

Die Analyse der Warenstruktur der deutschen Exporte in die Beitrittsländer der ersten Erweiterungsrunde gemäß Agenda 2000 (Polen, Ungarn, Tschechische Republik, Slowenien, Estland und Zypern) zeigt, daß (bezogen auf das Jahr 1997) die für die Gesamtausfuhr wichtigsten vier Gütergruppen auch die Ausfuhr in die genannten Länder dominierten, wenn auch in unterschiedlicher Rangfolge und einem etwas geringeren Ausfuhranteil. Während die deutsche Gesamtausfuhr von Kraftwagen und Kraftwagenteilen angeführt wurde (Anteil 17%), gefolgt von Erzeugnissen des Maschinenbaus (Anteil 16%), chemischen und elektrotechnischen Erzeugnissen (14% bzw. 13%), rangierten Kraftwagen und Kraftwagenteile zusammen mit chemischen Erzeugnissen (Anteil jeweils 11%) am Export mit diesen sechs Beitrittsländern hinter Maschinen (Anteil 17%) und elektrotechnischen Erzeugnissen (Anteil 14%) auf Platz drei. Der im Vergleich zu den deutschen Gesamtausfuhren höhere Anteil von Maschinen und elektrotechnischen Erzeugnissen am Export in diese Länder, dürfte in erster Linie auf den Modernisierungsbedarf der dortigen Betriebe und die Beseitigung von Infrastrukturmängeln zurückzuführen sein. Demgegenüber dürfte der im Vergleich zu den deutschen Gesamtausfuhren mehr als doppelt so hohe Anteil von Textilien und Bekleidung an den Exporten in die Beitrittsländer (Anteil 9%) größtenteils auf Lohnveredelungsprozesse basieren.[21]

Bezogen auf die Warenstruktur der deutschen Importe aus dieser Ländergruppe ist festzustellen, daß (im Jahre 1997) Kraftwagen und Kraftwagenteile zusammen mit elektrotechnischen Erzeugnissen sowie Textilien und Bekleidung zu den wichtigsten

---

[19] Vgl. Deutsche Bundesbank, Die relative Stellung..., a.a.O., S. 18ff.
[20] Vgl. El-Shagi, E.-S., Die Osterweiterung und ihre Konsequenzen für Deutschland, in: Das Wirtschaftsstudium, 29. Jg. (2000), H. 4, S. 594.
[21] Vgl. Kuhn, A., Der Außenhandel mit den EU-Beitrittskandidaten, in: Wirtschaft und Statistik, o. Jg. (1998), H. 9, S. 756ff.

Importgütern zählten (Anteil je 13%). Es folgten Maschinenbauerzeugnisse mit einem Anteil von rund 9% und Eisen- und Stahlerzeugnisse mit einem Anteil von 7%. Der Import landwirtschaftlicher Erzeugnisse spielte dagegen aufgrund der protektionistischen Agrarmarktordnung der Europäischen Union nur eine untergeordnete Rolle (Anteil 4,5%).[22] Die beachtlichen Exporterfolge der mittel- und osteuropäischen Länder bei diesen Produktgruppen dürften vor allem darauf zurückzuführen sein, „daß die deutschen Unternehmen versuchen, in verstärktem Maße auf Zulieferer aus diesen Ländern zurückzugreifen, um durch preisgünstige Vorleistungen die Produktionskosten zu senken. Auch die Einfuhren von Vorerzeugnissen und Endprodukten aus eigenen Produktionsstätten, die deutsche Unternehmen in diesen Ländern im Wege von Direktinvestitionen errichtet oder erworben haben, spielen hier sicher eine wichtige Rolle".[23]

3.1.3 Zu erwartende Auswirkungen des Beitritts auf künftige Handelsflüsse

Um zu eruieren, welche außenhandelsbedingten Einkommens- und Verteilungswirkungen die Ost-Erweiterung langfristig erwarten läßt, müssen das künftige Handelspotential sowie die künftige Struktur der Arbeitsteilung nach dem Beitritt abgeschätzt werden.

3.1.3.1 Das Außenhandelspotential

Zur Beurteilung und zur Projektion der Außenhandelsbeziehungen zwischen Deutschland und den mittel- und osteuropäischen Beitrittsländern benötigt man eine Vorstellung über ein aufgrund verschiedener Handelsdeterminanten zu erwartendes „Normalmuster" der Handelsströme zwischen beiden Handelspartnern, welches dann mit dem aktuellen Handelsvolumen zu vergleichen ist.[24] Zur Ermittlung dieses „normalen" Außenhandelsvolumens wird oftmals auf den sogenannten Gravitationsansatz zurückgegriffen. Dabei werden in Anlehnung an das physikalische Gesetz, nach dem die Anziehungskraft zwischen zwei Körpern mit ihrer Masse zunimmt und mit ihrer Entfernung abnimmt, die Handelsströme zwischen Regionen als Funktion der Bruttosozialprodukte von Export- und Importland (als Indikator für die ökonomische Leistungsstärke), der geographischen Entfernung der Länder zueinander (als Indikator für die Transaktionskosten), der Existenz von Präferenzabkommen (als Indikator für die Handelskosten) sowie der Ein-

---

[22] Vgl. Kuhn, A., a.a.O., S. 757, Schaubild 1.
[23] Deutsche Bundesbank, Neuere Tendenzen in den wirtschaftlichen Beziehungen zwischen Deutschland und den mittel- und osteuropäischen Reformländern, Monatsbericht, Juli 1996, S. 36.
[24] Vgl. Weise, C. et al., Ostmitteleuropa auf dem Weg in die EU – Transformation, Verflechtung, Reformbedarf, (Deutsches Institut für Wirtschaftsforschung, Beiträge zur Strukturforschung; Bd. 167) Berlin 1997, S. 69.

wohnerzahlen (als Indikator für die Außenhandelsintensität) beschrieben.[25] Die Modellparameter werden auf der Grundlage der entsprechenden Daten westlicher Marktwirtschaften ermittelt. Den errechneten Schätzwerten für das Handelspotential Deutschlands und – zum Vergleich – anderer Mitgliedstaaten der Europäischen Union mit den mittel- und osteuropäischen Volkswirtschaften liegt somit die Annahme zugrunde, daß sich der Güteraustausch zwischen diesen Ländern nach dem Muster des Handels zwischen westlichen Marktwirtschaften entwickelt.[26] Diese Annahme stellt insofern eine grobe Vereinfachung dar, als daß der Handel zwischen hochindustrialisierten westlichen Volkswirtschaften wesentlich stärker durch ähnliche Nachfragestrukturen[27] sowie durch vielschichtige Nachfragestrukturen bzw. unterschiedliche Produktpräferenzen determiniert wird als der Handel zwischen Industrie- und Entwicklungs- bzw. Transformationsländern, bei dem Unterschiede in der Faktor- und Ressourcenausstattung eine wesentlich größere Rolle spielen – überhaupt sind die Determinanten des Handelsvolumens komplexer, als sie in diesem Modell abgebildet werden und die Ausprägung dieser Determinanten hängt zudem sehr stark von den Entwicklungsunterschieden zwischen den Handelspartnern ab. Insofern können die errechneten Werte unter Umständen stark verzerrt sein. Dies gilt es bei der Interpretation der Schätzergebnisse zu berücksichtigen. Tabelle 7 stellt zum einen die tatsächliche Regionalstruktur der Importe und Exporte der mittel- und osteuropäischen Beitrittsländer im Jahre 1998 dar, und zum anderen diejenige Regionalstruktur, die unter den Bedingungen westlicher Marktwirtschaften zu erwarten ist.[28]

---

[25] Vgl. Piazolo, D., The Integration Process between Eastern and Western Europe, (Kieler Studien; Bd. 310) Berlin u.a. 2001, S. 30f. sowie Perlitz, M./Bufka, J./Schmidberger, M., Die Bestimmung von Exportpotentialen mit Hilfe des Gravitationsansatzes - Das Beispiel bundesdeutscher Exporte nach Osteuropa, in: Wirtschaftswissenschaftliches Studium, 27. Jg. (1998), H. 3, S. 131.

[26] Vgl. Schumacher, D., Perspektiven des Außenhandels zwischen West- und Osteuropa: ein disaggregierter Gravitationsansatz, in: Transformation des Wirtschaftssystems in den mittel- und osteuropäischen Ländern, Hrsg.: D. Schumacher, (Sonderheft/Deutsches Institut für Wirtschaftsforschung; Bd. 161) Berlin 1997, S. 351.

[27] Diesen Sachverhalt drückt die sogenannte Linder-These aus, vgl. Linder, S. B., An Essay on Trade and Transformation, Uppsala, New York 1961.

[28] Die Ergebnisse basieren auf Koeffizienten, die anhand der bilateralen Handelsströme zwischen 24 Mitgliedstaaten der Organisation for Economic Co-Operation and Development sowie diesen 24 Ländern und 46 Entwicklungsländern berechnet wurden. Als unabhängige Variablen werden das Bruttosozialprodukt, das Pro-Kopf-Einkommen und die geographische Distanz verwendet [Vgl. Piazolo, D., a.a.O., S. 31f.]. Die den Schätzungen zugrundeliegenden Einkommensniveaus basieren auf Bruttosozialproduktswerten zu nominalen Wechselkursen. Zwar spiegeln diese, im Gegensatz zu einer Umrechnung mit Kaufkraftparitäten, das verfügbare Einkommen einer Volkswirtschaft nicht korrekt wider, dafür berücksichtigen sie jedoch den Einfluß von möglichen Über- oder Unterbewertungen auf die Entwicklung der Handelsströme.

Tabelle 7: Regionalstruktur der Importe und Exporte Mittel- und Osteuropas im Jahre 1998 – tatsächliche versus langfristig erwartete Werte (in Prozent des Gesamthandels)

Partnerländer	Importe Mittel- und Osteuropas					
	Tschechische Republik		Ungarn		Polen	
	Tatsächlich	Erwartet	Tatsächlich	Erwartet	Tatsächlich	Erwartet
EU (15)	71,1	75,5	66,0	69,0	66,2	67,0
Deutschland	39,9	32,2	30,2	21,2	29,2	21,2
Frankreich	4,6	9,8	4,1	9,2	5,9	9,5
Großbritannien	4,6	8,3	2,9	8,0	4,3	8,7
Italien	5,5	7,6	6,5	10,4	8,2	8,0
Griechenland	0,2	0,5	0,2	0,9	0,2	0,7
Österreich	6,6	4,8	10,7	7,3	3,0	3,5
Exporte Mittel- und Osteuropas						
EU (15)	71,6	75,6	68.7	68,9	68,1	67,4
Deutschland	43,1	29,0	34,2	17,6	36,3	18,0
Frankreich	3,8	8,8	4,4	7,9	4,7	8,4
Großbritannien	3,8	7,4	3,8	6,8	3,9	7,7
Italien	4,2	7,0	5,8	9,5	5,9	7,4
Griechenland	0,4	0,7	0,4	1,2	0,5	1,1
Österreich	7,0	7,2	9,2	11,2	2,0	5,1

Quelle: Piazolo, D., a.a.O., Tabelle 7, S. 34 sowie Tabelle A2, S. 53.

Aus der Tabelle geht hervor, daß im Jahre 1998 sowohl die deutschen Exporte in die Beitrittsländer als auch die deutschen Importe von dort die prognostizierten Anteilswerte an den Gesamtimporten bzw. -exporten der Beitrittsländer schon überschritten hatten, während einige andere Mitgliedstaaten der Europäischen Union – insbesondere Großbritannien und Frankreich – noch hinter den entsprechenden Werten zurücklagen, was im Falle der Exporte darauf hinwiesen könnte, daß britische und französische Unternehmen das vorhandene Exportpotential nicht konsequent nutzten.[29] Die ausgeprägten Abweichungen bei den deutschen Importen dürften vor allem darauf zurückzuführen sein, daß die Exporte dieser Länder gut auf die deutsche Importnachfrage zugeschnitten sind. Dies dürfte wiederum vor allem auf umfassende deutsche Direktinvestitionen zurückzuführen sein, deren Produktionen demnach nicht nur auf die Absatzmöglichkeiten in den dortigen Ländern ausgerichtet sind, sondern vor allem auf den Export nach Deutschland, die Produktion mithin den Präferenzen der deutschen Bevölkerung entspricht. Gleichzeitig können hohe deutsche Direktinvestitionen auch die hohen deutschen Exporte in diese Region begründen. Zum Teil kann die herausgehobene Position Deutschlands aber auch darauf zurückzuführen sein, daß Deutschland als Transitland sowohl für die Exporte der mittel- und osteuropäischen Länder in die übrigen Mitgliedstaaten der Europäischen Union als auch für die Exporte der übrigen Mitgliedstaaten in die Beitrittsländer dient, es sich hier mithin um ein statistisches Phänomen handelt.[30]

---

[29] Diese Ergebnisse werden von Schumacher (1997) für das Jahr 1994, allerdings bezogen auf den Handel einzelner westeuropäischer Staaten mit allen zehn Beitrittskandidaten zusammengenommen, im großen und ganzen bestätigt [Vgl. Schumacher, D., a.a.O., S. 361].
[30] Vgl. Piazolo, D., a.a.O., S. 276.

Summa summarum bleibt festzuhalten, daß das Wachstumspotential des Handels zwischen Deutschland und den mittel- und osteuropäischen Volkswirtschaften gemäß den zugrundeliegenden Modellvariablen (Bruttosozialprodukt, Pro-Kopf-Einkommen und geographische Distanz) maßgeblich vom wirtschaftlichen Wachstum in den beteiligten Ländern abhängt. Dies ist nicht zuletzt darauf zurückzuführen, daß eine aufholende Einkommensentwicklung in Mittel- und Osteuropa zu einer Zunahme der Produkt- und Nachfragediversifizierung beiträgt und damit zu einer Steigerung der Ex- und Importe. Was das Wirtschaftswachstum in den mittel- und osteuropäischen Ländern betrifft, so sprechen einige Faktoren dafür, daß es durch die Ost-Erweiterung starke Impulse erhalten kann (siehe hierzu Kapitel 5). Für die Zukunft wäre dann mit einem weiteren raschen Anstieg des Anteils der mittel- und osteuropäischen Staaten am deutschen Außenhandel zu rechnen.

3.1.3.2 Die potentielle Struktur der Arbeitsteilung

Neben der Prognose der Entwicklung des Außenhandelsvolumens ist die Identifikation der künftigen Struktur der Arbeitsteilung und ihrer Determinanten von eminenter Relevanz. Denn die Außenhandelsstruktur und die sie determinierenden Faktoren geben Auskunft über die Verteilungswirkungen der Integration, die wiederum Schlußfolgerungen über den zu erwartenden politischen Widerstand seitens der vom Strukturwandel negativ Betroffenen zulassen.

Bestimmungsgründe der Außenhandelsstruktur zwischen West- und Osteuropa sind neben Verfügbarkeitsvorteilen in erster Linie die komparativen Kostenvorteile. Während in der klassischen Außenhandelstheorie nach Ricardo Kostenvorteile auf Produktivitätsunterschiede zurückzuführen sind, stellt die neoklassische Außenhandelstheorie nach Heckscher und Ohlin auf unterschiedliche Faktorproportionen zwischen den am Handel beteiligten Ländern ab. Nach dem Faktorproportionentheorem bzw. Neo-Faktorproportionentheorem (und damit die Berücksichtigung verschiedener Qualifikationsstufen des Faktors Arbeit) importiert ein Land Produkte, die eine hohe Faktorintensität in bezug auf den Faktor aufweisen, der in diesem Land relativ knapp ist, und es exportiert Produkte, die eine hohe Faktorintensität in bezug auf den Faktor aufweisen, der in diesem Land relativ reichlich vorhanden ist. Soweit die Außenhandelsstruktur durch unterschiedliche Faktorproportionen determiniert wird, sind (tendenziell) Einkommenseinbußen für den relativ knappen Faktor und Einkommenszuwächse für den relativ reichlich vorhandenen Faktor die Folge.

Aufgrund des mittlerweile abgeschlossenen Transformationsprozesses und der weitgehenden außenwirtschaftlichen Öffnung, und damit einhergehend eines zunehmenden Kapital- und Technologietransfers in die mittel- und osteuropäischen Länder, sind darüber hinaus weitere Bestimmungsgründe bzw. Theorien zu berücksichtigen, die neben Produktivitätsunterschieden u.a. auf Skalenerträge und Produktdifferenzierung abstellen (Theorien des intraindustriellen Handel bzw. die sogenannte Neue Handelstheorie). Da beim intraindustriellen Handel Güter derselben Produktionssektoren gehandelt werden, ist er mit geringeren Anpassungsfriktionen verbunden als der interindustrielle Handel, der durch die obigen traditionellen Theorien erklärt wird, und der auf dem Austausch verschiedener Produktionssektoren basiert.

Um zu einer Einschätzung der künftigen komparativen Kostenvorteile der Beitrittsländer gegenüber Deutschland zu kommen, gilt es als erstes zu analysieren, in welchen Bereichen die Beitrittsländer in der Ausgangslage, d.h. zu Beginn der Transformationsprozesse, ihre komparativen Kostenvorteile hatten und durch welche Faktoren sie determiniert wurden. Denn die Strukturen aus der Zeit der Planwirtschaft dürften weiterhin – wenn auch im abnehmenden Maße – strukturprägend wirken. Danach ist zu erörtern, inwiefern die marktwirtschaftliche Transformation und außenwirtschaftliche Öffnung auf diese Faktoren einwirken und damit die gegenwärtigen Handelsstrukturen determinieren. Abschließend gilt es zu erörtern, welche Konsequenzen die Mitgliedschaft in der Europäischen Union für die komparativen Kostenvorteile der Beitrittsländer impliziert.

3.1.3.2.1 Die komparativen Kostenvorteile der Beitrittsländer gegenüber Deutschland zu Beginn der Transformation

Wie Tabelle 8 verdeutlicht, verzeichneten die Beitrittsländer zu Beginn der neunziger Jahre – gemessen an RCA-Werten[31] – vor allem bei rohstoff-, sachkapital- und arbeitsintensiven Branchen komparative Kostenvorteile – wenn auch in deutlich unterschiedlichen Ausprägungen. Dagegen wiesen sie bei forschungsintensiven Branchen durchgehend ausgeprägte komparative Kostennachteile auf.

---

[31] Da die tatsächlichen komparativen Kostenvorteile schwer zu quantifizieren sind, wird oftmals auf das Meßkonzept der „Revealed Comparative Advantages" (RCA) zurückgegriffen. Ausgangspunkt ist die Überlegung, daß sich die komparativen Kostenvorteile in den realisierten Außenhandelsströmen niederschlagen müßten und somit durch den Vergleich von Exporten und Importen offengelegt werden können. RCA-Werte werden nach folgender Formel berechnet: $RCA_i = \ln (x_i/m_i : X/M)$, wobei: x_i und m_i die Exporte und Importe der Branche i sowie X und M die gesamten Exporte und Importe des betreffenden Landes bezeichnen. Ein positiver RCA-Wert weist auf einen komparativen Kostenvorteil, ein negativer RCA-Wert auf einen komparativen Kostennachteil des betreffenden Landes in der jeweiligen Industrie hin. Das Ausmaß komparativer Kostenvor- oder -nachteile wird durch die Höhe der RCA-Werte widergespiegelt. D.h. je größer ein positiver RCA-Wert ist, desto ausgeprägter ist der komparative Kostenvorteil, vice versa [Vgl. Trabold, H./Berke, C., Die komparativen Vorteile der mittel- und osteuropäischen Länder: gestern, heute und morgen, (Deutsches Institut für Wirtschaftsforschung, Diskussionspapier Nr. 123) Berlin 1995, S. 4f.].

Tabelle 8: Komparative Kostenvorteile der Beitrittsländer im Handel mit Deutschland[1] nach Industriegruppen

	Polen	Tschechische und Slowakische Republik	Ungarn
Mobile Schumpeter-Industrien[2]			
1980	-120,13	-100,62	-81,61
1990	-67,06	-77,12	-59,91
1991	-65,23	-64,29	-50,58
1992	-88,32	-63,08	-43,61
Immobile Schumpeter-Industrien[3]			
1980	-161,10	-163,79	-130,30
1990	-166,94	-147,62	-105,77
1991	-162,34	-86,67	-92,46
1992	-164,09	-83,71	-88,64
Rohstoffintensive Industrien[4]			
1980	133,05	165,02	85,14
1990	158,70	190,28	142,39
1991	146,28	103,93	71,03
1992	178,86	119,52	77,73
Sachkapitalintensive Industrien[5]			
1980	28,43	72,11	32,31
1990	-26,62	94,52	30,51
1991	-26,76	57,15	45,32
1992	-40,53	51,23	25,74
Arbeitsintensive Industrien[6]			
1980	62,99	63,73	111,68
1990	87,62	84,25	75,11
1991	89,74	86,04	69,45
1992	82,77	70,22	69,17

Anmerkungen: [1] Die Daten für 1980 beziehen sich auf die frühere Bundesrepublik, die Daten ab 1990 auf die Bundesrepublik Deutschland nach dem Gebietsstand vom 3. Oktober 1990. [2] Chemische Erzeugnisse, Gummiwaren, Büromaschinen, Datenverarbeitungsgeräte, Elektrotechnische Erzeugnisse. [3] Maschinenbauerzeugnisse, Straßenfahrzeuge, Luft- und Raumfahrzeuge, Feinmechanische und optische Erzeugnisse. [4] Mineralölerzeugnisse, Eisen und Stahl, NE-Metalle, Schnittholz, Sperrholz, Bergbauliche Erzeugnisse. [5] Steine und Erden, Glas und Glaswaren, Wasserfahrzeuge, Holzschliff, Papier, Pappe, Textilien, Nahrungs- und Genußmittel. [6] Kunststofferzeugnisse, Feinkeramische Erzeugnisse, Gießereierzeugnisse, Erzeugnisse der Ziehereien, Stahlbauerzeugnisse, Eisen-, Blech- und Metallwaren, Musikinstrumente, Holzwaren, Papier- und Pappewaren, Druckereierzeugnisse, Leder und Lederwaren, Bekleidung.
Quelle: Klodt, H., Perspektiven des Ost-West-Handels: Die komparativen Vorteile der mittel- und osteuropäischen Reformländer, in: Die Weltwirtschaft, o.Jg. (1993), H. 4, Tabelle 3, S. 434.

Die komparativen Kostenvorteile in den rohstoffintensiven Branchen überraschen auf den ersten Blick, da die meisten Beitrittsländer (außer Polen bei Kohle) nicht über einen nennenswert höheren Bestand an natürlichen Ressourcen verfügen als Deutschland. Diese Vorteile kamen im wesentlichen dadurch zustande, daß die Sowjetunion ihre Rohstoffe, insbesondere Erdöl und Erdgas, unter Weltmarktpreisen innerhalb des Rates für gegenseitige Wirtschaftshilfe lieferte.[32] Die komparativen Kostenvorteile in den arbeitsintensiven Branchen entsprechen dagegen der Aussage des Faktorproportionentheorems. Die Beitrittsländer sind relativ reichlich mit Arbeitskräften ausgestattet. Die Arbeitskosten waren und sind noch immer wesentlich niedriger als in Deutsch-

---

[32] Vgl. Weise, C. et al., Ostmitteleuropa..., a.a.O., S. 89.

land.[33] Des weiteren waren die mittel- und osteuropäischen Länder bei den Prozeßinnovationen, die für die Wettbewerbsfähigkeit in den arbeitsintensiven Sektoren ebenfalls eine Rolle spielen, dem Westen nicht so weit unterlegen, als daß es hier zu einem signifikanten – durch die niedrigen Arbeitskosten nicht mehr ausgleichbaren – Produktivitätsrückstand gekommen wäre.[34] Dagegen waren die komparativen Kostenvorteile in den sachkapitalintensiven Branchen in erster Linie eine Folge der ideologisch motivierten Unterbewertung des Faktors Kapital in den Planwirtschaften.[35] Die ausgeprägten komparativen Kostennachteile in den forschungsintensiven Branchen (mobile und immobile Schumpeter-Industrien; auf diese Unterscheidung wird im folgenden Abschnitt einzugehen sein) waren angesichts der Statistiken über die Forschungs- und Entwicklungsbemühungen nicht unbedingt zu erwarten gewesen. Die sozialistischen Staaten wiesen im internationalen Vergleich eine hohe Forschungs- und Entwicklungsintensität im Verhältnis zum Volkseinkommen auf und verwendeten zwischen 2% und 5% dieser Größe für Forschungs- und Entwicklungstätigkeiten. Die starken komparativen Kostennachteile lassen somit auf einen relativ ineffizienten Einsatz der Forschungsmittel schließen. Des weiteren waren die Forschungs- und Entwicklungskapazitäten zum größten Teil auf zentrale Institutionen konzentriert, die weitgehend isoliert vom produzierendem Sektor arbeiteten. Zusätzlich lagen die Forschungsschwerpunkte auf dem primären Sektor (Landwirtschaft und Bergbau) und im Bereich der militärischen Forschung, von denen aber nur geringe externe Effekte auf die Unternehmen im zivilen Bereich ausgingen. Insgesamt lies sich besonders für die achtziger Jahre eine sich vergrößernde technologische Lücke zwischen den mittel- und osteuropäischen Ländern und dem Westen feststellen, die neben den Importbeschränkungen für Technologie vor allem auch auf die innovationshemmenden Rahmenbedingungen zurückzuführen war.[36]

3.1.3.2.2 Der Einfluß der marktwirtschaftlichen Transformation und des Beitritts auf die komparativen Kostenvorteile der Beitrittsländer gegenüber Deutschland

Die bisherigen Ausführungen weisen bereits darauf hin, daß das Spezialisierungsmuster der Vergangenheit unter marktwirtschaftlichen Bedingungen keine Zukunft haben konnte. Denn die aufgedeckten komparativen Kostenvorteile ließen sich außer bei arbeitsintensiven Produkten nicht mit den Voraussagen der traditionellen Außenhandelstheorie in Einklang bringen; sie entsprachen weder der relativen Faktorausstattung dieser Länder, noch ließen sich gegenüber Deutschland technologische Vorsprünge aufzeigen. Vielmehr erklärten sich die komparativen Kostenvorteile der Beitrittsländer bei

---

[33] Zu den Details vgl. Abschnitt 3.2.4.2.2.
[34] Vgl. Weise, C. et al., Ostmitteleuropa..., a.a.O., S. 89.
[35] Vgl. Klodt, H., a.a.O., S. 425.
[36] Vgl. Weise, C. et al., Ostmitteleuropa..., a.a.O., S. 90f.

rohstoff- und sachkapitalintensiven Produkten aus systemimmanenten Preisverzerrungen. Der marktwirtschaftliche Transformationsprozeß, und damit die Einführung von Marktpreisen, mußte daher signifikante Konsequenzen für die komparativen Kostenvorteile der Reformländer und damit für die aus der Planwirtschaft ererbten Handelsstrukturen haben. Andererseits besteht seit der außenwirtschaftlichen Öffnung aber auch die Möglichkeit, auf das neueste technische Wissen zurückzugreifen, etwa durch den Erwerb von Patenten und Lizenzen, den Kauf technologieintensiver Investitionsgüter oder dem Zufluß von ausländischen Direktinvestitionen.[37]

Wie aus Tabelle 8 hervorgeht, haben sich die RCA-Werte für rohstoffintensive Industrien in den Jahren nach 1990 in der Tschechischen und Slowakischen Republik sowie in Ungarn erwartungsgemäß reduziert. Diese Entwicklung ist in erster Linie darauf zurückzuführen, daß diese Länder die Rohstoffe seit Beginn der neunziger Jahre zu Weltmarktpreisen erwerben müssen. Mit dem Einstellen von Marktzinsen, und damit einem massiven Anstieg der Kapitalkosten, haben sich ebenfalls die RCA-Werte in den sachkapitalintensiven Industrien aller Beitrittsländer reduziert (bei genauer Betrachtung der Industriegruppeneinteilung (siehe Anmerkung 4, Tabelle 8) dürfte dieser Faktor auch zur Verschlechterung der RCA-Werte in Teilen der rohstoffintensiven Industrien beigetragen haben). Allerdings ist ein großer Teil des aus planwirtschaftlichen Zeiten stammenden Kapitalstocks veraltet und seit langem abgeschrieben. Die Erhöhung der Kapitalkosten kann daher nur einen begrenzten Einfluß auf die Wettbewerbsposition der sachkapitalintensiven Altindustrien ausüben (in erster Linie über die Verteuerung von Ersatzinvestitionen).[38] Nach dem Beitritt zur Europäischen Union, und damit der Verschärfung der Beihilfenkontrolle und der Umweltauflagen, dürfte sich aber die Wettbewerbsfähigkeit dieser Industrien (wie auch einiger rohstoffintensiver Branchen) weiter verschlechtern. Was arbeitsintensive Industrien anbelangt, so haben sich mit Ausnahme von Ungarn in allen anderen betrachteten Ländern die RCA-Werte leicht erhöht. Der Einsatz neuer Technologien in Kombination mit den im Vergleich zu Deutschland deutlich niedrigeren Arbeitskosten läßt in diesen Sektoren weiterhin komparative Kostenvorteile der Beitrittsländer erwarten. Deutlich verringert haben sich die komparativen Kostennachteile der Beitrittsländer in den forschungsintensiven Branchen. Dieser Trend wird von Boeri/Brücker (2000) für den Zeitraum von 1989 bis 1996 (bezogen auf den Handel der Europäischen Union mit allen zehn mittel- und osteuropäischen Beitrittskandidaten) bestätigt.[39] Entscheidend für internationale Wettbewerbsfähigkeit in diesen Bereichen ist das Zusammenwirken zwischen Humankapital und Technologie.

---

[37] Vgl. Weise, C. et al., Ostmitteleuropa..., a.a.O., S. 233.
[38] Vgl. ebenda, S. 92.
[39] Vgl. Boeri, T./Brücker, H., The Impact of Eastern Enlargement on Employment and Labour Markets in the EU Member States, (Gutachten im Auftrag der Europäischen Kommission) Berlin/Mailand 2000, Abbildung 5.6, S. 40.

Angesichts der relativ guten Ausstattung der Beitrittsländer mit Humankapital[40] bei gleichzeitig relativ niedrigen Arbeitskosten, ist die Verbesserung der Wettbewerbsposition dieser Sektoren daher vor allem auf den Import des neuesten technischen Wissens zurückzuführen, an dem es in der Vergangenheit fehlte. Dieser Technologietransfer dürfte zu einem großen Teil – wie bereits bei der Begründung der deutschen Außenhandelsstruktur angesprochen – auf das wachsende Engagement ausländischer Direktinvestoren basieren. In diesem Zusammenhang bietet es sich an, bei der Entwicklung komparativer Kostenvorteile für forschungsintensive Güter zwischen mobilen und immobilen Schumpeter-Industrien zu differenzieren. Diese beiden Kategorien unterscheiden sich durch die technisch bedingten Hindernisse, die einem internationalen Technologietransfer entgegenstehen. Bei mobilen Schumpeter-Industrien können Forschung und Entwicklung relativ leicht räumlich von der Produktion getrennt werden, da die Forschung nur in geringem Maße auf Rückkoppelungen aus der Produktion angewiesen ist. Es ist daher möglich, Forschung und Entwicklung in einem hochentwickelten Land, wo das nötige technische Wissen und die Infrastruktur vorhanden sind, anzusiedeln und bei der Produktion auf billige und gut qualifizierte Arbeitskräfte eines weniger entwickelten Landes zurückzugreifen. Nach der Aufnahme in die Europäische Union ist daher zu erwarten, daß die Beitrittsländer den in Tabelle 8 erkennbaren Trend fortsetzen und komparative Kostenvorteile in der Produktion mobiler Schumpeter-Güter entwickeln werden, da bei diesen forschungsintensiven Gütern die Produktion mit Hilfe importierten Wissens erfolgen kann. Da erfahrungsgemäß ausländischen Direktinvestitionen beim internationalen Technologietransfer die größte Bedeutung zukommt, wird auf diesen Aspekt im Kapitel 3.2 näher eingegangen werden. Im Gegensatz dazu greifen bei immobilen Schumpeter-Industrien Forschung und Produktion so eng ineinander, daß eine räumliche Trennung unmöglich oder jedenfalls nicht mit Kostenersparnissen verbunden wäre. Da die Voraussetzungen für Forschung und Entwicklung in den Beitrittsländern auf absehbare Zeit nicht mit denjenigen in Deutschland konkurrieren können,

---

[40] Internationale Studien bescheinigen den Beitrittsländern eine relativ hohe Ausstattung mit Humankapital. Unter dem Vorbehalt der Probleme, die mit internationalen Humankapitalvergleichen verbunden sind, wird die Humankapitalausstattung der Beitrittsländer zwar unter derjenigen der nördlichen Mitgliedstaaten der Europäischen Union, jedoch über der der südlichen Mitgliedstaaten und zahlreicher anderer Schwellenländer angesiedelt [Vgl. Cluse, R., a.a.O., S. 247; Trabold, H./Berke, C., a.a.O., S. 15; Klodt, H., a.a.O., S. 427 sowie Hamilton, C., B./Winters, L., A., Opening up international trade with Eastern Europe, in: Economic Policy, 19. Jg. (1992), Nr. 14, S. 95ff.]. Zwar wurde durch den Transformationsprozeß ein Teil des Humankapitals entwertet, jedoch handelt es sich hierbei überwiegend um systemspezifisches Wissen, während das produktionsnahe Wissen hiervon relativ unberührt geblieben sein dürfte. Freilich entspricht in vielen Fällen das Wissen mittel- und osteuropäischer Techniker, Chemiker, Ingenieure, Naturwissenschaftler usw. nicht dem ihrer westeuropäischen Pendants, sie verfügen jedoch über eine relativ hohe Elementarbildung, welche das Erlernen des Umgangs mit westlicher Technologie und Managementmethoden wesentlich erleichtert.

werden die komparativen Kostennachteile bei immobilen Schumpeter-Gütern daher weiterhin bestehen bleiben.[41]

Summa summarum führen die hier angestellten Überlegungen zu der Erwartung, daß nach dem Beitritt die komparativen Kostenvorteile der mittel- und osteuropäischen Beitrittsländer bei arbeitsintensiven Gütern erhalten bleiben. Bereits mittelfristig dürften sich jedoch aufgrund des zunehmenden Technologietransfers komparative Kostenvorteile auch bei mobilen Schumpeter-Gütern herausbilden. Spiegelbildlich dazu hat Deutschland komparative Kostenvorteile vor allem bei immobilen Schumpeter-Gütern, bei denen es seinen Wissensvorsprung zur Herstellung innovativer Produkte nutzen kann.

3.1.3.2.3 Intraindustrieller Handel

Das Ausmaß des intraindustriellen Handels zwischen Deutschland und anderen ausgewählten Mitgliedstaaten der Europäischen Union auf der einen Seite und den Beitrittsländern auf der anderen Seite läßt sich anhand der in Tabelle 9 angeführten Grubel-Lloyd-Indizes[42] darstellen.

Tabelle 9: Intraindustrieller Handel ausgewählter EU-Mitgliedstaaten mit mittel- und osteuropäischen Volkswirtschaften (Grubel-Lloyd-Indizes in Prozent[1])

	Gesamthandel		Tschechoslowakei		Ungarn		Polen		Tschechische Republik
	1989	1996	1989	1996	1989	1996	1989	1996	1996
Österreich	74,0	80,0	29,8	60,0	38,7	63,2	30,7	28,5	54,5
Deutschland	68,8	73,8	39,0	68,9	41,3	64,0	34,5	44,5	68,8
Italien	62,5	64,8	37,4	51,9	36,8	49,1	28,3	45,0	44,7
Niederlande	78,8	82,6	37,6	55,3	40,9	50,1	49,3	42,9	54,8
Schweden	71,3	69,7	38,2	50,1	33,5	42,1	38,6	45,6	46,0
EU5[2]	80,6	81,6	43,6	68,5	44,7	67,4	42,4	48,9	68,1

Anmerkungen: [1] Berechnet als gewichteter Durchschnitt auf 2-stelliger SITC-Ebene (Standard Industrial Trade Classification). [2] EU5 = Österreich, Deutschland, Italien, Niederlande, Schweden.
Quelle: Fidrmuc, J./Grozea-Helmenstein, D./Wörgötter, A., a.a.O., Tabelle 1, S. 338.

Es zeigt sich, daß das Niveau des intraindustriellen Handels zwischen Deutschland und den Beitrittsländern zwar noch nicht das Niveau des intraindustriellen Handels am Gesamthandel Deutschlands erreicht hat, eine deutliche Zunahme der intraindustriellen Handelsbeziehungen ist jedoch unverkennbar. Allerdings spricht vieles dafür, daß die

---

[41] Vgl. Heinrich, R. P., Der Außenhandel zwischen der Europäischen Union und Ostmitteleuropa, in: List Forum für Wirtschafts- und Finanzpolitik, 20. Jg. (1994), H. 3, S. 218.
[42] Der Grubel-Lloyd-Index kann Werte von 0 bis 1 annehmen, wobei ein Wert von 0 ausschließlich inter- und ein Wert von 1 ausschließlich intraindustriellen Handel anzeigt. Für eine Industrie berechnet er sich anhand folgender Formel: $GLI_i = 1 - \frac{|X_i - M_i|}{X_i + M_i}$, wobei X_i die Exporte und M_i die Importe der Industrie i bezeichnet [Vgl. Fidrmuc, J./Grozea-Helmenstein, D./Wörgötter, A., East-West Intra-Industry Trade Dynamics, in: Weltwirtschaftliches Archiv, Vol. 135 (1999), No. 2, S. 337ff.].

anhand der hochaggregierten Branchengliederung gemessene Zunahme des intraindustriellen Handels im wesentlichen auf komparativen Kostenvorteilen bei einzelnen Produkten oder Produktionsabschnitten beruht und weniger auf Produktdifferenzierung in Kombination mit positiven Skalenerträgen bei der Produktion der einzelnen Produktvarianten.[43] D.h. es werden zwar Güter derselben Produktionssektoren getauscht, aber mit unterschiedlichem Faktorinhalt (sogenannter vertikaler intraindustrieller Handel[44]). Schätzungen zufolge ist dieser vertikale intraindustrielle Handel für 80% bis 90% des gesamten intraindustriellen Handels zwischen der Europäischen Union und den mittel- und osteuropäischen Ländern verantwortlich. Diese Entwicklung wird in erster Linie auf ausländische Direktinvestitionen zurückgeführt.[45] Der steigende Anteil des intraindustriellen Handels zwischen Deutschland und den Beitrittsländern ist folglich ein Indiz für eine zunehmende Segmentierung von Produktionsprozessen in forschungsintensive Aktivitäten, die hierzulande verbleiben, und in arbeitsintensive Aktivitäten, die in den mittel- und osteuropäischen Ländern angesiedelt werden.[46] Da die Mitgliedschaft in der Europäischen Union eine deutliche Zunahme des Engagements deutscher Direktinvestoren in den Beitrittsländern erwarten läßt (siehe hierzu Kapitel 3.2), ist eine weitere Zunahme dieser Form des intraindustriellen Handels wahrscheinlich. Da dieser Handel weitgehend auf Güter mit unterschiedlichem Faktorinhalt basiert, gelten weiterhin die Aussagen des Heckscher-Ohlin-Theorems in bezug auf die Verteilungswirkungen dieses Handels in den beteiligten Volkswirtschaften.

3.1.4 Handelsgewinne und deren Verteilung zwischen Deutschland und den Beitrittsländern

Die Beseitigung von Handelshemmnissen im Rahmen der Erweiterung eines regionalen Integrationsraumes kann im gesamten Integrationsgebiet zu Wohlfahrtssteigerungen führen aufgrund der Realisierung statischer und dynamischer Handelsgewinne. Die statischen Handelsgewinne resultieren dabei zum einen aus einer effizienteren Reallokation von Produktionsfaktoren in Verwendungen, in denen komparativ günstigere Kostenverhältnisse herrschen (sogenannte handelsschaffende Effekte). Hieraus resultiert eine

---

[43] Vgl. Lücke, M., Wachstum und Warenstruktur der deutschen Exporte nach Mittel- und Osteuropa, in: Mittel- und Osteuropa als Produktionsstandort und Absatzmarkt für Westeuropa, Hrsg.: M. Miegel, Leipzig 1998, S. 82.

[44] Demgegenüber werden beim sogenannten horizontalen intraindustriellen Handel Güter getauscht, die sich nicht durch ihren Faktorinhalt, sondern durch produktspezifische Eigenschaften unterscheiden.

[45] Vgl. Aturupane, C./Djankov, S./Hoekman, B., Horizontal and Vertical Intra-Industry Trade between Eastern Europe and the European Union, in: Weltwirtschaftliches Archiv, Vol. 135 (1999), H. 1, S. 62f.

[46] Vgl. Brücker, H., Werden unsere Löhne künftig in Warschau festgesetzt?, in: List Forum für Wirtschafts- und Finanzpolitik, 27. Jg. (2001), H. 1, S. 80.

Steigerung der Gesamtproduktivität. Zum anderen steigt die Wohlfahrt der beteiligten Länder aufgrund des Nutzenzuwachses durch den erhöhten Konsum des Importproduktes und dem geringeren Preis, der für dieses Produkt an das Partnerland bezahlt werden muß. Ferner steigt die Wohlfahrt aufgrund der zunehmenden Produktvielfalt. Wesentlich bedeutender als die statischen Handelsgewinne sind die dynamischen Handelsgewinne einer Gütermarktintegration. Dynamische Handelsgewinne wirken beispielsweise über folgende Mechanismen:

- die Intensivierung des Wettbewerbs infolge der Marktöffnung für ausländische Anbieter wirkt auf eine Senkung der Produktionskosten und der Preise hin sowie auf eine Verbesserung der Produktqualität, da der technische Fortschritt und die Allokationseffizienz stimuliert werden; vorher existierende Marktmacht wird durch das Hinzutreten ausländischer Konkurrenten eliminiert.
- die Marktausweitung und die damit verbundenen höheren Absatzchancen ermöglichen eine bessere Nutzung von Größenvorteilen, d.h. mit zunehmender Ausbringung sinken die Durchschnittskosten.
- die Nutzung neu entstandener Absatz- und Kostensenkungspotentiale bewirkt eine Erhöhung der in- und ausländischen Investitionstätigkeit und führt damit zu einer Beschleunigung des Wirtschaftswachstums.

Theoretisch verspricht somit die Gütermarktintegration der mittel- und osteuropäischen Staaten in die Europäische Union einen dauerhaften Anstieg der gesellschaftlichen Wohlfahrt in Deutschland und den übrigen Mitgliedstaaten. Da allerdings seit 2002 die Freihandelszone für industrielle Erzeugnisse umgesetzt ist, betrifft die Integration der Gütermärkte im Zuge der Ost-Erweiterung (konkret die Umwandlung einer Freihandelszone in eine Zollunion) noch die Beseitigung von Handelsrestriktionen im Agrarsektor, die Liberalisierung des Handels mit bestimmten Dienstleistungen, den Wegfall der Schutzklauseln[47] sowie die Vereinheitlichung der Außenhandelspolitik, d.h. die

---

[47] Diese Aussage ist insofern zu relativieren, als daß auch die Beitrittsverträge Schutzklauseln enthalten, so vor allem die allgemeine wirtschaftliche und die besondere binnenmarktbezogene Klausel. Beide Klauseln können während eines Zeitraums von bis zu drei Jahren nach dem Beitritt geltend gemacht werden. Die erstgenannte bezieht sich auf „Schwierigkeiten, welche einen Wirtschaftszweig erheblich und voraussichtlich anhaltend treffen oder welche die wirtschaftliche Lage eines bestimmten Gebiets beträchtlich verschlechtern können" [Artikel 37 des Vertrags über den Beitritt zur Europäischen Union 2003]. Die Klausel kann von jedem Mitgliedstaat in Anspruch genommen werden, und sie wurde auch bei der letzten Erweiterung in die Verträge aufgenommen, allerdings nur mit einer Gültigkeitsdauer von einem Jahr. Inhaltlich ähnelt diese Schutzklausel der Sicherheitsklausel gemäß Artikel 30 Europa-Abkommen. Abgesehen von der vergleichsweise kurzen Geltungsdauer kann diese Klausel jedoch aufgrund des Primats des Binnenmarktes, das sich auch darin äußert, daß die auf der Grundlage dieser Klausel getroffenen Schutzmaßnahmen keine Grenzkontrollen nach sich ziehen sollen, als auch der politischen Macht der mittel- und osteuropäischen Neumitgliedstaaten kaum eine Maßnahme zur Folge haben, die die wirtschaftliche Entwicklung in den Beitrittsländern beeinträchtigen würde. Die letztgenannte, besondere binnenmarktbezogene Schutzklausel betrifft Fälle, in denen die Neumit-

Übernahme der gemeinschaftlichen Zollsätze und anderer Handelshemmnisse gegenüber Drittländern durch die Neumitgliedstaaten (was wiederum die Beseitigung der Ursprungsregeln zur Folge hat). Die Beseitigung verbliebener Handelsrestriktionen im Agrarsektor ist jedoch mit der Übertragung der Gemeinsamen Agrarpolitik auf die Beitrittsländer verbunden, die keine markante Verbesserung der Allokationseffizienz zur Folge haben wird. Ferner bleibt der Handel mit Dienstleistungen durch die Beschränkungen für die Entsendung von Arbeitskräften[48] und die Kabotage[49] weiterhin stark limitiert, so daß in summa die aus der Gütermarktintegration zu erwartenden statischen Handelsgewinne zunächst einmal als relativ begrenzt zu taxieren sind. Wie aber in den folgenden Kapiteln zu zeigen sein wird, wird die Ost-Erweiterung den Druck hin zu einer Liberalisierung der Gemeinsamen Agrarpolitik und des Dienstleistungsverkehrs erhöhen, so daß auf mittlere bis lange Sicht deutlich höhere statische Handelsgewinne nicht unwahrscheinlich sind, die aber, ebenso wie künftige Handelsgewinne aufgrund von Wachstumsprozessen, stärker zugunsten der Beitrittsländer ausfallen werden. Hierfür spricht alleine schon die wesentlich höhere Nachfrage Deutschlands, die darauf hin-

---

glieder den eingegangenen Beitrittsverpflichtungen nicht nachkommen und dadurch das Funktionieren des Binnenmarktes gefährden. Maßnahmen, die auf der Grundlage dieser Klausel getroffen werden, werden aufgehoben, sobald die einschlägige Verpflichtung erfüllt ist [Vgl. Artikel 38 des Vertrags über den Beitritt zur Europäischen Union 2003]. Von dieser Klausel wird im Abschnitt 5.9 noch einmal die Rede sein.

Aufgrund der erwähnten Einschränkungen bei der Inanspruchnahme der allgemeinen wirtschaftlichen Schutzklausel und der Abhängigkeit der besonderen binnenmarktbezogenen Klausel vom Verhalten der Beitrittsländer wird in der vorliegenden Arbeit die Ost-Erweiterung mit der vollständigen Liberalisierung des Warenhandels gleichgesetzt.

[48] Auf diesen Punkt wird im Kapitel 3.3 näher einzugehen sein. An dieser Stelle sei bereits gesagt, daß Deutschland und Österreich das Recht zugestanden wurde, vom Zeitpunkt des Beitritts an bis zu sieben Jahre lang die bestehenden Werkvertragsabkommen fortzuführen. Dessen ungeachtet wird die Entsendung von Arbeitskräften nach Deutschland bereits durch das hiesige Entsendegesetz behindert.

[49] Laut Beitrittsvertrag kann der Zugang zu den einheimischen Straßengüterverkehrsmärkten zwischen den Alt- und den Neumitgliedstaaten um bis zu fünf Jahre nach dem Beitritt begrenzt werden. Die Kontingente für Transporte innerhalb der einzelnen Mitgliedstaaten können auf bilateraler Basis erhöht werden. Falls ein Land von dieser Regelung Gebrauch macht, sind seine Spediteure von den Straßengüterverkehrsmärkten der Länder, die diese Regelung nicht mehr anwenden, ausgeschlossen [Vgl. Europäische Kommission, Report on the results of the negotiations on the accession of Cyprus, Malta, Hungary, Poland, the Slovak Republic, Latvia, Estonia, Lithuania, the Czech Republic and Slovenia to the European Union, http://europa.eu.int/comm/enlargement/negotiations/pdf/negotiations_report_to_ep.pdf, Stand: 28.05.2003, S. 26]. Die Vermutung liegt nahe, daß diese Regelung insbesondere auf Drängen Deutschlands zustande kam [Vgl. o.V., Osteuropas Lastwagen sollen warten, a.a.O., S. 20]. Bei der Beurteilung dieser Übergangsregelung ist zu berücksichtigen, daß der Europäische Gerichtshof in seinem Urteil vom 22.5.1985 die Verwirklichung der Dienstleistungsfreiheit in Verkehr anordnete, was schließlich die endgültige Freigabe der Kabotage in Deutschland am 1.7.1998 zur Folge hatte [Vgl. Lammich, K./Pöttinger, F. J., Gütertransportrecht – Kommentar, Neuwied, Kriftel/Ts. 2000 (Stand nach Ergänzungslieferung Nr. 49 von Dezember 2000), S. 4ff.].

wirkt, daß sich die Preise stärker zugunsten der Produkte verschieben, für die die Beitrittsländer komparative Kostenvorteile haben.[50]

Was die dynamischen Handelsgewinne betrifft, so werden diese durch die Mitgliedschaft in der Europäischen Union deutlich intensiviert werden, aber ebenfalls stärker den weniger entwickelten Beitrittsländern zugute kommen. Neben dem Technologietransfer gilt dies auch für die Nutzung von Größenvorteilen, die von einem sicheren und uneingeschränkten Zugang zum Gemeinsamen Markt abhängen, wie er für Deutschland schon seit langem existiert. Beide Faktoren weisen wiederum auf die Bedeutung des Kapitalzuflusses hin, der – wie im folgenden Kapitel zu zeigen sein wird – deutlich zugunsten der Beitrittsländer zunehmen dürfte.

Neben statischen und dynamischen Handelsgewinnen sind bei der Beurteilung der Wohlfahrtswirkungen einer Erweiterung eines Integrationsraumes gemäß der Theorie der Zollunion allerdings auch sogenannte handelsumlenkende und damit wohlfahrtsmindernde Effekte zu berücksichtigen, die aus dem fortbestehenden Protektionismus gegenüber dem Rest der Welt resultieren.[51, 52] Da der Industriegüterhandel jedoch bereits im Rahmen der Freihandelszone liberalisiert wurde, sind für Deutschland und die übrigen Altmitgliedstaaten keine neuen handelsumlenkenden Effekte zu erwarten[53] (auf die entsprechenden Konsequenzen für die Beitrittsländer wird im Abschnitt 5.1 eingegangen). Allerdings können sich zusätzliche Wohlfahrtsverluste ergeben, nämlich dann, wenn die Neumitgliedstaaten gegenüber Drittländern möglicherweise höhere gemeinschaftliche Zollsätze anwenden müssen. In diesem Fall können die Beitrittsländer nicht mehr wie im Rahmen der Freihandelszone Exporte in die Altmitgliedstaaten durch Importe vom Weltmarkt ersetzen (sogenannte indirekte Handelsumlenkung)[54], so daß im gesamten Integrationsraum für die Ursprungserzeugnisse zollinduzierte Preissteigerungen mit entsprechenden Wohlfahrtsverlusten die Folge sind. Diese Gefahr ist aber als gering einzuschätzen, da die Zollsätze auf gewerbliche Waren in den Beitrittsländern im

---

[50] Vgl. El-Shagi, E.-S., Verteilen sich die Gewinne durch Freihandel zuungunsten der Entwicklungsländer?, in: Entwicklung und Strukturwandel – Beiträge zur Entwicklungspolitik, Hrsg.: J. Reinhardt/ C. Uhlig, Frankfurt am Main u.a. 1990, S. 47.

[51] Diese Argumentation geht zurück auf Viner, J., The Customs Union Issue, New York 1950, S. 41ff.

[52] Der Einfachheit halber wird in den folgenden Ausführungen auf die Berücksichtigung von Terms of Trade-Effekten verzichtet.

[53] Handelsumlenkende Effekte treten bei jenen Produkten auf, die ein Mitgliedstaat des Integrationsraumes effizienter produziert als die übrigen Mitglieder und die es im Integrationsraum aufgrund der Zollbefreiung günstiger anbieten kann als die nach wie vor zolldiskriminierte, aber effizienter produzierende Weltmarktkonkurrenz. Ferner müssen die übrigen Mitgliedstaaten diese Produkte auch vor der Gründung des Integrationsraumes vom Weltmarkt importiert haben. Bei vielen Dienstleistungen, insbesondere bei denen des Bau- und Transportgewerbes, können daher handelsschaffende Effekte nicht mit handelsumlenkenden Effekten verbunden sein, da der Import dieser Dienstleistungen aus Drittstaaten bereits vor Gründung des Integrationsraumes verhindert wurde.

[54] Zu den Wohlfahrtswirkungen einer Freihandelszone versus einer Zollunion vgl. Robson, P., The Economics of International Integration, 4th ed., London/New York 1998, S. 30ff.

Durchschnitt höher liegen als in der Europäischen Union (im Jahre 2002 lag der durchschnittliche Zollsatz auf gewerbliche Waren bei 9,9% in Polen, 7,0% in Ungarn und 4,5% in der Tschechischen Republik. Demgegenüber betrug der Durchschnittszollsatz auf gewerbliche Waren in der Europäischen Union 3,6%[55]). Summa summarum läßt somit die Gütermarktintegration insbesondere dynamische Handelsgewinne erwarten, wobei die relativen Handelsgewinne jedoch für die Beitrittsländer größer sein werden als für Deutschland und die übrigen Altmitgliedstaaten.

3.1.5 Verteilungswirkungen der Gütermarktintegration in Deutschland

Da der Beitritt zunächst einmal zu keiner wesentlichen Intensivierung der Arbeitsteilung beitragen dürfte, sind die strukturellen Anpassungen, wenn von den gegebenen komparativen Kostenvorteilen der beteiligten Länder ausgegangen wird, als weitgehend abgeschlossen zu betrachten. Empirische Untersuchungen zu den Verteilungswirkungen lassen kaum die Aussage zu, daß der Außenhandel mit den Beitrittsländern spürbar die Löhne oder die Beschäftigung in Deutschland beeinflußt hat.[56] Angesichts der bislang geringen Export- und Importanteile der Beitrittsländer an den Produktionen der meisten Branchen ist dies auch nachvollziehbar. Negative Wirkungen des Osthandels auf Löhne und Beschäftigung in Deutschland sind ergo dann zu erwarten, wenn es den Beitrittsländern gelingt, komparative Kostenvorteile zu steigern oder neue zu generieren oder Möglichkeiten zur Produktdifferenzierung zu entwickeln, die mit Marktanteilsgewinnen in Deutschland verbunden sind. Maßgeblich hierfür ist die Überwindung ihrer bisherigen Produktivitäts- bzw. Innovationsschwäche durch die Bildung von Kapital, den Import von technischen Wissen sowie die Umsetzung eigener Forschungsleistungen in Produkt- und Prozeßinnovationen. Am ehesten ist mit dieser Entwicklung in arbeitsintensiven Branchen und mobilen Schumpeter-Industrien zu rechnen, denn diese zählen in Deutschland zu den am stärksten von Verlagerungen bedrohten Branchen (daß die Attraktivität der Beitrittsländer als Investitionsstandort mit der Mitgliedschaft in der Europäischen Union deutlich zunimmt, wird im nächsten Kapitel zu zeigen sein). Ein zunehmender Import arbeitsintensiver Güter und mobiler Schumpeter-Güter aus den Beitrittsländern läßt die Preise dieser Güter in Deutschland sinken und die heimische Produktion schrumpfen, während im Gegenzug Produktion und Export in immobilen Schumpeter-Industrien zunehmen. Dabei wird der Preisverfall um so stärker ausfallen,

---

[55] Vgl. Europäische Kommission, Regelmäßiger Bericht 2002 über die Fortschritte Polens [der Tschechischen Republik und Ungarns] auf dem Weg zum Beitritt [Fortschrittsbericht], Brüssel 2002, jeweils Kapitel 26.

[56] Für einen Überblick über die Ergebnisse bisheriger empirischer Forschungen zu diesem Sachverhalt vgl. Quaisser, W. et al., a.a.O., S. 49ff. Eine neuere Untersuchung zu dieser Thematik findet sich in Boeri, T./Brücker, H., a.a.O., S. 74ff.

je intensiver der Kapazitätsausbau und die Modernisierung in den Beitrittsländern vonstatten gehen. Je schneller allerdings diese Entwicklung erfolgt, um so massiver werden die negativen Wirkungen auf Löhne und Beschäftigung sein. Die vormals in der Produktion dieser Güter eingesetzten Arbeitskräfte (tendenziell weniger qualifizierte Arbeitnehmer) können nur bei einem verringerten Lohnsatz wieder konkurrenzfähig werden (abgesehen von einer oftmals hypothetischen Höherqualifizierung). Angesichts der in Deutschland ausgeprägten Lohnrigidität und Immobilität der Arbeitskräfte ist daher mit einer Zunahme der Arbeitslosigkeit vor allem unter den weniger qualifizierten Arbeitskräften zu rechnen. Demgegenüber werden die Arbeitnehmer, die in den Exportsektoren stärker nachgefragt werden, d.h. tendenziell höher qualifizierte Arbeitskräfte, von der Intensivierung der Arbeitsteilung mit den Transformationsländern profitieren. Die unliebsamen Verteilungswirkungen des Freihandels bzw. der Gütermarktintegration können allerdings nicht als Argumente gegen den freien Außenhandel angeführt werden. Denn zum einen ergeben sich ähnliche Verteilungswirkungen im Zuge der marktwirtschaftlichen Entwicklung auch ohne Außenhandel zwangsläufig, und zum anderen ist für die Zunahme der Arbeitslosigkeit die geringe Lohnflexibilität und die mangelnde Faktormobilität im Inland verantwortlich. Wird aber durch entsprechende Reformen ein funktionierender Marktmechanismus hergestellt, dann können die durch den Freihandel relativ benachteiligten Gruppen ihre absolute Position aufgrund statischer und dynamischer Handelsgewinne in der Regel verbessern. Zudem steigern die Handelsgewinne die Möglichkeiten des Staates, verteilungspolitische Maßnahmen zu finanzieren.[57] Solange aber der grundlegende Reformbedarf bestehen bleibt, wird der freie Güterverkehr mit sozialen Härten verbunden sein. Deren Konsequenzen für den erforderlichen Reformprozeß in Deutschland werden – um Wiederholungen zu vermeiden – im Schlußteil des folgenden Kapitels aufgezeigt.

---

[57] Vgl. El-Shagi, E.-S., Verteilen..., a.a.O., S. 48.

3.2 Konsequenzen aus der Freiheit des Kapitalverkehrs

Die Freiheit des Kapitalverkehrs wirkt darauf hin, daß Kapital innerhalb des Gemeinsamen Marktes an den Standort fließt, an dem es unter Berücksichtigung der Risiken die höchste Rendite erzielt. Das gilt für Finanzkapital genauso wie für Direktinvestitionen. Auf der Grundlage dieser simplen Entscheidungsregel wird im folgenden zu analysieren sein, welche Konsequenzen die Ost-Erweiterung für Kapitalbewegungen aus Deutschland in die Beitrittsländer induziert, und welche Auswirkungen wiederum die Kapitalbewegungen für Einkommen und Beschäftigung sowie für den erforderlichen Reformprozeß hierzulande erwarten lassen. Da Limitationen von Kapitaltransaktionen bereits im Vorfeld der Ost-Erweiterung je nach Verwendungsart und Fristigkeit mehr oder weniger eliminiert wurden (im Falle von ausländischen Direktinvestitionen weitgehend vollständig), ist im Zuge des Beitritts kaum mit „Liberalisierungseffekten" in bezug auf den Kapitalzufluß in die neuen Mitgliedstaaten zu rechnen.[1] Für das Ausmaß, aber auch für die Einkommens- und Verteilungswirkungen der künftigen Kapitalbewegungen in Deutschland, stellt sich damit vor allem die Frage nach den Konsequenzen der Ost-Erweiterung für die Standortfaktoren der Beitrittsländer. Zunächst einmal gilt es aber, die bisherige Entwicklung der Kapitalbewegungen darzustellen, um einen ersten Eindruck hinsichtlich der Standortattraktivität Polens, Ungarns und der Tschechischen Republik aus deutscher Sicht zu gewinnen. Die Ausführungen beschränken sich dabei auf Direktinvestitionen aufgrund der mit ihnen verbundenen direkten Beschäftigungswirkungen im Stammland des Kapitals.

3.2.1 Bisherige Entwicklung des Umfangs und sektorale Verteilung deutscher Direktinvestitionen in den Beitrittsländern

Wie im Abschnitt 4.2.7 noch darzustellen sein wird, konnten Polen, Ungarn und die Tschechische Republik in beeindruckend kurzer Zeit umfangreiche Direktinvestitionen attrahieren. Bezogen auf die Rangfolge der europäischen Direktinvestoren führt Deutschland mit deutlichem Abstand. Knapp 44% aller Direktinvestitionen von Mitgliedstaaten der Europäischen Union in den drei Beitrittsländern stammten Ende 1998 aus Deutschland, gefolgt von den Niederlanden mit einem Anteil von 15% (siehe Tabelle 10).

---

[1] Vgl. Buch, Capital mobility and EU Enlargement, 1999, S. 24.

Tabelle 10: Bestände europäischer Direktinvestoren in Polen, Ungarn und der Tschechischen Republik am Jahresende 1998 (in Mill. Euro)

	Polen	Ungarn	Tschechische Republik	Insgesamt	v.H.
Europäische Union	10.068	9.798	9.620	29.486	100
Deutschland	4.037	4.583	4.214	12.834	43,5
Niederlande	1.743	1.113	1.607	4.463	15,1
Österreich	354	1.285	1.080	2.719	9,2
Großbritannien	780	703	1.101	2.584	8,8
Frankreich	954	661	368	1.983	6,7

Quelle: Eurostat, European Union foreign direct investment yearbook 2000, Luxemburg 2001, S. 56.

Setzt man allerdings die deutschen Direktinvestitionen in den drei Beitrittsländern in Relation zum weltweiten Engagement deutscher Unternehmen, so nehmen sich diese nicht sonderlich beeindruckend aus (siehe Tabelle 11). Lediglich 4% sämtlicher Auslandsinvestitionen deutschen Ursprungs flossen bis 1999 in diese Region. Die Beitrittsländer scheinen somit aus Sicht deutscher Direktinvestoren keine sonderlich attraktiven Standorte zu sein. Bis dato existieren auch keine Hinweise darauf, daß das deutsche Engagement in Osteuropa zu Lasten europäischer Niedriglohnländer wie Spanien oder Portugal oder der Entwicklungsländer geht.[2]

---

[2] Siehe hierzu die Zahlungsbilanzstatistik der Deutschen Bundesbank.

Tabelle 11: Deutsche Direktinvestitionen nach Wirtschaftszweigen und Ländergruppen in den Jahren 1990 und 1999 – Absolute und relative Bestandswerte der unmittelbaren und mittelbaren Direktinvestitionen

	1990							1999						
	Alle Länder In Mio. DM	Industrieländer In Mio. DM	v.H.	Reformländer (inkl. China) In Mio. DM	v.H.	Entwicklungsländer In Mio. DM	v.H.	Alle Länder In Mio. Euro	Industrieländer In Mio. Euro	v.H.	Polen, Ungarn, Tschechische Republik In Mio. Euro	v.H.	Entwicklungsländer In Mio. Euro	v.H.
Alle Wirtschaftszweige	226.462	202.742	89,5	925	0,41	22.813	10,1	405.393	341.498	84	16.406	4,0	39.286	9,7
Verarbeitendes Gewerbe	121.831	107.646	88,4	514	0,42	13.671	11,2	157.531	131.141	83	6.171	3,9	15.744	10
Chemie	42.507	37.669	88,6	41	0,09	4.796	11,3	37.105	31.141	84	383	1,0	4.712	12,7
Maschinenbau	14.867	13.047	87,8	78	0,52	1.743	11,7	11.212	9.211	82	546	4,9	1.059	9,4
Elektrotechnik	21.200	17.831	84,1	13	0,06	3.356	15,8	22.265	18.080	81	508	2,3	2.597	11,7
Kraftwagen	18.761	15.978	85,2	-	-	-	-	58.377	50.908	87	2.458	4,2	3.532	6,1
Handel und Service	8.377	7.823	93,4	198	2,36	356		9.957	8.035	81	1.050	11	619	6,2
Kreditinstitute	18.319	16.391	89,5	13	0,07	1.914		54.566	45.549	83,5	1.895	3,5	6.722	12,3
Versicherungen	20.949	20.534	98,0	-	-	-	-	14.668	13.767	94	34[1]	0,2	833	5,7
Beteiligungsgesellschaften	34.328	30.868	89,9	93	0,27	3.368	9,8	139.246	121.106	87	4.891	3,5	11.107	8,0

Anmerkung: [1] Ohne Ungarn.
Quelle: Deutsche Bundesbank, Kapitalverflechtung mit dem Ausland, Statistische Sonderveröffentlichung, Nr. 10, lfd. Jgg.

Betrachtet man die sektorale Verteilung der deutschen Direktinvestitionen in den drei ausgewählten Volkswirtschaften (siehe Tabelle 11), so liegt der Schwerpunkt im Verarbeitenden Gewerbe; rund 38% des Bestandes entfiel im Jahre 1999 auf diesen Sektor. In Handel, Banken und Versicherungen flossen rund 18%. Die größten Investitionen im Verarbeitenden Gewerbe haben bis zu diesem Zeitpunkt die Unternehmen der Chemie (6,2%), der Elektronik (8,8%), des Maschinenbaus (8,2%) und vor allem des Fahrzeugbaus (39,8%) durchgeführt. Auffällig ist, daß die letztgenannten drei Sektoren einen erheblichen Anteil an den Exporten der drei Beitrittsländer nach Deutschland ausmachen (siehe Abschnitt 3.1.2).

3.2.2 Motive ausländischer Direktinvestitionen und ihre Einkommens- und Verteilungswirkungen im Heimatland des Kapitals

Für eine Einschätzung der künftigen Entwicklung deutscher Direktinvestitionen in die Beitrittsländer ist eine vergleichende Betrachtung der Standortfaktoren von grundlegender Bedeutung. Abgesehen von einigen generellen Standortfaktoren, die für jede unternehmerische Aktivität von Relevanz sind, da sie gemeinhin die Standortsicherheit determinieren und indirekt die Produktivität beeinflussen, variiert jedoch das Gewicht anderer Standortfaktoren, sogenannter spezieller Standortfaktoren, je nach dem dominierenden Motiv, daß einer Direktinvestition zugrunde liegt. Die Kategorisierung ausländischer Direktinvestitionen nach ihren beherrschenden Motiven dient allerdings nicht nur der besseren Erfassung der unterschiedlichen Bedeutsamkeit einzelner Standortfaktoren, sondern auch der besseren Einschätzung der Auswirkungen des Kapitalabflusses auf Einkommen und Beschäftigung im Heimatland. Zur Vorbereitung auf die kommenden Abschnitte werden daher im folgenden die für ein investives Engagement in den Beitrittsländern wichtigsten Motive und die mit ihnen assoziierten Einkommens- und Beschäftigungswirkung expliziert.

Die Bestimmungsgründe ausländischer Direktinvestitionen lassen sich nach Beschaffungs-, Kosten-, Absatz- und Binnenmarktmotiven unterscheiden. Aus den verschiedenen Motiven lassen sich unterschiedliche Effekte auf Einkommen und Beschäftigung im Heimatland des Kapitals ableiten, je nachdem, ob Direktinvestitionen in einem komplementären oder einem substitutiven Verhältnis zur heimischen Produktion stehen. Entsprechend wird von einer expansiven bzw. kontraktiven Wirkung auf das heimische Beschäftigungsniveau ausgegangen sowie von einer Stimulierung oder Abschwächung des Wirtschaftswachstums.[3]

Beschaffungsorientierte Direktinvestitionen dienen der Versorgung des Inlands mit Rohstoffen. Insofern sind sie komplementär zur Produktion des Heimatlands. Aufgrund

---

[3] Vgl. Roling, J., Bedeuten deutsche Direktinvestitionen im Ausland einen „Export" deutscher Arbeitsplätze?, in: Zeitschrift für Wirtschaftspolitik, 48. Jg. (1999), H. 2, S. 151.

der vergleichsweise unbedeutenden Rohstoffvorkommen der Beitrittsländer, sind derart motivierte Direktinvestitionen für die vorliegende Untersuchung jedoch vernachlässigbar.

Binnenmarktorientierte Direktinvestitionen dienen der Umgehung von Importrestriktionen des Gastlandes. Diese Auslandsinvestitionen sind substitutiv zur heimischen Produktion und können Beschäftigungsverluste bewirken oder das Entstehen neuer Arbeitsplätze in der heimischen Exportindustrie beeinträchtigen.[4] Aufgrund der im Rahmen der Assoziierungsabkommen bereits frühzeitig vereinbarten sukzessiven Umsetzung einer Freihandelszone spielen binnenmarktorientierte Direktinvestitionen für die vorliegende Untersuchung ebenfalls keine Rolle. Für eine Analyse der deutschen Direktinvestitionen in den Beitrittsländern sind daher hauptsächlich absatz- und kostenorientierte Direktinvestitionen von Relevanz.

Absatzorientierte Direktinvestitionen dienen der Versorgung ausländischer Märkte. Sie tragen zur Reduktion von Transportkosten bei und schaffen eine räumliche Nähe zu den ausländischen Konsumenten. Direktinvestitionen im Dienstleistungssektor sind in der Regel per se absatzorientiert, da sie aufgrund der eingeschränkten Handelbarkeit von Dienstleistungen in der Versorgung eines Auslandsmarktes ohne Alternative sind. Direktinvestitionen im Verarbeitenden Gewerbe können ebenfalls diesem Bestimmungsgrund folgen. Dies gilt nicht nur – offenkundig – für Investitionen in Service- und Vertriebseinrichtungen, sondern auch für Produktionsstätten. Für derart motivierte Direktinvestitionen sind in erster Linie nachfragebezogene Standortfaktoren, wie die Größe und das Wachstum eines Marktes, entscheidend. Absatzorientierte Direktinvestitionen beeinflussen in komplexer Weise die heimische Produktion und Beschäftigung. Bei Direktinvestitionen im Dienstleistungsbereich kann eine Substitution heimischer Produktion exkludiert werden, da Dienstleistungen aufgrund ihrer Gütereigenschaft nur in Nähe zum Konsumenten produziert werden können. Eher begründen sie durch die Zunahme der Auslandsaktivitäten zusätzlichen Personalbedarf in der Muttergesellschaft. Während Direktinvestitionen des Verarbeitenden Gewerbes in Service- und Vertriebseinrichtungen die heimischen Exporte fördern, können Produktionsstätten im Ausland einerseits die bisher im Heimatland gefertigten Exportgüter substituieren, und andererseits können sie durch den Bezug von Vorleistungen und anderen Gütern aus heimischer Produktion die Exporte erhöhen. Ferner kann infolge der Nähe zu den Konsumenten das Exportangebot am ausländischen Markt durch weitere, zuvor nicht exportierte Güter gesteigert werden. Aufgrund dieser zusätzlichen Vorleistungs- und Exportproduktion werden absatzorientierten Direktinvestitionen gemeinhin positive Beschäftigungs- und Wachstumseffekte zugeordnet.[5] Sie können daher nicht nur aus einzelwirtschaftlicher, sondern oft auch aus gesamtwirtschaftlicher Perspektive als positiv beurteilt werden.

---

[4] Vgl. Roling, J., S. 153.
[5] Vgl. ebenda, a.a.O., S. 152f.

Kostenorientierte Direktinvestitionen zielen hauptsächlich auf eine Belieferung des Heimatlands und anderer bereits etablierter Absatzmärkte von der ausländischen Produktionsstätte aus ab.[6] Sie sind folglich für Hersteller international handelbarer Güter von Relevanz, d.h. in erster Linie für das Verarbeitende Gewerbe. Kostenorientierte Direktinvestitionen werden getätigt, um die internationale Wettbewerbsfähigkeit des investierenden Unternehmens durch die Nutzung günstigerer Produktionskosten am ausländischen Standort zu erhöhen oder zumindest zu verteidigen (letzteres spielt insbesondere für jene Unternehmen eine Rolle, die nicht mit Produkt- oder Prozeßinnovationen auf einen zunehmenden Wettbewerbsdruck reagieren können). Für derartige Auslandsinvestitionen spielen in erster Linie angebotsbezogene Standortfaktoren eine Rolle. Maßgeblich sind hier in erster Linie Kostenvorteile aufgrund unterschiedlicher Faktorproduktivitäten und unterschiedlicher Faktorausstattungen, aber auch aufgrund differierender wirtschaftspolitischer Rahmenbedingungen, wie sie u.a. in Unterschieden der Steuer- und Abgabenbelastung sowie der Regulierungsdichte zum Ausdruck kommen. Das Ausmaß kostenorientierter Direktinvestitionen ist daher immer auch Reaktion auf die Angebotsbedingungen im Heimatland. Wenn beispielsweise aus ideologischen Gründen die Preise für Produktionsfaktoren nicht mehr ihren Knappheiten entsprechen, dann dürften Intensität und Umfang kostenorientierter Direktinvestitionen deutlich zunehmen.

Kostenorientierte Direktinvestitionen erfolgen entweder über Produktions- oder über Investitionsverlagerungen. Erstere sind dadurch charakterisiert, daß Unternehmen bereits bestehende Produktionsabschnitte oder ganze Produktionen, die im Ausland rentabler betrieben werden können als im Inland, dorthin verlagern.[7] Als verlagerungsgefährdet gelten insbesondere diejenigen Teilprozesse der Produktion, die sich durch eine hohe Standardisierung (bzw. einer schwachen Komplementarität zwischen Forschung und Produktion), einen hohen Anteil relativ leicht handhabbarer und verfügbarer Technologien sowie einen relativ hohen Bedarf an gering qualifizierten Personal oder natür-

---

[6] Da die Erzeugnisse aus diesen Produktionsstätten überwiegend für den Export bestimmt sind, spielen nachfragebezogene Standortfaktoren des Gastlandes nur in dem Ausmaß eine Rolle, indem geplant ist, es ebenfalls zu versorgen [Vgl. Jahrreiß, W., Zur Theorie der Direktinvestitionen im Ausland, (Volkswirtschaftliche Schriften; Bd. 337) Berlin 1984, S. 98f.].

[7] Produktionsverlagerungen zur Nutzung der Standortvorteile des Auslands müssen allerdings nicht via Direktinvestitionen erfolgen, sondern sie können auch mittels internationaler Unternehmenskooperationen ohne Kapitalbeteiligung getätigt werden, vor allem durch die passive Lohnveredelung, die beispielsweise in der Textil-, Bekleidungs- und Lederindustrie üblich ist. Angesichts erheblicher Quantifizierungs- und Abgrenzungsprobleme konzentrieren sich die folgenden Ausführungen jedoch auf die Produktionsverlagerungen durch Direktinvestitionen. Darüber hinaus sind beide Formen der Produktionsverlagerung in ihrer Wirkung auf Einkommen und Beschäftigung im Heimatland weitgehend identisch. Die gewählte Form der Produktionsverlagerung hängt von der technischen Realisierbarkeit und betriebswirtschaftlichen Kalkülen ab [Vgl. Härtel, H.-H./Jungnickel, R. et al., a.a.O., S. 242, Fußnote 99].

lichen Ressourcen wie Energie und Umwelt auszeichnen. Allerdings ist zu berücksichtigen, daß hierbei nicht die abstrakten Annahmen der mikroökonomischen Theorie zugrunde gelegt werden können, wie beispielsweise die vollkommene Mobilität der Produktionsfaktoren. Sondern bei der Prognose von Produktionsverlagerungen muß auch der Wert des bereits existierenden Anlagevermögens berücksichtigt werden. D.h. selbst wenn ein Produktionsprozeß aufgrund der angeführten Kriterien als verlagerungsgefährdet gilt, kommt es evtl. dennoch nicht zur Verlagerung, weil die Anlage erst vor kurzer Zeit mit hohem Kapitalaufwand errichtet wurde und nur schwer zu transferieren ist.[8] Produktionsverlagerungen betreffen mithin in erster Linie bereits abgeschriebene Anlagen, d.h. sie gehen zu Lasten einheimischer Ersatzinvestitionen. Investitionsverlagerungen mindern dagegen inländische Neuinvestitionen. Auch für diese Form der Kapitalabwanderung ist wiederum entscheidend, daß die Produktion im Ausland eine höhere Rendite als im Inland verspricht.

Kostenorientierte Direktinvestitionen in Form von Produktionsverlagerungen stehen in einem substitutiven Verhältnis zur Produktion des Heimatlands, d.h. sie haben eine Freisetzung von Arbeitskräften zur Folge. Zwar kann einerseits die Verbesserung der internationalen Wettbewerbsfähigkeit der investierenden Unternehmen auch zusätzliche Nachfrage nach Arbeit im Inland erzeugen, und andererseits können die Auslandsinvestitionen auch eine steigende Nachfrage nach Investitionsgütern und Dienstleistungen induzieren, die wiederum zu einer Beschäftigungszunahme in anderen Branchen des Inlands führen können. Selbst wenn man aber unterstellen kann, daß Produktionsverlagerungen neue Arbeitsplätze im Inland entstehen lassen, wird aufgrund der kapitalintensiveren Produktionsweise und der höheren Qualifikationsanforderungen in den expandierenden Bereichen die Arbeitslosigkeit im Heimatland zunehmen. Investitionsverlagerungen haben demgegenüber zwar keine Freisetzung von Arbeitskräften zur Folge, aber sie reduzieren die Schaffung neuer Arbeitsplätze im Heimatland. Weist also der inländische Arbeitsmarkt eine mangelnde Lohnflexibilität auf, dann wird nicht nur das Ausmaß kostenorientierter Direktinvestitionen zunehmen, sondern der Anstieg der Arbeitslosigkeit wird sich auch verfestigen.

Summa summarum kommt es bei der gesamtwirtschaftlichen Beurteilung kostenorientierter Direktinvestitionen neben der relativen Kapitalausstattung einer Volkswirtschaft ebenfalls auf den Erfüllungsgrad der marktwirtschaftlichen Rahmenbedingungen an. In einer kapitalreichen Volkswirtschaft mit einer freien leistungsfähigen Wettbewerbsordnung sind die Opportunitätskosten des transferierten Kapitals als gering zu erachten, da zum einen die Grenzproduktivität des Kapitals, mithin die entgangene Verzinsung im Inland, gering ist, und zum anderen, weil die freigesetzten Arbeitskräfte durch Lohnanpassungen eine Wiederbeschäftigung finden können und darüber hinaus

---

[8] In diesem Fall wäre es beispielsweise günstiger, die Anlage mit Zuwanderern zu betreiben. Folglich kann der Kapitalabfluß bei Zuwanderung auch dadurch reduziert werden, weil die Fixkosten vieler Anlagen noch nicht abgeschrieben sind.

der Kapitaltransfer nur zu einer marginalen Reduktion der Arbeitsproduktivität führt. Unter diesen Umständen sind einzelwirtschaftlich erfolgreiche Produktions- oder Investitionsverlagerungen auch aus gesamtwirtschaftlicher und darüber hinaus auch aus weltwirtschaftlicher Sicht als positiv zu bewerten.[9] Wenn aber aufgrund ordnungspolitischer Defizite das Volumen kostenorientierter Direktinvestitionen wesentlich höher ausfällt, dann führt der Kapitalabfluß zu einer erheblichen Freisetzung von Arbeitskräften, von denen ein großer Teil aufgrund der unzulänglichen Rahmenbedingungen unbeschäftigt bleibt, und gleichzeitig verringert der umfangreiche Kapitalabfluß die Produktivität der im Inland verbliebenen Produktionsfaktoren, so daß für die Volkswirtschaft insgesamt mit Sozialprodukteinbußen zu rechnen ist. Kostenorientierte Direktinvestitionen sind unter diesen Umständen nicht nur als gesamtwirtschaftlich negativ zu beurteilen, sondern es kommt hinzu, daß sie aus weltwirtschaftlicher Perspektive keine gesichert positive Wirkung haben, eben weil die Kapitalabwanderung auf Verzerrungen im Inland basiert, die die Rentabilität (nach Steuern) im Inland reduzieren. Folglich kann sich hier durch die Kapitalabwanderung eine Beeinträchtigung des Weltsozialprodukts ergeben.

3.2.3 Motivation deutscher Direktinvestitionen in den Beitrittsländern

Was das dominierende Investitionsmotiv ausländischer Direktinvestitionen betrifft, so läßt sich dieses – speziell was Investitionen des Verarbeitenden Gewerbes anbelangt – nicht aus den Statistiken herauslesen, sondern nur über Unternehmensbefragungen eruieren. Eine jüngere Unternehmensbefragung, die sich ausschließlich auf deutsche Investoren in Mittel- und Osteuropa bezieht[10], und die neben der Bedeutung einzelner Investitionsmotive auch die Funktionsschwerpunkte der Direktinvestitionen und die Absatzpfade der Produktion sowie die Beschäftigungswirkungen in Deutschland erfaßt, ist die von Beyfuß (1996). Nach dieser Umfrage dienen 28% der getätigten Investitionen absatzorientierten Funktionen wie Kundendienst, Vertrieb und Service. Weitere 24% produzieren überwiegend für den Absatz im Gastland. Rund 33% der befragten Unternehmen geben an, daß die Produktion im Gastland überwiegend dem Export nach Deutschland dient (damit wird u.a. die kosteninduzierte Auslagerung von Vorleistungs-

---

[9] Kostenorientierte Direktinvestitionen tragen unter diesen Umständen zu einem effizienteren Faktoreinsatz und damit zu einem höheren globalen Wohlfahrtsniveau bei. Der Zufluß von ausländischen Direktinvestitionen ist allerdings für das Empfängerland nur dann gesamtwirtschaftlich vorteilhaft, wenn das Land keine irrationale Politik betreibt, etwa in Form einer Subventionierung oder Protektion dieser Investitionen [Vgl. El-Shagi, E.-S., Ägypten – Ausländische Direktinvestitionen und ihre Bedeutung als Beitrag externer Entwicklungsfinanzierung, in: List Forum, 11. Jg. (1981/82), H. 2, S. 63-91].

[10] Neben den assoziierten Volkswirtschaften werden u.m. auch Rußland, Weißrußland und die Ukraine einbezogen.

produktion und die passive Lohnveredlung angesprochen). Weitere 15% der Nennungen behaupten, daß die Auslandsinvestition überwiegend den Export in Drittländer zum Ziel hat. Eine stringente Kategorisierung der Direktinvestitionen in absatzorientiert und kostenorientiert kann allerdings auf der Grundlage dieser Aussagen nicht geleistet werden. Mithin lassen sich auch keine zwingenden Schlußfolgerungen bezüglich der Wirkungen dieser Direktinvestitionen auf die Beschäftigung in Deutschland ziehen. Beispielsweise kann es sich bei Direktinvestitionen, die überwiegend den Export in Drittländer zum Ziel haben, um Vertriebsstätten handeln. Ebensogut können aber Produktionsverlagerungen vorliegen, nämlich dann, wenn diese Exportbeziehungen bereits vor der Verlagerung existierten. Somit läßt sich nur mutmaßen, daß absatzorientierte Direktinvestitionen mit 67% der Nennungen vor kostenorientierten Direktinvestitionen mit rund 33% der abgegebenen Antworten dominieren.[11]

Bei den Investitionsmotiven rangieren die zwei absatzorientierten Motive „Erschließung neuer Absatzmärkte" sowie „Sicherung potentieller Absatzmärkte" mit Bedeutungsgraden von 3,22 bzw. 3,08[12] vor dem kostenorientierten Motiv „Niedrige Arbeitskosten" (2,76). An vierter Position ist erneut ein absatzorientiertes Motiv angesiedelt („Sicherung und Pflege bestehender Absatzmärkte" (2,70)). Das Motiv „Stärkung der Wettbewerbsposition durch Vorleistungsproduktion in Mittel- und Osteuropa" belegt mit einem Bedeutungsgrad von 2,12 den fünften Platz. Alle übrigen Motive werden als relativ unbedeutend eingestuft. Das Motivationsprofil verschiebt sich allerdings erheblich bei einer regionalen Differenzierung. Während im Falle Rußlands das Absatzmotiv dominant ist, rücken bei den fortgeschrittenen Reformstaaten Kostenmotive in den Vordergrund.[13]

Angesichts des vergleichsweise hohen Anteils von Direktinvestitionen, deren Produktion überwiegend dem Export nach Deutschland dient (rund 33%, von denen wiederum 34% der Auslagerung von Vorleistungsproduktion und 25% der Lohnveredelung zuzurechnen sind), mag es allerdings überraschen, daß bei der Frage nach den Arbeitsplatzeffekten nur eine geringe Minderheit der befragten Unternehmen (7%) angibt, daß durch ihr investives Engagement in Mittel- und Osteuropa Arbeitsplätze in Deutschland verloren gingen. Die überwiegende Mehrheit (93%) vertritt die Meinung, daß durch ihre

---

[11] Eigene Berechnung auf der Grundlage der Ergebnisse der Unternehmensbefragung des Instituts der deutschen Wirtschaft in Köln. Vgl. Beyfuß, J., Erfahrungen deutscher Auslandsinvestoren in Reformländern Mittel- und Osteuropas, (Beiträge zur Wirtschafts- und Sozialpolitik; Bd. 232) Köln 1996, S. 22ff.

[12] Der Bedeutungsgrad wurde als gewogener Mittelwert der Bedeutungsstufen errechnet. Dabei wurden die Antworten „sehr große Bedeutung" mit 4, „große Bedeutung" mit 3, „geringe Bedeutung" mit 1 und „keine Bedeutung" mit 0 bewertet. Die Anzahl der jeweiligen Antworten bildeten die Gewichte. D.h., je mehr sich der Bedeutungsgrad dem Wert 4 nähert, um so bedeutsamer ist das Motiv, und je näher er zum Wert 0 tendiert, um so unbedeutender ist es [Vgl. Beyfuß, J., Erfahrungen..., a.a.O., S. 28].

[13] Vgl. Beyfuß, J., Erfahrungen..., a.a.O., S. 28.

Investitionen inländische Arbeitsplätze gesichert worden sind.[14] Diese auffällige Diskrepanz zwischen dem relativ hohen Anteil kostenorientierter Direktinvestitionen und den „geringen" Beschäftigungsverlusten in Deutschland dürfte sehr stark auf den suggestiven Charakter der Frage zurückzuführen sein.[15]

Ungeachtet der unsicheren Ergebnisse von Unternehmensbefragungen hinsichtlich der Beschäftigungswirkungen ausländischer Direktinvestitionen, spricht alleine schon das relativ geringe Investitionsvolumen des Verarbeitenden Gewerbes dafür, daß der Kapitalabfluß in die Beitrittsländer bislang keine signifikanten Beschäftigungsverluste in Deutschland generiert haben kann. Bis Ende 1999 hat dieser Sektor rund 6,2 Mrd. Euro in Polen, Ungarn und der Tschechischen Republik investiert. Das entspricht knapp 38% aller deutschen Direktinvestitionen in den Beitrittsländern (siehe Tabelle 11). Da ein nicht unerheblicher Teil dieser Auslandsinvestitionen auch auf absatzorientierten Motiven basiert, kann das Ausmaß von Produktions- und Investitionsverlagerungen und damit verbundene negative Beschäftigungswirkungen in Deutschland bislang als vergleichsweise gering eingeschätzt werden. Anders ausgedrückt: die befürchtete Abwanderung der deutschen Industrie in die Beitrittsländer hat bis dato nicht stattgefunden.

Im folgenden werden auf der Grundlage der getroffenen Kategorisierungen von Direktinvestitionen die Standortfaktoren der mittel- und osteuropäischen Beitrittsländer analysiert, um einerseits Erklärungen dafür zu finden, warum Direktinvestitionen im allgemeinen und kostenorientierte Direktinvestitionen im speziellen vergleichsweise gering ausgefallen sind, und um andererseits ableiten zu können, welche Konsequenzen die Mitgliedschaft in der Europäischen Union für die Standortfaktoren der Beitrittsländer und damit für den künftigen Zufluß von Direktinvestitionen und die mit ihnen verbundenen Einkommens- und Verteilungswirkungen in Deutschland erwarten läßt.

3.2.4 Standortfaktoren der mittel- und osteuropäischen Beitrittsländer

Bei der Beurteilung der Standortfaktoren, die in ihrer Gesamtheit die Standortqualität determinieren, gilt es wie bereits erwähnt wurde zu differenzieren zwischen generellen Standortfaktoren, die für jede Investition unabhängig vom zugrundeliegenden Motiv relevant sind, da sie die Standortsicherheit determinieren und indirekt die Produktivität aller Unternehmen beeinflussen, und den speziellen Standortfaktoren, deren relative Bedeutung vom dominierenden Investitionsmotiv bestimmt wird. Bei den speziellen Standortfaktoren ist demnach zu unterscheiden zwischen nachfragebezogenen Faktoren,

---

[14] Vgl. Beyfuß, J., Erfahrungen..., a.a.O., S. 26f.
[15] Kein Unternehmen wird gerne eingestehen, daß sein Auslandsengagement zu Lasten der heimischen Beschäftigung gegangen ist. Diese Attitüde wurde durch die Formulierung der Frage („Wurden durch Ihr investives Engagement im Ausland Arbeitsplätze in Deutschland gesichert oder abgebaut?") gefördert [Vgl. Beyfuß, J., Erfahrungen..., a.a.O., S. 27 sowie Anhang S. 42, Frage 11].

die Auskunft über das Nachfragepotential einer Volkswirtschaft geben, und angebotsbezogenen Faktoren, die über die zu erwartende Kostenbelastung eines Unternehmens informieren.

3.2.4.1 Generelle Standortfaktoren

Was die Standortsicherheit betrifft, so wird im vierten Kapitel noch zu zeigen sein, daß alle drei betrachteten Beitrittsländer marktwirtschaftliche Ordnungen etabliert haben. Da mittlerweile auch die innen- und außenpolitische Stabilität als gewährleistet angesehen werden kann, sind die mittel- und osteuropäischen Beitrittsländer daher grundsätzlich als Investitionsstandorte qualifiziert. Die bisher umfangreichen Kapitalzuflüsse legen hierfür Zeugnis ab. Allerdings sind in den marktwirtschaftlichen Rahmenbedingungen auch ordnungspolitische Defizite auszumachen, die die Planungsunsicherheiten und Investitionskosten beträchtlich erhöhen und ausländische Direktinvestoren von einem breiteren Engagement in den Beitrittsländern Abstand nehmen lassen. Von besonderer Relevanz sind in diesem Zusammenhang:

3.2.4.1.1 Infrastrukturausstattung

Es bestehen vielfältige Hinweise darauf, daß Umfang und Qualität der Infrastrukturausstattung in den Beitrittsländern, und zwar insbesondere im Kommunikations- und Verkehrsbereich, als leistungsschwach, und mithin als gravierende Investitions- und Wachstumshemmnisse, eingeschätzt werden müssen.[16] Was das Verkehrswesen betrifft, so liegen die Mängel in der Ausstattung auf der Hand. Denn wie in jedem anderen Wirtschaftssystem, so wurden auch in den ehemaligen Zentralverwaltungswirtschaften die Verkehrssysteme entsprechend der Richtung der Güterströme ausgebaut. Das bedeutet, daß bei einem insgesamt reduzierten Kapitaleinsatz in das Verkehrswesen, der Ausbau der Verkehrsverbindungen innerhalb des Integrationsraums des Rates für gegenseitige Wirtschaftshilfe Vorrang hatte. Der Binnenverkehr und die Verkehrsanbindungen nach Westeuropa blieben dagegen weitgehend vernachlässigt. Hier verzehrte man im großen und ganzen die aus der vorkommunistischen Ära übernommene Substanz. Alle Ostblockländer starteten daher ihren Transformationsprozeß mit einem Verkehrswesen, das

---

[16] Die Europäische Kommission bestätigt in ihren Fortschrittsberichten diese Einschätzung für Polen und Ungarn. Für die Tschechische Republik stellt die Kommission die Annäherung an internationale Standards fest [Vgl. Europäische Kommission, Regelmäßiger Bericht 2002 über die Fortschritte Polens auf dem Weg zum Beitritt [Fortschrittsbericht], a.a.O., S. 48; Europäische Kommission, Regelmäßiger Bericht 2002 über die Fortschritte der Tschechischen Republik auf dem Weg zum Beitritt [Fortschrittsbericht], a.a.O., S. 51 sowie Europäische Kommission, Regelmäßiger Bericht 2002 über die Fortschritte Ungarns auf dem Weg zum Beitritt [Fortschrittsbericht], a.a.O., S. 48].

sich in einem heruntergekommenen und rückständigen Zustand befand.[17] Einen Überblick über die Dichte der Straßennetze im Jahre 1994 gibt Tabelle 12. Wie aus den Werten hervorgeht, unterschied sich die Straßendichte in den drei Beitrittsländern deutlich von derjenigen Westeuropas.

Tabelle 12: Dichte der Straßennetze im Ost-West-Vergleich (Daten aus dem Jahre 1994)

	Dichte der Straßennetze in m/qkm	
	Insgesamt	Davon: Autobahnen
Polen	750	0,9
Ungarn	323	3,2
Tschechische Republik	709	4,9
Deutschland (früheres Bundesgebiet; 1989)	1971	35,5
Europäische Union vor der Erweiterung um Österreich, Schweden und Finnland	1137	14,2

Quelle: Meißner, T., Standortnachteile Mittel- und Osteuropas durch unzureichende Straßen- und Bahnnetze, in: Wirtschaft im Wandel, 2. Jg. (1996), H. 12, S. 16.

Was die Telekommunikation betrifft, so dürften die Verhältnisse ähnlich wie im Verkehrswesen beschaffen sein. Ein grobes Indiz hierfür liefert die Anzahl der Telefonhauptleitungen pro 1.000 Einwohner. Diese lagen im Jahre 1998 mit Werten von 228 für Polen, 336 für Ungarn und 364 für die Tschechische Republik deutlich unter den Werten für Deutschland (567), und auch die südeuropäischen Kohäsionsländer verzeichneten in dieser Hinsicht bessere Ergebnisse (Spanien: 414; Portugal: 413; Griechenland: 522).[18] Daß die Infrastrukturausstattung in den Beitrittsländern von Unternehmen auch als gravierendes Investitionshemmnis beurteilt wurde, gibt Tabelle 13 wieder, die die Ergebnisse einer diesbezüglichen Unternehmensbefragung zu Beginn der neunziger Jahre enthält.

---

[17] Vgl. Gumpel, W., Engpässe des Verkehrswesens als limitationale Faktoren der wirtschaftlichen Entwicklung in Ost- und Südosteuropa, in: Barrieren im Bereich der Verkehrs-, Energie- und Agrarwirtschaft in Ost- und Südosteuropa, Hrsg.: W. Gumpel/P. Hampe, (Südosteuropa aktuell; Bd. 15) München 1993, S. 15f.

[18] Vgl. International Telecommunication Union (ITU), World Telecommunication Development Report, Geneva 1999 (zitiert nach Weltbank, Weltentwicklungsbericht 2000/2001, a.a.O., Tabelle 19, S. 362f.).

Tabelle 13: Bewertung der Infrastruktur in Polen, Ungarn und der Tschechoslowakei auf einer Notenskala von 0 bis 10[1]

	Mangel an Infrastruktur	Telekommunikation	Energie	Straßen	Bahn	Flugverkehr	Häfen
Polen	1,3	0,8	7,5	3,1	9,1	3,1	4,3
Ungarn	1,9	1,1	7,0	3,1	3,2	5,3	3,5
Tschechoslowakei	3,7	1,9	7,8	5,2	5,0	5,3	4,6

Anmerkung: [1] Notenskala: 0 = sehr ernstes Hindernis für zukünftige Unternehmensaktivitäten; 10 = absolut kein Hindernis für zukünftige Unternehmensaktivitäten.
Quelle: World Economic Forum, Emerging Market Economies Report – 1993, Lausanne/Genf 1993 (zitiert nach Carter, L./Sader, F./Holtedahl, P., Foreign Direct Investment in Central and Eastern European Infrastructure, Washington, D.C. 1996, Tabelle A-1, S. 28).

Aus Tabelle 13 geht hervor, daß der Mangel an Infrastruktur (siehe erste Spalte) in allen drei Ländern, aber insbesondere in Polen und Ungarn, als ein erhebliches Hindernis für die wirtschaftliche Betätigung angesehen wurde. Für dieses Urteil waren vor allem die Mängel in der Telekommunikation sowie im Straßenverkehrswesen verantwortlich. Sofern sich die Beitrittsländer bei der Beseitigung der Mängel nur auf öffentliche Mittel stützen, wird die Infrastruktur angesichts des hohen Kapitalbedarfs, den Modernisierung und Ausbau erfordern, noch auf lange Zeit ein Engpaßfaktor für die wirtschaftliche Entwicklung bleiben. In Zeiten integrierter Produktionsverfahren („just-in-time" etc.) kommt jedoch einer reibungslosen Transportlogistik und einer guten Kommunikationsinfrastruktur zwischen den Unternehmensstandorten große Bedeutung zu. Die Möglichkeiten, Unternehmen in den Beitrittsländern in solche Produktionsverbünde einzubeziehen, und gerade hier liegt die Chance der Beitrittsländer, sind somit aufgrund der geringen Netzdichte und Qualität der Verkehrswege und der Informationstechnik limitiert.[19] Insgesamt betrachtet dürften die Mängel in der Infrastrukturausstattung einen wichtigen Beitrag zur Erklärung des bisher relativ geringen Zuflusses ausländischer Direktinvestitionen in die drei Beitrittsländer liefern.

3.2.4.1.2 Monetäre Stabilität

Wie im vierten Kapitel noch auszuführen sein wird, ist die makroökonomische Situation der Beitrittsländer seit Beginn der Transformationsprozesse durch relativ hohe und volatile Inflationsraten und – zumindest in Polen und in Ungarn – durch starke nominale Abwertungen der Landeswährungen charakterisiert (siehe hierzu die Tabellen 20 und 21). Beide Faktoren beeinträchtigen im starken Maße die Planungssicherheit der Investoren. Hohe Inflationsraten erschweren die Prognose der zukünftigen Kosten einheimischer Vorleistungen und Produktionsfaktoren, was angesichts der langen Reifephasen insbesondere von Investitionen im Verarbeitenden Gewerbe als schwerwiegender

---

[19] Vgl. Kaufmann, F./Menke, A., Standortverlagerungen mittelständischer Unternehmen nach Mittel- und Osteuropa – Eine empirische Untersuchung am Beispiel der vier Visegrád-Staaten, (Schriften zur Mittelstandsforschung; Bd. 74 N.F.) Stuttgart 1997, S. 71.

Standortnachteil anzusehen ist. Das Problem wurde dadurch intensiviert, daß die nominalen Abwertungen in den anfangs dominierenden Systemen fester Wechselkurse nicht ausreichten, um die hohen Preissteigerungen zu kompensieren. So mußten alle drei Länder starke reale effektive Aufwertungen ihrer Landeswährungen hinnehmen (siehe Tabelle 21). Dies zeigt im allgemeinen eine Verschlechterung der Wettbewerbsfähigkeit auf den internationalen Gütermärkten an.[20] Bei engen Lieferverflechtungen zwischen Mutter- und Tochtergesellschaft oder aufgrund mangelnder Zulieferindustrien in den Gastländern werden viele Produktionsmittel aus dem Heimatland importiert, deren Kosten aber infolge der nominalen Abwertungen der mittel- und osteuropäischen Währungen steigen, was wiederum die internationale Wettbewerbsfähigkeit der Exporte beeinträchtigt. Hier handelt es sich allerdings um eine Beeinträchtigung durch das Entfallen „künstlicher" Wettbewerbsvorteile (sprich: reale Überbewertung). Summa summarum muß jedoch konstatiert werden, daß die unzulängliche Geld- und Währungspolitik und die dadurch induzierten Unsicherheiten insbesondere kostenorientierte Direktinvestitionen benachteiligen. Reale Aufwertungen können zwar absatzorientierte Direktinvestitionen aufgrund der Erhöhung des Gegenwertes der aus dem Gastland repatriierten Gewinne begünstigen. Allerdings beeinträchtigt auch hier das Inflations- und Wechselkursrisiko die Rentabilitätsprognosen absatzorientierter Direktinvestitionen und zwingt ausländische Unternehmen zu besonderer Vorsicht. Darüber hinaus erschwert ein hohes Inflations- und Wechselkursrisiko die Investitionsfinanzierung. Aufgrund des relativ niedrigen Entwicklungsstandes der Kapitalmärkte in den Beitrittsländern sind ausländische Direktinvestoren in der Regel gezwungen, das erforderliche Kapital in ihren Heimatländern aufzunehmen. Die dortigen Banken verhalten sich jedoch wegen der Risiken zurückhaltend bei der langfristigen Kreditvergabe, so daß auch aus diesem Grunde viele Investitionsprojekte unterbleiben.[21]

Zwar haben mittlerweile die Zentralbanken aller drei betrachteten Länder die Wechselkurse ihrer Währungen mehr oder weniger freigegeben[22], dennoch setzt sich größtenteils die reale effektive Aufwertung der Landeswährungen fort; werten die Währungen seit dem Jahr 2000 nominal auf (siehe Tabelle 21). Berücksichtigt man, daß im Zeitraum von 1999 bis 2001 der Euro allgemein und fundamental ungerechtfertigt stark

---

[20] Zur Relativierung dieser Aussage siehe Abschnitt 4.2.5.
[21] Vgl. Cluse, R., a.a.O., S. 248f.
[22] Die tschechische Zentralbank ging im Mai 1997 zu einem „managed floating" über [Vgl. Schrader, K., Ordnungspolitische Weichenstellungen für eine marktwirtschaftliche Entwicklung in mittel- und osteuropäischen Reformländern, (Kieler Studien; Bd. 297) Tübingen 1999, S. 131]; die polnische Zentralbank entschied sich im April 2000 für einen flexiblen Wechselkurs [Vgl. Sachverständigenrat zur Begutachtung der gesamtwirtschaftlichen Entwicklung, Jahresgutachten 2000/2001, a.a.O., Tabelle 47, S. 152]; die ungarische Zentralbank erweiterte im Mai 2001 das Schwankungsband gegenüber dem Euro auf plus/minus 15% und schaffte schließlich im Oktober 2001 das bis dahin vorherrschende System gleitender Paritätsanpassungen ab [Vgl. Organisation for Economic Co-Operation and Development, Economic Surveys – Hungary, Paris 2002, S. 168f.].

abwertete[23], und die Euro-Mitgliedstaaten zu den bei weitem wichtigsten Handelspartnern der Beitrittsländer zählen[24], dann dürfte die Euro-Schwäche zumindest für Polen und die Tschechische Republik (siehe Fußnote 23) einen großen Teil der in Tabelle 21 dargestellten nominalen und realen effektiven Wechselkursentwicklung in diesem Zeitabschnitt erklären. Dagegen dürften die im Jahre 2002 zu konstatierenden realen effektiven Aufwertungen des ungarischen Forints und der tschechischen Krone auf den Mitte dieses Jahres einsetzenden Verfall des US-Dollarkurses basieren.

3.2.4.2 Spezielle Standortfaktoren

3.2.4.2.1 Größe und Wachstum der Märkte der Beitrittsländer

Die für absatzorientierte Direktinvestitionen wichtige Marktgröße kann durch die Bevölkerungszahl und das Pro-Kopf-Einkommen abgeleitet werden. Was die Bevölkerungszahl betrifft, so stellen die 59 Millionen Einwohner der drei betrachteten Beitrittsländer ein Absatzpotential dar, das 16% der derzeitigen Einwohnerschaft der Europäischen Union ausmacht, und die zudem, verglichen mit westeuropäischen Standards, in vielen Güter- und Dienstleistungskategorien als erheblich unterversorgt gelten. Doch zwischen Marktpotential und konkretem Marktvolumen klafft in den mittel- und osteuropäischen Ländern eine große Lücke.[25] Denn das Bruttoinlandsprodukt pro Kopf (zu laufenden Wechselkursen[26]) der drei Länder betrug im Jahre 2000 lediglich rund 4.700 Euro, mithin rund ein Fünftel des Durchschnitts der Altmitgliedstaaten (siehe Tabelle 18). Die Tschechische Republik hatte von allen drei betrachteten Ländern mit 5.400 Euro das höchste Bruttoinlandsprodukt pro Kopf; es machte rund 46% des griechischen Pro-Kopf-Einkommens aus. Polen dagegen, als das bevölkerungsreichste Land der Beitrittskandidaten, erreichte nur knapp 38% des griechischen Wertes. Zwar unterschätzt die Umrechnung zu laufenden Wechselkursen die Kaufkraft in diesen Ländern, da international nicht handelbare Güter und damit speziell Güter des alltäglichen Bedarfs dort vergleichsweise günstig sind (es verbleibt mithin ein größerer Restbetrag der Ein-

---

[23] In diesem Zeitraum werteten der polnische Zloty und die tschechische Krone gegenüber dem Euro nominal um rund 13% bzw. 7,6% auf. Der ungarische Forint wertete dagegen gegenüber dem Euro nominal um rund 1% ab [Berechnet nach Werten von Deutsche Bank Research, Key economic indicators, http://www.dbresearch.de/servlet/reweb...wobj=keyecoind.Start.class&rwalias=CZE [HUN, POL], Stand: 05.02.2003].

[24] Im Jahre 2000 wickelten die drei Beitrittsländer rund 57% ihres Außenhandels mit den Euro-Ländern ab [Berechnet nach den Angaben aus International Monetary Fund, Direction of Trade Statistics Yearbook, a.a.O.].

[25] Vgl. Beyfuß, J., Erfahrungen..., a.a.O., S. 12.

[26] Die Umrechnung des Pro-Kopf-Einkommens zu laufenden Wechselkursen trägt dem Umstand Rechnung, daß es sich bei der Produktion ausländischer Direktinvestoren oftmals um international handelbare Produkte handelt, die zu aktuellen Wechselkursen miteinander konkurrieren.

kommen für die Nachfrage nach den Produkten des Investors), dennoch erscheint es gegenwärtig in vielen Fällen als zweifelhaft, ob angesichts der vergleichsweise niedrigen Pro-Kopf-Einkommen ein Absatzvolumen erreicht werden kann, daß eine gegenüber Exporten riskantere und kostenaufwendigere Direktinvestition lohnend macht. Entscheidend für die Entwicklung absatzorientierter Direktinvestitionen dürfte daher das zukünftige Wirtschaftswachstum in den Beitrittsländern sein.

3.2.4.2.2 Arbeitskosten und Arbeitsproduktivität

Es wurde bereits bei der Analyse der komparativen Kostenvorteile deutlich, daß markante Unterschiede in den Arbeitskosten zwischen Deutschland und den Beitrittsländern existieren. Damit sind die Beitrittsländer insbesondere für kostenorientierte Direktinvestitionen, die eine hohe Arbeitsintensität in der Produktion aufweisen, interessant.

Tabelle 14: Arbeitskosten[1] in Euro im Verarbeitenden Gewerbe im Jahre 2000[2]

	Arbeitskosten je Stunde	Davon:		Zusatzkostenquote[3]
		Direktentgelte	Personalzusatzkosten	
Deutschland (West)	25,81	14,24	11,57	81
Japan	24,69	14,56	10,13	70
Schweiz	23,51	15,42	8,09	53
Dänemark	23,48	18,77	4,71	25
Belgien	23,16	11,88	11,28	95
Schweden	22,21	13,10	9,11	70
USA	21,81	15,57	6,24	40
Finnland	21,13	11,91	9,22	77
Niederlande	20,90	11,54	9,36	81
Österreich	20,32	10,58	9,74	92
Großbritannien	18,80	13,11	5,69	43
Frankreich	18,26	9,46	8,80	93
Deutschland (Ost)	16,44	9,85	6,59	67
Italien	15,63	8,00	7,64	96
Irland	14,51	10,40	4,12	40
Spanien	14,03	7,70	6,33	82
Griechenland	8,43	5,01	3,42	68
Portugal	6,60	3,71	2,89	78
Polen	3,40	2,24	1,17	52
Tschechische Republik	2,95	1,66	1,29	78
Ungarn	2,80	1,58	1,22	77

Anmerkungen: [1] Errechnet als Summe des direkten Stundenlohns und der anteiligen Personalzusatzkosten im Verarbeitenden Gewerbe. Die Zusatzkosten setzen sich aus den direkten Kosten (u.a. die Entlohnung für arbeitsfreie Tage und Sonderzahlungen) und den indirekten Kosten (u.a. die Arbeitgeberbeiträge zur Sozialversicherung sowie die Kosten der Berufsausbildung) zusammen [Vgl. Schröder, C., Industrielle Arbeitskosten im internationalen Vergleich 1980/98, in: iw-Trends, 26. Jg. (1999), H. 2, S. 35f.]. [2] Zum Teil vorläufige Ergebnisse. [3] Personalzusatzkosten in Prozent des Direktentgelts.
Quelle: Institut der deutschen Wirtschaft, Deutschland in Zahlen – Ausgabe 2002, a.a.O., Tabelle 12.6, S. 131.

Wie aus Tabelle 14 hervorgeht, machten im Jahre 2000 die Arbeitskosten in Polen, Ungarn und der Tschechischen Republik rund ein Neuntel des westdeutschen Niveaus aus. Mit Arbeitskosten von 25,81 Euro wies Westdeutschland weltweit mit Abstand die höchsten Arbeitskosten auf, wobei der Anteil der Personalzusatzkosten am Direktentgelt mit 81% international vergleichsweise hoch ausfiel. Absolut betrachtet fielen die Zusatzkosten in Westdeutschland mit 11,57 Euro je Stunde international am höchsten aus. Als besonders belastend erweisen sich dabei vor allem die vergleichsweise hohen Arbeitgeberbeiträge zu den Sozialversicherungen. Hohe Zusatzkostenquoten sind auch in den Beitrittsländern zu konstatieren; in Ungarn und in der Tschechischen Republik liegen sie sogar nahe dem westdeutschen Niveau. Und wie in Deutschland sind auch in den Beitrittsländern die Arbeitgeberbeiträge zu den Sozialversicherungen der gewichtigste Posten innerhalb der Personalzusatzkosten.[27]

Der Vorteil niedriger Arbeitskosten fällt nicht nur gegenüber den entwickelten Industrieländern beträchtlich aus, sondern auch gegenüber den Kohäsionsländern sowie gegenüber Ostdeutschland. In Portugal, dem Altmitgliedstaat mit den niedrigsten Arbeitskosten, war im Jahre 2000 der Faktor Arbeit fast doppelt so teuer wie in jedem der drei Beitrittsländer. Entscheidend für eine Beurteilung der Kosten des Produktionsfaktors Arbeit sind jedoch nicht allein die Arbeitskosten je Zeiteinheit. Denn hohe Arbeitskosten sind solange kein Kostennachteil, wie sie von entsprechend hohen Produktivitätsniveaus kompensiert werden. Und umgekehrt sind niedrige Arbeitskosten kein Garant für eine hohe Wettbewerbsfähigkeit, wenn sie das Pendant deutlich niedrigerer Produktivitätsniveaus sind. Damit rückt das Verhältnis von Arbeitskosten und Arbeitsproduktivität, mithin die Lohnstückkosten, in den Mittelpunkt des Interesses. Zuverlässige und international vergleichbare Daten bezüglich der Arbeitsproduktivität liegen für Mittel- und Osteuropa bislang nicht vor. Häufig wird daher als Annäherungslösung auf das Bruttoinlandsprodukt pro Erwerbstätigen zu Kaufkraftparität zurückgegriffen. Havlik (1998) ermittelt auf dieser Basis, daß die aggregierte Arbeitsproduktivität im Jahre 1996 in der Tschechischen Republik und in Ungarn ca. 50% des österreichischen Niveaus ausmachte und in Polen 36%. Indem er die derart gewonnenen Arbeitsproduktivitäten ins Verhältnis zu den nominalen Arbeitskosten[28] setzt, errechnet er, daß in jenem Jahr die Lohnstückkosten in der Tschechischen Republik 26%, in Ungarn 28% und in Polen 34% des österreichischen Niveaus ausmachten.[29, 30] Diese Werte sind allerdings in

---

[27] Vgl. Schröder, C., Industrielle Arbeitskosten in Mittel- und Osteuropa, in: iw-Trends, 26. Jg. (1999), H. 1, S. 23.

[28] Im Unterschied zur Abgrenzung in Tabelle 14 sind die Arbeitskosten in der Untersuchung von Havlik definiert als Bruttolohn- und -gehaltssumme einschließlich der Sozialbeiträge der Arbeitgeber. Sie enthalten mithin nicht die direkten Zusatzkosten.

[29] Vgl. Havlik, P., Wages, Productivity and Labour Cost in the CEECs, in: Structural Developments in Central and Eastern Europe, Hrsg.: M. Landesmann et al., (WIIW Structural Report 1999) Wien 1999, S. 134ff.

zweierlei Hinsicht zu relativieren. Zum einen produzieren kostenorientierte Direktinvestitionen international handelbare Güter, die zu nominalen Wechselkursen miteinander konkurrieren. Ebenso wie die Arbeitskosten muß folglich auch die Arbeitsproduktivität mit dem laufenden Wechselkurs und nicht mit dem deutlich höheren Kaufkraftparitätenkurs umgerechnet werden. Basierend auf dem Zahlenmaterial von Havlik machen die Lohnstückkosten dann aber in der Tschechischen Republik 78,2%, in Ungarn 76,2% und in Polen 86% des österreichischen Niveaus aus[31]. Zum anderen enthält die aggregierte Arbeitsproduktivität u.a. die gemeinhin als schwachproduktiv erachtete Agrar- und Bauwirtschaft. Daher dürften die Arbeitsproduktivitäten im Verarbeitenden Gewerbe höher und folglich die Lohnstückkosten dort niedriger einzuschätzen sein. Berücksichtigt man darüber hinaus, daß die Attraktivität der Beitrittsländer als Standorte für ausländische Direktinvestitionen weniger von der Höhe der Lohnstückkosten auf Basis der in den Zielländern gegebenen Produktionstechnik abhängt, da mit ausländischen Direktinvestitionen in der Regel ein Transfer moderner Technologien und betriebswirtschaftlichen Know-hows verbunden ist, so daß die Produktivität der mittel- und osteuropäischen Produktionsstätten wesentlich erhöht werden kann, dann liegen für ausländische Direktinvestoren die Lohnstückkosten deutlich unter dem durchschnittlichen Niveau der Beitrittsländer.[32] Daß die drei untersuchten Länder über eine im internationalen Vergleich relativ hohe Ausstattung mit Humankapital verfügen, die für einen solchen Technologietransfer eine elementare Voraussetzung darstellt, wurde bereits im Abschnitt 3.1 erwähnt[33].

---

[30] Die Arbeitsproduktivitäten und –kosten (in ECU gerechnet) waren im Jahre 1997 in Österreich und Deutschland ungefähr identisch [Vgl. Sachverständigenrat zur Begutachtung der gesamtwirtschaftlichen Entwicklung, Jahresgutachten 1998/1999, a.a.O., Tabelle 73, S. 195].

[31] Diese Werte beinhalten die Sozialbeiträge der Arbeitgeber.

[32] Hunya (2000) weist nach, daß in den drei Beitrittsländern die Produktivität ausländischer Unternehmen (gemessen als Umsatz pro Arbeitnehmer) im Verarbeitenden Gewerbe im Durchschnitt der neunziger Jahre ungefähr doppelt so hoch war wie in inländischen Unternehmen. Spitzenreiter in dieser Hinsicht ist Ungarn: im Jahre 1998 waren ausländische Unternehmen 2,9 mal produktiver als inländische Unternehmen. In Polen und in der Tschechischen Republik lag diese Relation bei 1,9 [Vgl. Hunya, G., International Competitiveness Impacts of Foreign Direct Investment in Central and East European Countries, in: Emergo, Vol. 7 (2000), No. 2, S. 27f.]. Gemäß einer Umfrage der European Bank for Reconstruction and Development (2000) unter den größten Auslandsinvestoren (die allerdings aufgrund der geringen Zahl von Rückmeldungen nicht repräsentativ ist), macht die Produktivität ungelernter Arbeiter in Mittel- und Osteuropa im Durchschnitt rund 60% des entsprechenden Niveaus im Stammland aus. Für qualifizierte Arbeiter und für Kapital betragen diese Relationen rund 75%. Ferner kommt die Untersuchung zu dem Ergebnis, daß nach einer ca. sechseinhalbmonatlichen Ausbildungsphase die Arbeitskräfte ein dem Mutterunternehmen vergleichbares Produktivitätsniveau erreichen [Vgl. European Bank for Reconstruction and Development, Transition report 2000 – Employment, skills and transition, London 2000, S. 116f.].

[33] Siehe dort Fußnote 40.

3.2.4.2.3 Steuerbelastung

Für die Standortentscheidung eines Unternehmens sind steuerliche Aspekte zweifellos ein wichtiges Kriterium.[34] Internationale Steuervergleiche sind allerdings sehr komplexe Fragestellungen, die sich nicht in einfachen Indikatoren zusammenfassen lassen. So sind nämlich neben den nominalen Steuersätzen zusätzlich zumindest die Abschreibungsregelungen, die Möglichkeiten zur Bildung steuerfreier Rückstellungen, die steuerlichen Bewertungsvorschriften und -spielräume sowie die übrigen Gestaltungsmöglichkeiten zu berücksichtigen. Die Rentabilität einer Investition im Ausland hängt zudem nicht nur von dem Steuersystem des betreffenden Landes ab, sondern auch von der Interaktion der Steuersysteme im Stammland und im Zielland sowie der Finanzierungsform und der Art der Investition. Inwieweit ausländische Direktinvestitionen durch steuerliche Faktoren beeinflußt werden, ist daher quantitativ sehr schwierig abzuschätzen, da kein geeigneter Indikator zur Verfügung steht, der die effektive Steuerbelastung multinationaler Unternehmen in verschiedenen Ländern im Vergleich zum Stammland im Zeitablauf widerspiegelt.[35] Bezogen auf die Beitrittsländer kommt erschwerend hinzu, daß für sie bis dato keine Berechnungen der effektiven Steuerbelastung vorliegen. Die folgenden Ausführungen beschränken sich daher auf eine synoptische Darstellung der wichtigsten Steuertarife im Ost-West-Vergleich. Dabei werden aus Vereinfachungsgründen nur Steuern betrachtet, die auf das zu versteuernde Einkommen erhoben werden, d.h. die Einkommen- und die Körperschaftsteuer. Auch wenn diese Vorgehensweise nur eine grobe Vereinfachung darstellt, so erscheint sie insofern als gerechtfertigt, als daß der Höhe der nominalen Steuersätze bei grenzüberschreitenden Investitionsvorhaben zumindest eine wichtige Signalwirkung zukommt.[36]

---

[34] Siehe hierzu Fuest, W./Huber, B., Steuern als Standortfaktor im internationalen Wettbewerb, (Beiträge zur Wirtschafts- und Sozialpolitik; Bd. 252) Köln 1999, S. 7ff. sowie Menck, K. W., Steuern und ausländische Direktinvestitionen in Entwicklungsländern, (HWWA-Report; Bd. 183) Hamburg 1998, S. 13f.
[35] Vgl. Deutsche Bundesbank, Entwicklung und Bestimmungsgründe grenzüberschreitender Direktinvestitionen, Monatsbericht, August 1997, S. 70f.
[36] Vgl. Klodt, H./Maurer, R., Internationale Direktinvestitionen: Determinanten und Konsequenzen für den Standort Deutschland, (Kieler Diskussionsbeiträge; Bd. 284) Kiel 1996, S. 28f.

Tabelle 15: Nominale Steuersätze in West- und Osteuropa

	Körperschaftsteuer	Einkommensteuerspitzensatz
Polen[1]	30% (stufenweise Reduktion auf 22% im Jahre 2004; 2001-2002: 28%)	40%
Ungarn[1]	18%	40%
Tschechische Republik[1]	31%	32%
Deutschland[2]	25% zuzüglich 5,5% Solidaritätszuschlag auf die Steuerschuld plus Gewerbesteuer	48,5% (stufenweise Reduktion auf 42% im Jahre 2005); zuzüglich Solidaritätszuschlag auf die Steuerschuld plus Gewerbesteuer
Irland[2]	16% (Sondersatz in Höhe von 10% für Herstellerbetriebe)	42%
Spanien[2]	35%	48%
Portugal[2]	30% zuzüglich Gemeindezuschlag bis 10% des Steuersatzes	40%
Griechenland[2]	35%	40%

Anmerkungen: [1] Angaben bezogen auf das Jahr 2000. [2] Angaben bezogen auf das Jahr 2002.
Quellen: Deutscher Industrie- und Handelstag, Standort MOE – Fakten, Kontakte, Bedingungen für die EU-Erweiterung, Berlin 2000, S. 26ff.; Bundesministerium der Finanzen, Die wichtigsten Steuern im internationalen Vergleich, Monatsbericht, Januar 2003; Sachverständigenrat zur Begutachtung der gesamtwirtschaftlichen Entwicklung, Jahresgutachten 2000/2001, a.a.O., Zi. 161 und 165 sowie Organisation for Economic Co-Operation and Development, Economic Surveys – Poland, Paris 2001, S. 61.

Der einfache Vergleich der nominalen Steuersätze in Tabelle 15 läßt die Behauptung zu, daß sich die Beitrittsländer auch in steuerlicher Hinsicht als attraktive Investitionsstandorte präsentieren, und zwar sowohl gegenüber Deutschland als auch gegenüber vergleichsweise weniger entwickelten Altmitgliedstaaten. Berücksichtigt man jedoch, daß das Angebot an öffentlichen Gütern, die komplementär zur gesamtwirtschaftlichen Produktion sind, wie z.B. die Infrastruktur, in den Beitrittsländern im Vergleich zu Deutschland als deutlich schlechter einzuschätzen ist, so dürfte sich im Kalkül der Investoren der Vorteil der geringeren nominalen Steuerbelastung durch diesen Mangel reduzieren.

3.2.4.2.4 Protektionismus der Europäischen Union und unsichere Beitrittsperspektive

Wie bereits im Abschnitt 3.1.1 beschrieben wurde, hat sich die Europäische Union in den Assoziierungsabkommen explizit das Recht eingeräumt, auf einen zunehmenden Importdruck aus den mittel- und osteuropäischen Vertragsländern mit der Anwendung einer Sicherheitsklausel oder der Einleitung von Anti-Dumping-Verfahren zu reagieren. Diese in ihrer Anwendung intransparenten und diskretionären Schutzvorkehrungen stellen für kostenorientierte Direktinvestitionen, deren Produktion vornehmlich auf den Europäischen Binnenmarkt ausgerichtet ist, ein hohes Unsicherheitspotential dar und sind zweifellos ein wichtiger Grund dafür, daß die Beitrittsländer ihre Arbeitskostenvorteile bislang nicht in einen umfangreichen Zustrom ausländischer Direktinvestitionen umsetzen konnten.

Die Beeinträchtigung der Standortattraktivität der Beitrittsländer durch den Protektionismus der Europäischen Union wird durch die unsichere Beitrittsperspektive verschärft. Selbst wenn Anfang 2003 die Beitrittsverträge unterzeichnet werden (die Mitgliedschaft wurde den assoziierten Ländern erstmals 1993 in Aussicht gestellt[37]), ist die Mitgliedschaft einzelner Länder nicht sicher, da die Zustimmung der mittel- und osteuropäischen Bevölkerung zum Beitritt als labil zu betrachten ist, ein Scheitern der diesbezüglichen Referenden nicht ausgeschlossen werden kann.[38] Solange die Beitrittsländer aber nicht Mitglieder der Europäischen Union sind, bleibt die Ungewißheit über die

---

[37] Auf dem Gipfeltreffen in Kopenhagen im Juni 1993 entschied der Europäische Rat, daß die Länder Mittel- und Osteuropas, die Mitglieder der Europäischen Union zu werden wünschen, dies können, sofern sie die „Kopenhagener Kriterien" erfüllen. Demnach muß ein beitrittswilliges Land vor seiner Aufnahme in die Staatengemeinschaft neben politischen Kriterien wie demokratische und rechtsstaatliche Ordnung, Wahrung der Menschenrechte und Schutz von Minderheiten, bestimmte wirtschaftliche Kriterien erfüllen. Hierzu zählen eine funktionsfähige Marktwirtschaft sowie die Fähigkeit, dem Wettbewerbsdruck innerhalb der Europäischen Union standhalten zu können. Hinzu kommt die Verpflichtung zur Übernahme des Gemeinschaftlichen Besitzstandes (von diesem Regelwerk wird im fünften Kapitel die Rede sein). Eine weitere Voraussetzung ist die Fähigkeit der Union, neue Mitglieder aufzunehmen und gleichzeitig die „Stoßkraft der europäischen Integration" erhalten zu können [Vgl. Europäischer Rat, Schlußfolgerungen des Vorsitzes, Kopenhagen – 21. und 22. Juni 1993, S. 12].

[38] Während sich laut Umfragen osteuropäischer Institute in der Tschechischen Republik schon seit Jahren nicht einmal 50% der Befragten für eine Mitgliedschaft in der Europäischen Union aussprechen, ist in Polen diese Abneigung gegen die Ost-Erweiterung erst seit kurzem zu konstatieren, verbunden mit einem dramatischen Stimmungswandel: sprachen sich im Jahre 1996 noch rund 80% der Interviewten für einen Beitritt aus, waren es im November 2001 nur noch 49%. Im gleichen Zeitraum stieg der Anteil der polnischen Beitrittsgegner von 7% auf knapp 30% an. Nur einen leichten Rückgang der Zustimmung gab es dagegen in Ungarn, wo sich immerhin 65% der Befragten für die Mitgliedschaft in der Europäischen Union aussprachen [Zitiert nach Mildenberger, M., Die Europadebatte in Politik und Öffentlichkeit der ostmitteleuropäischen EU-Kandidatenländer, in: Aus Politik und Zeitgeschichte, 52. Jg. (2002), Bd. 1-2, S. 3]. Die Forschungsstelle für empirische Sozialökonomik in Köln, Herausgeber des Transformationsbarometer Osteuropa, kommt dagegen zu einem günstigeren Befund. Demnach ist in allen drei Beitrittsländern die Zustimmung zur Ost-Erweiterung im Jahre 2001 wieder gestiegen. In jenem Jahr sprachen sich in Polen 59% der Befragten für eine Mitgliedschaft in der Europäischen Union aus, in der Tschechischen Republik 68% und in Ungarn 78%. Besonders ausgeprägt ist der Stimmungswandel wiederum in Polen: während sich im Jahre 1998 noch 61% der Befragten für den Beitritt aussprachen, waren es im Jahre 2000 nur noch 52%. Laut diesem Institut soll im Jahre 2002 in Polen und in Ungarn die Zustimmung zur Mitgliedschaft noch einmal kräftig gestiegen sein. In jenem Jahr befürworteten in Polen 69% der Interviewten den Beitritt, in Ungarn sogar 86%. In der Tschechischen Republik stieg die Zahl der Beitrittsbefürworter auf 71% [Vgl. Forschungsstelle für empirische Sozialökonomik e.V., Einstellungen zum Beitritt zur Europäischen Union in Polen, Tschechien und Ungarn – Ergebnisse aus dem Transformationsbarometer Osteuropa 2002, (Arbeitspapiere zur Transformationsforschung der Forschungsstelle für empirische Sozialökonomik e.V.; Bd. 10a) Köln 2002, S. 4]. In summa mag dieses Spektrum an Umfrageergebnissen zur Unsicherheit über den Ausgang der Beitrittsreferenden mit beitragen. Unstrittig ist, daß der Beitrittsprozeß, der in erster Linie durch Besitzstandswahrung der Altmitgliedstaaten auf Kosten der Beitrittskandidaten charakterisiert war, Enttäuschung und Frustration in den Kandidatenländern erzeugt hat und somit letztlich zur Ablehnung der Ost-Erweiterung seitens der Mittel- und Osteuropäer beitragen kann.

potentielle Anwendung und Auslegung der handelspolitischen Schutzvorkehrungen der Gemeinschaft bestehen. Darüber hinaus wird die Mitgliedschaft von potentiellen Investoren als stabilitätspolitischer Anker betrachtet, insbesondere im Hinblick auf eine Konsolidierung des bisher erreichten Grades an Marktwirtschaftlichkeit. So verlangt Artikel 4 EG-Vertrag von den Mitgliedstaaten, daß diese eine Wirtschaftspolitik verfolgen, die dem Grundsatz „einer offenen Marktwirtschaft mit freiem Wettbewerb" verpflichtet ist. Zwar läßt dieser Grundsatz Interpretationsspielraum, er stellt jedoch zweifelsohne eine institutionelle Absicherung dar, die nicht unterschritten werden kann, und die außerhalb der Europäischen Union nicht gegeben ist. Damit erscheint der reformpolitische Kurs der Beitrittsländer außerhalb der Union unsicherer als innerhalb der Staatengemeinschaft. Diese Ungewißheit hinsichtlich der künftigen Rolle des Staates im Wirtschaftsprozeß gewinnt durch die Wahlsiege sozialistischer Parteien an Gewicht (auch wenn diese bislang alle den marktwirtschaftlichen Reformkurs fortgesetzt haben). Es ist daher naheliegend, daß die ungewisse Mitgliedschaft in der Europäischen Union einen dynamischen und stetigen Zufluß von ausländischen, insbesondere kostenorientierten Direktinvestitionen stark beeinträchtigt.

3.2.4.3 Fazit Standortfaktoren

Zusammenfassend läßt sich festhalten, daß der gewichtigste Standortvorteil der Beitrittsländer ihre relativ niedrigen Arbeitskosten sind, die in Kombination mit westeuropäischer Technologie und Know-how zu sehr niedrigen Lohnstückkosten beitragen können. Die relativ gut ausgebildeten Arbeitskräfte, die zugleich über Industrieerfahrung verfügen, lassen die Etablierung westlicher Produktivitätsniveaus durchaus zu. Die im Vergleich zu westeuropäischen Standorten niedrige nominale Steuerbelastung sowie die schwach ausgeprägten Verbandstrukturen und die dadurch möglichen dezentralen Lohnverhandlungen[39] schlagen ebenfalls positiv zu Buche. Die geographische Nähe zu Deutschland unterstreicht die Standortvorteile und ermöglicht – bei hinreichender Infrastruktur – die Einbindung der Beitrittsländer in die industriellen Netzwerke deutscher Unternehmen zu just-in-time-Bedingungen.[40]

Den Standortvorteilen stehen allerdings auch ausgeprägte Standortnachteile gegenüber, die mit hohen Risiken bzw. hohen Kosten verbunden sind. Zu nennen sind hier vor allem die schlechte Infrastrukturausstattung, die Inflations- und Wechselkursrisiken, der Protektionismus der Europäischen Union sowie die gegenwärtig ungewisse Mitgliedschaft und damit verbunden die Unsicherheit hinsichtlich der Entwicklung der ord-

---

[39] Vgl. Abschnitt 4.1.2.
[40] Vgl. Berke, C./Trabold, H., „Low-cost" oder „High-tech"? Strategische Außenwirtschaftsoptionen für die mittel- und osteuropäischen Länder, in: Transformation des Wirtschaftssystems in den mittel- und osteuropäischen Ländern, Hrsg.: D. Schumacher, (Sonderheft/Deutsches Institut für Wirtschaftsforschung; Bd. 161) Berlin 1997, S. 305.

nungspolitischen Rahmenbedingungen. Angesichts des Faktums, daß Direktinvestitionen im Gegensatz zu Finanztransaktionen nur mit hohen Kosten wieder rückgängig gemacht werden können, mit ihnen also ein hohes Verlustrisiko verbunden ist, falls die politische und wirtschaftliche Entwicklung in den Gastländer ungünstig verläuft, ist es offensichtlich, daß die geschilderten Standortrisiken ein höheres investives Engagement in den Beitrittsländern behindern, und sich statt dessen für potentielle Investoren die Strategie des Abwartens oder des Ausweichens in die sicherere europäische Peripherie als sinnvoller erweist.[41] Dennoch bleibt festzuhalten, daß die Strategie der Verlagerung von Produktionen und Investitionen in die Beitrittsländer für deutsche Unternehmen eindeutig besteht. Insofern gilt es zu fragen, welchen Einfluß die Ost-Erweiterung auf diese Unternehmensstrategie ausüben wird. Eine Antwort auf diese Frage versucht der folgende Abschnitt zu geben.

3.2.5 Zu erwartende Auswirkungen des Beitritts auf künftige Investitionsflüsse

Die vorangegangenen Ausführungen haben gezeigt, daß die Beitrittsländer über ausgeprägte Standortvorteile verfügen, denen allerdings auch massive Standortnachteile gegenüberstehen. Es liegt nahe, daß diese Standortnachteile, die insbesondere die Planungssicherheit negativ beeinflussen, die Standortvorteile überwiegen, und daher für das bisher vergleichsweise geringe Engagement ausländischer Investoren verantwortlich sind. Die Beantwortung der Frage nach den zu erwartenden Konsequenzen der Ost-Erweiterung für die Kapitalbewegungen im allgemeinen und die kostenorientierten Direktinvestitionen im speziellen erfordert daher eine Analyse der Auswirkungen des Beitritts auf die Standortvor- und -nachteile. Diese sollen im folgenden summarisch dargestellt werden, bevor im fünften Kapitel eine ausführliche Diskussion der Konsequenzen der Mitgliedschaft in der Europäischen Union für die ökonomischen Rahmenbedingungen in den Beitrittsländer erfolgt.
- Was den Protektionismus der Europäischen Union betrifft, so wird dieser durch die Aufnahme in dieselbige irreversibel und uneingeschränkt beseitigt, die Beitrittsländer erhalten den vollen Binnenmarktstatus. Damit ist eine deutliche Reduktion von Unsicherheiten im Handel mit den Altmitgliedstaaten verbunden, so daß die Standortvorteile der Beitrittsländer voll zum Tragen kommen und Größenvorteile realisiert werden können. Bestehende Agglomerationsvorteile der Altmitgliedstaaten können dann überkompensiert werden.[42]

---

[41] Vgl. Klodt, H./Stehn, J. et al., Standort Deutschland: Strukturelle Herausforderungen im neuen Europa, (Kieler Studien; Bd. 265) Tübingen 1994, S. 82.

[42] Zum Zusammenhang zwischen Transaktionskostenniveau und Wettbewerbsfähigkeit von weniger entwickelten Mitgliedstaaten eines Integrationsraums vgl. Krugman, P. R./Venables, A. J., Integration

- Was die Überwindung der Infrastrukturdefizite betrifft, so wird die Aufnahme in die Europäische Union zu einer deutlichen Erhöhung der hierfür einsetzbaren Finanzmittel führen. Abgesehen von der zu erwartenden Intensivierung des Wirtschaftswachstums und dem damit einhergehenden Anstieg der Steuereinnahmen, erhalten die neuen Mitgliedstaaten umfangreiche Transferzahlungen aus den Strukturfonds der Gemeinschaft. Laut Beschluß des Gipfeltreffens in Brüssel im Oktober 2002 werden für die zehn Beitrittsländer der ersten Erweiterungsrunde für den Zeitraum von 2004 bis 2006 Strukturhilfen in Höhe von 23 Mrd. Euro bereitgestellt.[43] Insgesamt kann der Zufluß von strukturpolitischen Mitteln laut Beschluß des Gipfeltreffens in Berlin im März 1999 pro Jahr maximal bis zu 4% des nominalen Bruttoinlandsprodukts der Empfängerländer erreichen.[44] Ferner verbessert sich durch die Ost-Erweiterung der Zugang der Beitrittsländer zu den Infrastrukturfonds der Europäischen Investitionsbank sowie die Kreditwürdigkeit der Neumitgliedstaaten auf den internationalen Finanzmärkten, so daß sich auch hier ihre Finanzierungsmöglichkeiten verbilligen. Mit der beträchtlichen Erweiterung der finanziellen Leistungsfähigkeit der Beitrittsländer ist ein beschleunigter Ausbau der Infrastruktur zu erwarten. Darüber hinaus kann – im Prinzip allerdings unabhängig von der Ost-Erweiterung – die Beseitigung der Infrastrukturmängel mittels Deregulierung und Öffnung der Infrastruktursektoren für private, vornehmlich ausländische Investoren vorangetrieben werden. Ungarn und die Tschechische Republik bestreiten diesen Weg bereits im Bereich der Telekommunikation. Beide Länder haben ihre nationalen Telekommunikationsunternehmen an ausländische Investoren verkauft, die die Modernisierung dieses Sektors nach dem neuesten Stand der Technik forcieren.[45] Polen dagegen folgt diesem Beispiel erst seit 1998.[46] Was den Straßenbau betrifft, so finden hier zunehmend neue Finanzierungs- und Betreibervarianten Anwendung. Namentlich in Ungarn werden Autobahnen in private Trägerschaft übertragen.[47, 48]

---

and the competitiveness of peripheral industry, in: Unity with diversity in the European economiy: the Community's Southern frontier, Hrsg.: C. Bliss/J. B. de Macedo, Cambridge u.a. 1990, S. 56-75.

[43] Vgl. Europäischer Rat, Schlußfolgerungen des Vorsitzes, Brüssel – 24. und 25. Oktober 2002, S. 6.

[44] Vgl. Europäischer Rat, Schlußfolgerungen des Vorsitzes, Berlin – 24. und 25. März 1999, S. 16.

[45] Vgl. Cluse, R., a.a.O., S. 305.

[46] Vgl. Organisation for Economic Co-Operation and Development, Economic Surveys – Poland, Paris 2000, S. 84.

[47] Vgl. Meißner, T., a.a.O., S. 19.

[48] Der Bau von Straßen, konkret Autobahnen, durch Private ist allerdings nur dann gesamtwirtschaftlich sinnvoll bzw. marktwirtschaftlich, wenn die privaten Betreiber auch das Investitionsrisiko tragen. Mit anderen Worten: bauen die Privaten Autobahnen im Auftrag des Staates, wobei dieser sich verpflichtet, die Straßen zu pachten, dann erzielen die Privaten eine risikolose Rendite, die oberhalb der marktüblichen Verzinsung liegen wird. Im Falle ausländischer Betreiber kommt es dabei gar zu einem Einkommenstransfer ins Ausland. Für eine marktwirtschaftliche Infrastrukturpolitik ist die Ost-Erweiterung insofern von Relevanz, als daß sie zusätzliche Impulse für das Wirtschaftswachstum und damit für das Transportaufkommen verspricht, was wiederum für Straßen in privater Trägerschaft von Wichtigkeit ist.

- Was die Inflations- und Wechselkursrisiken betrifft, so leistet die Ost-Erweiterung einen positiven Beitrag zur Reduktion derselben bzw. zur Gewährleistung monetärer Stabilität in den Beitrittsländern. Denn die Mitgliedschaft in der Europäischen Union bedeutet für die Beitrittsländer automatisch die Aufnahme in die Wirtschafts- und Währungsunion mit dem Status von Mitgliedstaaten, für die eine Ausnahmeregelung gilt. Damit ist für die Neumitglieder die klare Verpflichtung verbunden, zu einem späteren Zeitpunkt am Euro-Währungsgebiet teilzunehmen. Dieser letzte Schritt im Beitrittsprozeß verlangt die Erfüllung der in Maastricht formulierten Konvergenzkriterien.[49] Zwar existiert für die Gewährleistung monetärer Stabilität gemäß der Konvergenzkriterien kein vorab festgelegter Zeitplan, doch nicht zuletzt aufgrund der bereits im Vorfeld der Ost-Erweiterung konstitutionell zu verankerten Unabhängigkeit der Zentralbank und irreversibel herzustellenden Kapitalverkehrsfreiheit, aber auch aufgrund der Vorteile, die die Aufnahme in das Euro-Währungsgebiet für den wirtschaftlichen Aufholprozeß bietet, ist mit einer relativ zügigen Erfüllung der Konvergenzkriterien zu rechnen. Auf diesen Sachverhalt wird im fünften Kapitel noch einmal näher eingegangen und gezeigt, daß die Beitrittsländer bereits mittelfristig in der Lage sein dürften, sich für die Teilnahme am Euro zu qualifizieren.
- Was die oftmals vorgebrachte Erwartung bzw. Befürchtung betrifft, daß der Beitritt infolge zunehmender Harmonisierungsbestrebungen seitens der Altmitgliedstaaten der Europäischen Union zu einer Erosion der Standortvorteile der Beitrittsländer im Bereich der Arbeitskosten sowie der Steuerbelastung führen könnte,[50] so kann dieser Erwartung bereits an dieser Stelle entgegengehalten werden, daß die Gemeinschaft zwar über eine relativ umfangreiche Kompetenz in sozial- und steuerpolitischen Fragen verfügt, jedoch elementare Standortfaktoren wie Tarifpolitik, Streikrecht oder direkte Besteuerungssätze ihrer Zuständigkeit entzogen sind. Ferner wird jede weitergehende Harmonisierung nach der Ost-Erweiterung auf die Kooperation der Beitrittsländer angewiesen sein. Bevor dieser Punkt im fünften Kapitel intensiver diskutiert wird, kann an dieser Stelle dennoch behauptet werden, daß die Standortvorteile der Beitrittsländer von seiten der Altmitgliedstaaten nicht signifikant negativ beeinflußt werden können.
- Was das bislang eher geringe Marktvolumen betrifft, so ist nach dem Beitritt aufgrund verschiedener Faktoren (beispielsweise der Intensivierung des Handels und des Wett-

---

[49] Vgl. European Central Bank, The Eurosystem and the EU enlargement process, Monthly Bulletin, February 2000, S. 39.

[50] Vgl. Welfens, P. J. J., Konsequenzen einer Osterweiterung für die EU und deren Reformbedarf, in: Osterweiterung der Europäischen Union: Sind die mittel- und osteuropäischen Länder und die EU reif für eine Erweiterung?, Hrsg.: O. G. Mayer/H.-E. Scharrer, (Veröffentlichungen des HWWA-Institut für Wirtschaftsforschung; Bd. 35) Baden-Baden 1997, S. 181f. sowie Burda, M., Mehr Arbeitslose – Der Preis für die Osterweiterung? Zur Auswirkung der EU-Erweiterung auf die europäischen Arbeitsmärkte im Osten und Westen, in: Erweiterung der EU, Hrsg.: L. Hoffmann, (Schriften des Vereins für Socialpolitik, Gesellschaft für Wirtschafts- und Sozialwissenschaften; Bd. 279) Berlin 2000, S. 85.

bewerbs) mit einer Erhöhung der lokalen Produktions- und Investitionstätigkeit sowie des Konsums zu rechnen. Des weiteren läßt die zunehmende Einkommensdifferenzierung in Mittel- und Osteuropa eine steigende Importnachfrage nach hochwertigen industriellen Gebrauchsgütern, wie z.b. elektrotechnische und elektronische Haushaltswaren und Personenkraftwagen, erwarten, was gerade für die deutsche Exportwirtschaft auf ein hohes Marktpotential hinweist.[51]

Summa summarum kann festgehalten werden, daß die Mitgliedschaft in der Europäischen Union in einigen Bereichen die Standortnachteile automatisch eliminieren wird, wie beispielsweise im Falle des limitierten Zugangs zum Gemeinsamen Markt, und ansonsten die Voraussetzungen für eine Überwindung der Standortnachteile deutlich verbessert. Gleichzeitig spricht wenig dafür, daß die aufgezeigten Standortvorteile durch den Beitritt verlustig gehen könnten. Sondern im Gegenteil: Im fünften Kapitel wird zu zeigen sein, daß die Ost-Erweiterung zu einer Verbesserung der Reformchancen in den neuen Mitgliedstaaten führt, so daß diese im Vergleich zu Deutschland als wichtigstem Herkunftsland von ausländischen Direktinvestitionen ordnungspolitisch voranschreiten und damit ihre Standortqualitäten steigern können.

Während also die Ost-Erweiterung zu einer erheblichen Verbesserung der Standortqualitäten der Neumitgliedstaaten beitragen kann, verschärft sich zugleich der bereits jetzt schon hohe internationale Wettbewerbsdruck auf deutsche Unternehmen und schränkt damit ihre Möglichkeiten, Kostensteigerungen zu überwälzen, weiter ein. Insbesondere die neuindustrialisierten Länder Südostasiens verzeichnen gegenüber Deutschland nicht nur höhere Wachstumsraten bei der Kapitalbildung, sondern auch bei der Bildung von Humankapital. Die gleichzeitig wachsende internationale Diffusion technischen Wissens versetzt diese Länder im steigenden Maße in die Lage, Güter mit mittlerer Technologieintensität zu imitieren und zunehmend auch zu innovieren.[52] Der technologische Aufholprozeß in Kombination mit den Arbeitskostenvorteilen der Schwellenländer setzt die angestammten Exportmärkte der deutschen Wirtschaft unter zunehmenden Anpassungsdruck. Damit wird für immer mehr deutsche Unternehmen die Option der Verlagerung gen Osten an Attraktivität gewinnen, wenn sie nicht sogar in vielen Fällen von existentieller Notwendigkeit sein wird. Zumal bei bereits hoher Sachkapitalintensität (als frühere Reaktion auf eine nicht produktivitätsorientierte Lohnpolitik) das Potential für eine weitere Intensivierung derselben sowohl technisch als auch finanziell limitiert ist und die Beitrittsländer selbst im Vergleich zu manchen südostasiatischen Volkswirtschaften niedrigere Arbeitskosten bei geringer geographi-

---

[51] Vgl. Werner, K., Hohe Außenhandelsdynamik der mittel- und osteuropäischen Reformländer – Deutschland behauptet seine Marktanteile, in: Wirtschaft im Wandel, 2. Jg. (1996), H. 2, S. 15.

[52] Vgl. Gries, T., Internationale Wettbewerbsfähigkeit – Eine Fallstudie für Deutschland, Wiesbaden 1998, S. 61.

scher Distanz aufweisen.[53] Durch die Fortschritte in den Informations-, Kommunikations- und Transporttechnologien wird die Strategie der Verlagerung unterstützt. Die sinkenden Transaktionskosten lockern nicht nur die Komplementarität zwischen Forschung und Produktion, sondern auch die Produktion selbst kann nun grenzüberschreitend in verschiedene Teilprozesse aufgespalten werden. Darüber hinaus gilt es zu berücksichtigen, daß eine Zunahme der Investitionszuflüsse in die Beitrittsländer aufgrund von Selbstverstärkungseffekten weitere Realkapitalzuflüsse nach sich ziehen kann. Investitionen einzelner Unternehmen können zahlreiche Folgeinvestitionen von Zulieferunternehmen auslösen und heimische Konkurrenten zum Nachziehen veranlassen – vor allem dann, wenn der Pionier der Branche durch seine Investition Wettbewerbsvorteile erzielt.

3.2.6 Einkommens- und Verteilungswirkungen eines zunehmenden Kapitalabflusses für Deutschland und Konsequenzen für den erforderlichen Reformprozeß

Die vorangegangenen Ausführungen legen nahe, daß nach dem Beitritt Polens, Ungarns und der Tschechischen Republik in die Europäische Union, und erst Recht nach der Aufnahme dieser Länder in den Euro-Raum, mit einer deutlichen Zunahme von vor allem kostenorientierten Direktinvestitionen in diese drei Länder zu rechnen ist. Dabei wird das Anwachsen von Verlagerungsinvestitionen nicht allein auf Differenzen in der Faktorausstattung basieren, sondern auch auf den im zweiten Kapitel genannten ordnungspolitischen Defiziten. Aus gesamtwirtschaftlicher Sicht sind daher in Deutschland ein merklicher Anstieg der Arbeitslosigkeit sowie Wachstumseinbußen zu befürchten. Da neben bestehenden Produktionen auch Neuinvestitionen in die Beitrittsländer verlagert werden, während gleichzeitig ausländische Investoren den Standort Deutschland meiden, wird nicht nur die Schaffung neuer Arbeitsplätze in Deutschland geringer ausfallen, das Problem der steigenden Arbeitslosigkeit mithin akut bleiben, sondern eine langjährige Investitionsschwäche kann außerdem zu einer Überalterung des Kapitalstocks führen. Verschlechtert sich aber die Altersstruktur des Anlagevermögens, so beeinträchtigt das dessen Effizienz. Der technische Fortschritt findet nicht in dem Maße Eingang in den Produktionsprozeß, wie es möglich und nötig wäre.[54] Zusammenfassend

---

[53] Im Jahre 1993 beliefen sich die Arbeitskosten in Ungarn auf 4,54 DM, in Polen auf 3,45 DM und in der Tschechischen Republik auf 3,01 DM. Im selben Jahr betrugen die Arbeitskosten in Singapur 9,92 DM, in Südkorea 8,51 DM, in Taiwan 8,48 DM, in Thailand 2,66 DM und in Malaysia bzw. Indonesien geschätzt 2,53 DM bzw. 1,09 DM. Noch günstiger war China mit geschätzten Arbeitskosten in Höhe von 0,65 DM [Vgl. Schröder, C., Arbeitskosten in Südostasien und in den Reformstaaten Mittel- und Osteuropas, in: iw-Trends, 22. Jg. (1995), H. 1, Tabelle 6, S. 36].

[54] Vgl. Schmidt, K.-D. et al., Im Anpassungsprozeß zurückgeworfen – Die deutsche Wirtschaft vor neuen Herausforderungen, (Kieler Studien; Bd. 185) Tübingen 1984, S. 17.

droht aus dieser Entwicklung auf Dauer eine Verschlechterung der relativen Wohlstandsposition Deutschlands.

Die steigende Arbeitslosigkeit und die Wachstumseinbußen infolge massiver Verlagerungsinvestitionen werden den Reformdruck erhöhen. Für die politischen Entscheidungsträger wird es dann aus ökonomischer Sicht mehr als je zuvor darum gehen müssen, die im zweiten Kapitel genannten Reformen zur Etablierung einer freien leistungsfähigen Wettbewerbsordnung voranzutreiben, um eben gewährleisten zu können, daß zum einen das Volumen kostenorientierter Direktinvestitionen schrumpft bzw. daß derartige Auslandsinvestitionen ausschließlich auf natürlichen Datenveränderungen wie beispielsweise Änderungen in der Faktorausstattung oder Produktivitätsfortschritte im Ausland basieren werden, nicht aber auf Politikfehlern. Zum anderen wird das Vorantreiben marktwirtschaftlicher Reformen erforderlich sein, um freigesetzte Arbeitskräfte möglichst rasch wieder in den Produktionsprozeß integrieren zu können. Sobald die marktwirtschaftlichen Rahmenbedingungen erfüllt sind, ist mit der höchstmöglichen Investitions- und Innovationsdynamik sowie einer hohen Anziehungskraft für ausländische Direktinvestitionen zu rechnen.

Die erforderlichen Reformen zur Etablierung einer freien leistungsfähigen Wettbewerbsordnung bedeuten jedoch nichts anderes als die Elimination von Besitzständen und die Gewährleistung eines Höchstmaßes an Wettbewerb, was wiederum die Anforderungen an den Einzelnen steigert. Es ist allerdings zu befürchten, daß in einer Situation, in der bereits aufgrund beträchtlicher Kapitalabwanderungen Einkommenseinbußen sowie soziale und ökonomische Unsicherheiten entstehen, eine Potenzierung dieser Anpassungshärten selbst durch dosierte marktwirtschaftliche Reformen von der Bevölkerung nicht akzeptiert wird.[55] So sind beispielsweise die Realisierungschancen einer vergleichsweise moderaten Reform des Kündigungsschutzes wie sie in Abschnitt 2.3 skizziert wird (eingeschränkter Kündigungsschutz für Neueinstellungen), stark in Frage zu stellen, wenn im Inland die Arbeitslosigkeit steigt bzw. große Teile der Bevölkerung Angst um ihre Arbeitsstellen haben (eine solche Reform stellt zweifelsohne für private Haushalte eine Restriktion ihrer „Planungssicherheit" dar[56]). Und wie im zweiten Kapitel ausgeführt wurde, verleiht der politische Tauschprozeß (Privilegien gegen Wählerstimmen) den Betroffenen die Möglichkeit, die Regierung zur Abschwächung oder gar zur Aufgabe angekündigter Reformmaßnahmen zu zwingen. Schließlich kann die erzwungene Durchsetzung einzelner Reformen zu Lasten des sozialen Friedens und der politischen Stabilität gehen, wodurch dem Standort Deutschland größerer Schaden als Nutzen durch diese Reformen entstehen kann.

Summa summarum ist zu befürchten, daß die nach der Ost-Erweiterung zu erwartenden massiven Produktions- und Investitionsverlagerungen zwar den Reformdruck in Deutschland erhöhen, simultan dazu aber die Durchsetzbarkeit selbst moderater Refor-

---

[55] Vgl. zu dieser Argumentation El-Shagi, E.-S., Die Osterweiterung..., a.a.O., S. 597.
[56] Zur Kritik der Instrumentalisierung dieses Begriffs siehe Kapitel 2, Fußnote 173.

men abnimmt. Gleichzeitig fördert jedoch der Kapitalzufluß die Reformfähigkeit in den Beitrittsländern. Daraus folgt wiederum, daß je schleppender sich die Angebotsbedingungen in Deutschland verbessern und je günstiger sich die Rahmenbedingungen für Direktinvestitionen in den Beitrittsländern gestalten, um so stärker wird der Kapitalabfluß zunehmen – bei gleichzeitigem Ausbleiben von ausländischen Direktinvestitionen. Die damit verbundenen Wachtums- und Arbeitsplatzverluste verschärfen wiederum den Reformdruck, so daß irgendwann die Reformen um so härter ausfallen werden müssen – mit unabsehbaren Folgen für die deutsche Wohlstandsposition.

3.3 Konsequenzen aus der Arbeitnehmerfreizügigkeit[1]

Artikel 39 EG-Vertrag gewährleistet die Freizügigkeit der Arbeitnehmer in der Europäischen Union. Dies beinhaltet das Recht, daß jeder Bürger der Europäischen Union in die Mitgliedstaaten einreisen und dort nach Beschäftigung suchen darf, wobei er in bezug auf Beschäftigung, Entlohnung und sonstigen Arbeitsbedingungen wie ein Inländer behandelt werden muß. Bis dato unterliegt die Immigration aus den mittel- und osteuropäischen Ländern in die Europäische Union noch weitgehenden Limitationen. Die Europa-Abkommen tangierten nicht die Kompetenz der Mitgliedstaaten, die Einwanderung von Arbeitskräften aus den assoziierten Partnerländern zu regulieren. Die Wanderung von Arbeitskräften ist deshalb diejenige Dimension der ökonomischen Integration, die sich am stärksten im Zuge der Ost-Erweiterung verändern wird.[2] Um die Folgen dieser Binnenmarktfreiheit für Deutschland zu eruieren, werden, wie im Prolog angekündigt wurde, zunächst trotz der erklärten Haltung der Bundesregierung, bei der Arbeitnehmerfreizügigkeit von der vereinbarten Übergangsregelung Gebrauch zu machen, also die Zuwanderung aus den mittel- und osteuropäischen Neumitgliedstaaten um bis zu sieben Jahren zu reglementieren, die Konsequenzen expliziert, die die sofortige und vollständige Liberalisierung der Migration zwischen Deutschland und den Beitrittsländern erwarten läßt. Wie beschrieben dienen diese Ausführungen zum einen der Verdeutlichung, daß im Rahmen des Projektes „Ost-Erweiterung der Europäischen Union" in der Tat eine politische Entscheidung hinsichtlich der Arbeitnehmerfreizügigkeit erforderlich war. Zum anderen wird bei der Diskussion der vereinbarten Übergangsregel zu zeigen sein, daß sie keine rationale Lösung darstellt und die anfangs beschriebenen Konsequenzen einer sofortigen und uneingeschränkten Zuwanderung prinzipiell relevant bleiben, was wiederum erhebliche Folgen für den erforderlichen Reformprozeß erwarten läßt. Für die Arbeitnehmerfreizügigkeit, als elementarer Bestandteil des Gemeinsamen Marktes, existiert damit nach wie vor politischer Handlungsbedarf.

---

[1] Die Arbeitnehmerfreizügigkeit ist Bestandteil der Personenfreizügigkeit. Diese umfaßt des weiteren die in Artikel 43 EG-Vertrag festgeschriebene Niederlassungsfreiheit für Selbständige und Unternehmer, die aber im folgenden unberücksichtigt bleibt.
[2] Vgl. Boeri, T./Brücker, H., a.a.O., S. 25f.

3.3.1 Ost-Erweiterung mit sofortiger Arbeitnehmerfreizügigkeit

3.3.1.1 Faktoren, die eine hohe Zuwanderung nach Deutschland begründen

Ökonomisch motivierte Migration ist das Resultat einer individuellen Abwägung zwischen den erwarteten Erträgen der Wanderung und ihren Kosten. Die erwarteten Erträge der Migration werden im wesentlichen vom Ausmaß der realen Einkommensunterschiede zwischen Herkunftsland und Zielland determiniert, gewichtet mit der Wahrscheinlichkeit, im Zielland einen entsprechenden Arbeitsplatz zu erhalten. Zu den Migrationskosten zählen zum einen pekuniäre Kosten, wie z.b. Umzugskosten, Unterschiede in den Lebenshaltungskosten, aber auch der entgangene Lohn während der Arbeitsuche am Zielort, und zum anderen nicht pekuniäre Kosten wie beispielsweise der Verlust des sozialen Umfelds und mögliche Diskriminierung im Zielland. Faktoren, die die Kosten der Migration reduzieren, sind geographische Nähe und die Existenz ethnischer Netzwerke im Zielland. Derartige Beziehungen liefern Informationen über den Wanderungsweg sowie über die Situation im Aufnahmeland und bieten zudem personelle oder infrastrukturelle Anknüpfungspunkte.[3] Je ausgeprägter solche Netzwerke wachsen, um so stärker sinken die Migrationskosten insbesondere für niedriger qualifizierte Arbeitskräfte. Schließlich sind zur Einschätzung des Migrationspotentials auch die ökonomischen Bedingungen in den potentiellen Abwanderungsländern zu berücksichtigen. Wichtige Faktoren sind hierbei die Beschäftigungssituation, die demographische Struktur sowie die kurz- bis mittelfristigen Perspektiven für die Entwicklung von Wachstum- und Beschäftigung in den Entsendeländern. Für eine Beurteilung des für Deutschland zu erwartenden Migrationspotentials gilt es im folgenden diese Vielzahl von Determinanten darzustellen und zu bewerten.

3.3.1.1.1 Ausmaß der Einkommensdifferenzen

Die Einkommensunterschiede zwischen Deutschland auf der einen Seite und Polen, Ungarn und der Tschechischen Republik auf der anderen Seite sind extrem (siehe hierzu Tabelle 18). Beispielsweise machte im Jahre 2000 der Stundenlohn in der polnischen Industrie rund 16% des deutschen Niveaus aus. Die Lohndifferenzen zu laufenden Wechselkursen sagen allerdings nichts über Unterschiede in den Lebensstandards aus, weil sie in Relation zu den Preisunterschieden vor allem bei Mieten und Gütern des täglichen Bedarfs gesehen werden müssen.[4] Wählt man daher zum Vergleich der Le-

---

[3] Vgl. Angenendt, S., Freizügigkeit: Ein Hindernis für die Osterweiterung der Europäischen Union?, in: List Forum für Wirtschafts- und Finanzpolitik, 21. Jg. (1995), H. 1, S. 46.
[4] Vgl. Gächter, A., Auswirkungen einer allfälligen Osterweiterung der Europäischen Union auf die Zuwanderung nach Österreich und auf die Akzeptanz von Zuwanderern, in: Europa 1996 – Auswir-

bensstandards das Bruttoinlandsprodukt pro Kopf zu Kaufkraftparität, so bewegt sich dieses nicht bei weniger als einem Sechstel wie im Falle der Löhne, sondern lag im Jahre 2000 bei 38% im Falle Polens, 48% im Falle Ungarns und ca. 54% im Falle der Tschechischen Republik. Allerdings gilt es zu berücksichtigen, daß den wesentlich höheren Lebenshaltungskosten in Deutschland oftmals auch eine höhere Produkt- und Lebensqualität gegenübersteht, die bei der Berechnung von Preisindizes nicht erfaßt wird. D.h. selbst wenn man unterstellt, daß die Einkommensniveaus in den Beitrittsländern „sozial akzeptabel"[5] sind, d.h. die Einkommen über die Befriedigung der Grundbedürfnisse hinausgehen, so begründen derart hohe Wohlstandsunterschiede, der insbesondere im Falle Polens als dem bevölkerungsreichsten Beitrittsland rechnerisch rund drei Fünftel des deutschen Niveaus ausmacht, ein erhebliches Migrationspotential. Neben dem Einkommensabstand kann des weiteren das umfangreiche Angebot an staatlich bereitgestellten Gütern und Sozialleistungen in Deutschland einen zusätzlichen Migrationsanreiz darstellen.[6] Diesem Sachverhalt wird im Abschnitt 3.3.1.3.2 weiter nachgegangen.

3.3.1.1.2 Wahrscheinlichkeit, im Zielland eine Beschäftigung zu finden

Die Wahrscheinlichkeit, im Zielland einen Arbeitsplatz zu finden, wird im wesentlichen von der Absorptionskapazität des dortigen Arbeitsmarktes determiniert. Vordergründig betrachtet legt die hohe Arbeitslosigkeit in Deutschland die Vermutung nahe, daß die Beschäftigungsmöglichkeiten für Zuwanderer aus den mittel- und osteuropäischen Staaten gering sein dürften. Zumal bei bindenden Tarifverträgen und dem im Recht der Europäischen Union verankerten Grundsatz der Inländergleichbehandlung eine Substitution einheimischer durch ausländische Arbeitskräfte nicht zu erwarten ist. Beide Regelungen zusammen verhindern offensichtlich, daß die Zugewanderten ihren wichtigsten Wettbewerbsvorteil, nämlich die Bereitschaft, zu niedrigeren Löhnen als inländische Arbeitnehmer zu arbeiten, nicht ausspielen können.[7] Eine solche Einschätzung erscheint jedoch als zu undifferenziert. Denn abgesehen von den Marktsegmenten, in denen ein Nachfrageüberschuß nach Arbeitskräften existiert (z.B. Facharbeiter oder einfache Dienstleistungen) können zugewanderte Arbeitskräfte in der Praxis ihre Beschäftigungschancen gegenüber inländischen Arbeitskräften dadurch verbessern, daß sie

---

kungen einer EU-Osterweiterung, (Schriftenreihe Europa des Bundeskanzleramts) Wien 1995, S. 67, Fußnote 10.

[5] Vgl. Werner, H., Wirtschaftliche Integration und Arbeitskräftewanderungen: Das Beispiel Europa, in: Mitteilungen aus Arbeitsmarkt- und Berufsforschung, 27. Jg. (1994), H. 3, S. 235.

[6] Vgl. zu diesem Sachverhalt Sinn, H.-W. et al., EU-Erweiterung und Arbeitskräftemigration – Wege zu einer schrittweisen Annäherung der Arbeitsmärkte, (ifo Beiträge zur Wirtschaftsforschung; Bd. 2) München 2001, S. 159ff.

[7] Vgl. Husmann, M., Ost-Erweiterung der EU und Arbeitnehmerfreizügigkeit, in: Zeitschrift für ausländisches und internationales Arbeits- und Sozialrecht, 13. Jg. (1999), H. 4, S. 432.

entweder bereit sind, illegal Beschäftigung anzunehmen – mit entsprechenden Lohnzugeständnissen, oder – trotz Tarifverträgen – unbezahlte Mehrarbeit zu leisten[8], oder einen geringeren Krankenstand aufzuweisen oder Arbeiten zu übernehmen, für die sie formal überqualifiziert sind. Ferner können auch tarifgebundene Arbeitgeber mit nicht gewerkschaftlich organisierten Arbeitnehmern Löhne und Arbeitszeiten vereinbaren, die unter- bzw. oberhalb der Tarifvereinbarungen liegen. Sofern für vergleichbare Tätigkeiten im Betrieb nur Arbeitnehmer mit individuellen Arbeitsverträgen eingesetzt werden (d.h. Arbeitsverträge, in denen nicht Bezug auf tariflich vereinbarte Arbeitsentgelte oder Arbeitszeiten genommen wird), findet auch kein Verstoß gegen den Grundsatz der Inländergleichbehandlung statt. Durch betriebsinterne Umstrukturierungen oder Auslagerungen bestimmter Produktionsprozesse kann diese Situation herbeigeführt werden. Mithin können sich Migranten mit einer entsprechenden Flexibilität gegenüber ihren deutschen Konkurrenten Kostenvorteile verschaffen. Daß die Migranten eine solche Flexibilität mitbringen, dafür spricht, daß nicht nur die Einkommen in Deutschland wesentlich höher sind als in den Herkunftsländern, sondern auch die Kaufkraft der in die Heimatländer überwiesenen Gelder. Ferner ist die Arbeitszeit in Deutschland wesentlich kürzer als in den Beitrittsländern.[9, 10] Gerade diese Flexibilität der Zuwanderer erhöht wiederum für die Unternehmen – insbesondere für diejenigen, in denen der Anteil un- und angelernter Arbeitnehmer an einzelnen Produktionsprozessen hoch ist – die Attraktivität, die Mitgliedschaft im Arbeitgeberverband bzw. den Bezug auf Tarifverträge zu kündigen und auf günstige Zuwanderer zurückzugreifen (sollte daraufhin die Regierung dem Drängen von Gewerkschaften nachgeben und die Tarifvereinbarungen für allgemeinverbindlich erklären, wird dies wiederum Produktions- und Investitionsverlagerungen verstärken).

---

[8] Diese Strategie ist allerdings nur in Unternehmen zu erwarten, in denen der Eigentümer über eine hohe Macht verfügt und der Betriebsrat „kaltgestellt" wird. In der Vergangenheit war dies oftmals in Betrieben der Fall, in denen der Anteil un- und angelernter Arbeitnehmer sehr hoch war [Vgl. Kotthoff, H., Betriebliche Interessenvertretung durch Mitbestimmung des Betriebsrats, in: Handbuch der Arbeitsbeziehungen, Hrsg.: G. Endruweit et al., Berlin/New York 1985, S. 77f.].

[9] Während die durchschnittlich geleistete Zahl an Arbeitsstunden im Jahre 2000 in Deutschland bei 1.666 Stunden lag, betrug diese Größe in Ungarn 1.988 Stunden und in Polen 1.870 Stunden [Vgl. Union Bank of Switzerland (UBS), Prices and Earnings around the Globe 2000, Zürich 2000, S. 8].

[10] Ausdruck dieser Anpassungsfähigkeit der mittel- und osteuropäischen Migranten ist beispielsweise ihre Bereitschaft zur Dequalifizierung. Im Vergleich zu deutschen Arbeitnehmern sind sie weit häufiger in Berufen mit niedrigen Qualifikationsanforderungen beschäftigt, auch wenn dies nicht ihrer Qualifikationsstruktur entspricht [Vgl. Sinn, H.-W. et al., a.a.O., S. 102].

3.3.1.1.3 Faktoren, die Risiken und Kosten der Migration beeinflussen

Ein Faktor, der die Risiken und Kosten der Wanderung sehr stark beeinflussen kann, ist – neben der geographischen Nähe zwischen Deutschland und den Beitrittsländern – die Existenz ethnischer Netzwerke hierzulande. Insgesamt gingen bislang rund zwei Drittel aller Immigranten aus den assoziierten Ländern Mittel- und Osteuropas nach Deutschland. Ihr Anteil an der Bevölkerung macht knapp 0,7% aus.[11, 12] Hauptherkunftsland der Einwanderer ist Polen.[13] Der geringe Anteil der Einwanderer aus den mittel- und osteuropäischen Kandidatenländern an den Erwerbstätigen hierzulande spiegelt angesichts der hohen Einkommensgefälle zweifelsohne die Migrationsbeschränkungen wider.[14] Trotz ihrer relativ kleinen Zahl bieten die bisherigen Zuwanderer jedoch eine wichtige Informationsquelle und bestimmen damit sicherlich die Zielrichtung der Migration. Dabei ist auch zu berücksichtigen, daß derartige Anlaufstellen durchaus den Charakter professioneller Dienstleistungen annehmen können.

Ein weiterer Faktor, der die Kosten und Risiken der Migration senkt, ist die im Recht der Europäischen Union festgeschriebene Kooperation der Behörden der Mitgliedstaaten zwecks Unterstützung der Arbeitnehmerfreizügigkeit. Zu erwähnen ist hier beispielsweise die Zusammenarbeit zwischen den nationalen Sozialversicherungsträgern.[15]

3.3.1.1.4 Ökonomische Realität und Perspektiven in den Beitrittsländern

Es ist vorhersehbar, daß die hohe Arbeitslosigkeit in allen drei Beitrittsländern zum Zeitpunkt der Ost-Erweiterung noch Bestand haben wird. Nicht auszuschließen ist, daß sie nach dem Beitritt – wenn auch vorübergehend – weiter ansteigen wird. So läßt die Übertragung der Gemeinsamen Wettbewerbspolitik auf die Neumitgliedstaaten eine Reduktion des Subventionsvolumens und damit eine Beschleunigung der Privatisierung und Liquidierung von Staatsbetrieben erwarten (siehe Abschnitt 5.5). Insbesondere in der Schwerindustrie und im Bergbau sind daher größere Entlassungswellen wahrscheinlich. Absehbar ist ferner, daß von diesen Umstrukturierungsprozessen Polen am stärksten betroffen sein wird.[16] Zwar sind nach dem Beitritt hohe Wachstumsraten infolge der Handelsausweitung und eines deutlich zunehmenden Zuflusses von Direktin-

---

[11] Ein weiteres Hauptzielland der Immigration aus Mittel- und Osteuropa war bislang Österreich. Ca. 12% aller Immigranten wählten Österreich als Destination. Ihr Anteil an der Bevölkerung liegt dort geschätzt bei ca. 1,3% [Vgl. Boeri, T./Brücker, H., a.a.O., Tabelle 5.2, S. 52].
[12] Vgl. ebenda, Tabelle 5.2, S. 52.
[13] Vgl. Franzmeyer, F./Brücker, H., Europäische Union: Osterweiterung und Arbeitskräftemigration, in: Wochenbericht (Deutsches Institut für Wirtschaftsforschung), 64. Jg. (1997), H. 5, S. 90.
[14] Vgl. Boeri, T./Brücker, H., a.a.O., S. 50.
[15] Vgl. Artikel 42 EG-Vertrag.
[16] Vgl. Lageman, B., Die Osterweiterung der EU – Testfall für die „Strukturreife" der Beitrittskandidaten, (Berichte des Bundesinstituts für ostwissenschaftliche und internationale Studien; Bd. 38-1998) Köln 1998, S. 18.

vestitionen zu erwarten[17], die auf eine Konvergenz der Einkommen und Verbesserung der Beschäftigungsaussichten hinwirken, das Ausmaß dieses Effekts kann aber aufgrund der vielfältigen Einflußfaktoren nicht solide prognostiziert werden. Geht man beispielsweise bei einer einfachen numerischen Vorgehensweise davon aus, daß die Beitrittsländer einen dauerhaften Wachstumsvorsprung von zwei Prozentpunkten gegenüber den derzeitigen Mitgliedstaaten der Europäischen Union erzielen[18], und wählt man zudem in der Ausgangslage das Pro-Kopf-Einkommen zu Kaufkraftparität, dann würde es im Falle Polens 33 Jahre dauern, bis das Land 75% des Niveaus der Altmitgliedstaaten erreicht.[19] Für Ungarn und die Tschechische Republik liegen die entsprechenden Werte bei 20 bzw. 15 Jahren. Ausgehend von den Pro-Kopf-Einkommen zu laufenden Wechselkursen betragen die Zeitspannen dagegen 70 Jahre für Polen, 62 Jahre für Ungarn und 59 Jahre für die Tschechische Republik. Sowohl das Pro-Kopf-Einkommen zu Kaufkraftparität als auch zum laufenden Wechselkurs sind jedoch im Hinblick auf eine Schätzung des Migrationspotentials mit Schwächen behaftet. Abgesehen von der bisher bereits erfolgten Kritik wird dies noch einmal im Anschluß an die folgenden Migrationsschätzungen zu thematisieren sein. Festzuhalten bleibt, daß der Wanderungsdruck durch das Einkommensgefälle noch auf lange Zeit existieren wird. Des weiteren ist zu anzunehmen, daß ein Großteil der Direktinvestitionen entweder der Rationalisierung bereits bestehender Betriebe oder dem Aufbau neuer Produktionsstätten mit moderner Technologieausstattung dienen wird. Eine besonders arbeitsintensive Produktionsweise ist mithin nicht zu erwarten. Ausländische Direktinvestitionen fördern in diesen Fällen zwar die Wertschöpfung pro Arbeitnehmer, jedoch sind für das Produktionsergebnis weniger bzw. wenig Arbeitskräfte erforderlich. Sollte aber tatsächlich der Kapitalzufluß die Migrationsbereitschaft reduzieren, so müßte dieser eine Dimension annehmen, die ebenfalls eine deutliche Verschlechterung der sozioökonomischen Verhältnisse in Deutschland zur Folge haben wird. D.h. in diesem Fall würde lediglich ein Problem durch ein anderes substituiert werden.

Ein weiterer Migrationsfaktor ist die demographische Struktur der Beitrittsländer. Diese weisen im Vergleich zu Deutschland etwas jüngere Bevölkerungen auf[20], die ins-

---

[17] Zwar wird eine zuwanderungsbedingte Angebotsausweitung an billigen Arbeitskräften das Ausmaß an Produktionsverlagerungen aus Deutschland abschwächen (s. Kapitel 3.2, Fußnote 8), Investitionsverlagerungen dagegen dürften davon kaum gemindert werden. Sondern im Gegenteil. Durch den hiesigen Reformstau und durch den Beitritt der Neumitgliedstaaten in den Euro-Raum, der vor der Überwindung des Reformstaus eintreten dürfte, werden Investitionsverlagerungen gen Osten forciert.

[18] Im folgenden derart abgebildet, daß die Pro-Kopf-Einkommen in den Beitrittsländern jährlich um 4% wachsen und das Pro-Kopf-Einkommen in der Europäischen Union um 2%. Vgl. zu dieser Vorgehensweise beispielsweise Baldwin, R. E., Towards an Integrated Europe, (Centre for Economic Policy Research) London 1994, S. 166f. sowie Lageman, B., a.a.O., S. 18.

[19] Zu den Ausgangsniveaus der Pro-Kopf-Einkommen siehe Tabelle 18.

[20] Im Jahre 2000 waren in Polen 45,5% der Bevölkerung in einem Alter zwischen 15 und 44 Jahren. In der Tschechischen Republik lag dieser Anteil bei 43,6% und in Ungarn bei 42,7% (Deutschland:

besondere in Polen mit einer unzureichenden Arbeitsnachfrage konfrontiert werden. Im Jahre 2001 waren dort 41,5% der unter 25jährigen arbeitslos; in Ungarn lag dieser Wert bei 10,5% und in der Tschechischen Republik bei 16,3%.[21] Für Polen wird zudem prognostiziert, daß es bis 2010 einen Überschuß an Eintritten ins erwerbsfähige Alter geben wird.[22] D.h. vor allem in Polen konzentriert sich die Arbeitslosigkeit gegenwärtig und wohl auch in den nächsten Jahren eher auf Altersgruppen, denen eine hohe Migrationsbereitschaft unterstellt werden kann.[23] Denn abgesehen davon, daß bei jungen Menschen die Risikobereitschaft höher ausgeprägt ist als bei älteren und zugleich ihre Beschäftigungsaussichten im Zielland besser sind, sind die Opportunitätskosten junger Arbeitsloser in den Beitrittsländern relativ gering. Aus denselben Gründen dürften aber auch junge Arbeitnehmer in Mittel- und Osteuropa bereit sein, vergleichsweise niedrig entlohnte Arbeitsplätze im Heimatland gegen besser bezahlte Tätigkeiten im Zielland einzutauschen. Vor dem Hintergrund der demographischen Struktur gewinnen somit die anfangs geschilderten Lohnunterschiede stärker an Gewicht.

3.3.1.2 Schätzungen zur voraussichtlichen Zuwanderung

In den vergangenen Jahren wurden eine ganze Reihe von wissenschaftlichen Studien mit dem Anspruch erstellt, die potentielle Zuwanderung aus den mittel- und osteuropäischen Staaten nach einem Beitritt zur Europäischen Union und der Gewährung der vollen Arbeitnehmerfreizügigkeit zu taxieren.[24] Im folgenden werden zunächst einige jüngere ökonometrische Untersuchungen für Deutschland bzw. für die Europäische Union, aber mit Konklusion für Deutschland präsentiert, die bereits einen Eindruck über die große Spannweite der Ergebnisse zum mittel- und osteuropäische Migrationspotential liefern.[25] Abschließend wird eine Schätzung des Auswanderungspotentials auf der Grundlage von Befragungen dargestellt.

42,0%) [Vgl. Statistisches Bundesamt, Statistisches Jahrbuch 2002 – Für das Ausland, Wiesbaden 2002, S. 41f.].

[21] Vgl. Europäische Kommission, Regelmäßiger Bericht 2002..., a.a.O., statistische Anhänge.

[22] Gemessen anhand einer Gegenüberstellung derjenigen, die in einem bestimmten Jahr das achtzehnte Lebensjahr erreichen und denjenigen, die in diesem Jahr 60 bzw. 65 Jahre alt werden.

[23] Vgl. Gächter, A., a.a.O., S. 71.

[24] Einen umfassenden Überblick über die bis 2001 erschienen Schätzungen zum Migrationspotential im Falle der Ost-Erweiterung liefern Belke, A./Hebler, M., EU-Osterweiterung, Euro und Arbeitsmärkte, München/Wien 2002, S. 128ff.

[25] Frühere Schätzungen zur Größenordnung einer künftigen Ost-West-Wanderung basieren oftmals auf den Ergebnissen der Süd-Nord-Wanderungen, ohne aber den Einfluß der einzelnen Determinanten der Migration zu quantifizieren. Layard et al. (1992) beispielsweise ermitteln auf der Grundlage derartiger Plausibilitätsüberlegungen ein Migrationspotential von 3% der osteuropäischen Gesamtbevölkerung. Übertragen auf die Einwohnerzahlen Polens, Ungarns und der Tschechischen Republik ergibt sich – bezogen auf Gesamteuropa – ein Migrationspotential von rund 1,8 Millionen Personen in einem Zeitraum von 15 Jahren (bezogen auf alle acht mittel- und osteuropäischen Beitrittsländer: 2,2 Millionen

Boeri und Brücker (2000) schätzen u.a. auf der Grundlage von Differenzen in den Pro-Kopf-Einkommen (Bruttoinlandsprodukt zu Kaufkraftparität) und der Beschäftigungsraten zwischen Deutschland und den Beitrittsländern[26], daß unmittelbar nach Gewährung der Freizügigkeit im Jahre 2002 die Nettozuwanderung nach Deutschland aus Polen, Ungarn und der Tschechischen Republik anfänglich ca. 93.000 Personen betragen wird.[27, 28] Der Saldo aus Zu- und Rückwanderung wird allerdings innerhalb einer Dekade auf 41.000 Personen und damit auf weniger als die Hälfte des ursprünglichen Niveaus sinken. Ca. 30 Jahre nach Gewährung der Arbeitnehmerfreizügigkeit wird sich ein Gleichgewicht zwischen Zu- und Rückwanderung einpendeln, bis schließlich die Rückwanderung höher ausfallen wird als die Zuwanderung. Der Anteil der ausländischen Wohnbevölkerung aus den drei Beitrittsländern an der gesamten Bevölkerung in Deutschland wird im Jahre 2030 auf 1,7% taxiert (ausgehend von ca. 0,43% im Jahre 1998).[29] Die Schätzung geht davon aus, daß die Wachstumsrate des Pro-Kopf-Einkommens in den Beitrittsländern um zwei Prozentpunkte pro Jahr höher sein wird als in Deutschland. Des weiteren wird davon ausgegangen, daß die Arbeitslosenraten sowohl in Deutschland als auch in den Neumitgliedstaaten auf dem Stand des Jahres 1997 verharren.[30, 31] Schließlich weisen die Autoren darauf hin, daß angesichts der sehr

---

Personen) [Vgl. Layard, R. et al., East-West Migration – The Alternatives, Cambridge (Mass.), London 1992, S. 6 und 24; Bevölkerungszahlen aus Statistisches Bundesamt, Statistisches Jahrbuch 2002 – Für das Ausland, a.a.O., S. 39].

[26] Weitere Determinanten des Modells sind der Anteil der bereits Ausgewanderten an der Bevölkerung der Heimatländer; institutionelle Regelungen, die als Dummy-Variable für die Gewährung der Arbeitnehmerfreizügigkeit innerhalb der Europäischen Union und für Gastarbeiterabkommen modelliert werden, sowie länderspezifische Effekte wie Sprache und Unterschiede in der Lebensqualität (gemessen anhand des „Human Development Index" gemäß Human Development Report (UNDP 1998)).

[27] Die Schätzung des Migrationspotentials basiert auf einer Zeitreihenanalyse der Zuwanderung nach Deutschland über den Zeitraum von 1967 bis 1998.

[28] Die Studie geht davon aus, daß in den ersten Jahren etwa 35% der Zuwanderer ihre Arbeitskraft auf dem Arbeitsmarkt anbieten werden, und daß diese Relation im Laufe der Zeit sinken wird [Vgl. Boeri, T./Brücker, H., a.a.O., S. 121].

[29] Die Nettozuwanderung nach Deutschland aus allen zehn mittel- und osteuropäischen Kandidatenländern wird im Jahre 2002 auf ca. 220.000 Personen geschätzt (bei einer Gesamtnettozuwanderung in alle Mitgliedstaaten der Europäischen Union von etwa 335.000 Personen). Der Zustrom wird bis zum Jahre 2030 auf etwa 1.500 Personen sinken (bezogen auf alle Mitgliedstaaten der Europäischen Union fällt im selben Zeitraum die Zahl der Nettozuwanderer auf ca. 2.400 Personen). Der Anteil der ausländischen Wohnbevölkerung aus den zehn mittel- und osteuropäischen Ländern an der gesamten Bevölkerung in Deutschland wird im Jahre 2030 mit 3,5% veranschlagt (ausgehend von ca. 0,7% im Jahre 1998).

[30] Vgl. Boeri, T./Brücker, H., a.a.O., S. 121ff.

[31] Neben diesem Basisszenario werden zwei weitere Szenarien durchgerechnet. Im oberen Szenario, daß dadurch charakterisiert ist, daß die Wachstumsrate des Pro-Kopf-Einkommens in den Beitrittsländern um einen Prozentpunkt pro Jahr höher sein wird als in Deutschland, die Arbeitslosenquote hier 5% und dort 10% betragen wird, wird die Nettozuwanderung nach Deutschland aus allen zehn mittel- und

hohen Einkommensrückstände und des Jahrzehnte währenden Konvergenzprozesses ein Hinausschieben der Freizügigkeit, beispielsweise um zehn Jahre, das Wanderungspotential nur minimal reduzieren würde. Noch längere Übergangsfristen, etwa solange, bis sich die Pro-Kopf-Einkommen angenähert haben, sind jedoch politisch kaum vorstellbar.[32]

Gestützt auf Daten der Zuwanderung nach Deutschland aus Italien, Griechenland, Portugal, Spanien und der Türkei im Zeitraum von 1974 bis 1997 schätzen Sinn et al. (2001) – ebenfalls unter der Prämisse, daß das Pro-Kopf-Einkommen in den Beitrittsländern um zwei Prozentpunkte pro Jahr schneller wächst als in Deutschland – die Nettozuwanderung nach Deutschland aus Polen, Ungarn und der Tschechischen Republik dagegen auf 113.000 Personen im ersten Jahr nach Aufnahme in die Europäische Union und Gewährung der Arbeitnehmerfreizügigkeit (z.B. zu Beginn des Jahres 2004).[33] Drei Jahre später wird der Höhepunkt der Zuwanderung mit 145.000 Personen erreicht und zehn Jahre später wird der Zustrom auf 75.000 Personen sinken. Am Ende des Untersuchungshorizonts, d.h. 15 Jahre nach Aufnahme in die Europäische Union, wird noch eine Zuwanderung von 31.000 Personen erwartet.[34, 35, 36] Die Zahlen von Sinn et al.

---

osteuropäischen Kandidatenländern im Jahre 2002 auf rund 241.000 Personen und im Jahre 2030 auf etwa 11.000 Personen geschätzt (zu den analogen Werten des Basisszenarios siehe Fußnote 29). Im unteren Szenario, daß dadurch gekennzeichnet ist, daß die Wachstumsrate des Pro-Kopf-Einkommens in den Beitrittsländern um drei Prozentpunkte pro Jahr höher sein wird als in Deutschland, die Arbeitslosenquote hier 10% und dort 5% betragen wird, wird die Nettozuwanderung nach Deutschland aus allen zehn mittel- und osteuropäischen Kandidatenländern im Jahre 2002 auf rund 175.000 Personen taxiert. Für das Jahr 2030 wird erwartet, daß per Saldo 7.000 Mittel- und Osteuropäer Deutschland verlassen werden [Vgl. Boeri, T./Brücker, H., a.a.O., Tabelle 7.8, S. 124].

[32] Vgl. ebenda, S. 130.

[33] Determinanten des Modells sind die Einkommensunterschiede (Bruttoinlandsprodukt pro Kopf zu Kaufkraftparität); institutionelle Regelungen, die als Dummy-Variable für die Mitgliedschaft in der Europäischen Union und die Gewährung der Arbeitnehmerfreizügigkeit modelliert werden, sowie der Bestand der Migranten in der Vorperiode.

[34] Die Abwanderung aus allen fünf in der Untersuchung berücksichtigten Ländern (neben Polen, Ungarn und der Tschechischen Republik auch Rumänien und die Slowakei) nach Deutschland wird im ersten Jahre nach dem Beitritt zur Europäischen Union und der Gewährung der Arbeitnehmerfreizügigkeit auf 193.000 Personen geschätzt. Die Emigration wird 15 Jahre später auf 60.000 Personen sinken.

[35] Vgl. Sinn, H.-W. et al., a.a.O., S. 15ff.

[36] In einer weiteren Modellsimulation wird die Annahme durchgerechnet, daß das Pro-Kopf-Einkommen in den Beitrittsländern mit der gleichen Rate wächst wie in Deutschland. Dabei zeigt sich im Vergleich mit der Variante eines relativen Einkommenswachstums von 2% (siehe Text), daß die Effekte unterschiedlichen Einkommenswachstums – wie auch bei Boeri und Brücker – vor allem in der langen Frist deutlich werden. So erwartet die Simulation für ein relatives Einkommenswachstum von 0% im ersten Jahr nach Aufnahme in die Europäische Union und Gewährung der Arbeitnehmerfreizügigkeit eine Nettozuwanderung aus den drei Beitrittsländern nach Deutschland von 117.000 Personen. Drei Jahre später werden es 161.000 Personen sein. Zehn bzw. 15 Jahre später wird ein Zustrom von 120.000 bzw. 89.000 Personen erwartet [Vgl. Sinn, H.-W. et al., a.a.O., Tabelle 1.3b, S. 21].

liegen somit deutlich über den Schätzungen von Boeri und Brücker.[37] Folgende Fakten deuten nach Meinung der Autoren darauf hin, daß es sich bei den geschätzten Zahlen um Untergrenzen des möglichen Spektrums an Wanderungsbewegungen handeln dürfte: Zum einen waren die südeuropäischen Mitgliedstaaten zum Zeitpunkt ihrer Aufnahme in die Europäische Gemeinschaft deutlich wohlhabender als die mittel- und osteuropäischen Beitrittsländer heute.[38] Zum anderen liegen die Beitrittsländer räumlich näher an Deutschland als die Staaten Südeuropas. Schließlich konnte anders als bei der Süderweiterung der Europäischen Union der Wanderungsdruck aus Mittel- und Osteuropa nicht schon vor dem Beitritt zur Europäischen Union abgebaut werden, da erst der „Eiserne Vorhang" und dann die nach der politischen Wende rasch erhöhten legalen Wanderungsbarrieren des Westens Wanderungswillige zurückhielten.[39, 40]

Eben diese beschränkte Übertragbarkeit der empirischen Erfahrungen aus den Süd-Erweiterungen der Europäischen Union auf die anstehende Ost-Erweiterung ist es, die auch die von Straubhaar (2001) kalkulierten Migrationsströme als unterschätzt erscheinen lassen. Gestützt auf Daten der Zuwanderung in die nördlichen Einwanderungsländer der Europäischen Union (Deutschland, Frankreich, Großbritannien, Dänemark und die Benelux-Staaten) aus Griechenland, Portugal und Spanien ab dem Zeitpunkt der Gewährung der vollen Arbeitnehmerfreizügigkeit (d.h. nach 1988 für Griechenland und nach 1993 für Portugal und Spanien) schätzt Straubhaar, daß die jährliche Nettozuwanderung in die Europäische Union aus den acht Beitrittsländern der ersten Erweiterungsrunde je nach Einkommenslücke zwischen 96.000 Personen (bei einer Einkommenslücke von 60%) und 74.000 Personen (bei einer Einkommenslücke von 50%) betragen könnte (im Jahre 2000 erreichten die acht Beitrittsländer rund 44% des Pro-Kopf-Einkommens der Altmitgliedstaaten). Verringert sich im Zuge eines wirtschaftlichen Aufholprozesses die Einkommenslücke auf 40%, dürfte der Nettoauswanderungsstrom

---

[37] Sinn und Werding (2001) übertragen die Resultate dieses Modells auf alle acht mittel- und osteuropäischen Beitrittsländer und schätzen mittels einer Hochrechnung, daß in den ersten 15 Jahren nach dem Beitritt im Falle unbeschränkter Freizügigkeit insgesamt etwa 3,4% bis 4,3% der Bevölkerung der Beitrittsländer nach Deutschland auswandern werden. Nach den Ergebnissen von Boeri und Brücker werden dagegen in dieser Periode zwischen 2,2% bis 2,4% der Bevölkerung aller zehn Beitrittskandidaten, also inklusive Bulgarien und Rumänien, nach Deutschland emigrieren [Vgl. Sinn, H.-W./Werding, M., Zuwanderung nach der EU-Osterweiterung: Wo liegen die Probleme?, in: ifo-Schnelldienst, 54. Jg. (2001), H. 8, S. 21 sowie Boeri, T./Brücker, H., a.a.O., S. 123].

[38] Das griechische Pro-Kopf-Einkommen zu Kaufkraftparität machte im Beitrittsjahr (1981) 62% des Durchschnitts der damaligen Mitgliedstaaten aus. Im Falle Spaniens und Portugals lag diese Relation im Beitrittsjahr (1986) bei 69% [Vgl. International Monetary Fund, World Economic Outlook, October 2000, Washington, D.C. 2000, S. 149]. Die acht Beitrittsländer erreichten dagegen im Jahre 2000 nur rund 44% des Pro-Kopf-Einkommens der Altmitgliedstaaten [Eigene Berechnung auf Basis von Daten der Europäischen Kommission (Fortschrittsberichte)].

[39] Beispielsweise waren in den 15 Jahren vor dem Antrag auf Mitgliedschaft bereits netto 5,5% der iberischen Bevölkerung ausgewandert [Vgl. Sinn, H.-W. et al., a.a.O., S. XXVIIIf.].

[40] Vgl. ebenda, S. XXVIIIf.

auf 44.000 Personen pro Jahr sinken.[41, 42] Ausgehend davon, daß bislang rund zwei Drittel aller Immigranten aus den assoziierten Ländern Mittel- und Osteuropas nach Deutschland gingen, ergibt sich somit für Deutschland eine mögliche Nettozuwanderung von 49.000 bis 64.000 Personen pro Jahr.

Diese letztgenannte Größenordnung markiert bei Fertig und Schmidt (2000) das Maximum der für Deutschland zu erwartenden Netto-Immigration aus Polen, Ungarn, der Tschechischen Republik und Estland. In Abhängigkeit von einer länderspezifischen aber zeit-persistenten Variablen, die beispielsweise Distanz, gemeinsame Grenze, Klima aber auch anhaltende ökonomische Differenzen umfaßt, und einer im Zeitverlauf veränderlichen aber für alle Länder identischen Variablen, die beispielsweise jegliche Schwankung ökonomischer Aktivität im Zielland wie etwa die Veränderung der Arbeitsnachfrage widerspiegelt,[43] schätzen sie unter Verwendung von Daten über die Einwanderung aus 17 Staaten[44] nach Deutschland in der Periode von 1960 bis 1997 sowie unter besonderer Beachtung der Demographie, daß aus den vier Beitrittsländern 49.000 bis 63.000 Personen jährlich nach Deutschland auswandern werden (nach 20 Jahren insgesamt 900.000 bis 1.200.000 Personen) – und zwar vorausgesetzt, daß die zukünftigen Mitgliedstaaten eine im historischen Vergleich außerordentliche Auswanderungsregion darstellen. Verhalten sich dagegen die Bürger der vier Beitrittsländer so, wie die Einwohner eines Ursprungslandes bisheriger Einwanderung nach Deutschland, so ist lediglich mit einer Nettozuwanderung von 15.000 bis 18.000 Personen jährlich zu rechnen (nach 20 Jahren insgesamt 300.000 bis 400.000 Personen).[45] Abgesehen davon aber, daß auch hier die historischen Migrationserfahrungen kaum repräsentativ für die Beitrittsländer sind, muß alleine schon die Tatsache, daß die Autoren explizit auf die Einbeziehung der Einkommensdifferenzen verzichten[46], eine Unterschätzung der Zuwanderung zur Folge haben.

Abschließend ist darauf hinzuweisen, daß die Untersuchungen von Boeri und Brükker, Sinn et al. sowie Straubhaar die Einkommensdifferenzen allein auf Basis von Kaufkraftparitäten erfassen. Die Resultate ihrer Kalkulationen dürften daher aus zwei

---

[41] Determinanten des Modells sind die Einkommensunterschiede (Bruttoinlandsprodukt pro Kopf zu Kaufkraftparität), die Arbeitslosenquoten, der Bestand der bereits in den nordeuropäischen Zielländern lebenden Menschen aus den drei betrachteten Abwanderungsländern sowie die geographische Distanz zwischen den südeuropäischen Abwanderungsländern und den nordeuropäischen Zielländern.
[42] Vgl. Straubhaar, T., Ost-West-Migrationspotential: Wie groß ist es?, (HWWA Discussion Paper; Bd. 137) Hamburg 2001.
[43] Vgl. Fertig, M./Schmidt, C. M., Aggregate-Level Migration Studies as a Tool for Forecasting Future Migration Streams, (IZA Discussion Paper; Bd.: 183) Bonn 2000, S. 17.
[44] Österreich, Belgien, Schweiz, Dänemark, Spanien, Finnland, Frankreich, Griechenland, Italien, Jugoslawien, Niederlande, Norwegen, Portugal, Schweden, Türkei, Großbritannien, Vereinigte Staaten von Amerika.
[45] Vgl. Fertig, M./Schmidt, C. M., a.a.O., S. 25.
[46] Vgl. ebenda, S. 25.

weiteren Gründen unterschätzt sein. Zum einen ist die Kaufkraftparität mit der Schwäche behaftet, daß – wie eingangs erwähnt wurde – bei ihrer Berechnung Unterschiede in der Güterqualität nicht berücksichtigt werden.[47] Das durch Umrechnung mit dem Kaufkraftparitätenkurs ausgewiesene Wohlfahrtsniveau der Beitrittsländer dürfte somit im Vergleich zu Deutschland überschätzt sein. Zum anderen ist der im Vergleich zum Kaufkraftparitätenkurs deutlich niedrigere laufende Wechselkurs (siehe Tabelle 18) als Umrechnungsvariable insofern von Relevanz für die Ermittlung des Migrationspotentials aus den Beitrittsländern, als das Emigration oftmals mit der Intention verbunden ist, einen Teil des im Ausland erworbenen Einkommens in das Heimatland zu transferieren. Zudem existiert vor allem für Polen und Tschechen die Möglichkeit des Pendelns nach Deutschland. In beiden Fällen wird ein, wenn auch unterschiedlich großer Teil des in Deutschland erzielten Einkommens zum laufenden Wechselkurs in die Währung des Heimatlandes umgetauscht und dort konsumiert. Mit dem Hinweis auf die Möglichkeit des Pendlertums führen daher Sinn et al. eine zusätzliche Simulation durch, bei der das Einkommensverhältnis als gewogenes Mittel aus Kaufkraftparität (2/3) und laufendem Wechselkurs (1/3) berechnet wird. Unter der weiteren Annahme, daß die geschätzten Koeffizienten stabil bleiben, ergibt sich während der ersten drei bis fünf Jahre nach der Aufnahme in die Europäische Union für Polen ein zusätzlicher Bestand an Migranten in Höhe von ungefähr 200.000 Personen und für die Tschechische Republik in Höhe von 50.000 Personen. Dieser Effekt ist aber mit einem hohen Schätzrisiko verbunden, da Grenzpendler aus den südeuropäischen Mitgliedstaaten nicht auftraten.[48]

Ergänzend zu den ökonometrischen Schätzungen sei im folgenden auf die Schätzung von Faßmann und Hintermann (1997) hingewiesen. Die Autoren schätzen auf der Grundlage einer Repräsentativbefragung von 4.392 Personen in Polen, Ungarn, der Tschechischen und Slowakischen Republik, daß dort rund 10 Millionen Menschen über ein allgemeines Interesse an Migration verfügen, von denen ca. 3,5 Millionen Personen nach Deutschland emigrieren wollen. Wird das Auswanderungspotential fokussiert und nachgefragt, wer konkrete Schritte, zumindest der Informationsbeschaffung, unternommen hat, dann reduziert sich die Zahl abwanderungsbereiter Menschen auf rund 4 Millionen (bezogen auf Deutschland als Migrationsziel verbleiben etwa 1,7 Millionen Personen). Wird das Potential weiter fokussiert und nur auf jene Gruppe beschränkt, die sich bereits um eine Aufenthalts- bzw. Arbeitsgenehmigung bemüht hat, dann verbleiben als „tatsächliches" Migrationspotential rund 721.000 Personen, von denen ca.

---

[47] Die Berechnung des Pro-Kopf-Einkommens zu Kaufkraftparität ist allerdings insofern begründet, als daß durch diese Vorgehensweise Verzerrungen der Wohlfahrtsvergleiche durch ausgeprägte Preisabweichungen für relativ homogene Güter und durch Wechselkursschwankungen zumindest tendenziell korrigiert werden [Vgl El-Shagi, E.-S., Sozialprodukt-Konzept und sozioökonomische Entwicklung, in: Das Wirtschaftsstudium, 32. Jg. (2003), H. 2, S. 243].
[48] Vgl. Sinn, H.-W. et al., a.a.O., S. 17.

320.000 auf Deutschland entfallen.[49] Diese Personen dürfen wohl als die Pioniere der Emigration angesehen werden. Sie tragen im Falle der Auswanderung zum Ausbau existierender Netzwerke bei und können somit das weitere Migrationspotential aktivieren. Ausgehend von den bisherigen Ausführungen und gestützt insbesondere auf die Schätzungen von Sinn et al. sowie Faßmann und Hintermann läßt sich das Fazit ziehen, daß zumindest in den ersten Jahren nach Gewährung der Arbeitnehmerfreizügigkeit mit einer relativ hohen Zuwanderung nach Deutschland zu rechnen ist. Welche Auswirkungen die Migration aus den Neumitgliedstaaten hierzulande erwarten läßt, wird Gegenstand des folgenden Kapitels sein.

3.3.1.3 Konsequenzen der Zuwanderung

Im Zentrum wissenschaftlicher Analysen stehen die Konsequenzen der Zuwanderung für den Arbeitsmarkt, die öffentlichen Finanzen sowie für Wirtschaftswachstum und Strukturwandel. Diese Gliederung soll im folgenden beibehalten werden.

3.3.1.3.1 Konsequenzen der Zuwanderung für den Arbeitsmarkt

Gemäß der ökonomischen Theorie bewirkt Zuwanderung im Gastland eine Zunahme des Sozialprodukts. Da sich jedoch im Einwanderungsland die Knappheitsverhältnisse zu Lasten des Faktors Arbeit verschieben, sinkt der Reallohn der einheimischen Arbeitskräfte, während das Kapitaleinkommen steigt. Ist die Lohnflexibilität nach unten hin limitiert, kann es neben einem steigenden Druck auf die Löhne auch zu einer Zunahme der Arbeitslosigkeit im Einwanderungsland kommen. Unter Berücksichtigung der Besonderheiten des Arbeitsmarktes ist diese Aussage allerdings zu relativieren. Arbeit ist kein homogenes Gut und der Arbeitsmarkt ist kein einheitlicher Markt. Dieser muß vielmehr als eine Vielzahl von qualifikatorischen, sektoralen, regionalen Teilmärkten gesehen werden, zwischen denen in der Realität die Mobilität in unterschiedlicher Weise gegeben ist. Daher herrschen auf diesen Märkten auch verschiedene Knappheitsverhältnisse; und Angebotsüberschüsse auf manchen dieser Märkte können mit Engpässen auf anderen gleichzeitig bestehen.[50] Die Wirkungen der Zuwanderung auf Löhne und Beschäftigung im Zielland hängen mithin entscheidend davon ab, inwieweit zugewanderte Arbeitskräfte in direkter Konkurrenz, und damit in einer substitutiven Beziehung zu einheimischen Arbeitskräften stehen, bzw. inwieweit sie Tätigkeiten verrichten, für die kein inländisches Arbeitsangebot existiert. In diesem Fall stehen sie in

---

[49] Vgl. Faßmann, H./Hintermann, C., Migrationspotential Osteuropa – Struktur und Motivation potentieller Migranten aus Polen, der Slowakei, Tschechien und Ungarn, (ISR-Forschungsberichte; Bd. 15) Wien 1997, S. 12ff.
[50] Vgl. Biehl, K., EU-Osterweiterung und Arbeitsmarkt, in: Wirtschaftspolitische Blätter, 46. Jg. (1999), H. 1-2, S. 83.

einer Komplementaritätsbeziehung zum heimischen Arbeitskräfteangebot.[51] Soweit zugewanderte Arbeitskräfte Arbeiten übernehmen, für die keine einheimischen Arbeitskräfte zur Verfügung stehen, sind aus der Zuwanderung kaum negative Lohn- und Freisetzungseffekte zu erwarten.[52] Sondern im Gegenteil: in dem Ausmaß, wie es durch Zuwanderung von entsprechend qualifizierten Arbeitskräften gelingt, diese partiellen Engpässe zu vermeiden oder zu verringern, ergibt sich eine Stimulierung des Wirtschaftswachstums und damit einhergehend auf lange Sicht eine Zunahme des Pro-Kopf-Einkommens. Bieten dagegen die Immigranten ihre Arbeitskraft auf Märkten an, auf denen die Nachfrage durch Inländer gedeckt werden kann oder gar ein Überschußangebot besteht, dann ist auf diesen Arbeitsmarktsegmenten mit sinken Löhnen oder einer Zunahme der Arbeitslosigkeit zu rechnen.[53] Dabei ist bei mangelnder Lohnflexibilität eine Substitution einheimischer durch ausländische Arbeitskräfte um so wahrscheinlicher, je geringer die beruflichen Qualifikationsanforderungen sind.

Für Deutschland ist absehbar, daß angesichts der enormen Wohlstandsunterschiede die Zuwanderung aus den Beitrittsländern weitgehend alle Berufskategorien umfassen wird. Hierfür sprechen auch die Erfahrungen mit polnischen Saisonarbeitern. Insofern sind aufgrund der breit aufgefächerten qualifikatorischen Struktur der Immigranten sowohl substitutive als auch komplementäre Wirkungen für die einheimischen Arbeitskräfte zu erwarten. Ferner läßt sich prognostizieren, daß sich das Angebot der zugewanderten Arbeitskräfte auf Tätigkeiten mit geringen Qualifikationsanforderungen konzentrieren wird.[54] D.h. sofern die Immigranten in substitutiver Beziehung zu den einheimischen Arbeitskräften stehen, werden insbesondere un- und angelernte Arbeitnehmer sowie ältere, physisch weniger belastbare Arbeitnehmer von Verdrängung betroffen sein. Zugleich verschlechtern sich die Beschäftigungschancen für Arbeitslose. Beachtet man, daß Ende September 2001 37% der Arbeitslosen keine abgeschlossene Berufsausbildung aufwiesen, knapp 30% der Arbeitslosen älter als 50 Jahre waren, 33,5% der Arbeitslosen länger als 12 Monate ohne Beschäftigung waren und etwa 48% der Ar-

---

[51] Vgl. Fischer, P. A./Straubhaar, T., Ökonomische Integration und Migration in einem Gemeinsamen Markt – 40 Jahre Erfahrung im Nordischen Arbeitsmarkt, (Beiträge zur Wirtschaftspolitik; Bd. 59) Bern u.a. 1994, S. 118.

[52] Leicht negative Lohneffekte sind auf jenen Arbeitsmarktsegmenten wahrscheinlich, auf denen durch Zuwanderung Einkommensspitzen bei Mangelberufen, wie beispielsweise in der Informationstechnologiebranche, genommen werden [Vgl. Sinn, H.-W. et al., a.a.O., S. 112].

[53] Vgl. Biehl, K., a.a.O., S. 83.

[54] Aufgrund gegebener Informations- und Sprachdefizite sowie des Problems der Bewertung ausländischer Berufsabschlüsse ist zu erwarten, daß auch relativ höher qualifizierte Zuwanderer ihre Arbeitskraft auf diesen Arbeitsmarktsegmenten anbieten werden. Wie bereits erwähnt wurde, ist dies bei in Deutschland ansässigen mittel- und osteuropäischen Arbeitnehmern in der Tat zu beobachten [Siehe hierzu auch Heilemann, U./Loeffelholz, H. D., Ökonomische und fiskalische Implikationen der Zuwanderung nach Deutschland, (RWI-Papiere; Bd. 52) Essen 1998, S. 9].

beitslosen Frauen waren,[55] dann sind den weitaus flexibleren und mobileren, teilweise auch höher qualifizierteren Zuwanderern im Wettbewerb um neu geschaffene oder freigewordene Arbeitsplätze deutlich bessere Chancen einzuräumen. Schließlich werden die Beschäftigungschancen von gering qualifizierten Arbeitslosen durch Zuwanderung auch dadurch beeinträchtigt, daß in dem Maße, in dem entsprechend qualifizierte und flexible Arbeitskräfte einwandern, für die Arbeitgeber die Notwendigkeit entfällt, diese Gruppe von Arbeitslosen zu qualifizieren.

Neben direkten Verdrängungseffekten kann die zuwanderungsbedingte Vergrößerung des Arbeitsangebots einen steigenden Druck auf tarifvertragliche Entgelt- und Arbeitszeitstandards ausüben. So sind bereits im Vorfeld der Ost-Erweiterung aufgrund des zunehmenden internationalen Wettbewerbsdrucks immer mehr Betriebsräte bereit, Abweichungen von Tarifverträgen im Rahmen von Betriebsvereinbarungen festzuschreiben. Ferner wird die Tarifbindung schon heute durch vermehrte Verbandsaustritte und Nichteintritte von Unternehmen reduziert.[56] In dem Maße aber, in dem die Bindekraft der Tarifverträge weiter geschwächt wird – und die Ost-Erweiterung wird diesen Prozeß verschärfen, wenn nicht über die Zuwanderung von Arbeitskräften, so über die Abwanderung von Kapital – werden die Anpassungslasten für die einheimischen Arbeitnehmer zunehmen. Dies wird sich nicht zuletzt in verringerten Lohnerhöhungen zeigen.[57] Zwar mögen aus dieser im Grundsatz positiven Entwicklung auch zusätzliche Arbeitsplätze resultieren, diese werden jedoch überwiegend den zugewanderten Arbeitskräfte zugute kommen aufgrund ihrer höheren beruflichen Flexibilität.

Sofern die Zugewanderten in einer komplementären Beziehung zu den einheimischen Arbeitskräften stehen, gilt es zu differenzieren, ob der Nachfrageüberhang auf diesen Segmenten des Arbeitsmarktes auf qualifikatorische oder konjunkturelle Engpässe zurückzuführen ist, oder aber, ob er auf einem überzogenen Anspruchsdenken basiert, in dem Sinne, daß es sich hierbei um Tätigkeiten handelt, die im Empfinden der Inländer unangenehme Arbeitsbedingungen bieten oder zu niedrig entlohnt werden und

---

[55] Vgl. Statistisches Bundesamt, Statistisches Jahrbuch 2002 für die Bundesrepublik Deutschland, a.a.O., S. 121.
[56] Vgl. Bispinck, R./Schulten, T., Globalisierung und das deutsche Kollektivvertragssystem, in: WSI-Mitteilungen, 51. Jg. (1998), H. 4, S. 245.
[57] Daneben läßt sich eine Tendenz zu Lohneinbußen auch dadurch ausmachen, daß oftmals höhere Entgelte als im Tarifvertrag vereinbart bezahlt werden. In Westdeutschland zahlten im Jahre 1997 noch knapp 49% der im Rahmen eines Betriebspanels befragten tarifgebundenen Betriebe übertarifliche Löhne und Gehälter (1993: fast 61%), in Ostdeutschland waren es annähernd 17%. Im Durchschnitt aller beobachteten Branchen lagen die effektiv gezahlten Löhne und Gehälter um 11,4% über den tariflich vereinbarten (1993: knapp 13%). Das traf für Westdeutschland ebenso zu wie für Ostdeutschland [Vgl. Bellmann, L./Kohaut, S./Schnabel, C., Ausmaß und Entwicklung der übertariflichen Entlohnung, in: iw-Trends, 25. Jg. (1998), H. 2, S. 7ff.]. Ein zusätzliches Angebot an Arbeitskräften, und damit eine geringere Macht der Arbeitnehmer, läßt eine Reduktion übertariflicher Leistungen erwarten.

für die sich daher einheimische Arbeitskräfte aufgrund einer übertriebenen Sozialpolitik nicht anbieten. Aufgrund des Faktums, daß die Nachfrage nach jungen hochqualifizierten Fachkräften in den Beitrittsländern schon jetzt sehr hoch ist und in Zukunft noch steigen wird (beispielsweise von ausländischen Investoren)[58], dürfte eine Zuwanderung dieser Personen eher limitiert sein. Was die Komplementarität aufgrund konjunktureller Engpässe betrifft, so muß für die Ost-Erweiterung bezweifelt werden, daß die wirtschaftsbelebenden Integrationseffekte eine Dimension erreichen werden, die einen derartigen Nachfrageüberhang nach Arbeitskräften auslösen kann. Berücksichtigt man abschließend, daß – wie im zweiten Kapitel ausgeführt wurde – das deutsche Sozialhilfesystem eine (legale) Arbeitsaufnahme häufig unattraktiv macht, so läßt sich die Schlußfolgerung ziehen, daß die Immigranten dort, wo sie in komplementärer Beziehung zu den einheimischen Arbeitskräften stehen, dies vor allem auf ein überzogenes Anspruchsdenken einheimischer Arbeitskräfte zurückzuführen sein wird. Zwar wird auch eine derart begründete komplementäre Beschäftigung von ausländischen Arbeitskräften eine Wohlstandssteigerung bewirken, es ist allerdings zu befürchten – und dies wird Gegenstand des nächsten Abschnitts sein –, daß eine derartige Komplementarität mit erheblichen sozialpolitischen Konsequenzen verbunden ist.

Während die Zuwanderung bei gering qualifizierten Arbeitskräften auf eine steigende Arbeitslosigkeit und zunehmenden Lohndruck hinwirkt, läßt sie für qualifizierte Arbeitskräfte Lohnverbesserungen erwarten. Dies ist einerseits auf die Komplementarität zwischen den verschiedenen Qualifikationsstufen zurückzuführen, und andererseits ermöglicht die Zuwanderung den höher qualifizierten Arbeitnehmern eine Konzentration auf diejenigen Tätigkeiten, in denen sie sich komparative Vorteile erworben haben.[59] Intensiviert wird die Lohndispersion durch zunehmende Direktinvestitionen in die Beitrittsländer. Derartige Kapitalbewegungen führen im Heimatland zu einer Zunahme der Nachfrage nach qualifizierten Arbeitskräften und zu einem Rückgang der Nachfrage nach gering qualifizierten Arbeitskräften.

Zum Abschluß sollen die Resultate einiger Studien vorgestellt werden, die sich mit den Wirkungen der Ausländerbeschäftigung auf dem einheimischen Arbeitsmarkt beschäftigen. Winkelmann und Zimmermann (1993) stellen bezogen auf den Zeitraum von 1974 bis 1984 fest, daß für einheimische Arbeitnehmer das Arbeitslosigkeitsrisiko zwar durch einen höheren Ausländeranteil in einer Branche signifikant steigt, daß dieser Einfluß aber insgesamt gering ist.[60] Eine Studie von Mühleisen und Zimmermann (1994) für den Zeitraum der achtziger Jahre konnte dagegen keinen Zusammenhang zwischen der Arbeitslosigkeit Einheimischer und der Arbeitsmarktpräsenz von Auslän-

---

[58] Vgl. Quaisser, W. et al., a.a.O., S. 121.
[59] Vgl. Fischer, P. A./Straubhaar, T., a.a.O., S. 116.
[60] Vgl. Winkelmann, R./Zimmermann, K. F., Ageing, Migration and Labor Mobility, in: Labour Markets in an Ageing Europe, Hrsg.: P. Johnson/K. F. Zimmermann, Cambridge 1993, S. 273.

dern nachweisen.[61] In Österreich dagegen wurden Anfang der neunziger Jahre im Rahmen eines „sozialen Experiments", in dem die Zuwanderung solange freigegeben wurde, bis der Ausländeranteil an den Beschäftigten 10% erreicht hätte[62], Erfahrungen gesammelt, die die Schlußfolgerung nahelegen, daß ein Angebotsschock von 100.000 zusätzlichen ausländischen Arbeitskräften die Arbeitslosigkeit um etwa 30.000 bis 35.000 Personen erhöhen könnte – wobei diese Zahl stark von den demographischen und makroökonomischen Bedingungen abhängt.[63] Die Arbeit von De New und Zimmermann (1994) untersucht den Einfluß der Ausländerbeschäftigung auf die Löhne deutscher (männlicher) Arbeiter und Angestellter (bezogen auf den Zeitraum von 1984 bis 1989). Dabei wird zwischen Arbeitern und Angestellten mit niedriger und hoher Berufserfahrung differenziert. Das Resultat der Analyse ist ein in der Gesamtstichprobe signifikant negativer Zusammenhang zwischen Ausländerbeschäftigung und Lohnbildung der Einheimischen. Demnach bewirkte ein Anstieg des Ausländeranteils um einen Prozentpunkt eine Reduktion des durchschnittlichen Stundenlohns aller Arbeitnehmer um 4,1%. Die Aufgliederung nach verschiedenen Gruppen zeigt, daß vor allem die Löhne von Arbeitern von der Zuwanderung negativ beeinflußt wurden (ihre Löhne sanken um 5,9%), wohingegen die Zuwanderung die Entlohnung der Angestellten mit geringer Berufserfahrung positiv beeinflußte (ihre Löhne stiegen um 3,5%). Ein Einfluß der Ausländerbeschäftigung auf die Lohnbildung der Angestellten mit hoher Berufserfahrung ließ sich dagegen nicht feststellen.[64] Da die meisten Zuwanderer nach Deutschland in die Kategorie der Arbeiter fallen, kann daraus der Schluß gezogen werden, daß sie in einer komplementären Beziehung zu Angestellten und in einer substitutiven Beziehung zu Arbeitern stehen.[65] Nach Aussage von Zimmermann (1998) markieren diese Werte jedoch die stärksten Reaktionen, die national gemessen wurden und sie sind auch international eher am oberen Rand der Ergebnisse zu finden. Wird das Datenmaterial erweitert und tiefer nach Arbeitsarten aufgegliedert, so finden sich vermehrt Hinweise für eine globale, aber schwache Komplementarität von Zuwanderern und Einheimischen.[66]

---

[61] Vgl. Mühleisen, M./Zimmermann, K. F., A panel analysis of job changes and unemployment, in: European Economic Review, 38. Jg. (1994), S. 800.

[62] Im Rahmen dieses Experiments stieg zwischen dem ersten Halbjahr 1989 und dem ersten Halbjahr 1991 die offizielle Zahl der ausländischen Arbeitskräfte um 110.000.

[63] Vgl. Walterskirchen, E., Auswirkungen der EU-Osterweiterung auf den österreichischen Arbeitsmarkt, in: Monatsberichte (Österreichisches Institut für Wirtschaftsforschung), 71. Jg. (1998), H. 8, S. 538.

[64] Vgl. De New, J. P/Zimmermann, K. F., Native wage impacts of foreign labor: a random effects panel analysis, in: Journal of Population Economics, Vol. 7 (1994), S. 190f.

[65] Vgl. Zimmermann, K. F., Immigration und Arbeitsmarkt: Eine ökonomische Perspektive, in: Europa zwischen Integration und Regionalismus, Hrsg.: K.-A. Boesler/G. Heinritz/R. Wiessner, (Tagungsbericht und wissenschaftliche Abhandlungen, 51. Deutscher Geographentag Bonn, 6. bis 11. Oktober 1997) Stuttgart 1998, S. 64.

[66] Vgl. Zimmermann, K. F., a.a.O., S. 64 und die dort angegebene Literatur.

Dessen ungeachtet beziffern Boeri und Brücker (2000) den branchenbezogenen Lohnrückgang, den ein Anstieg des Ausländeranteils in einem Wirtschaftszweig um einen Prozentpunkt bewirkt, auf 0,6% (die Untersuchung bezieht sich dabei auf den Zeitraum von 1991 bis 1995). Für das individuelle Entlassungsrisiko ermitteln sie einen Wert von 0,18%. Die Auswirkungen der Zuwanderung betreffen dabei hauptsächlich Arbeiter, während die Konsequenzen der Ausländerbeschäftigung auf Angestellte eher neutral sind: Der Anstieg des Ausländeranteils in einer Branche um einen Prozentpunkt bewirkt für die dort beschäftigten Arbeiter einen Lohnrückgang um 1,6%, für die in dieser Branche beschäftigten Angestellten um 0,1%.[67] Zusammenfassend läßt sich somit mit aller Vorsicht das Fazit ziehen, daß die bisherige Zuwanderung Löhne und Beschäftigung gering qualifizierter inländischer Arbeitskräfte eher negativ und die Löhne höher qualifizierter inländischer Arbeitnehmer entweder nicht oder aber positiv beeinflußt haben dürfte.

3.3.1.3.2 Konsequenzen der Zuwanderung für die öffentlichen Finanzen

Zuwanderung wirkt sich unmittelbar auf die Staatsausgaben und -einnahmen aus. So partizipiert der Staat einerseits an der verstärkten Einkommensentstehung bzw. an der zusätzlichen Einkommensverwendung in Form höherer Einnahmen aus Verbrauchs- und Einkommensteuern sowie aus Sozialversicherungsbeiträgen.[68] Andererseits entstehen Aufwendungen des Staates beispielsweise für Sozialleistungen sowie für den Ausbau der Infrastruktur. Die zentrale Frage in diesem Zusammenhang betrifft daher die Budgetinzidenz, also das Ausmaß, in dem Immigranten die öffentlichen Haushalte finanziell belasten oder begünstigen. Von besonderer Relevanz für die Beantwortung dieser Frage ist, daß eingewanderte Arbeitnehmer aus Mitgliedstaaten aufgrund des in der Europäischen Union herrschenden Beschäftigungslandprinzips wie Inländer behandelt werden und daher nicht nur denselben Zahlungspflichten unterliegen, sondern auch dieselben Ansprüche auf öffentliche Leistungen erhalten. Aufgrund der lohnzentrierten Ausrichtung des deutschen Umverteilungssystems ist somit entscheidend, in welchen Lohnklassen zugewanderte Arbeitnehmer aus Mitgliedstaaten der Europäischen Union überwiegend Beschäftigung finden.[69] Bei einem positiven Saldo zwischen empfangenen

---

[67] Vgl. Boeri, T./Brücker, H., a.a.O., S. 84ff.

[68] Vgl. Loeffelholz, H. D. v./Köpp, G., Ökonomische Auswirkungen der Zuwanderungen nach Deutschland, (Schriftenreihe des Rheinisch-Westfälischen Instituts für Wirtschaftsforschung; Bd. 63) Berlin 1998, S. 119.

[69] Bis dato ist noch nicht abschließend geklärt, ob sich aus dem Aufenthaltsrechts, das aus der Unionsbürgerschaft resultiert (siehe Artikel 18 EG-Vertrag) auch Ansprüche auf soziale Unterstützung im Falle der Nichterwerbstätigkeit in einem fremden Mitgliedstaat ableiten lassen [Vgl. Wissenschaftlicher Beirat beim Bundesministerium der Finanzen, Freizügigkeit und soziale Sicherung in Europa, in: Schriftenreihe des BMF, Nr. 69, Bonn 2001, S. 7]. Der Bezug sozialer Leistungen eines fremden Mitgliedstaates bleibt damit nach wie vor im wesentlichen an eine dortige Erwerbstätigkeit gebunden.

Leistungen der öffentlichen Hand und erbrachten Finanzierungsbeiträgen aus Steuerzahlungen und Sozialversicherungsbeiträgen sind Zuwanderer Nettoempfänger öffentlicher Leistungen, d.h. es kommt zu einer Umverteilung von Einheimischen zugunsten von Immigranten. Unter allokationspolitischen Gesichtspunkten kann dies zu einer Verzerrung der Wanderungsentscheidungen und zu einem überhöhten Wanderungsvolumen beitragen.[70] Schließlich ist jedoch bei einer Analyse der fiskalischen Auswirkungen der Zuwanderung auch zu berücksichtigen, daß Migration das Wirtschaftswachstum sowie die Entwicklung der Löhne und der Beschäftigung einheimischer Arbeitskräfte beeinflußt, was wiederum Konsequenzen für die Einnahmen und Ausgaben der öffentlichen Haushalte induziert. Verdrängen beispielsweise zugewanderte Arbeitskräfte einheimische Arbeitnehmer, so hat dies einen steigenden Transferbedarf innerhalb der Gruppe der Inländer zur Folge. Umgekehrt können wie ausgeführt wurde Zuwanderer auch zur Stimulierung des Wirtschaftswachstums im Zielland beitragen. Insofern sind Untersuchungen zur fiskalischen Bilanz der Immigration, die alleine auf eine Saldierung der Einnahmen und Ausgaben der öffentlichen Hand für die Gruppe der Einwanderer abstellen, unzureichend. Die Auswirkungen von Zuwanderung auf das Sozialsystem können nur in einem Totalmodell bestimmt werden.[71]

Eine Studie, die versucht, neben der Budgetinzidenz der Gruppe der Zuwanderer auch die fiskalischen Wirkungen von zuwanderungsbedingten Beschäftigungs- und Wachstumseffekten zu berücksichtigen, ist die von Loeffelholz und Köpp (1998). Sie kommen zu dem Ergebnis, daß die von 1988 bis 1995 nach Westdeutschland eingewanderten Ausländer (2,4 Millionen Personen, darunter 1,7 Millionen Asylbewerber; die übrigen 0,7 Millionen umfassen Personen vor allem aus Ost- und Südosteuropa, den südeuropäischen Mitgliedstaaten der Europäischen Union und der Türkei[72]) auf dem Wege über ihre Beteiligung an der inländischen Einkommensentstehung –verwendung im Jahre 1995 vorsichtig gerechnet etwa 10 Mrd. DM an Steuern und Sozialversicherungsbeiträgen aufgebracht haben, denen staatliche Mehrausgaben in Höhe von ca. 7,5 Mrd. DM gegenüberstehen, so daß insgesamt ein Überschuß für die staatlichen Finanzen in Höhe von insgesamt etwa 2,5 Mrd. DM verblieb.[73] Diesem Ergebnis wird gegenübergestellt, daß durch die Zuwanderung (dieser Terminus umfaßt im folgenden neben den erwähnten Ausländern auch 3 Millionen Aus- und Übersiedler) im Zeitraum von 1988 bis 1991 85.000 Arbeitsplätze entstanden sind und daß die durchschnittliche Wirtschaftswachstumsrate um 1,3% p.a. höher lag als ohne Immigration. Alles in allem beziffern die Autoren für 1991 die Entlastung der öffentlichen Haushalte durch die Zuwanderung auf etwa 13 Mrd. DM. Von 1992 bis 1995 dagegen erscheint die Bedeutung

---

[70] Vgl. Sinn, H.-W. et al., a.a.O., S. 225.
[71] Vgl. Jäger, M., Ökonomische Konsequenzen der Zuwanderung, (Schriften zur angewandten Wirtschaftsforschung; Bd. 84) Tübingen 1999, S. 37f.
[72] Vgl. Loeffelholz, H. D. v./Köpp, G., a.a.O., S. 15.
[73] Vgl. ebenda, S. 90ff.

der Zuwanderung für den westdeutschen Arbeitsmarkt als ebenso vernachlässigbar wie die gesamtwirtschaftlichen Nachfrageeffekte der Transferzahlungen an die Zuwanderer.[74] Daß die Zuwanderung überwiegend in einer Komplementaritätsbeziehung zum heimischen Arbeitskräfteangebot stand, wird von den Autoren für die Phase von 1988 bis 1991 auf die bis Anfang 1990 lebhafte Auslandsnachfrage, der positiven gesamtwirtschaftlichen Einflüsse der Steuerreformschritte der Jahre 1986, 1988 und 1990 sowie der deutschen Einigung zurückgeführt. Daß es im Zeitraum von 1992 bis 1995 nicht zu einer wesentlichen Verdrängung einheimischer Arbeitskräfte kam, wird damit erklärt, daß die Immigranten zum einen die Lücken füllten, die aufgrund des erleichterten arbeitsmarktbedingten Ausscheidens aus dem Erwerbsprozeß von Personen mit verminderter Erwerbsfähigkeit entstand, und daß sie zum anderen Tätigkeiten übernahmen, für die aufgrund der herrschenden Zumutbarkeitskriterien keine einheimischen Arbeitskräfte zur Verfügung standen.[75] Schließlich ist zu berücksichtigen, daß es sich bei der verwendeten Definition von Zuwanderern überwiegend um Personen handelt (Aussiedler, Übersiedler und Asylbewerber), die nicht „um jeden Preis" in Deutschland eine Beschäftigung finden müssen, um hier ihre Existenz zu sichern. Die anfangs beschriebene berufliche Flexibilität, die die Verdrängung einheimischer Arbeitskräfte begründet, ist mithin bei diesem Personenkreis deutlich geringer ausgeprägt als bei Arbeitsmigranten. Bezogen auf den Bestand der 1995 in Westdeutschland lebenden Ausländer (ca. 7 Millionen Personen inklusive Asylbewerber) kommen Loeffelholz und Köpp zu dem Ergebnis, daß diese per saldo 25 bis 35 Mrd. DM p.a. mehr an Steuern und Sozialversicherungsbeiträgen gezahlt haben als sie an staatlichen Leistungen in Anspruch nahmen.[76] Die Resultate ihrer Berechnungen sind allerdings insofern zu relativieren, als daß zum einen bei der fiskalischen Beurteilung der Gesetzlichen Rentenversicherung allein die Zahlungsströme bilanziert wurden[77], die erworbenen Anwartschaften der Beitragszahler blieben mithin unberücksichtigt. Zum anderen wurde von den Autoren der Staatsverbrauch zu gering angesetzt, indem sogenannte „social overhead costs" (hierzu werden etwa die Aufwendungen für die Verteidigung, für Auswärtige Angelegenheiten, für den staatlichen Schuldendienst sowie die Mittel für die deutsche Vereinigung gezählt) nicht in die Kalkulation eingingen.[78] Die Begründung für diese Vorgehensweise lautet, daß es sich hierbei um staatliche Kosten handelt, die vom Zuzug und Aufenthalt der Zuwanderer weitgehend unabhängig sind.[79] Dies ist jedoch unzulässig, da die angeführten Merkmale dieser öffentlichen Güter für die gesamte einheimische Wohnbevölkerung gelten.

---

[74] Vgl. Loeffelholz, H. D. v./Köpp, G., a.a.O., S. 123ff.
[75] Vgl. ebenda, S. 79ff.
[76] Vgl. ebenda, S. 99f.
[77] Vgl. ebenda, S. 92f.
[78] Zu den Kritikpunkten vgl. Sinn, H.-W. et al., a.a.O., S. 175.
[79] Vgl. Loeffelholz, H. D. v./Köpp, G., a.a.O., S. 91.

Eine weitere Untersuchung jüngeren Datums zu den Auswirkungen der Zuwanderung auf die öffentlichen Finanzen in Deutschland ist die von Sinn et al. (2001). Diese Arbeit stellt jedoch alleine auf die Saldierung der von Immigranten empfangenen staatlichen Leistungen und den von ihnen erbrachten Finanzierungsbeiträgen ab – eine Vorgehensweise, die im Zusammenhang mit der Fragestellung der Untersuchung zu sehen ist: Die Autoren wollen prüfen, ob dieser Saldo bzw. das fiskalische System Deutschlands – neben reinen Einkommensdifferenzen – einen zusätzlichen Migrationsanreiz darstellt.[80] Aufgrund dieser Intention werden den Beitragszahlungen der Zuwanderer an die Gesetzliche Renten- und Pflegeversicherung nicht die Zahlungen an bereits verrentete und pflegebedürftige Zuwanderer gegenübergestellt, sondern ihre eigenen Anwartschaften bzw. Ansprüche an die beiden Sozialversicherungszweige.[81] Das Resultat ihrer Analyse ist, daß im Jahre 1997 und bezogen auf Westdeutschland Zuwanderer Nettoempfänger staatlicher Leistungen in Höhe von rund 1.400 DM pro Kopf waren (der Begriff Zuwanderer umfaßt dabei in Deutschland lebende Personen mit nicht-deutscher Nationalität sowie in Deutschland eingebürgerte Personen und deren Kinder, nicht aber Aus- und Übersiedler sowie Asylbewerber[82]). In bezug auf die Fragestellung der Autoren ist mithin zu konstatieren, daß das Umverteilungssystem in Deutschland eine zusätzliche Anziehungskraft für Ausländer entfaltet. In puncto der Budgetinzidenz der Immigranten ist allerdings anzumerken, daß der eruierte Wert die finanzielle Belastung der öffentlichen Haushalte durch die Zuwanderung sogar noch unterschätzt, da für die fiskalische Bilanz der Zuwanderung auch die Zahlungen der Gesetzlichen Pflege- und Rentenversicherung an bereits verrentete und pflegebedürftige Zuwanderer von Relevanz sind.

Maßgebend für eine Einschätzung der fiskalischen Auswirkungen der Migration im Zuge der Ost-Erweiterung ist, daß – ausgehend von einer sehr hohen Zuwanderung – die Arbeitsmigranten aus den Beitrittsländern eher Tätigkeiten mit geringen Qualifikationsanforderungen ausüben werden (siehe Abschnitt 3.3.1.3.1), die infolge geringer Produktivität nur niedrig entlohnt und dementsprechend mit niedrigen Steuern und Sozialversicherungsbeiträgen belastet werden, die aber gleichzeitig für den Bezug von steuerfinanzierten Transferleistungen wie Wohn- und Kindergeld, ergänzende Sozialhilfe etc. qualifizieren können[83]. Berücksichtigt man des weiteren Verteilungsvorteile in der Gesetzlichen Krankenversicherung sowie die unentgeltliche Nutzung der öffentlichen Infrastruktur, die gegebenenfalls ausgebaut oder häufiger erneuert werden muß, dann ist es sehr wohl möglich, daß – wie von Sinn et al. für bisherige Zuwanderer errechnet – die Zuwanderung aus den Beitrittsländern fiskalische Lasten für die Inländer generiert

---

[80] Vgl. Sinn, H.-W. et al., a.a.O., S. 225f.
[81] Vgl. ebenda, S. 207.
[82] Vgl. ebenda, S. 177.
[83] Dabei gilt es zu beachten, daß nach Auffassung des Europäischen Gerichtshofes bereits eine geringfügige Beschäftigung von wöchentlich 10-12 Stunden ausreichen kann, um eine Arbeitnehmereigenschaft zu bejahen, die wiederum für den Bezug ergänzender Sozialhilfe qualifiziert [Vgl. Wissenschaftlicher Beirat beim Bundesministerium der Finanzen, a.a.O., S. 56].

und damit das Umverteilungsvolumen erhöht. Zumal in Tätigkeitsfeldern mit geringen Qualifikationsanforderungen Verdrängungseffekte sehr wahrscheinlich sind und sich zugleich die Beschäftigungschancen einheimischer Arbeitsloser verschlechtern. Ferner lassen sich wachsende Sozialausgaben aus einer steigenden Nachfrage nach billigem Wohnraum ableiten. Schließlich ist zu berücksichtigen, das Umverteilungsgewinne ein überhöhtes und verzerrtes Wanderungsvolumen, insbesondere im Hinblick auf gering Qualifizierte, erzeugen.[84] All dies unterstützt die Erwartung, daß eine massenhafte Zuwanderung aus den Beitrittsländer auf eine zusätzliche Belastung des deutschen Wohlfahrtsstaates hinausläuft. Die Maastricht-Kriterien und insbesondere der internationale Systemwettbewerb reduzieren allerdings die Möglichkeiten des Staates, steigende öffentliche Leistungen mittels zusätzlicher Kreditaufnahme oder Steuererhöhungen zu finanzieren, geschweige denn das bereits gegebene Niveau aufrechtzuerhalten. In diesem Fall nimmt der Druck auf den Staat zu, eine steigende Zahl von Empfängern wohlfahrtsstaatlicher Leistungen dadurch aufzufangen, daß diese Leistungen massiv gekürzt werden. Gerade dies wird jedoch, wie im Abschnitt 3.3.3 zu zeigen sein wird, die Durchführung entsprechender Reformen sehr stark beeinträchtigen.

Wirft man abschließend einen gesonderten Blick auf die besonders stark demographieabhängige Gesetzliche Rentenversicherung, so wird der Zuwanderung hier eine sehr hohe, wenn nicht sogar eine vitale Bedeutung zugesprochen. Denn ohne Zuwanderung ist in Deutschland in den nächsten Jahrzehnten mit einem erheblichen Rückgang der Bevölkerung bei gleichzeitiger Alterung derselben zu rechnen. Auch wenn Schätzungen der Bevölkerungsentwicklung über längere Zeiträume mit einigen Unsicherheiten behaftet sind, so läßt sich dennoch folgender Trend skizzieren: Bei einem Wanderungssaldo von Null sinkt die Bevölkerungszahl in Deutschland von rund 81,3 Millionen Menschen im Jahre 1993 auf 77,7 Millionen im Jahre 2010 und auf 67,4 Millionen im Jahre 2030. Im selben Zeitabschnitt wird der Anteil der erwerbsfähigen Bevölkerung (15-65 Jahre) von rund 68% auf knapp 59% sinken, während der Anteil der über 65jährigen von rund 15% auf knapp 30% steigen wird.[85] Dieser demographische Trend hätte unter den Rahmenbedingungen der Rentenversicherung Ende der neunziger Jahre eine massive Verschlechterung der Finanzlage zur Folge gehabt. Starke Erhöhungen der Beitragssätze und/oder Kürzungen von Leistungen wären unumgänglich gewesen.[86] Auf diese Entwicklung reagierte die Bundesregierung im Jahre 2001 mit der Rentenreform, durch die der Beitragssatz bis zum Ende des Rechnungszeitraums im Jahre 2030 unter 22%

---

[84] Vgl. Sinn, H.-W. et al., a.a.O., S. 228.

[85] Vgl. Deutsches Institut für Wirtschaftsforschung, Alternde Gesellschaft – Zur Bedeutung von Zuwanderungen für die Altersstruktur der Bevölkerung in Deutschland, in: Wochenbericht, 62. Jg. (1995), H. 33, S. 587.

[86] Beispielsweise kommen Loeffelholz und Köpp auf der Grundlage der zitierten Bevölkerungsschätzung zu dem Ergebnis, daß ohne Zuwanderung der Beitragssatz bei konstantem Rentenniveau im Jahr 2020 auf 23,8% und im Jahre 2030 auf 28,1% gestiegen wäre [Vgl. Loeffelholz, H. D. v./Köpp, G., a.a.O., S. 110].

gehalten werden soll.[87] Immigration, und damit eine Verjüngung der inländischen Altersstruktur bzw. eine Verbesserung der Relation von Leistungsempfängern zu Beitragspflichtigen, trägt offensichtlich zur angestrebten Stabilisierung des Beitragssatzes bei. Abgesehen davon aber, daß die Zuwanderung bei einer schrumpfenden und alternden Population keine beständige Lösung für das Finanzierungsproblem einer umlagefinanzierten Alterssicherung bietet, da sich das generative Verhalten der Zuwanderer sukzessiv dem niedrigeren Wert der deutschen Bevölkerung annähert[88], sind diesem Pro-Zuwanderungsargument im Zusammenhang mit der Ost-Erweiterung die sozialpolitischen Spannungen gegenüberzustellen, die eine massenhafte unkontrollierte Zuwanderung erzeugt, und die wiederum die Durchführung marktwirtschaftlicher Reformen erschweren. Dieser Aspekt wird im nächsten Abschnitt näher ausgeführt.

3.3.1.3.3 Konsequenzen der Zuwanderung für Wirtschaftswachstum und Strukturwandel

Der sich in Zukunft abzeichnende Mangel an jüngeren, und damit räumlich mobileren und beruflich flexibleren Arbeitskräften, läßt auf eine empfindliche Beeinträchtigung der Fähigkeit der deutschen Wirtschaft zum Strukturwandel schließen. Denn das Diffusionstempo technologischer Neuerungen in einer Volkswirtschaft wird offenkundig auch vom Vorhandensein gut ausgebildeter junger Menschen beeinflußt. Junge qualifizierte Arbeitskräfte sind in der Regel technischen Neuerungen gegenüber aufgeschlossen und angesichts einer noch nicht lange zurückliegenden Ausbildung auch mit der jeweils modernsten Technik vertraut. Nicht zuletzt sind Kreativität, Risikobereitschaft und der Mut zum Unternehmertum, als wesentliche Voraussetzungen dafür, daß in der Wirtschaft Neues gewagt und umgesetzt wird, besonders bei jungen Menschen zu beobachten.[89] Ein Mangel an jungen qualifizierten Menschen kann folglich als Wachstumshemmnis wirken, zumal eine solche Knappheit Unternehmen, und zwar insbesondere in forschungsintensiven Industrien, zu Investitionsverlagerungen veranlassen kann. Insofern ist die Zuwanderung von Humankapital erforderlich, um das technische Niveau und den Wohlstand in Deutschland auf Dauer halten zu können. Aus diesem Zusammenhang aber zu folgern, daß eine frühzeitige Ost-Erweiterung, und damit zwangsläufig eine ungesteuerte, d.h. nicht selektive Einwanderung diese Probleme löst, ist verfehlt (im nachfolgenden Abschnitt wird zu zeigen sein, daß eine selektive Einwanderungspolitik im Rahmen einer Übergangsfrist ebenfalls keine rationale Lösung darstellt). Denn

---

[87] Vgl. Sachverständigenrat zur Begutachtung der gesamtwirtschaftlichen Entwicklung, Jahresgutachten 2001/2002, a.a.O., Zi. 241ff.

[88] Vgl. Franz, W., Zur ökonomischen Bedeutung von Wanderungen und den Möglichkeiten und Grenzen einer Einwanderungspolitik, Konstanz 1993, S. 25.

[89] Vgl. Walter, N., Standort Deutschland bei alternder Bevölkerung, in: Demographische Alterung und Wirtschaftswachstum, Hrsg.: E. Grünheid/C. Höhn, (Schriftenreihe des Bundesinstituts für Bevölkerungsforschung; Bd. 29) Opladen 1999, S. 200.

es ist absehbar, daß sich die Zuwanderung wie schon in der Vergangenheit in erster Linie auf Branchen mit geringen Qualifikationsanforderungen konzentrieren wird, die – sofern sie international handelbare Güter herstellen – in der Regel zu den schrumpfenden Branchen zählen. Durch den Zugriff auf billigere bzw. produktivere Immigranten können diese Unternehmen zwar ihre internationale Wettbewerbsfähigkeit verbessern und ihren Bestand längerfristig sichern, jedoch hat diese Bestandssicherung einen Preis, der aus gesamtwirtschaftlicher Sicht inakzeptabel ist. Denn die Verbesserung der Wettbewerbsfähigkeit dieser Unternehmen erfolgt zu Lasten gering qualifizierter einheimischer Arbeitskräfte. Eine unkontrollierte massenhafte Einwanderung generiert somit soziale Spannungen, die die Durchführung der erforderlichen marktwirtschaftlichen Reformen behindern. Dadurch wird letztlich der sektorale Strukturwandel verlangsamt und der Wachstumspfad flacher verlaufen als ohne Zuwanderung. Mithin wird genau das Gegenteil von dem erreicht, was ursprünglich anvisiert wurde. D.h. um junge und qualifizierte Arbeitskräfte, aber auch um Finanz- und Sachkapital zu attrahieren[90], sind vor der Ost-Erweiterung umfassende marktwirtschaftliche Reformen durchzuführen. Denn eine Wettbewerbsordnung ist eine elementare Voraussetzung, um qualifizierte Zuwanderer und Kapital anziehen zu können. Umgekehrt schreckt ein Wohlfahrtsstaat qualifizierte Arbeitskräfte und Kapital ab, denn beide Produktionsfaktoren müssen in einem solchen System mehr an Steuern und Sozialabgaben zahlen, als sie an Leistungen der öffentlichen Hand beziehen.

3.3.1.4 Fazit

Bei einer Ost-Erweiterung mit sofortiger Übertragung der Arbeitnehmerfreizügigkeit auf die Beitrittsländer ist mit einer beträchtlichen Immigration nach Deutschland zu rechnen, die hierzulande eine erhebliche Belastung für den Arbeitsmarkt sowie den Sozialstaat erwarten läßt. Die sozialen Spannungen hemmen wiederum die Durchführung marktwirtschaftlicher Reformen, so daß die Innovations- und Investitionsbereitschaft, aber auch der Zufluß von Human- und Sachkapital als die Grundlagen eines erfolgreichen Strukturwandels weiterhin beeinträchtigt werden. Vor diesem Hintergrund erscheint die Stabilisierung der Rentenversicherungsbeiträge auf hohem Niveau als zweifelhafter Vorteil der Immigration.

Daß eine hohe Zuwanderung in den nächsten Jahren erhebliche Arbeitsmarktprobleme in Deutschland verspricht, wurde auch von Teilen der Politik erkannt und führte zu der Vereinbarung, die mittel und osteuropäischen Beitrittskandidaten zwar in die Europäische Union aufzunehmen, die Arbeitnehmerfreizügigkeit aber für eine gewisse

---

[90] Es gilt zu berücksichtigen, daß die Aufrechterhaltung eines hohen Wohlstandsniveaus bei schrumpfender Bevölkerung neben der Zuwanderung junger qualifizierter Arbeitskräfte und der Ausweitung der Humankapitalausstattung durch Verbesserung des Ausbildungssystems auch den Einsatz einer höheren Kapitalintensität verlangt.

Übergangsphase zu reglementieren. Die Regelungen sehen eine allgemeine Übergangszeit von fünf Jahren vor. In dieser Periode wenden die Mitgliedstaaten in bezug auf den Zugang zum Arbeitsmarkt für Arbeitnehmer aus den Beitrittsländern weiterhin ihre einzelstaatlichen Vorschriften an. Eine selektive Einwanderungspolitik, die sich an den Bedürfnissen der Wirtschaft orientiert, ist somit durchaus möglich. Vor Ablauf des zweitens Jahres nach dem Beitritt zur Europäischen Union findet auf der Grundlage eines Berichts der Kommission an den Europäischen Rat eine allgemeine Revision der Übergangsregelungen statt. Die gegenwärtigen Mitgliedstaaten teilen der Kommission spätestens zum Ende dieses Zeitraums mit, ob sie weiterhin nationale Regelungen anwenden oder aber volle Freizügigkeit gewähren. Eine zusätzliche Prüfung kann von den Neumitgliedstaaten beantragt werden, wobei das gleiche Beschlußverfahren gilt. Fünf Jahre nach dem Beitritt der Neumitglieder dürfen die Altmitgliedstaaten nationale Regelungen für zwei weitere Jahre aufrechterhalten, falls schwerwiegende Störungen auf dem Arbeitsmarkt bestehen oder befürchtet werden. Somit ist spätestens nach sieben Jahren die volle Freizügigkeit innerhalb der Europäischen Union herzustellen. Gegenwärtige Mitgliedstaaten, die sich dazu entscheiden, die volle Freizügigkeit bereits vor Ablauf der allgemeinen Übergangszeit zu gewähren, können diese in dringenden Ausnahmefällen aussetzen. Die Übergangsregelung gilt auch für Pendler oder Grenzgänger.[91] Für Wanderungen im Zusammenhang mit der Dienstleistungsfreiheit wurden auf Betreiben Deutschlands und Österreichs die gleichen Übergangsfristen wie für die Arbeitnehmerfreizügigkeit vereinbart. Während dieser Fristen kann die Entsendung von Arbeitskräften in sensitiven Dienstleistungsbereichen, und hier vor allem in der Bauwirtschaft, eingeschränkt werden. Die Inanspruchnahme dieser Klausel darf jedoch nicht zu Bedingungen führen, die restriktiver sind als die zum Zeitpunkt der Unterzeichnung des Beitrittsvertrags geltenden Konditionen.[92] Dieser Passus verweist vor allem auf die bestehenden Werkvertragsabkommen.[93]

Hinter der Übergangsregelung im Bereich der Arbeitnehmerfreizügigkeit, die von der ebenso temporären Limitation der Dienstleistungsfreiheit flankiert wird, verbirgt sich die Intention, durch den Schutz des deutschen Arbeitsmarktes das herrschende Lohnniveau zu verteidigen. Eine gewichtige Rolle dürften dabei die Überlegungen spielen, daß einerseits die Absorptionsfähigkeit des deutschen Arbeitsmarktes aufgrund der Bevölkerungsentwicklung in den kommenden Jahren zunimmt, und andererseits das Migrationspotential im Laufe der Zeit schrumpft, da die Wanderungsanreize mit der Verbesserung der wirtschaftlichen Lage in den Beitrittsländern sinken. Ferner dürfte sich die Struktur potentieller Migranten in der Zukunft als günstiger erweisen, da sich

---

[91] Vgl. Sachverständigenrat zur Begutachtung der gesamtwirtschaftlichen Entwicklung, Jahresgutachten 2001/2002, a.a.O., Zi. 124.
[92] Vgl. Kapitel „Freizügigkeit" des Vertrags über den Beitritt zur Europäischen Union 2003 und dort Nr. 13.
[93] Siehe hierzu Kapitel 3.1, Fußnote 14.

das Ausbildungsniveau zunehmend westlichen Standards annähert und der zwischenzeitliche Besuch von Sprachkursen den Zugang zu Teilarbeitsmärkten für Höher- und Hochqualifizierte im Zuwanderungsland eröffnet. Ob die Übergangsregelung de facto geeignet ist, das herrschende Lohnniveau zu verteidigen, wird im folgenden Abschnitt behandelt.

3.3.2 Ost-Erweiterung mit Übergangsregelung im Bereich der Arbeitnehmerfreizügigkeit

Es gibt mehrere Faktoren, die dafür sprechen, daß die Übergangsregelung im Bereich der Arbeitnehmerfreizügigkeit den einheimischen Arbeitskräften keinen umfassenden Schutz gewährleisten kann:
1) Es ist mit illegaler Beschäftigung zu rechnen. Dabei kann selbst eine – gemessen an der Zahl der inländischen Arbeitnehmer – kleine absolute Zahl an ausländischen Schwarzarbeitern arbeitsmarkt- und sozialpolitische Brisanz entfalten, wenn sie sich auf wenige Branchen konzentriert. Zu den in dieser Hinsicht prädestinierten Branchen sind in erster Linie das Bau- und Transportgewerbe zu zählen.[94] Dieses Problem wird freilich auch ohne Ost-Erweiterung gegeben sein. Der Unterschied liegt jedoch darin, daß wenn illegal Beschäftigte aus den Beitrittsländern aufgegriffen werden, dann werden im Falle der Ost-Erweiterung Bürger der Europäischen Union kriminalisiert und zwar nur deshalb, weil ihnen ein elementares Grundrecht der Gemeinschaft aufgrund ihrer Armut vorenthalten wird. Hier sind innen- und außenpolitische Komplikationen vorprogrammiert, die im Falle einer Mitgliedschaft die Funktionsfähigkeit der Europäischen Union erheblich beeinträchtigen können.
2) Die Übergangsregelung im Bereich der Arbeitnehmerfreizügigkeit betrifft die individuell organisierte Arbeitsuche und Arbeitsaufnahme. Durch die Dienstleistungsfreiheit bestehen allerdings auch Möglichkeiten der betrieblich organisierten Arbeitsaufnahme in einem anderen Land.[95] Zwar wurden wie bereits erwähnt Beschränkungen für die Entsendung von Arbeitskräften aus den Beitrittsländern durchgesetzt (ebenso für den Gütertransport), jedoch handelt es sich hier um einen Bereich, in dem mit permanenten politischen Druck seitens der mittel- und osteuropäischen Neumitgliedstaaten zu rechnen ist, mit dem Ziel, die vorzeitige Aufhebung dieser Regulierungen zu erwirken (auf diesen Zusammenhang, daß politische Entscheidungen, die nicht ökonomisch solide fundiert sind bzw. die diskriminierend wirken, auf Dauer erheblichen Widerstand erwarten lassen,[96] wird noch einmal einzugehen sein). Denn sowohl die Werkvertragsab-

---

[94] Vgl. Franzmeyer, F./Brücker, H., a.a.O., S. 89.
[95] Vgl. Angenendt, S., a.a.O., S. 50.
[96] Vgl. Hank, R., Das Ende der Gleichheit – oder Warum der Kapitalismus mehr Wettbewerb braucht, Frankfurt am Main 2000, S. 233.

kommen als auch die Kabotage stellen im Kontext des Gemeinsamen Marktes eine weitere gravierende Diskriminierung der Beitrittsländer dar, da sie durch diese Regelungen in der Ausnutzung ihrer komparativen Vorteile eingeschränkt werden, während sie gleichzeitig in den Bereichen, in denen sie komparative Nachteile haben (und hier vor allem im Warenverkehr), uneingeschränkt dem Wettbewerb ausgesetzt werden (mit entsprechenden Arbeitsplatzverlusten). Sollte es mithin, möglicherweise auch unter Hinweis auf das Arbeitnehmerentsendegesetz, daß seit Anfang 1996 im deutschen Baugewerbe Anwendung findet, um die dortigen Arbeitnehmer vor der günstigeren Konkurrenz aus dem Mitgliedstaaten der Europäischen Union zu schützen[97], zur vorzeitigen Aufhebung dieser Regelungen kommen, sind hierzulande, trotz Entsendegesetz, das durch die Allgemeinverbindlichkeitserklärung von Tarifverträgen auch in weiteren bedrohten Branchen wirksam werden kann, schwerwiegende Verdrängungseffekte zu erwarten. Denn wie die Praxis zeigt, kann einerseits das Entsendegesetz nicht effektiv durchgesetzt werden. Beispielsweise kann die Höhe der tatsächlichen Lohnzahlungen an die ausländischen Arbeitnehmer von deutscher Seite meist nicht zweifelsfrei festgestellt werden. Erst recht nicht, ob auch die tatsächlich geleisteten Arbeitsstunden entlohnt wurden. Darüber hinaus können Sanktionen gegen ausländische Firmen kaum durchgesetzt werden.[98] Andererseits verbleiben den ausländischen Anbietern trotz der im Entsendegesetz enthaltenden Verpflichtung zur Zahlung des Mindestlohnes erhebliche Kostenvorteile, die kaum durch Produktivitätsunterschiede kompensiert werden. So betrug der deutsche tarifliche Bruttostundenlohn für einen Baufacharbeiter im Jahre 1999 rund 12,80 Euro. Rechnet man die Lohnnebenkosten hinzu, ergaben sich zu diesem Zeitpunkt rund 30,70 Euro für die Baustellenstunde. Dagegen betrug der tariflich vereinbarte und für allgemeinverbindlich erklärte Mindestlohn 8,20 Euro in Westdeutschland und 7,74 Euro in Ostdeutschland (mittlerweile (2002) auf 10,12 Euro bzw. 8,76 Euro erhöht[99]). Die zusätzlich zu berücksichtigenden Lohnnebenkosten richten sich nach wie

---

[97] Das Arbeitnehmerentsendegesetz, das europarechtlich von der Ende 1996 vom Europäischen Rat verabschiedeten Entsende-Richtlinie flankiert wird, verpflichtet das Gastland dafür zu sorgen, daß das entsendende Unternehmen seinem entsandten Arbeitnehmer die im Gastland geltenden Arbeitsbedingungen garantiert, was insbesondere auch Mindestlohnsätze betrifft [Vgl. Rotte, R./Zimmermann, K. F., Das Entsendegesetz: Sündenfall oder Lösung des Arbeitslosigkeitsproblems?, in: Staatswissenschaft und Staatspraxis, 9. Jg. (1998), H. 2, S. 199f.]. In Deutschland wird der Mindestlohn in der Bauwirtschaft tariflich vereinbart und kann anschließend vom Bundesminister für Wirtschaft und Arbeit für allgemeinverbindlich erklärt werden. Ein für allgemeinverbindlich erklärter Mindestlohn existiert bislang nur in der Bauwirtschaft [Vgl. Nienhüser, W., „Legal, illegal,..." – Die Nutzung und Ausgestaltung von Arbeitskräftestrategien in der Bauwirtschaft?, in: Industrielle Beziehungen, 6. Jg. (1999), H. 3, S. 300].

[98] Vgl. Kunze, C., Die Osterweiterung der Europäischen Union und ihre möglichen Folgen für den deutschen Arbeitsmarkt, in: Die Osterweiterung der EU – Reformerfordernisse und Anpassungsleistungen, Hrsg.: R. H. Hasse/C. Kunze, Leipzig 2000, S. 127.

[99] Vgl. o.V., Brüssel klagt erneut gegen Bau-Entsendegesetz, in: Handelsblatt, Nr. 127 v. 05./06.07.2002, S. 4.

vor nach den Regelungen des entsendenden Landes.[100] Darüber hinaus kann die Mindestlohnregelung nicht gegenüber selbständigen Bauarbeitern (Ein-Mann-Unternehmen) aus den Mitgliedstaaten der Europäischen Union angewendet werden, da es sich bei ihnen nicht um Arbeitnehmer handelt. Damit liegen die Kosten für diese Arbeitskräfte erheblich unter denen von regulär Beschäftigten.[101] Tatsächlich nimmt die Arbeitslosigkeit in den Bauberufen trotz Entsendegesetz zu. Das Arbeitnehmerentsendegesetz hat somit weitgehend sein Ziel verfehlt.[102] Käme es also zur vorzeitigen Aufhebung der Werkvertragsabkommen und sonstiger Beschränkungen im Dienstleistungsverkehr, dann läßt die Ost-Erweiterung für das Baugewerbe, aber auch für andere Dienstleistungsbranchen wie insbesondere das Transportgewerbe, trotz fortbestehenden Entsendegesetzes auf Dauer eine Verschärfung der Verdrängungseffekte erwarten. Schließlich könnten sich dann in einem nächsten Schritt Allianzen zwischen alten und neuen Mitgliedstaaten bilden, die die Aufhebung des Entsendegesetzes bzw. der gemeinschaftlichen Richtlinie zum Ziel haben.

3) Die Aussetzung der Arbeitnehmerfreizügigkeit wird im Gegenzug den Kapitalabfluß in die Beitrittsländer akzelerieren. Denn wird die Abwanderung von Arbeitskräften aus den Beitrittsländern unterbunden, bleiben dort die Lohnkosten auf Dauer wesentlich niedriger als im Westen. Hinzu kommt, daß in diesem Fall auch das Problem einer eventuellen Abwanderung von Fachkräften eliminiert wird. Die damit einhergehenden Vorteile für die Beitrittsländer, z.B. in bezug auf gegebene Komplementaritäten zwischen qualifizierter und gering qualifizierter Arbeit bei gleichzeitig niedrigen Arbeitskosten, aber auch das höhere Steuer- und Sparaufkommen, was wiederum den forcierten Ausbau der Infrastruktur ermöglicht, verstärken die Attraktivität dieser Länder als Investitionsstandorte. Ein hoher Kapitalabfluß führt jedoch tendenziell zu demselben Ergebnis wie eine beträchtliche Zuwanderung aus den Beitrittsländern im Falle einer sofortiger Gewährung der Arbeitnehmerfreizügigkeit: aufgrund zunehmender Arbeitslosigkeit und sinkender Staatseinnahmen wird der Druck auf den Wohlfahrtsstaat zunehmen. Ferner ist zu berücksichtigen, daß in dem Maße, in dem im Laufe der Zeit in Deutschland Engpässe auf Teilarbeitsmärkten entstehen, der Anreiz zur Verlagerung von Produktionen und Investitionen zunimmt – erst Recht, wenn sich zudem das Ausbildungsniveau und die Deutschkenntnisse der Arbeitskräfte dort verbessern. Reagieren die politischen Entscheidungsträger hierzulande auf derartige Engpässe mit einer selektiven Einwanderungspolitik, so kann dies den Kapitalabfluß zwar abschwächen, aufgrund der weiterhin bestehenden ordnungspolitischen Defizite aber nicht stoppen. Auf der anderen Seite kann ein Abfluß von Humankapital aufgrund der beschriebenen Komplementaritäten den wirtschaftlichen Aufholprozeß in den Beitrittsländern belasten, was wiederum die Wahrscheinlichkeit einer massenhaften Abwanderung aus diesen Ländern nach Ab-

---

[100] Vgl. Nienhüser, W., a.a.O., S. 299f.
[101] Vgl. ebenda, S. 305.
[102] Vgl. Rotte, R./Zimmermann, K. F., a.a.O., S. 204.

lauf der Übergangsfrist deutlich erhöht. Schließlich dürfte eine derart selektive Einwanderungspolitik massiven politischen Widerstand seitens der Beitrittsländer auslösen, zumal eine scharfe Kontigentierung der Zuwanderung Gewinner und Verlierer unter den Migrationswilligen schafft, wobei letztere durchaus eine innenpolitisch relevante Größenordnung erreichen können. Damit ist das vierte Argument angesprochen:

4) Die Stabilität der Übergangsregelung und der auf ihrer Grundlage getroffenen einzelstaatlichen Vorschriften hängt davon ab, daß die Beitrittsländer auch nach dem Beitritt diese Regelung akzeptieren werden. Dies ist jedoch, wie bereits im Zusammenhang mit den Einschränkungen der Dienstleistungsfreiheit angesprochen wurde, zu bezweifeln. Nicht zuletzt deshalb, weil Abwanderung, sofern sie nicht Schlüsselqualifikationen betrifft, für weniger entwickelte Volkswirtschaften ein entscheidender wirtschaftlicher Faktor sein kann (auf diesen Aspekt wird im Abschnitt 5.2 näher einzugehen sein). Folglich ist mit anhaltenden Versuchen der Beitrittsländer zu rechnen, die betreffende Regelung aufzuheben.[103] Anders als in den Beitrittsverhandlungen, in denen die mittel- und osteuropäischen Länder ohne wirkliche Verhandlungsmacht auftraten, verleiht ihnen aber die Mitgliedschaft politische Mitsprache- und Gestaltungsrechte, die sie wirksam im Rat einsetzen können, um gegen diese Diskriminierung vorzugehen. Denkbar ist, daß sie entweder versuchen werden, durch die Blockade wichtiger Entscheidungen im Rat die vorzeitige Aufhebung dieser Regelung zu erwirken, oder aber, daß sie kompensierende Maßnahmen oder Zahlungen fordern werden. Dabei können sie in vielen Fällen mit der Unterstützung der weniger entwickelten Altmitgliedstaaten rechnen. Angesichts des Faktums, daß die Europäische Union immer wieder die wirtschaftliche und soziale Konvergenz akzentuiert, gleichzeitig aber weniger entwickelten Mitgliedstaaten Restriktionen bei den Binnenmarktfreiheiten oktroyiert, sind solche Forderungen legitim. Insbesondere für Deutschland und Österreich, als Hauptdestinationen der Migration und zugleich größte Nettozahler der Europäischen Union, bietet es sich als Reaktion auf solche Forderungen an, für eine Schwerpunktverlagerung in der Vergabe der gemeinschaftlichen Fördermittel zugunsten der Beitrittsländer einzutreten, zumal beide Länder auch Haupthandelspartner der Beitrittsländer sind, mithin mit einem erheblichen Mittelrückfluß zu rechnen ist.[104] Politischen Spannungen innerhalb der Europäischen Union sind somit in jedem Fall zu erwarten. Spätestens im Jahre 2006, wenn der neue Finanzplan einstimmig verabschiedet werden muß, dürfte die Übergangsregelung ebenso wie andere Diskriminierungen starken Angriffen seitens der Beitrittsländer ausgesetzt sein. Selbst wenn aber die Übergangsregelung vertragsgemäß nach spätestens sieben Jahren ausläuft, ist – wie verschiedentlich ausgeführt wurde – weiterhin mit einem beträchtlichen Migrationspotential zu rechnen, so daß trotz der bis dahin absehbaren Engpässe auf bestimmten Teilsegmenten des deutschen Arbeitsmarktes und der optimistischen

---

[103] Vgl. El-Shagi, E.-S., Die Osterweiterung..., a.a.O., S. 597.
[104] Allerdings müssen hierbei auch die Rückwirkungen auf den Kapitalabfluß aus Deutschland berücksichtigt werden, die die transferbedingte Situationsverbesserung in den Beitrittsländern bewirkt.

Annahmen hinsichtlich der künftigen Struktur der Zuwanderung, die in Abschnitt 3.3.1.3 beschriebenen Auswirkungen weiterhin von Relevanz bleiben. Schließlich ist zu befürchten, daß bis zu dem Zeitpunkt des Auslaufens der Übergangsregelung der deutsche Arbeitsmarkt und damit das herrschende Lohnniveau über die Kanäle illegale Beschäftigung, Kapitalabfluß und möglicherweise Dienstleistungsfreiheit unter starken Druck geraten wird, was wiederum die Reformbereitschaft der Bevölkerung beeinträchtigen wird.

3.3.3 Fazit

Die Ausführungen legen nahe, daß die volle Arbeitnehmerfreizügigkeit – unabhängig davon, ob sie sofort oder zeitlich verzögert gewährt wird – beträchtliche Probleme in Deutschland generieren dürfte. Angesichts der dauerhaft hohen Arbeitslosigkeit, die nicht zuletzt auf eine mangelnde Flexibilität der Löhne zurückzuführen ist, wird ein zusätzliches Angebot an billigen, flexiblen und vergleichsweise qualifizierten Arbeitskräften – unabhängig davon, ob es über die Arbeitnehmerfreizügigkeit, die Dienstleistungs- oder die Kapitalverkehrsfreiheit genutzt wird – den Druck auf das Lohnniveau intensivieren und durch die Verdrängung einheimischer Arbeitskräfte die Arbeitslosigkeit erhöhen. Wie bereits im vorangegangen Kapitel konkretisiert wurde, dürfte dies wiederum die Durchführung überfälliger marktwirtschaftlicher Reformen limitieren, da diese selbst (temporäre) soziale Härten bedingen, die Anpassungshärten sich mithin potenzieren und damit die Schmerzgrenze der Bevölkerung überschritten wird. Dabei ist u.a. zu berücksichtigen, daß durch die Ost-Erweiterung die Zahl der Empfänger staatlicher Sozialleistungen derart ansteigen kann, daß eine erste moderate Reduktion dieser Leistungen, die unter Status-quo-ante-Bedingungen zu einer Verringerung der Staatsausgaben und zur Entlastung der Steuerzahler beigetragen hätte, unter den neuen Bedingungen eben nicht zu Einsparungen im Vergleich zur Ausgangssituation beiträgt, sondern trotzdem zu einem höheren Ausgabenvolumen. D.h. je größer die Zahl der Empfänger staatlicher Transferzahlungen sein wird, um so höher müssen die Leistungseinschnitte ausfallen, um gegenüber der Ausgangssituation Einsparungen zu erzielen. Die Ankündigung von Leistungskürzungen auf hohem Niveau läßt jedoch einen massiven Widerstand erwarten, der so weit gehen kann, daß die politische Stabilität gefährdet wird. Denn zum einen stellen im Raum stehende starke Ausgabenkürzungen im sozialen Bereich einen massiven Schlag gegen die bereits angesprochene Vorstellung dar, daß ein Anrecht auf umfassende Absicherung oder gar Versorgung durch den Staat besteht. Zum anderen werden die potentiell Betroffenen bei steigender Arbeitslosigkeit aufgrund eines zunehmendes Kapitalabflusses und/oder hoher Zuwanderung ihre individuellen Beschäftigungschancen sehr pessimistisch einschätzen. Eine Prognose, die bei unveränderten Rahmenbedingungen auf dem Arbeitsmarkt berechtigt ist, ohne daß dieser Zusammenhang von ihnen erkannt wird. Um also die Realisierungschancen marktwirtschaftlicher Reformen zu verbessern, muß – bei prinzipiell offener Volkswirtschaft – die Gefahr einer massenhaften Zuwanderung und/oder eines intensivierten Kapitalabflusses verhindert werden. Die politische Handlungsempfehlung die hieraus zwingend folgt, nämlich die Verschiebung der Ost-Erweiterung, ist Gegenstand des finalen sechsten Kapitels.

4. Reformbedarf und Reformchancen in den Beitrittsländern

Wie in der Einleitung ausgesagt wurde, wird aufgrund der spezifischen Ausgangslage der Reformbedarf in den Beitrittsländern eruiert, indem der Stand des marktwirtschaftlichen Transformationsprozesses analysiert wird. D.h. anhand einer kommentierten Darstellung der bisher ergriffenen Reformmaßnahmen wird untersucht, inwieweit der Staat in den Beitrittsländern seinen Aufgaben in einer freien leistungsfähigen Wettbewerbsordnung gerecht wurde bzw. wo er durch sein Handeln ordnungspolitischen Reformbedarf begründet hat. Diesen Ausführungen folgt eine Darstellung von Grunddaten der gesamtwirtschaftlichen Entwicklung, die einerseits den offengelegten Reformbedarf fundieren, und andererseits über den wirtschaftlichen Aufholprozeß gegenüber Westeuropa, als dem Zweck der Transformation, informieren sollen. Abschließend gilt es einen Blick auf die Reformbereitschaft der mittel- und osteuropäischen Gesellschaften zu werfen.

4.1 Der Stand des marktwirtschaftlichen Transformationsprozesses

Um beurteilen zu können, inwieweit der Staat in den Beitrittsländern seinen Aufgaben in einer freien leistungsfähigen Wettbewerbsordnung gerecht wurde, sind vorweg seine wichtigsten Aufgaben in dieser Wirtschaftsordnung zu benennen. Diese lassen sich in zwei Kategorien fassen:[1]
1) Die Schaffung bzw. Gewährleistung der notwendigen Voraussetzungen für den erstrebten freien leistungsfähigen Wettbewerb. Hierzu zählen eine Rechts- und Eigentumsordnung, die Privateigentum und Haftungsregelung garantiert; die Freiheit der Preisbildung; die Freiheit des Marktzutritts und des Marktaustritts; die Sicherung des Wettbewerbs, die volle Konvertibilität der Währung[2] und damit zusammenhängend die freie

---
[1] Vgl. El-Shagi, E.-S., Die Überlegenheit..., a.a.O., S. 21ff. Die unter dem ersten Punkt genannten Elemente wurden im wesentlichen aus Schrader, K., Ordnungspolitische Weichenstellungen für eine marktwirtschaftliche Entwicklung in mittel- und osteuropäischen Reformländern, (Kieler Studien; Bd. 297) Tübingen 1999, entnommen, da seine Untersuchung auch den Großteil der Ergebnisse hinsichtlich des Aufbaus marktwirtschaftlicher Ordnungen in den Reformländern liefert.

[2] Zumindest in der ersten Phase der Transformation, die durch eine hohe Unsicherheit bezüglich der gesamtwirtschaftlichen Entwicklung charakterisiert ist, sind Kapitalausfuhrrestriktionen aufrechtzuerhalten, da ansonsten eine entwicklungsbeeinträchtigende und transformationsgefährdende Kapitalflucht zu befürchten ist. Siehe zu diesem Aspekt: El-Shagi, E.-S., Marktwirtschaftliche Transformation in der Dritten Welt, in: Das Wirtschaftsstudium, 24. Jg. (1995), H. 3, S. 232-237.

Bildung der Wechselkurse[3]; die Liberalisierung der internationalen Austauschbeziehungen (Güterhandel und Direktinvestitionen); ein monetärer Stabilitätsrahmen und eine solide Finanzordnung sowie schließlich eine kontinuierliche Wirtschaftspolitik.

Neben diesen universellen Voraussetzungen sind vom Staat in Transformationsökonomien im Hinblick auf die Funktionsfähigkeit der Wettbewerbsordnung weitere Voraussetzungen zu schaffen, die in entwickelten Marktwirtschaften selbstverständlich als erfüllt betrachtet werden, die aber in ehemaligen Zentralverwaltungswirtschaften aufgrund des Systemwechsels eine besondere Rolle spielen. Hierzu zählen eine fähige Administration und Rechtsprechung, eine ausreichende infrastrukturelle Erschließung, ein funktionierendes Bankensystem und eine leistungsfähige Bankenaufsicht sowie Maßnahmen zur Förderung der Arbeitsmobilität und zur Verbesserung der Funktionsfähigkeit des Marktmechanismus.

2) Die Wahrnehmung verschiedener ergänzender bzw. korrigierender Aufgaben zum Wettbewerb. Zu nennen sind hier die Bereitstellung von Kollektivgütern sowie meritorische Eingriffe; die Sicherstellung eines Mindestmaßes an sozialer Absicherung und einer leistungsorientierten Bildungspolitik; das Betreiben einer adäquaten, d.h. im wesentlichen internalisierungsorientierten Umweltpolitik; die Lenkung der Nutzung natürlicher Ressourcen; die Verfolgung einer angemessenen Regional- u. Raumplanungspolitik (inklusive einer potentialorientierten Infrastrukturpolitik) sowie einer adäquaten Bevölkerungspolitik.

Alle diese Aufgaben stehen in einem interdependenten Verhältnis. D.h. das Ergebnis der Wettbewerbsordnung hängt davon ab, daß die Aufgaben gemeinsam verwirklicht und zudem marktkonform umgesetzt werden. Die folgenden Ausführungen müssen sich jedoch auf einzelne Elemente dieser Ordnung beschränken.

4.1.1 Die Rechts- und Eigentumsordnung

Eine demokratische Ordnung mit Gewaltenteilung und individuellen freiheitssichernden Grundrechten ist prinzipiell in allen drei untersuchten Ländern garantiert. Für die Durchsetzbarkeit von Rechtsansprüchen gegenüber dem Staat und Privaten steht der Rechtsweg offen. Jedoch wird die Durchsetzbarkeit dieser Ansprüche in allen Ländern durch qualitative und quantitative Defizite bei der Personalausstattung der Justiz beeinträchtigt.[4]

Die Bildung von Privateigentum an Produktionsmitteln ist in allen Ländern erlaubt, und es besteht eine konstitutionelle Absicherung des privaten Eigentums.[5] Eine Beschränkung privaten Eigentums resultiert allerdings aus der nach wie vor nicht vollstän-

---

[3] Nur beide Faktoren zusammen lassen den internationalen Preiszusammenhang wirksam werden.
[4] Vgl. Schrader, K., a.a.O., S. 20.
[5] Vgl. ebenda, S. 30ff.

dig abgeschlossenen Privatisierung mittlerer und großer Staatsunternehmen (die sogenannte Große Privatisierung). Dieses Problem betrifft insbesondere Polen, wo der Privatisierungsprozeß lange Zeit durch politische Querelen verzögert wurde.[6] Neben nationalen Unterschieden hinsichtlich Umfang und Geschwindigkeit des Privatisierungsprozesses weisen die Länder auch Differenzen in bezug auf die Kompetenz und Kapitalausstattung der neuen Eigentümer auf. Vor allem die Tschechische Republik und Polen, die bei der Großen Privatisierung dem Verfahren der Massenprivatisierung[7] statt – wie in Ungarn – der Einzelprivatisierung, d.h. dem Direktverkauf an inländische oder ausländische Kapitaleigner, den Vorzug gaben, weisen hier Mängel auf.[8] Trotz aller quantitativer und qualitativer Defizite der Privatisierung hat sich der Anteil der privaten Wertschöpfung am Bruttoinlandsprodukt deutlich erhöht, was zum großen Teil auch auf Unternehmensneugründungen und ausländische Direktinvestitionen zurückzuführen ist. In der Tschechischen Republik und in Ungarn machte der Privatsektor[9] (unter Berücksichtigung der informellen Wertschöpfung) Mitte des Jahres 2001 80% des Bruttoinlandsprodukts aus.[10] In Polen erwirtschaftete der private Sektor 75% des Bruttoinlandsprodukts.[11]

---

[6] Während in der Tschechischen Republik bzw. in Ungarn bis Ende 1996 ca. 90% bzw. 93% der Staatsbetriebe privatisiert werden konnten, waren es in Polen nur rund 34% [Vgl. Schrader, K., a.a.O., S. 76]. Laut einer Meldung des Handelsblatts vom 3./4.5.2002 hat sich in Polen an dieser Relation bislang nichts wesentliches geändert [Vgl. Heimann, D./Ziener, M., Polen startet neuen Privatisierungsvorstoß, in: Handelsblatt, Nr. 85 v. 3./4.5.2002, S. 6].

[7] Bei der Massenprivatisierung wird der für die Privatisierung freigegebene Teil des staatlichen Wirtschaftsvermögens an das Volk für eine symbolische Gebühr verkauft bzw. im Prinzip verschenkt. Sie kommt dem Gefühl entgegen, die Bevölkerung müsse von der Privatisierung profitieren [Vgl. Brunner, G., Privatisierung in Osteuropa – eine typologische Skizze, in: Osteuropa-Recht, 45. Jg. (1999), H. 1, S. 5]. Der Begriff Massenprivatisierung bezieht sich mithin auf die Streuung des Eigentums an den einzelnen Unternehmen, und nicht auf den Umfang der Unternehmen, die an der Privatisierung teilnehmen.

[8] Vgl. Schrader, K., a.a.O., S. 73f.

[9] Die European Bank for Reconstruction and Development (EBRD) erfaßt unter diesem Terminus alle Unternehmen, in denen die Mehrheit der Anteile von Privaten gehalten wird [Vgl. European Bank for Reconstruction and Development, Transition report 2002 – Agriculture and rural transition, London 2002, S. 20]. Für westliche Marktwirtschaften liegen auf der Grundlage dieser Vorgehensweise keine vergleichbaren Daten vor.

[10] Vgl. European Bank for Reconstruction and Development, Transition report 2002, a.a.O., S. 20.

[11] Aufgrund von Erfassungs- und Abgrenzungsproblemen der privaten Wirtschaftsaktivität sind die Zahlen zum Anteil der privaten Wertschöpfung am Bruttoinlandsprodukt nur als annähernde Schätzungen anzusehen [Vgl. Schrader, K., a.a.O., S. 75]. Eines der schwerwiegendsten statistischen Probleme ist dabei die Berücksichtigung der Schattenwirtschaft, die in allen mittel- und osteuropäischen Staaten beachtliche Dimensionen erreicht (in Ungarn wird die Wertschöpfung der Schattenwirtschaft auf 30% des Bruttoinlandsprodukts geschätzt [Vgl. Mohr, E., Ungarn: Die Konsolidierungsmaßnahmen tragen Früchte – Wirtschaft auf Wachstumskurs, in: ifo-Schnelldienst, 51. Jg. (1998), H. 1-2, S. 29]; in Polen auf etwa 20 bis 25% [Vgl. Clement, H./Jungfer, J. et al., Den Transformationsfortschritt

4.1.2 Die Freiheit der Preisbildung

Die Freiheit der Preisbildung wird in allen drei betrachteten Ländern nach wie vor durch staatliche Einflußnahme limitiert. Allerdings ist der Anteil staatlicher reguliert Preise an allen Güterpreisen mehr oder weniger gering. Bereits im Jahre 1991 war in Polen und Ungarn die Preisbildung zu mindestens 90% frei von staatlichen Beschränkungen. In der damaligen Tschechoslowakei dagegen nur zu 85%.[12] In die Preisgestaltung wird noch dort eingegriffen, wo der Staat als Produzent auftritt oder an Unternehmen beteiligt ist oder Verteilungsziele verfolgt werden. Letzteres betrifft besonders die Wohnungsmieten und die Preise für Agrarprodukte.[13]

Im Zusammenhang mit den durchgeführten Preisreformen wurden in allen drei Ländern auch die direkten Subventionen an Unternehmen deutlich reduziert. Ihr Anteil am Bruttoinlandsprodukt sank von 15-25% im Jahre 1986 auf 3-5% im Jahre 1993. Das nun erreichte Niveau unterscheidet sich nicht wesentlich von dem der Mitgliedstaaten der Organisation für wirtschaftliche Zusammenarbeit und Entwicklung und konzentriert sich auf die Landwirtschaft, den Bergbau sowie auf die Transport- und Energiewirtschaft.[14]

Was die Freiheit der Preisbildung auf den Arbeitsmärkten betrifft, so sind in allen drei Ländern gewisse Einschränkungen zu konstatieren. Neben staatlich garantierten Mindestlöhnen, die relativ hoch bemessen sind[15], existieren Formen der kollektiven Lohnfindung unter Beteiligung sogenannter „Tripartite-Gremien", die sich aus Vertretern der Gewerkschaften und Arbeitgeberorganisationen sowie der Regierung zusam-

---

messen: Die staatliche Einflußnahme auf die Wirtschaftstätigkeit in ausgewählten Transformationsstaaten, (Arbeiten aus dem Osteuropa-Institut München; Nr. 201/202, Gutachten im Auftrag des Bundesministeriums für Wirtschaft) München 1997, S. 126]).

[12] Vgl. Sachverständigenrat zur Begutachtung der gesamtwirtschaftlichen Entwicklung, Jahresgutachten 1991/1992: Die wirtschaftliche Integration in Deutschland: Perspektiven – Wege – Risiken, Stuttgart 1991, Tabelle 7, S. 50f.

[13] Vgl. Schrader, K., a.a.O., S. 91.

[14] Vgl. Götting, U., Transformation der Wohlfahrtsstaaten in Mittel- und Osteuropa – Eine Zwischenbilanz, (Gesellschaftspolitik und Staatstätigkeit; Bd. 15) Opladen 1998, S. 115.

[15] In Polen lag der gesetzliche Mindestlohn im Jahre 1999 bei 45% des Durchschnittslohns. In Ungarn liegt er mittlerweile (nachdem er in den Jahren 2001 und 2002 nahezu verdoppelt wurde) bei fast 40% des Durchschnittslohns, und in der Tschechischen Republik nach jüngsten Erhöhungen bei 34%. Erfahrungen in westlichen Industriestaaten zeigen, daß bereits beim letztgenannten Niveau die Beschäftigungschancen gering Qualifizierter beeinträchtigt werden können, mithin strukturelle Arbeitslosigkeit generiert werden kann. Speziell für kleine Unternehmen mit geringen Produktivitätsniveaus kann sich der Anstieg der Mindestlöhne als sehr problematisch erweisen [Vgl. Organisation for Economic Co-Operation and Development, Economic Surveys – Hungary, Paris 2002, S. 127; Organisation for Economic Co-Operation and Development, Economic Surveys – Czech Republic, Paris 2001, S. 155f. sowie Organisation for Economic Co-Operation and Development, Economic Surveys – Poland, Paris 2000, S. 68].

mensetzen. Sie formulieren Lohnleitlinien für mittelständische Betriebe und Großunternehmen, die allerdings bislang rechtlich unverbindlich sind.[16] Da die Verbandstrukturen in Mittel- und Osteuropa nur schwach ausgeprägt sind[17], werden die Löhne vielfach dezentral vereinbart. Dennoch stellt die Existenz tripartitistischer Gremien ein Gefährdungsmoment für dezentrale Tarifentscheidungen bzw. die Freiheit der Preisbildung auf den Arbeitsmärkten dar.[18] Ergänzend sei an dieser Stelle angemerkt, daß ein weiterer Unsicherheitsfaktor für die Anpassungsflexibilität der Arbeitsmärkte aus den Kündigungsschutzgesetzen erwachsen kann. Diese orientieren sich an den rigiden kontinentaleuropäischen Standards. Zwar finden die Kündigungsschutzregeln bislang hauptsächlich in großen Staatsbetrieben Anwendung[19], die Mitgliedschaft in der Europäischen Union läßt jedoch einen steigenden Druck seitens der Altmitgliedstaaten hinsichtlich einer schärferen Anwendung dieser Regelungen auch im privatwirtschaftlichen Sektor erwarten.[20]

Was die Freiheit der Preisbildung auf den Finanzmärkten betrifft, so können die neu geschaffenen Geschäftsbanken infolge der raschen Einführung zweistufiger Bankensysteme und der Verabschiedung neuer Bankengesetze zu Beginn der Transformation ihre Zinssätze weitgehend selbst bestimmen.[21] Dennoch erfüllen die Finanzmärkte die ihnen zugedachten Aufgaben nur bedingt. Auf die Funktionsfähigkeit des Finanzsektors wird später noch einzugehen sein.

4.1.3 Die Freiheit des Marktzutritts und des Marktaustritts

Die Freiheit des Marktzutritts ist mehr oder weniger in allen drei Ländern in einem Ausmaß gegeben, das auch für westliche Marktwirtschaften typisch ist. Mithin orientiert sich die Marktöffnungspolitik nicht an dem Leitbild einer freien Marktwirtschaft, in der Zutrittsregulierungen lediglich dem Allgemeinwohl dienen sollen, sondern als

---

[16] Vgl. Donges, J. B. et al., Osterweiterung der Europäischen Union – Als Chance zur Reform begreifen, (Frankfurter Institut – Stiftung Marktwirtschaft und Politik; Bd. 33) Bad Homburg 1998, S. 29.
[17] Viele Privatbetriebe haben sich nicht in Arbeitgebervertretungen organisiert bzw. haben keinen Arbeitgeberverband autorisiert für sie zu sprechen. Die Gewerkschaften dagegen konnten insbesondere in den privatisierten oder neu gegründeten privaten Betrieben kaum Fuß fassen [Vgl. Bachmayer, E., Gewerkschaften, in: Mittel- und Osteuropa Perspektiven (Jahrbuch 1998/99; Bd. 2), Hrsg.: Frankfurter Allgemeine Zeitung GmbH Informationsdienste u.a., Frankfurt am Main 1998, S. 137f.].
[18] Vgl. Schrader, K., a.a.O., S. 92.
[19] Siehe hierzu auch Feldmann, H., Arbeitsmarktrigiditäten in den EU-Beitrittsländern Polen, Tschechien und Ungarn, in: Konjunkturpolitik, 48. Jg. (2002), H. 2, S. 190f.
[20] Vgl. Burda, M., The consequences of EU enlargement for Central and Eastern European labour markets, in: Cahiers BEI, Vol. 3 (1998), No. 1, S. 73f.
[21] Vgl. Buch, C. M., Banken im Transformationsprozeß – eine Bestandsaufnahme für Polen, die Tschechische Republik und Ungarn, in: Die Weltwirtschaft, o.Jg. (1996), H. 1, S. 73.

Leitbild dienen vielmehr die Regulierungen westeuropäischer Marktwirtschaften, mit denen der Marktzutritt über ein marktkonformes Maß hinaus beschränkt wird.[22] Der Marktaustritt wird in den betrachteten Ländern durch ein Insolvenzgesetz geregelt. Im Falle nicht wettbewerbsfähiger Unternehmen wirken jedoch häufig Sanierungsoptionen konkursverschleppend. Dies zeigt sich insbesondere in der Tschechischen Republik, wo Schutzfristen und Reorganisationsoptionen eine zügige Konkursabwicklung verhindern.[23] Des weiteren wird die Liquidation nicht wettbewerbsfähiger Unternehmen in allen drei Ländern durch die nur schleppende Verfahrensabwicklung durch Gerichte und Verwaltungen erschwert, was vor allem auf einen Mangel an Personal zurückzuführen ist.[24]

4.1.4 Die Sicherung des Wettbewerbs

In allen drei Ländern existieren eine Wettbewerbsgesetzgebung sowie unabhängige Wettbewerbsbehörden und damit eine institutionalisierte Kontrolle von wettbewerbsbeschränkenden Absprachen und wirtschaftlicher Macht.[25] Die Wettbewerbsgesetze bieten allerdings ohne Ausnahme die Möglichkeit zur Limitation des Wettbewerbs. Jedoch muß für alle Länder die Kritik gelten, daß bei der Gestaltung der Wettbewerbsgesetze weniger das Konzept der Wettbewerbsfreiheit Pate gestanden hat, sondern die Harmonisierung mit dem europäischem Wettbewerbsrecht, das Spielraum für eine staatliche Strukturpolitik läßt.[26]

4.1.5 Die Konvertibilität der Währung

In allen drei Ländern wurde die Leistungsbilanzkonvertibilität gemäß Artikel VIII des Statuts des Internationalen Währungsfonds hergestellt. Ferner wurden Beschränkungen von Kapitaltransaktionen im Rahmen von Direktinvestitionen weitgehend eliminiert. Die schwerwiegendste Einschränkung der Konvertibilität besteht daher nach wie vor bei Portfolioinvestitionen und Immobiliengeschäften.[27] Dabei werden Abflüsse stärker kontrolliert als Zuflüsse und kurzfristige Transaktionen stärker reguliert als langfristige.

---

[22] Vgl. Schrader, K., a.a.O., S. 111.
[23] Vgl. Donges, J. B. et al., Osterweiterung der Europäischen Union..., a.a.O., S. 30.
[24] Vgl. Schrader, K., a.a.O., S. 121.
[25] Vgl. Europäische Kommission, Regelmäßiger Bericht 2002 über die Fortschritte Polens [der Tschechischen Republik und Ungarns] auf dem Weg zum Beitritt [Fortschrittsbericht], Brüssel 2002, jeweils Kapitel 6.
[26] Vgl. Schrader, K., a.a.O., S. 103f.
[27] Vgl. International Monetary Fund, World Economic Outlook, October 2000, Washington, D.C. 2000, S. 157.

Hinter diesen Konvertibilitätsbeschränkungen verbirgt sich offensichtlich die Furcht vor Kapitalflucht und damit einer Beeinträchtigung des Strukturwandels.[28]

4.1.6 Das Wechselkursregime

Alle drei Länder entschieden sich zu Beginn der Transformation für ein System fester Wechselkursanbindungen mit gewissen Bandbreiten, wobei die Landeswährung an jeweils einen Währungskorb gebunden wurde, der sich aus den Währungen westlicher Industrieländer zusammensetzte.[29] Die Systeme fester Wechselkurse wurden vor allem eingeführt, um die Planungssicherheit außenwirtschaftlicher Transaktionen zu erhöhen und um rasch Vertrauen in die Geldpolitik aufzubauen.[30] Gleichzeitig entschieden sich alle drei Reformstaaten für eine Strategie der Unterbewertung ihrer Währungen.[31] Diese hatte jedoch unweigerlich eine Verschlechterung der Terms of Trade der Reformländer zur Folge und induzierte über die Verteuerung der Einfuhr einen Anstieg des Preisniveaus. Insgesamt erwiesen sich die Inflationsraten im Vergleich zu den Ankerwährungen als zu hoch und die Anpassungsinterventionen (Abwertungen und Erweiterungen der Bandbreiten) als ungenügend,[32] so daß die Währungen in den Transformationsländern real aufwerteten (siehe Tabelle 21). Die Währungspolitik sah sich mit einer zusätzlichen Devisennachfrage konfrontiert, die die Verteidigungsfähigkeit fester Wechselkurse sukzessiv reduzierte. Zudem wirkte sich die reale Aufwertung auch auf die Verteidigungsbereitschaft negativ aus. Denn im Zuge der realen Aufwertung verschlechterte sich die internationale Wettbewerbsfähigkeit der inländischen Exportunternehmen, was wiederum mit dem Beschäftigungs- und Privatisierungsziel kollidierte und den fiskalpolitischen Spielraum einengte.[33] Da es sich schließlich als zunehmend schwieriger gestaltete, dem Abwertungsdruck standzuhalten, ging die Zentralbank der Tschechischen Republik im Mai 1997 zu einem „managed floating" über,[34] während sich die polnische Zentralbank im April 2000 für einen flexiblen Wechselkurs ent-

---

[28] Vgl. Temprano-Arroyo, H./Feldman, R. A., Selected Transition and Mediterranean Countries: An Institutional Primer on EMU and EU Relations, (IMF Working Paper; No. 98/82) Washington, D.C. 1998, S. 48.
[29] Vgl. Schrader, K., a.a.O., S. 132.
[30] Vgl. Sachverständigenrat zur Begutachtung der gesamtwirtschaftlichen Entwicklung, Jahresgutachten 2000/2001, a.a.O., Zi. 253.
[31] Vgl. Brüstle, A./Döhrn, R., Systemtransformation in Ostmitteleuropa – eine Zwischenbilanz, in: RWI-Mitteilungen, 45. Jg. (1994), H. 1, S. 195.
[32] Vgl. Donges, J. B. et al., Osterweiterung der Europäischen Union..., a.a.O., S. 32.
[33] Vgl. Weber, R. L., Währungs- und Finanzkrisen: Ursachen und Lehren für Transformationsländer, in: Ordo (Jahrbuch für die Ordnung von Wirtschaft und Gesellschaft; Bd. 50), Hrsg.: H. O. Lenel et al., Stuttgart 1999, S. 389f.
[34] Vgl. Schrader, K., a.a.O., S. 131.

schied.³⁵ Ungarn behielt dagegen ein System gleitender Paritätsanpassungen („crawling peg") gegenüber dem Euro bei, das es aber schließlich im Oktober 2001 abschaffte, nachdem das Schwankungsband bereits im Mai 2001 auf plus/minus 15% erweitert wurde.³⁶

4.1.7 Die Liberalisierung der internationalen Austauschbeziehungen

Die Liberalisierung des Außenhandels entspricht in allen drei betrachteten Ländern dem Niveau fortgeschrittener Industrieländer, d.h. bestimmte Bereiche werden durch handelspolitische Maßnahmen geschützt.³⁷ Maßgeblich für das erreichte Niveau wie auch für die zukünftige Entwicklung der Außenhandelsliberalisierung ist die Einbindung der mittel- und osteuropäischen Staaten in internationale Organisationen. Dazu zählen vor allem die durch die Mitgliedschaft in der World Trade Organization (WTO) übernommenen Verpflichtungen, aber auch die mit der Europäischen Union abgeschlossenen bilateralen Assoziierungsabkommen, die den Weg für eine Integration dieser Länder in den Gemeinsamen Markt ebnen sollen.³⁸

Die rechtlichen Voraussetzungen für ein Engagement ausländischer Unternehmen sind in allen Ländern gegeben. Hierzu zählen vor allem explizite Eigentumsgarantien für potentielle Investoren, weitreichende Möglichkeiten des Gewinntransfers in konvertiblen Währungen und die Aufhebung früherer Beteiligungshöchstgrenzen. Genehmigungsvorbehalte wurden bereits zu Beginn der Transformation weitgehend abgeschafft.³⁹ Die Regulierung des Grunderwerbs ist lediglich noch in Polen als Investitionshemmnis von Bedeutung: Hier besteht weiterhin eine restriktivere Genehmigungspraxis für Gesellschaften im überwiegend ausländischen Eigentum.⁴⁰

---

[35] Vgl. Sachverständigenrat zur Begutachtung der gesamtwirtschaftlichen Entwicklung, Jahresgutachten 2000/2001, a.a.O., Tabelle 47, S. 152.
[36] Vgl. Organisation for Economic Co-Operation and Development, Economic Surveys – Hungary, Paris 2002, S. 168f.
[37] Vgl. European Bank for Reconstruction and Development, Transition report 2002, a.a.O., Tabelle 2.1, S. 20.
[38] Vgl. Schrader, K., a.a.O., S. 136f.
[39] Vgl. Sachverständigenrat zur Begutachtung der gesamtwirtschaftlichen Entwicklung, Jahresgutachten 1991/1992, a.a.O., Zi. 48.
[40] Vgl. Schrader, K., a.a.O., S. 138.

4.1.8 Die Sicherung der Geldwertstabilität

In Polen und in Ungarn ist die Zentralbank seit Ende der neunziger Jahre gesetzlich auf das Ziel der Geldwertstabilität festgelegt. In der Tschechischen Republik ist dies erst seit Anfang 2002 der Fall. Die Bestimmungen über die Unabhängigkeit der Zentralbank entsprechen in Ungarn und in der Tschechischen Republik mittlerweile den Reglements der Europäischen Wirtschafts- und Währungsunion. In Polen sind dagegen diesbezüglich noch Defizite auszumachen. Übereinstimmend ist des weiteren in den betrachteten Beitrittsländern das Verbot der Finanzierung von öffentlichen Haushaltsdefiziten durch die Zentralbank gesetzlich verankert.[41] Die Fortschritte bei der Erfüllung der institutionellen Bedingungen für eine stabilitätsorientierte Geldpolitik manifestieren sich in allen drei Ländern in monetären Stabilisierungserfolgen (siehe Tabelle 20).

4.1.9 Die Finanzordnung

Für die Finanzierung der Staatsausgaben wurden in allen drei Ländern Steuersysteme nach westlichem Vorbild eingeführt, die allerdings hohe Anforderungen an die Steuerverwaltungen stellen und ein hohes Maß an Steuerehrlichkeit erfordern, wenn sie fiskalisch ergiebig sein sollen.[42] Was eine institutionelle Begrenzung der Staatsverschuldung betrifft, so fehlen mit Ausnahme von Polen in den betrachteten Ländern verfassungsmäßig fixierte Verschuldungsobergrenzen oder gar Verschuldungsverbote.[43] In Ungarn und in der Tschechischen Republik kann die jeweilige politische Mehrheit im Parlament im Rahmen der Haushaltsplanung entscheiden, in welchem Umfang sie Selbstdisziplin bei der Staatsverschuldung zu üben gewillt ist.[44] Ein Blick auf die Haushaltsdefizite zeigt allerdings, daß die finanzpolitische Disziplin in allen drei Ländern schwach ausgeprägt ist.[45]

Wie einleitend erwähnt wurde, sind neben diesen universellen Voraussetzungen vom Staat in Transformationsökonomien im Hinblick auf die Funktionsfähigkeit der Wettbewerbsordnung weitere Voraussetzungen zu schaffen. Aufgrund der zentralen Bedeutung, die ein effizient operierender Finanzsektor für eine funktionierende Marktwirt-

---

[41] Vgl. Europäische Kommission, Regelmäßiger Bericht 2002..., a.a.O., jeweils Kapitel 11.
[42] Vgl. Schrader, K., a.a.O., S. 168.
[43] In Polen ist seit 1998 konstitutionell verankert, daß die Höchstgrenze für die staatliche Verschuldung bei 60% in Relation zum nominalen Bruttoinlandsprodukt liegt [Vgl. Sachverständigenrat zur Begutachtung der gesamtwirtschaftlichen Entwicklung, Jahresgutachten 1998/1999, a.a.O., Zi. 75].
[44] Vgl. Schrader, K., a.a.O., S. 169f.
[45] Für die Entwicklung der Haushaltsdefizite im Zeitverlauf siehe beispielsweise European Bank for Reconstruction and Development, Transition report 2002, a.a.O., country assessments. Für die voraussichtlichen Werte des Jahres 2002 siehe Tabelle 25 in dieser Arbeit.

schaft hat, soll dieser Bereich im folgenden kurz beleuchtet werden. Die Leistungsfähigkeit der Infrastrukturausstattung wurde bereits im Abschnitt 3.2.4.1.1 angesprochen.

4.1.10 Der Finanzsektor

Die Leistungsfähigkeit des Bankensektors konnte durch die Schaffung eines zweistufigen Bankensystems, der Rekapitalisierung, der in letzter Zeit forcierten Privatisierung und Öffnung gegenüber ausländischen Investoren (mehr als 60% des Aktienkapitals der Branche werden heute in allen drei betrachteten Ländern von ausländischen Geldinstituten gehalten[46]) sowie der Einführung eines allgemein gültigen Regelwerks und eines Aufsichtssystems für den Bankensektor verbessert werden. In der Bankenregulierung (Eigenkapitalquoten, Bilanzierungskriterien usw.) und Bankenaufsicht der drei Länder bestehen jedoch nach wie vor im unterschiedlichen Ausmaß Defizite. Insbesondere in Polen und in der Tschechischen Republik entspricht das rechtliche Rahmenwerk noch nicht internationalen bzw. europäischen Standards. Ferner weisen beide Länder Schwächen bei der praktischen Durchführung der Aufsicht als auch bei der Umsetzung der rechtlichen Regelungen auf. Zudem ist die politische und finanzielle Unabhängigkeit der Aufsichtsbehörden nicht sichergestellt. Selbst Ungarn, daß ansonsten in den genannten Belangen positiv hervorsticht, ist mit diesem Problem konfrontiert.[47] Durch die Rekapitalisierung konnte das transformationsbedingte Problem der notleidenden Kredite zumindest in Ungarn deutlich reduziert werden. Im Jahre 2001 machten notleidende Kredite dort noch 3,1% des gesamten Kreditvolumens aus[48] (1993: 29,6%[49]). Polen gelang zwar auch eine starke Verbesserung dieser Relation, sie bewegt sich jedoch noch immer auf einem hohen Niveau und steigt zudem seit 1998 wieder an (im Jahre 2001 lag der Anteil der notleidenden Kredite am gesamten Kreditvolumen bei 20,1%; im Jahre 1993 lag er noch bei 36,4%; der niedrigste Stand war im Jahre 1997 zu verzeichnen: 11,5%). In der Tschechischen Republik lag der Anteil dieser Kredite am gesamten Kreditaufkommen im Jahre 2001 noch bei 13,7% (1995: 26,6%).[50]

Insgesamt ist das Marktvolumen der mittel- und osteuropäischen Banken sehr gering. Beispielsweise macht das Kapital des gesamten polnischen Bankensystems nur

---

[46] Vgl. Hencsey, N./Conrad, J./Klett, B., Der Bankensektor: entscheidend für Konvergenz und Integration, in: Monitor EU-Erweiterung – Mittel- und Osteuropa (Hrsg.: Deutsche Bank Research), o.Jg. (2001), Nr. 5, S. 7.
[47] Vgl. ebenda, S. 13f.
[48] Zum Forderungsbestand der Geschäftsbanken gegenüber der Privatwirtschaft, siehe Fußnote 52.
[49] Vgl. European Bank for Reconstruction and Development, Transition report 2001 – Energy in transition, London 2001, S. 156
[50] Vgl. European Bank for Reconstruction and Development, Transition report 2002, a.a.O., country assessments.

ungefähr die Hälfte dessen einer großen westeuropäischen Bank aus.[51] Weitere Schwachpunkte im Bankensektor bestehen im Hinblick auf die Größe des Filialnetzes, der verfügbaren Produkte und Bankdienstleistungen sowie des vorhandenen Fachwissens. Zudem ist die Ertragskraft der Institute vor dem Hintergrund der Altschuldenproblematik gering. Ferner ist die Zahl der Wettbewerber in den nach Aktivitätsfeldern (Einlagenbanken, Außenhandelsbanken, Agrarhandelsbanken etc.) oder Regionen sehr stark segmentierten Märkten häufig noch zu klein, um effizienzsteigernde Maßnahmen vorantreiben zu können. Diese Segmentierung erhöht wiederum die Anfälligkeit bei Kreditausfällen, da sie die Diversifizierung des Kreditportefeuilles erschwert. Aus diesen Gründen beobachtet man nach wie vor hohe Differenzen zwischen den Kredit- und den Einlagenzinsen, die insbesondere in der Tschechischen Republik und in Polen über dem in Westeuropa üblichen Niveau liegen. Aus diesen strukturellen Schwächen des Finanzsektors in den Beitrittsländern resultieren nicht zuletzt unzureichende Finanzierungsmöglichkeiten für vor Ort tätige Unternehmen. Die nur geringe Bereitschaft, insbesondere privat geführten kleinen und mittleren Betrieben Mittel für ihre Investitionspläne zur Verfügung zu stellen, wird offenbar, wenn man die Forderungen des Bankensektors an die Privatwirtschaft ins Verhältnis zum Bruttoinlandsprodukt der jeweiligen Länder setzt. Im Vergleich der ermittelten Koeffizienten mit entsprechenden Werten von Mitgliedstaaten der Europäischen Union zeigt sich, daß der Forderungsbestand noch weit unterhalb des in Westeuropa üblichen Niveaus liegt.[52] Hinzu kommt, daß viele Institute sich scheuen, auf der Aktivseite langfristige Bindungen einzugehen.[53]

Summa summarum verfügt bisher noch keines der drei betrachteten Beitrittsländer über ein voll funktionsfähiges Bankensystem.[54] Es ist allerdings absehbar, daß sich in den kommenden Jahren die Bankensysteme in puncto Technologie, Verfügbarkeit von Know-how und Wettbewerbsintensität dem westeuropäischen Standard annähern werden. Bester Garant für diese Perspektive ist die Dominanz der sich im Mehrheitsbesitz ausländischer Institute befindlichen Banken in den lokalen Finanzmärkten.[55]

Die Aktien- und Anleihenmärkte weisen in allen drei Ländern ebenfalls nur geringe Volumina auf. So erreichte die Kapitalisierung (d.h. der Wert aller Anleihen und Aktien

---

[51] Vgl. Organisation for Economic Co-Operation and Development, Economic Surveys – Poland, Paris 2000, S. 91.
[52] Im Jahre 2000 betrugen die Forderungen der Geschäftsbanken gegenüber dem privaten Sektor in Polen 25,8% des Bruttoinlandsprodukts, in Ungarn 28,1% und in der Tschechischen Republik 49,5%. Im Vergleich dazu betrug dieses Verhältnis in Deutschland 120,3% und im Durchschnitt der Euro-Mitgliedsländer 104,8% [Vgl. Dürkop. U., Bankwesen, in: Mittel- und Osteuropa Perspektiven (Jahrbuch; 2001/2002), Hrsg.: F.A.Z.-Institut für Management-, Markt- und Medieninformationen GmbH, Frankfurt am Main 2001, S. 298].
[53] Vgl. ebenda, S. 297f.
[54] Vgl. ebenda, S. 299 sowie Hencsey, N./Conrad, J./Klett, B., a.a.O., S. 8f.
[55] Vgl. Dresdner Bank, Herausforderung EU-Erweiterung: Wachstumschancen nutzen – Reformen vorantreiben, (Trends Spezial; Mai 2001) Frankfurt am Main 2001, S. 42.

an einem Stichtag in Relation zum Bruttoinlandsprodukt) der polnischen Wertpapiermärkte zum Jahresende 2000 42%, die der tschechischen 36% und die der ungarischen 51%. Im Vergleich dazu betrug die Marktkapitalisierung der deutschen Aktien- und Rentenmärkte Ende des Jahres 2000 178%.[56]

Was die Wahrnehmung verschiedener ergänzender bzw. korrigierender Aufgaben zum Wettbewerb betrifft, so soll im folgenden schlaglichtartig auf die Sozialpolitik eingegangen werden. Dies deshalb, weil sie „leicht Gefahr [läuft], in einen ordnungspolitischen Zielkonflikt mit der Effizienz der Marktwirtschaft zu geraten und mit der Aufgabe des Staates, diese Effizienz zu bewahren."[57] Zwar besteht dieses Problem im Prinzip auch in den übrigen erwähnten korrigierenden Politikbereichen, jedoch birgt die Sozialpolitik eine wesentlich größere Gefahr für die Wohlstandsposition eines Landes in sich als die übrigen Politikfelder. Dies liegt nicht zuletzt an der in Abschnitt 2.1.4 beschriebenen Eigendynamik, die sozialpolitisch motivierte Umverteilungsmaßnahmen induzieren. Mit anderen Worten: bei den übrigen Politikfeldern ist nicht zu erwarten, daß sie ein Ausmaß erreichen werden, das die Quellen des Wohlstandes zum Versiegen bringen kann.

4.1.11 Die Sozialpolitik

Mit der Hinwendung zur Marktwirtschaft mußten die Reformländer ihre bisher verfolgte sozialpolitische Konzeption aufgeben,[58] während gleichzeitig im Transformationsprozeß völlig neue sozialpolitische Probleme und Aufgaben ungeahnten Ausmaßes in den Vordergrund traten (insbesondere in Form von Arbeitslosigkeit), die schnelle und – für die Bevölkerung – „akzeptable" Lösungen verlangten. Alle drei betrachteten Länder führten unmittelbar nach Beginn des Transformationsprozesses Systeme der Arbeitslosenunterstützung ein (wobei in Ungarn und in der Tschechischen Republik das Arbeitslosengeld anfänglich ausschließlich aus dem allgemeinen Staatshaushalt finanziert wurde; lediglich in Polen existierte bereits zu Beginn des Transformationsprozesses eine Beitragsfinanzierung, die allerdings allein die Unternehmen betraf[59]), die an-

---

[56] Vgl. Hultgren, G./Hencsey, N., Kapitalmärkte: der Aufholprozeß ist mühsam, in: Monitor EU-Erweiterung – Mittel- und Osteuropa (Hrsg.: Deutsche Bank Research), o.Jg. (2001), Nr. 5, S. 16.
[57] Borrmann, A. et al., a.a.O., S. 41.
[58] Die Sozialpolitik in den mittel- und osteuropäischen Planwirtschaften kann als eine umfassende staatlich organisierte Solidarität auf der Grundlage eines Befehl-Zuteilungs-Systems umschrieben werden, die mit einer Staatsausgabenquote von annähernd 100% einherging. D.h. Wirtschaftspolitik war eigentlich Sozialpolitik [Vgl. Schüller, A./Weber, R. L., Sozialpolitik in den Transformationsländern, in: Ökonomische Theorie der Sozialpolitik (Festschrift für Bernhard Külp, Hrsg.: E. Knappe/N. Berthold, Heidelberg 1998, S. 395 sowie S. 398].
[59] Vgl. Götting, U., a.a.O., S. 123ff.

fangs relativ großzügig in Bezug auf Zugangsschwellen, Leistungsniveau und Bezugsdauer formuliert wurden.[60] Aufgrund des rapiden Anstiegs der Zahl der registrierten Arbeitslosen stießen die Unterstützungszahlungen jedoch bereits sehr schnell an ihre fiskalischen Grenzen. Die finanziellen Belastungen, aber auch zu befürchtende negative Anreizeffekte, zwangen daher die Regierungen schon kurze Zeit später zur Einführung der Beitragsfinanzierung[61] sowie zu drastischen Verschärfungen der Anspruchsbedingungen, deutlichen Kürzungen der Bezugsdauer und des Leistungsniveaus. So wurde in der Tschechischen Republik und in Ungarn die maximale Bezugsdauer halbiert. Sie liegt seitdem bei 6 bzw. 12 Monaten. In Polen, wo die Bezugsdauer ursprünglich unbegrenzt war, wurde sie im Zuge der Reformen auf in der Regel maximal 12 Monate festgeschrieben.[62] Das Arbeitslosengeld beträgt seitdem in der Tschechischen Republik[63] bzw. Ungarn in den ersten drei Monaten 50% des letzten Nettolohns bzw. 75% des letzten Bruttolohns, anschließend wird es auf 40% bzw. 60% reduziert. In Polen dagegen beträgt das Arbeitslosengeld einheitlich 36% des nationalen Durchschnittslohns des letzten Quartals. Mit Ausnahme der Tschechischen Republik ist lediglich ein geringer Hinzuverdienst gestattet, zumutbare Stellen- oder Umschulungsangebote dürfen nicht abgelehnt werden.[64]

Diese einschneidenden Reformmaßnahmen führten in der Folge zu einer massiven Schrumpfung der Empfänger von Arbeitslosenunterstützung, was jedoch vornehmlich zu Lasten der Sozialhilfe ging, die oftmals im Anschluß an das Arbeitslosengeld gewährt wird.[65] Da der Übergang von der Arbeitslosenunterstützung zur Sozialhilfe häufig den Wechsel von der lohnbezogenen Unterstützung zu Pauschalhilfen beinhaltet, die nach Charakteristika der Haushalte gestaffelt werden (Bedürftigkeitsprüfungen), kann der Wechsel unter Umständen mit einer finanziellen Besserstellung von vormals Geringverdienenden verbunden sein, die einen Mehrpersonenhaushalt führen.[66] Für diese Gruppe, d.h. in der Regel Personen mit geringen Qualifikationen, kann mithin nicht ausgeschlossen werden, daß die Transfereinkommen an die erzielbaren Markteinkom-

---

[60] In Polen beispielsweise war es möglich, auch ohne eine vorherige Erwerbstätigkeit Arbeitslosengeld zu beziehen [Vgl. Heinrich, R. P./Koop, M. J. et al., Sozialpolitik im Transformationsprozeß Mittel- und Osteuropas, (Kieler Studien; Bd. 273) Kiel 1996, S. 144].

[61] Seitdem müssen ungarische und tschechische Arbeitgeber und Arbeitnehmer mit einem bestimmten Betrag zur Finanzierung der Arbeitslosigkeit beitragen [Vgl. Heinrich, R. P./Koop, M. J. et al., a.a.O., Tabelle 31, S. 229].

[62] Vgl. Boeri, T./Edwards, S., Long-term unemployment and short-term unemployment benefits: The changing nature of non-employment subsidies in Central and Eastern Europe, in: Empirical Economics, Vol. 23 (1998), No. 1-2, S. 38.

[63] Zu den tschechischen Ersatzraten vgl. Organisation for Economic Co-Operation and Development, Economic Surveys – Czech Republic, Paris 2000, S. 109.

[64] Vgl. Götting, U., a.a.O., S. 123ff. sowie Tabelle 4.9.

[65] Vgl. Boeri, T./Edwards, S., a.a.O., S. 32.

[66] Vgl. ebenda, S. 44.

men heranreichen und folglich die Motivation, möglichst schnell eine legale Beschäftigung aufzunehmen, beeinträchtigt wird.[67]

Neben der Arbeitslosenversicherung existieren in allen drei Länder Pflichtversicherungen für die Alters- und Gesundheitssicherung. Die Beitragssätze zählen zu den höchsten der Industriestaaten.[68] Dennoch reichen die Beitragseinnahmen nicht aus, um die Versicherungsleistungen zu finanzieren, so daß insbesondere in der Tschechischen Republik und in Polen die Sozialversicherungsfonds durch Staatszuschüsse im nicht unbedeutenden Ausmaß alimentiert werden müssen. Das System der sozialen Sicherung hat somit unmittelbaren Einfluß auf die Höhe der Lohnnebenkosten und der Steuern, was wiederum die internationale Wettbewerbsfähigkeit der Länder beeinflußt.[69]

Als Belastung für den wirtschaftlichen Aufholprozeß erweist sich in allen drei Reformländern die gesetzliche Rentenversicherung. Sowohl in Polen, Ungarn und in der Tschechischen Republik nahm nach 1989 die Zahl der Rentenempfänger signifikant zu. Die starke Zunahme ist dabei nur zu einem geringen Teil auf die demographische Entwicklung zurückzuführen. In der erhöhten Zahl der Rentenempfänger spiegeln sich in erster Linie der Verzicht auf eine rasche Anhebung der niedrigen Altersgrenzen[70] und die seit 1989 initiierten Erleichterungen beim Übergang in den Ruhestand wider. Diese Entscheidungen haben zwar in den ersten Jahren der Transformation in allen Ländern zu einer spürbaren Entlastung auf dem Arbeitsmarkt geführt. Dafür wurde aber ein Teil der Transformationskosten über das Rentensystem (statt über die Arbeitslosenversicherung)

---

[67] Vgl. Boeri, T./Edwards, S., a.a.O., S. 51.

[68] In der Tschechischen Republik machten im Jahre 1997 die Beitragssätze zur Sozialversicherung 47,5% der Bruttolöhne aus, wobei die Arbeitgeber insgesamt 35% leisten mußten und die Arbeitnehmer 12,5%. In Ungarn betrugen in jenem Jahr die Beitragssätze 55,5% der Bruttolöhne, wobei die Arbeitgeber 44% tragen mußten und die Arbeitnehmer 11,5%. In Polen wurde im Jahre 1997 die Sozialversicherung allein aus Arbeitgeberbeiträgen finanziert. Dort leisteten die Unternehmen Beiträge an den Sozialversicherungsfonds in Höhe von 48,5% der Bruttolöhne (im Jahre 2002 betrugen die Sozialversicherungsbeiträge 45,6%; die Zahllast liegt mittlerweile zu etwas mehr als die Hälfte bei den Arbeitnehmern [Vgl. Organisation for Economic Co-Operation and Development, Economic Surveys – Poland, Paris 2002, Tabelle 25, S. 134]). Im Vergleich dazu betrugen die Sozialversicherungsbeiträge in Deutschland im Jahre 1997 insgesamt 42% [Vgl. Schröder, C., Industrielle Arbeitskosten in Mittel- und Osteuropa, a.a.O., Tabelle 2, S. 23].

[69] Vgl. Heinrich, R. P./Koop, M. J. et al., a.a.O., S. 228.

[70] In Ungarn lag das gesetzliche Rentenalter im Jahre 2000 bei 58 Jahren für Frauen und 61 Jahren für Männer. Im Jahre 2001 soll das Rentenalter für Männer auf 62 Jahre angehoben werden, für Frauen erst ab dem Jahr 2009 [Vgl. Organisation for Economic Co-Operation and Development, Economic Surveys – Hungary, Paris 2000, S. 117, Fußnote 60]. In Polen liegt das gesetzliche Rentenalter mittlerweile bei 60 Jahren für Frauen und 65 Jahren für Männer [Vgl. Organisation for Economic Co-Operation and Development, Economic Surveys – Poland, Paris 2000, S. 82]. In der Tschechischen Republik liegt das Mindestrentenalter bei 53 bis 57 Jahren für Frauen (je nach Kinderzahl) und 60 Jahren für Männer; die Altersgrenzen sollen bis 2007 auf 57 bis 61 Jahre für Frauen, und auf 62 Jahre für Männer steigen [Vgl. Organisation for Economic Co-Operation and Development, Economic Surveys – Czech Republic, Paris 2000, S. 123].

finanziert.[71] In der Folge dieser arbeitsmarktpolitischen Maßnahmen, aber auch durch den transformationsbedingten Anstieg der Arbeitslosigkeit bzw. dem geringen Wachstum der sozialversicherungspflichtigen Beschäftigung, verschlechterte sich die Relation von Rentnern zu Beitragszahlern massiv: Kamen im Jahre 1989 in Polen noch 2,6 Beschäftigte auf einen Rentner, waren es im Jahre 1996 nur noch 1,6; in Ungarn sogar nur noch 1,2 (gegenüber 1,9 im Jahre 1989); in der Tschechischen Republik 1,7 (gegenüber 1,8 im Jahre 1989).[72] Auf diese Relationen und den mit ihnen verbundenen Finanzierungsproblemen reagierte man insbesondere in Ungarn (seit Anfang 1998) und in Polen (seit Anfang 1999[73]) mit durchaus radikalen Reformen in der Alterssicherung. In beiden Ländern zielen die jüngsten Rentenreformen auf eine Reorganisation der umlagefinanzierten Rentenversicherung sowie auf eine Stärkung der Bedeutung des Kapitaldeckungsverfahrens.[74] So wird auch künftig in beiden Ländern das staatliche, umlagefinanzierte Rentensystem die wichtigste Säule darstellen, allerdings werden sukzessiv die Leistungen der staatlichen Rentenkasse reduziert bzw. die Kriterien für Rentenansprüche verschärft. Zugleich werden die Rentenansprüche stärker in Bezug zu den geleisteten Beitragszahlungen gesetzt, um somit den Anreiz zu verstärken, später als früher in den Ruhestand zu treten. Außerdem wird die Beitragssplittung zwischen Arbeitgebern und Arbeitnehmern revidiert, so daß eine Verringerung der Lohnnebenkosten eintritt. Dazu werden in Polen Pflichtbeiträge für die Arbeitnehmer eingeführt. Als zweite Säule der Alterssicherung wurden Abführungen in private Rentenfonds durchgesetzt, die auf der Grundlage des Kapitaldeckungsverfahrens operieren.[75] In Polen ist die Mitgliedschaft in dieser zweiten Säule für alle nach 1969 geborenen Arbeitnehmer verpflichtend. Arbeitnehmer, die zwischen 1949 und 1969 geboren wurden, können freiwillig Beiträge leisten.[76] In Ungarn ist die Altersvorsorge in der zweiten Säule seit 2003 (wieder) für alle Berufseinsteiger obligatorisch.[77] Als dritte Säule ist die fakultative private Altersvorsorge vorgesehen, die durch staatliche Anreize, etwa durch Sparzulagen und Steuervergünstigungen, gefördert wird. Während somit die polnischen und ungarischen Re-

---

[71] Vgl. Götting, U., a.a.O., S. 174.
[72] Vgl. Schrooten, M./Lodahl, M., Rentenreformen – Polen, Tschechische Republik und Ungarn, in: Wirtschaftspolitische Blätter, 45. Jg. (1998), H. 4, S. 394 sowie Tabelle 1.
[73] Vgl. Organisation for Economic Co-Operation and Development, Economic Surveys – Poland, Paris 2000, S. 78.
[74] Neben dem Ziel, die Finanzierung der Altersvorsorge zu sichern, verbindet man mit den Reformen auch die Hoffnung, daß die Gründung von Pensionsfonds zur Entwicklung des Finanzsystems beiträgt und damit die gesamtwirtschaftliche Wachstumschancen gefördert werden [Vgl. Paprzycki, R., Rentenreform, in: Mittel- und Osteuropa Perspektiven (Jahrbuch 1998/99; Bd. 2), Hrsg.: Frankfurter Allgemeine Zeitung GmbH Informationsdienste u.a., Frankfurt am Main 1998, S. 124].
[75] Vgl. Schrooten, M./Lodahl, M., a.a.O., S. 397.
[76] Vgl. Bräuninger, D., Rentenreformen in den großen Beitrittsländern, in: Monitor EU-Erweiterung – Mittel- und Osteuropa (Hrsg.: Deutsche Bank Research), o.Jg. (2002), Nr. 9, S. 26ff.
[77] Vgl. European Bank for Reconstruction and Development, Transition report 2002, a.a.O., S. 159.

formansätze auf ein gemischtes obligatorisches Finanzierungssystem der Alterssicherung visieren, hat sich die Tschechische Republik zu einer Reform der bestehenden umlagefinanzierten Alterssicherung einhergehend mit einer Förderung freiwilliger privater Vermögensbildung auf der Grundlage des Kapitaldeckungsverfahrens entschlossen.[78] Die Änderungen in der staatlichen Rentenversicherung zielen dabei im wesentlichen auf die Stärkung des Äquivalenzprinzips ab (z.b. Verminderung der beitragsfreien Zeiten; höhere, an versicherungsmathematische Regeln angenäherte Abschläge bei Vorruhestand). Weitergehende Reformen des Alterssicherungssystem sind in Planung.[79]

Zum Abschluß soll auf die Sozialleistungsquote, als der gebräuchlichsten Kenngröße für das Ausmaß der Sozialpolitik eingegangen werden, und zwar im Vergleich zu Deutschland und zu Südkorea, das als Paradebeispiel für eine aufholende Volkswirtschaft gilt. Um die internationale Vergleichbarkeit der Daten zu gewährleisten, werden für die interessierenden Ausgaben die Angaben des Internationalen Währungsfonds zugrunde gelegt. Dennoch wird aufgrund von Abgrenzungs- und Vergleichsproblemen die Tauglichkeit der so ermittelten Quote als Indikator für die sozialpolitischen Aktivitäten des Staates in einer Volkswirtschaft erheblich reduziert. Während sich beispielsweise die Sozialleistungsquote in Deutschland nach den Angaben des Internationalen Währungsfonds im Jahre 1997 auf ca. 23% beziffern läßt (siehe Tabelle 16), gibt das Bundesministerium für Gesundheit und Soziale Sicherung für diese Quote im selben Jahr einen Wert von knapp 34% an[80]. Diese massive Differenz ist in erster Linie darauf zurückzuführen, daß die Leistungen der Sozialversicherungen vom Internationalen Währungsfonds nicht berücksichtigt werden.[81, 82] Insofern wird, insbesondere in kontinentaleuropäischen Volkswirtschaften, das Ausmaß der Sozialpolitik deutlich zu gering wiedergegeben.

---

[78] Vgl. Schrooten, M./Lodahl, M., a.a.O., S. 397f.
[79] Vgl. Bräuninger, D., a.a.O., S. 34.
[80] Vgl. Bundesministerium für Gesundheit und Soziale Sicherung, a.a.O., Tabelle 7.2.
[81] Vgl. Quidde, G., Indikatoren der Systemtransformation – Eine vergleichende Analyse unter besonderer Berücksichtigung der Privatisierung in 26 Staaten, Mainz 1996, zugl. Diss. Mainz 1996, S. 30.
[82] Hinzu kommt, daß in der Sozialleistungsquote des Bundesministeriums auch Arbeitgeberleistungen wie Lohnfortzahlung im Krankheitsfall, betriebliche Altersversorgung etc. berücksichtigt werden, während der Internationale Währungsfonds hierzu keine Angaben macht. Umgekehrt fließen in die Sozialleistungsquote des Bundesministeriums keine Ausgaben für das Bildungswesen ein. In der in Tabelle 16 wiedergegebenen behelfsmäßigen Sozialleistungsquote werden sie jedoch berücksichtigt (vgl. Anmerkung 1 zur Tabelle 16).

Tabelle 16: Kenngrößen für das Ausmaß der Sozialpolitik in den Beitrittsländern im Vergleich zu westlichen Industriestaaten; Werte bezogen auf 1997

	Sozialleistungsquote[1]	Anteil der Sozialausgaben an den gesamten Staatsausgaben[2]	Steuerquote[3]
Polen	27%	71,4%	35,2%
Ungarn	17,5%	43%	32,5%
Tschechische Republik	24,6%	71,3%	32,7%
Deutschland	23,1%[4]	69,8%[5]	26,7%
Südkorea	6%	27,8%	18,6%

Anmerkungen: [1] Ausgaben der Gebietskörperschaften für Bildungs- und Gesundheitswesen, soziale Sicherheit, Wohlfahrt, Wohnungswesen und Gemeindeeinrichtungen bezogen auf das Bruttoinlandsprodukt; Leistungen der Sozialversicherungen nicht berücksichtigt. [2] Gesamtausgaben einschließlich Kreditaufnahmen abzüglich Rückzahlungen. [3] Steueraufkommen der Gebietskörperschaften in Relation zum Bruttoinlandsprodukt. [4] Aufgrund fehlender Daten ermittelt aus dem Anteil der Sozialausgaben an den gesamten Staatsausgaben. [5] Wert für 1998 laut Weltbank, Weltentwicklungsbericht 2000/2001 – Bekämpfung der Armut, Bonn 2001, Tabelle 14, S. 352 (Wert für 1997 oder später als 1998 nicht verfügbar).
Quellen: International Monetary Fund, Government Finance Statistics Yearbook, Washington, D.C. 1998; Bruttoinlandsprodukt laut International Monetary Fund, International Financial Statistics, December 1999, Washington, D.C. 1999; Steuerquoten laut Weltbank, Weltentwicklungsbericht 1999/2000 – Globalisierung und Lokalisierung, Frankfurt am Main 2000, Tabelle 14, S. 302f.

Trotz aller statistischer Unzulänglichkeiten läßt sich festhalten, daß die Sozialleistungsquoten der Beitrittsländer im Vergleich zu der Südkoreas drei- bis viermal so hoch sind und mehr oder weniger dem deutschen Niveau entsprechen. Die anspruchsvolle Sozialpolitik der mittel- und osteuropäischen Länder erschwert einerseits die Konsolidierung der Staatshaushalte, und sie ist andererseits mit entsprechend hohen Steuer- und Abgabenbelastungen verbunden. Die vergleichsweise sehr hohen Steuerquoten und Sozialversicherungsbeiträge[83] lassen bei einem gleichzeitig unbefriedigenden Angebot an öffentlichen Gütern erwarten, daß in den Beitrittsländern die Abgabenbelastung mit erheblichen Verlusten an wirtschaftlicher Effizienz und Dynamik verbunden ist, da sowohl die Möglichkeiten als auch die Anreize zu investieren und zu arbeiten, reduziert werden. Ähnliche Probleme existieren auch in Deutschland und anderen westeuropäischen Industrieländern und wirken hier wie dort auf eine Verschlechterung der relativen Wohlstandsposition hin. D.h. im Falle der Transformationsländer ergeben sie eine Verlangsamung des wirtschaftlichen Aufholprozesses.

---

[83] Siehe Tabelle 16 sowie Fußnote 68.

4.2 Grunddaten der gesamtwirtschaftlichen Entwicklung

4.2.1 Entwicklung des realen Bruttoinlandsprodukts, der Produktionsstruktur und der Investitionsquote

Der Systemwechsel zu Beginn der neunziger Jahre hatte zunächst einmal in allen Transformationsländern eine schwere Anpassungsrezession zur Folge, in deren Verlauf das reale Bruttoinlandsprodukt in der Tschechischen Republik um ca. 13% und in Ungarn und in Polen um etwa 18% schrumpfte, wobei die jeweils stärksten Zusammenbrüche in Polen im Jahre 1990 (-11,6%) sowie in der Tschechischen Republik und Ungarn im Jahre 1991 (-11,6% bzw. -11,9%) zu verzeichnen waren (siehe Tabelle 17). Lediglich Polen, daß eine „schockartige" Transformationsstrategie verfolgte, erzielte bereits im Jahre 1992 wieder positive Wachstumsraten und glich im Jahre 1996 den Einbruch der Wertschöpfung aus den Jahren 1990/91 mehr als aus. Lange Zeit verzeichnete das Land einen ungebrochen stabilen und kräftigen Anstieg des Bruttoinlandsprodukts. Seit dem Jahre 2001 schwächt sich das Wirtschaftswachstum aber deutlich ab. Im Jahre 2001 lag das reale polnische Bruttoinlandsprodukt um ca. 29% über dem Niveau vor der Wende (siehe Tabelle 17). Die Tschechische Republik und Ungarn dagegen mit ihren graduellen Transformationsstrategien erzielten erst in den Jahren 1993 bzw. 1994 einen Anstieg des Bruttoinlandsprodukts. Die wirtschaftliche Erholung setzte sich allerdings in beiden Ländern nicht lange fort. Aufgrund hoher Inflationsraten sowie massiver Defizite im Außenhandel und in den öffentlichen Haushalten mußte die Politik in Ungarn im Jahre 1994 und in der Tschechischen Republik im Jahre 1997 einschneidende Sanierungsmaßnahmen verabschieden (in der Tschechischen Republik wurde zusätzlich im Rahmen eines „managed floating" der Wechselkurs freigegeben), in deren Folge es zunächst zu einer deutlichen Beeinträchtigung der gesamtwirtschaftlichen Produktion kam.[84] Im Jahre 1997 zeigten sich dann aber in Ungarn die Erfolge der Reformen mit einer um 4,6 Prozentpunkte wieder stärkeren Zunahme des Bruttoinlandsprodukts gegenüber dem Vorjahr. Seitdem verzeichnet das Land eine stabile Aufwärtsentwicklung. Im Jahre 2001 überschritt das reale Bruttoinlandsprodukt das Vorwendeniveau um 12%. In der Tschechischen Republik dagegen wuchs das Bruttoinlandsprodukt erstmals im Jahr 2000 wieder; drei Jahre nach Einleitung der Reformen. Erst im Jahre 2001 übertraf das reale Bruttoinlandsprodukt das Vorwendeniveau.

---

[84] Vgl. Donges, J. B. et al., Osterweiterung der Europäischen Union..., a.a.O., S. 23.

Tabelle 17: Entwicklung des realen Bruttoinlandsprodukts in den Beitrittsländern (in Prozent)

	1989	1990	1991	1992	1993	1994	1995	1996	1997	1998	1999	2000	2001 (v)	2002 (s)
P	0,2	-11,6	-7,0	2,6	3,8	5,2	7,0	6,0	6,8	4,8	4,1	4,0	1,0	1,0
H	0,7	-3,5	-11,9	-3,1	-0,6	2,9	1,5	1,3	4,6	4,9	4,2	5,2	3,8	4,0
CZ	1,4	-1,2	-11,6	-0,5	0,1	2,2	5,9	4,3	-0,8	-1,0	0,5	3,3	3,3	2,5

Bruttoinlandsprodukt (2001) in Relation zum Bruttoinlandsprodukt (1989)

P	129
H	112
CZ	106

Anmerkungen: P = Polen; H = Ungarn; CZ = Tschechische Republik; v = vorläufig; s = geschätzt.
Quelle: European Bank for Reconstruction and Development, Transition report 2001, a.a.O., Tabelle A.3.1, S. 59 sowie Dies., Transition report 2002, a.a.O., Tabelle A.3.1, S. 58.

Mit dem Transformationsprozeß geht ein Strukturwandel einher, der zumindest in Polen und in der Tschechischen Republik nach einem ähnlichen, voraussehbaren Muster verläuft: In der Tendenz verringert sich die Anzahl der Beschäftigten in Landwirtschaft und Industrie (jeweils ohne Baugewerbe) zusammen mit dem Anteil dieser Sektoren an der Wertschöpfung, während gleichzeitig der Anteil des Dienstleistungssektors an Beschäftigung und Wertschöpfung steigt. In Ungarn dagegen ist über die Jahre hinweg eine leichte Bedeutungszunahme der Industrie für Beschäftigung und Wertschöpfung zu konstatieren. Im Vergleich zu den beiden anderen Ländern war die Tschechische Republik im Jahre 2001 mit einem Anteil der Industrie von knapp 33% an der Bruttowertschöpfung stärker industriell geprägt, während der Dienstleistungssektor weniger entwickelt war (Anteil an der Bruttowertschöpfung: rund 56%; Anteil der Landwirtschaft an der Bruttowertschöpfung: 4%).[85] In Polen hat sich der Anteil der Landwirtschaft an der Bruttowertschöpfung zwar halbiert (von rund 6% im Jahre 1996 auf rund 3% im Jahre 2001), dennoch waren im Jahre 2001 noch rund ein Fünftel der polnischen Erwerbstätigen dort beschäftigt.[86, 87]

Was die für ein wirtschaftliches Aufholen notwendigen gesamtwirtschaftlichen Investitionsquoten betrifft, so lagen diesbezüglich die drei Beitrittsländer im Durchschnitt der neunziger Jahre (1990 bis 1999) weltweit im oberen Bereich mit Polen an der Spitze (Polen: 11,9%; Ungarn: 8,4%; Tschechische Republik: 6,3%), und damit weit über dem Durchschnitt der Hocheinkommensländer (2,6%).[88]

---

[85] In Polen lagen die entsprechenden Anteile im Jahre 2001 bei rund 25%, knapp 64% und ca. 3%. In Ungarn lagen die entsprechenden Anteile im Jahre 2000 bei knapp 29%, rund 62% und ca. 4%.
[86] In Ungarn bzw. in der Tschechischen Republik beschäftigte die Landwirtschaft im Jahre 2000 rund 6% bzw. etwa 5% der Erwerbstätigen.
[87] Vgl. Europäische Kommission, Regelmäßiger Bericht 2002..., a.a.O., statistische Anhänge.
[88] Vgl. Weltbank, Weltentwicklungsbericht 2000/2001, a.a.O., Tabelle 11, S. 346f.

4.2.2 Kennzahlen des Wohlstandsniveaus

Angesichts des niedrigen Ausgangsniveaus und des massiven Produktionseinbruchs im Zuge des Transformationsprozesses hat das reale Wirtschaftswachstum der Beitrittsländer noch kein Ausmaß erreicht, das einen raschen Aufholprozeß gegenüber den westeuropäischen Industrieländern ermöglicht. Es verwundert daher nicht, daß die Reformländer gegenüber den Altmitgliedstaaten der Europäischen Union nach wie vor ein erhebliches Wohlstandsgefälle aufweisen. Im Hinblick auf eine Erweiterung der Union ist das Wohlstandsniveau eines Beitrittskandidaten im Vergleich zum Gemeinschaftsdurchschnitt insofern von Relevanz, als das es Aufschluß über die Probleme (z.b. Migrationspotential) und die Kosten (z.b. im Bereich der Strukturpolitik) der Integration in die Gemeinschaft gibt. Die jüngste Erweiterung um Österreich, Schweden und Finnland im Jahre 1995 verlief vor allem wegen des beachtlichen Wohlstands der drei Beitrittsländer unproblematisch. Die gebräuchlichste Kennzahl für Wohlstandsvergleiche ist das Bruttoinlandsprodukt pro Kopf zu Kaufkraftparität. Im Zusammenhang mit der Abschätzung des Migrationspotentials sind des weiteren das Bruttoinlandsprodukt pro Kopf zu laufenden Wechselkursen und die Löhne von Interesse; letztere interessieren auch bei der Einschätzung der Wettbewerbsfähigkeit auf internationalen Güter- und Faktormärkten.[89, 90]

Tabelle 18: Wohlstandsindikatoren in den Beitrittsländern und in der Europäischen Union (in Euro)

	BIP pro Kopf zu Kaufkraftstandards (2000)	BIP pro Kopf zu laufenden Wechselkursen (2000)	Stundenlohn im Verarbeitenden Gewerbe (2000)[2]	BIP pro Kopf zu Kaufkraftstandards	BIP pro Kopf zu laufenden Wechselkursen
				EU = 100	
Polen	9.000	4.400	2,24	40,0	19,4
Ungarn	11.400	5.100	1,58	50,6	22,5
Tschechische Republik	12.600	5.400	1,66	56,0	23,8
Deutschland	23.540	24.652[1]	13,74	104,5	108,9
Griechenland	15.460	11.665[1]	5,01	68,6	51,5
EU	22.530	22.644[1]	-	100	100

Anmerkungen: [1] Bruttoinlandsprodukt pro Kopf zu laufenden Wechselkursen eigene Berechnung auf der Grundlage der jeweiligen Werte des Bruttoinlandsprodukts und der Bevölkerungsdaten aus Eurostat, Jahrbuch 2002, Luxemburg 2002. [2] Zum Teil vorläufige Ergebnisse.
Weitere Quellen: Europäische Kommission, Regelmäßiger Bericht 2002..., a.a.O., statistische Anhänge sowie Institut der deutschen Wirtschaft, Deutschland in Zahlen – Ausgabe 2002, a.a.O., Tabelle 12.6, S. 131.

---

[89] Vgl. Stankovsky, J., Die gesamtwirtschaftliche Performance der MOEL, in: Reifegrad der mittel- und osteuropäischen EU-Beitrittswerber, (Studie des Österreichischen Instituts für Wirtschaftsforschung im Auftrag des Bundesministeriums für auswärtige Angelegenheiten) Wien 1999, S. 25f.

[90] Für einen Vergleich der Arbeitskosten und Produktivitäten, der für die Einschätzung der internationalen Wettbewerbsfähigkeit von Relevanz ist, siehe Abschnitt 3.2.4.2.2.

Während Ungarn und die Tschechische Republik im Jahre 2000 ein Bruttoinlandsprodukt pro Kopf zu Kaufkraftstandards erzielten, das zumindest die Hälfte des Gemeinschaftsdurchschnitts überschritt, lag das polnische Pro-Kopf-Einkommen noch deutlich unterhalb dieser Marke. Der Spitzenreiter dieser Gruppe, die Tschechische Republik, wies in jenem Jahr eine Differenz von knapp 13 Prozentpunkten zu Griechenland als dem derzeit ärmsten Mitgliedstaat der Europäischen Union auf. Bei einem nominalen Vergleich (Bruttoinlandsprodukt pro Kopf zu laufenden Wechselkursen) vergrößern sich die Niveauunterschiede. Die Tschechische Republik, als das reichste Land der betrachteten Beitrittsländer, erreichte nun nur noch knapp 24% des Gemeinschaftsdurchschnitts, Polen nur noch rund 19%. Daß die aufgezeigte massive Wohlstandskluft zwischen den Beitrittsländern und den Altmitgliedstaaten nur in einem sehr langwierigen Aufholprozeß reduziert werden kann, wurde bereits in Kapitel 3.3 dargestellt.

4.2.3 Entwicklung der Arbeitslosenquote

Der Einbruch der Wertschöpfung zu Beginn der Transformationsprozesse ging in Polen und Ungarn mit einer starken Zunahme der Arbeitslosigkeit einher. In der Tschechischen Republik dagegen nahm die Arbeitslosigkeit erst ab dem Jahre 1997 deutlich zu (siehe Tabelle 19). Bis dahin lag die Zahl der Erwerbslosen dort weit unter dem Niveau der anderen Reformländer (bis zum Jahre 1995 hatte sich die Arbeitslosenquote auf gut 3% stabilisiert[91]). Das in der Zwischenzeit einsetzende Wirtschaftswachstum hat in keinem der drei Länder den Arbeitsmarkt entscheidend beleben können. In allen drei Ländern verharrt die offizielle Arbeitslosenquote nach wie vor auf einem hohen Stand. Allerdings ist in Ungarn seit 1994 ein deutlicher Abwertstrend erkennbar.

Tabelle 19: Entwicklung der Arbeitslosenquoten in den Beitrittsländern (in Prozent)

	1989	1990	1991	1992	1993	1994	1995	1996	1997	1998	1999	2000	2001 (v)	2002
P	0,1	6,1	11,8	13,6	16,4	16,0	14,9	13,2	8,6	10,4	13,0	15,1	17,3	n.v.
H	0,3	1,9	7,5	12,3	14,5	12,4	12,1	11,8	11,6	10,1	9,9	9,1	8,4	n.v.
CZ	0	0,8	4,1	2,6	3,5	3,2	2,9	3,5	5,2	7,5	9,4	8,8	8,9	n.v.

Anmerkungen: P = Polen; H = Ungarn; CZ = Tschechische Republik; v = vorläufig; n.v. = nicht verfügbar.
Quelle: European Bank for Reconstruction and Development, Transition report, lfd. Jgg., a.a.O., country assessments.

---

[91] Dieses Ergebnis wird insbesondere auf eine rigoros durchgesetzte Niedriglohnpolitik, den massiven Einsatz praktisch aller Mittel der aktiven Arbeitsmarktpolitik sowie radikale Einschnitte auf der Leistungsseite der Arbeitslosenversicherung zurückgeführt [Vgl. Heinrich, R. P./Koop, M. J. et al., a.a.O., S. 155ff.]. Einen nicht unbedeutenden Einfluß auf dieses Arbeitsmarktergebnis hat allerdings auch die Tatsache, daß die tschechische Regierung wiederholt den Konkurs von maroden Unternehmen verhindert hat [Vgl. Donges, J. B. et al., Osterweiterung der Europäischen Union..., a.a.O., S. 21].

Was die Struktur der Arbeitslosigkeit betrifft, so zeichnen sich alle drei Länder durch einen hohen Anteil von Langzeitarbeitslosen, d.h. Personen, die länger als 12 Monate arbeitslos sind, an der Gesamtzahl der Arbeitslosen aus. In Polen lag die Langzeitarbeitslosenquote im Jahre 2001 bei 50%, in Ungarn bei 44,8% und in der Tschechischen Republik bei 53%. Ferner sind in Polen insbesondere junge Menschen von Arbeitslosigkeit betroffen. 2001 waren dort 41,5% der unter 25jährigen arbeitslos; in Ungarn lag dieser Wert bei 10,5% und in der Tschechischen Republik bei 16,3%.[92]

4.2.4 Entwicklung der Verbraucherpreise

Nach anfänglich sehr starken Preissteigerungen verzeichnen nunmehr alle drei Länder einen markanten Rückgang der Inflationsraten (siehe Tabelle 20). Polen und die Tschechische Republik erfüllten Ende 2002 sogar erstmals das Inflationskriterium der Europäischen Währungsunion.[93] Ungarn hat zwar ebenfalls respektable Stabilisierungserfolge erzielt, dennoch bleibt die Rückführung der Inflationsrate eine Hauptaufgabe der Wirtschaftspolitik.

Tabelle 20: Entwicklung der Verbraucherpreise in den Beitrittsländern (in Prozent)

	1989	1990	1991	1992	1993	1994	1995	1996	1997	1998	1999	2000	2001 (v)	2002¹ (v)
P	251,1	585,8	70,3	43,0	35,3	32,2	27,8	19,9	14,9	11,8	7,3	10,1	5,5	2,1
H	17,0	28,9	35,0	23,0	22,5	18,8	28,2	23,6	18,3	14,3	10,0	9,8	9,2	5,3
CZ	1,4	9,7	52,0	11,1	20,8	9,9	9,1	8,8	8,5	10,7	2,1	3,9	4,7	1,8

Anmerkungen: ¹ Der Referenzwert zur Messung der Euro-Beitrittsreife lag im Jahre 2002 bei 3%. P = Polen; H = Ungarn; CZ = Tschechische Republik; v = vorläufig.
Quellen: European Bank for Reconstruction and Development, Transition report 2001, a.a.O., Tabelle A.3.3, S. 61 sowie Dies., Transition report 2002, a.a.O., Tabelle A.3.3, S. 60. Werte für 2002 aus: Deutsche Bank Research, Monetäre Konvergenz: Datenüberblick, in: Monitor EU-Erweiterung – Mittel- und Osteuropa, o.Jg. (2002), Nr. 10, S. 30.

4.2.5 Entwicklung der nominalen und realen Außenwerte der Währungen

Im Zusammenhang mit den im Vergleich zu den Mitgliedstaaten der Europäischen Union höheren Inflationsraten ist – im Hinblick auf die internationale Wettbewerbsfähigkeit – die Entwicklung der nominalen bzw. realen Außenwerte der Währungen der Beitrittsländer von Interesse. Gemäß der Kaufkraftparitätentheorie werden Inflationsdifferenzen durch Anpassungen der nominalen Wechselkurse kompensiert. Ist beispielsweise die Inflationsrate im Ausland höher als im Inland, so müßte die ausländische Währung gegenüber der inländischen Währung solange abwerten, bis sich das ausländische Preis-

---

[92] Vgl. Europäische Kommission, Regelmäßiger Bericht 2002..., a.a.O., statistische Anhänge.
[93] Eine detaillierte Auseinandersetzung mit den Konvergenzkriterien erfolgt in Abschnitt 5.8.

niveau dem inländischen Preisniveau angleicht. Ist dies nicht der Fall, so verändert sich der reale Wechselkurs, was wiederum Rückschlüsse auf die internationale Wettbewerbsfähigkeit der betrachteten Volkswirtschaften zuläßt. Wie aus Tabelle 21 hervorgeht, haben Polen und Ungarn von 1991 bis 1999 ihre Währungen gegenüber den Währungen ihrer wichtigsten Handelspartner nominal abgewertet, während der Außenwert der Tschechische Krone in diesem Zeitraum relativ konstant blieb. Tabelle 21 verdeutlicht allerdings auch, daß die Entwicklung der nominalen Wechselkurse nicht ausreichte, um die hohen Inflationsdifferenzen auszugleichen, so daß in der Folge alle drei Länder reale Aufwertungen ihrer Landeswährungen hinnehmen mußten. Im Jahre 2001 und zum Teil noch im Jahre 2002 werteten die Währungen der Beitrittsländer real sogar deutlich auf. Die realen Aufwertungen werden gemeinhin als Verschlechterung der internationalen Wettbewerbsfähigkeit der Beitrittsländer interpretiert, da die Betroffenen nun ihre Güter teurer anbieten müssen als ihre Handelspartner. Diese Aussage ist jedoch zu relativieren, da bei der Berechnung der in Tabelle 21 und 20 wiedergegebenen Indizes Verbraucherpreise verwendet wurden. Ein großer Teil der Güter, die der Ermittlung von Verbraucherpreisindizes zugrunde liegen, sind jedoch international nicht handelbar. In der Regel, und erst Recht in wirtschaftlich aufholenden Volkswirtschaften, ist die Preisentwicklung bei international nicht handelbaren Gütern höher als bei international handelbaren. Dieser Tatbestand verzerrt mithin sehr stark die Aussagefähigkeit der in Tabelle 21 zum Ausdruck kommenden realen Aufwertung hinsichtlich der internationalen Wettbewerbsfähigkeit der Beitrittsländer. Auf die realen Außenwerte der Währungen und ihre Interpretation in bezug auf die internationale Wettbewerbsfähigkeit der Beitrittsländer wird im Zusammenhang mit den Konsequenzen aus der Aufnahme in die Wirtschafts- und Währungsunion im nächsten Kapitel noch einzugehen sein.

Tabelle 21: Nominaler und realer Außenwert der Währungen ausgewählter Beitrittsländer (1995 = 100)[1]

Land	1991	1992	1993	1994	1995	1996	1997	1998	1999	2000	2001	2002
Nominale effektive Wechselkursentwicklung gegenüber ausgewählten Ländern												
P	221,3	172,6	143,7	114,4	100	93,7	86,6	83,2	75,8	76,6	84,9	82,2
H	158,2	151,2	144,8	128,3	100	85,7	79,6	71,0	66,9	63,3	64,4	69,2
CZ	91,3	92,5	97,7	100,0	100	101,9	98,4	99,1	99,2	100,3	104,9	116,3
Reale effektive Wechselkursentwicklung gegenüber ausgewählten Ländern[2]												
P	80,3	85,4	91,6	92,4	100	108,8	111,4	117,0	112,3	121,6	138,3	133,8
H	89,0	96,8	105,3	104,2	100	102,7	108,0	107,2	109,7	118,5	131,3	
CZ	75,7	79,2	92,1	96,7	100	106,7	107,5	116,3	114,7	114,9	122,2	135,0

Anmerkungen: [1] Bei beiden Indizes markieren zunehmende Werte eine Aufwertung; vgl. International Monetary Fund, International Financial Statistics, October 2002, a.a.O., S. X. [2] Auf der Grundlage der Verbraucherpreise. P = Polen; H = Ungarn; CZ = Tschechische Republik.
Quelle: International Monetary Fund, International Financial Statistics, lfd. Jgg. sowie April 2003, a.a.O.

4.2.6 Entwicklung der Leistungsbilanzen

Ein Problembereich in allen drei betrachteten Ländern sind zeitweise sehr hohe Leistungsbilanzdefizite (siehe Tabelle 22). Zwar blieben die Defizite nicht zuletzt dank des Zustroms ausländischer Direktinvestitionen finanzierbar, aber in Ungarn und in der Tschechischen Republik erzwangen die hohen Leistungsbilanzdefizite eine Abschwächung des Wachstums, als das Vertrauen der internationalen Finanzmärkte in ihre Finanzierbarkeit nachließ. Ungarn hatte in den Jahren 1993/94 ein Leistungsbilanzdefizit von über 9% des Bruttoinlandsprodukts, das es mühsam auf 2,1% bis 1997 reduzieren konnte, seitdem aber wieder tendenziell zunimmt. Die Tschechische Republik, die in den Jahren 1993/94 praktisch eine ausgeglichene Bilanz hatte, verlor das Vertrauen der internationalen Finanzmärkte nach Defiziten in Höhe von 7,1% (1996) und 6,7% (1997), was schließlich zur Wirtschafts- und Währungskrise in den Jahren 1997/98 führte. Für Polen konnte insbesondere in den Jahren 1999 und 2000, in denen sich das Leistungsbilanzdefizit auf 7,5% respektive 6,3% belief, eine solche Krise nicht ausgeschlossen werden.[94] Durch die bevorstehende Mitgliedschaft in der Europäischen Union, und damit einer Zunahme von Direktinvestitionen und Finanztransfers, wird die Gefahr leistungsbilanzdefizitinduzierter Wirtschafts- und Währungskrisen jedoch deutlich reduziert.

Tabelle 22: Entwicklung der Leistungsbilanzsalden der Beitrittsländer – absolut und (in Klammern) in Relation zum Bruttoinlandsprodukt (in Mill. US-Dollar)

	1991	1992	1993	1994	1995	1996	1997	1998	1999	2000	2001(v)	2002 (s)
P	-2.000	900	-600	677	5.310	-1.371	-4.312	-6.858	-11.569	-9.946	-7.040	-7.100
	(-2,6)	(1,1)	(-0,7)	(0,7)	(4,5)	(-1,0)	(-3,2)	(-4,4)	(-7,5)	(-6,3)	(-3,9)	(-3,8)
H	300	324	-3.453	-3.912	-2.480	-1.678	-981	-2.298	-2.081	-1.325	-1.118	-1.517
	(0,8)	(0,9)	(-9,0)	(-9,4)	(-5,6)	(-3,7)	(-2,1)	(-4,9)	(-4,3)	(-2,8)	(-2,1)	(-2,4)
CZ	300	n.v.	456	-787	-1.369	-4.121	-3.564	-1.255	-1.462	-2.718	-2.625	-2.500
	(1,2)	n.v.	(1,3)	(-1,9)	(-2,6)	(-7,1)	(-6,7)	(-2,2)	(-2,7)	(-5,3)	(-4,6)	(-3,6)

Anmerkungen: P = Polen; H = Ungarn; CZ = Tschechische Republik; v = vorläufig; s = geschätzt; n.v. = nicht verfügbar.
Quelle: European Bank for Reconstruction and Development, Transition report, lfd. Jgg., a.a.O., country assessments.

---

[94] Vgl. Dauderstädt, M., Die mittel- und osteuropäischen Beitrittskandidaten der ersten Reihe auf dem Weg in die Europäische Union, in: Osterweiterung der Europäischen Union – die doppelte Reifeprüfung, Hrsg.: B. Lippert, (Analysen zur Europapolitik des Instituts für Europäische Politik; Bd. 15) Bonn 2000, S. 177.

4.2.7 Zufluß ausländischer Direktinvestitionen

Dem Zufluß ausländischer Direktinvestitionen wird wegen des mit ihnen verbundenen Technologietransfers und des Abbaus bestehender Ineffizienzen eine Schlüsselrolle für eine erfolgreiche Restrukturierung und den wirtschaftlichen Aufholprozeß der früheren Zentralverwaltungswirtschaften zugesprochen. Gleichzeitig hängt das Volumen der ausländischen Direktinvestitionen aufgrund ihrer langfristigen Ausrichtung wesentlich von der Einschätzung der Länderrisiken und damit letztlich vom Stand der marktwirtschaftlichen Transformation ab.

Tabelle 23: Entwicklung der Nettobestände ausländischer Direktinvestitionen in den Beitrittsländern

	1990	1995	1999	Nettobestand pro Kopf im Jahre 1999 in US-Dollar[1]
	In Mill. US-Dollar			
Polen	109	7.843	26.475	686
Ungarn	569	10.007	19.299	1.892
Tschechische Republik	1.363	7.350	17.552	1.721
Entwicklungsländer	487.694	849.376	1.740.377	-
Welt	1.888.672	2.937.539	5.196.046	-

Anmerkung: [1] Eigene Berechnung auf der Grundlage der Bevölkerungszahlen aus Statistisches Bundesamt, Statistisches Jahrbuch 2002 – Für das Ausland, a.a.O., S. 39.
Quelle: United Nations Conference on Trade and Development, World Investment Report 2001 – Promoting Linkages, New York/Geneva 2001, Annex table B.3., S. 301 ff.

Wie aus Tabelle 23 hervorgeht, hat sich das Engagement ausländischer Direktinvestoren in den Beitrittsländern seit 1990 äußerst dynamisch entwickelt. Während die Nettobestände ausländischer Direktinvestitionen in der Tschechischen Republik von 1990 bis 1999 fast um das dreizehnfache gestiegen sind, nahmen die Nettobestände in diesem Zeitraum in Ungarn um das 34-fache zu und in Polen sogar um das 243-fache. Pro Kopf führt Ungarn vor der Tschechischen Republik und Polen. Alle drei Länder zusammen vereinen ca. 1,2% der weltweiten ausländischen Direktinvestitionen und ca. 3,6% der in Entwicklungsländer geflossenen ausländischen Direktinvestitionen auf sich. Der Zufluß ausländischer Direktinvestitionen dürfte sich in den Beitrittsländern spürbar auf das Wirtschaftswachstum und die Beschäftigung ausgewirkt haben. Beispielsweise trug in Ungarn der Zufluß ausländischer Direktinvestitionen in den Jahren 1995 bis 1999 mit durchschnittlich 26,3% an den Bruttoanlageinvestitionen erheblich zur Kapitalbildung und Modernisierung bei (Tschechische Republik: 19,8%; Polen: 15,8%).[95] Der Bestand an ausländischen Direktinvestitionen belief sich im Jahre 1999 in Ungarn auf 39,9%, in der Tschechischen Republik auf 33% und in Polen auf 17,2% des jeweiligen Bruttoinlandsprodukts.[96] Dennoch ist – wie in Kapitel 3.2 ausgeführt wurde – angesichts der ausgeprägten Standortvorteile der Beitrittsländer der Zufluß ausländischer Direktinve-

---

[95] Vgl. United Nations Conference on Trade and Development, a.a.O., Annex table B.5., S. 322.
[96] Vgl. ebenda, Annex table B.6., S. 335f.

stitionen eher enttäuschend, was darauf hindeutet, daß die Risiken eines investiven Engagements in den Beitrittsländern als relativ hoch eingeschätzt werden.

4.3 Fazit: Der Reformbedarf in den Beitrittsländern

Zusammenfassend ist festzuhalten, daß alle drei betrachteten Beitrittsländer marktwirtschaftliche Ordnungssysteme etabliert haben. Auch die Europäische Kommission attestiert Polen, Ungarn und der Tschechischen Republik in ihren Fortschrittsberichten, daß es sich bei ihnen um funktionierende Marktwirtschaften handelt.[97] Der Transformationsprozeß im Sinne des Übergangs von ehemaligen Zentralverwaltungs- zu Marktwirtschaften kann somit als abgeschlossen betrachtet werden. Die vorangegangenen Ausführungen haben jedoch verdeutlicht, daß gemessen an der Referenz einer freien leistungsfähigen Wettbewerbsordnung nach wie vor ordnungspolitische Defizite existieren, die zusammen mit den dort gegebenen administrativen und infrastrukturellen Unzulänglichkeiten die Funktionstüchtigkeit des Ordnungssystems limitieren und damit die gesamtwirtschaftliche Entwicklung in den Beitrittsländern beeinträchtigen.[98] Damit ähnelt die Ausgangslage der Beitrittsländer, bezogen auf den ordnungspolitische Reformbedarf, der sich auch in den hohen Staatsquoten manifestiert[99], im Prinzip derjenigen Deutschlands. Dies ist auch darauf zurückzuführen, daß sich die mittel- und osteuropäischen Staaten bei der Gestaltung der marktwirtschaftlichen Rahmenbedingungen an den Ordnungssystemen bestehender westlicher interventionistischer Marktwirtschaften orientiert haben.[100] Die historische Chance, im Rahmen des Systemwechsels eine freie leistungsfähige Wettbewerbsordnung aufzubauen, wurde mithin nicht genutzt. Aus diesem Befund folgt wiederum, daß beide Regionen mehr oder weniger demselben

---

[97] Vgl. Europäische Kommission, Regelmäßiger Bericht 2000 über die Fortschritte Polens [Ungarns; der Tschechischen Republik] auf dem Weg zum Beitritt [Fortschrittsbericht], a.a.O., S. 32 [S. 30; S. 38].

[98] Vgl. zu diesem Urteil auch Schrader, K., a.a.O., S. 218.

[99] Aus den Angaben des Internationalen Währungsfonds zu den Staatsausgaben der jeweiligen Länder errechnen sich für das Jahr 1997 Staatsquoten von 34,5% in der Tschechischen Republik, 40,5% in Ungarn, 38,1% in Polen und 33% in Deutschland sowie 21,6% in Südkorea [Vgl. International Monetary Fund, Government Finance Statistics Yearbook, a.a.O.; Bruttoinlandsprodukt laut International Monetary Fund, International Financial Statistics, December 1999, a.a.O.]. Diese Quoten berücksichtigen jedoch im wesentlichen nur die Ausgaben der Gebietskörperschaften, nicht aber die Leistungen der Sozialversicherungen (siehe hierzu die Ausführungen im Abschnitt 4.1.11). Da aber sowohl in Deutschland als auch in den Beitrittsländern die Absicherung existentieller Risiken hauptsächlich über staatliche Organisationen abgewickelt wird, würde die Berücksichtigung der Ausgaben der Sozialversicherungen die Staatsquoten dieser Länder folglich erhöhen. Tatsächlich lag die Staatsquote in Deutschland im Jahre 1997 laut Sachverständigenrat zur Begutachtung der gesamtwirtschaftlichen Entwicklung bei 49,3% [Vgl. Sachverständigenrat zur Begutachtung der gesamtwirtschaftlichen Entwicklung, Jahresgutachten 2001/2002, a.a.O., Tabelle 30*, S. 408f.].

[100] Vgl. Schrader, K., a.a.O., S. 142.

ordnungspolitischen Reformdruck unterliegen. Es stellt sich daher die Frage, wie die Reformbereitschaft der Gesellschaften in den Beitrittsländern im Vergleich zu der in Deutschland einzuschätzen ist. Eine Antwort hierauf versucht der folgende Abschnitt zu geben. Die Resultate dieses Abschnitts gilt es wiederum zu berücksichtigen, wenn im nächsten Kapitel die Konsequenzen der Ost-Erweiterung für die erforderlichen Reformprozesse in den Beitrittsländern analysiert werden. Auf eine Darstellung der in diesen Ländern erforderlichen Reformmaßnahmen kann im folgenden verzichtet werden, da sie oftmals denen in Deutschland gleichen (z.B. Privatisierung und Deregulierung) und dort, wo sie allein in den Beitrittsländern geboten sind, wie etwa die Beseitigung von Defiziten in der Bankenregulierung, bereits die Mitgliedschaft in der Europäischen Union die Elimination dieser Mängel verlangt. Hiervon wird in dem sich anschließenden Kapitel die Rede sein.

4.4 Die Reformbereitschaft der mittel- und osteuropäischen Gesellschaften

Bei der Beurteilung dieser Bereitschaft spielen die Faktoren und Entwicklungen, die zu den konstatierten Abweichungen vom Leitbild geführt haben, eine gewichtige Rolle. Diesbezüglich ist zu diagnostizieren, daß der ordnungspolitische Reformbedarf in den Beitrittsländern in erster Linie auf Fehlern im Transformationsprozeß basiert – so vor allem die Orientierung der Reformen an den Ordnungsrahmen kontinentaleuropäischer Marktwirtschaften. Weitere Beispiele für politische Fehlentscheidungen sind die inkonsistente Geld- und Währungspolitik, die quantitativen und qualitativen Defizite der Privatisierungsstrategien oder die verschleppte Liberalisierung des Bankensektors, die in der Tschechischen Republik in den Jahren 1997/98 maßgeblich zur Wirtschafts- und Währungskrise beitrug. Hinzu kommt, daß die sozialpolitischen Programme zur Abfederung der transformationsbedingten Anpassungshärten, wie Arbeitslosenunterstützung, Frühverrentung, Sozialhilfe, Abfindungszahlungen etc., unmittelbar nach dem Angehen der Transformation mit relativ großzügigen Regelungen in Kraft gesetzt wurden, noch bevor die schwersten Konsequenzen sich ereigneten, und oftmals ohne Berücksichtigung der zukünftigen Kosten.[101]

Betrachtet man diese Fehler vor dem Hintergrund der damaligen Umbruchsituation, die für viele Menschen durch massive Unsicherheiten und dem Verlust an Einkommen geprägt war, was – je für sich allein – ein erhebliches Gefährdungspotential für den gesamten Reformprozeß darstellte, dann werden die Fehler zwar nicht entschuldigt, aber die Berücksichtigung dieser Umstände erklärt, warum man sich damals zum einen an den „offensichtlich funktionierenden" Marktwirtschaften Westeuropas mit ihrer starken Betonung des sozialen Ausgleichs ausrichtete und zum anderen die ordnungspolitischen Reformen abschwächte oder oftmals ad hoc intervenierte. Da die auf den Reformdefi-

---

[101] Vgl. Burda, M., a.a.O., S. 69.

ziten basierenden Fehlentwicklungen offen zu Tage treten – erst Recht im Vergleich zu den Wachstums- und Beschäftigungserfolgen marktwirtschaftlicher Ordnungen angelsächsischer Prägung –, kann von einer relativ hohen Reformbereitschaft ausgegangen werden, denn die Reformdefizite wirken dem Zweck der Transformation, nämlich die Annäherung der materiellen Lebensverhältnisse an das westliche Niveau, entgegen. Es kommt hinzu, daß ein Großteil der gegenwärtig Wahlberechtigten zu der Generation zählt, die Ende der achtziger Jahre den Systemwechsel einleitete und aufgrund der Fehler im Transformationsprozeß die Einbrüche in Einkommen und Beschäftigung erleben mußte. Diesen Menschen kann daher eine hohe Flexibilität und Erwartungselastizität[102] unterstellt werden, da nicht anzunehmen ist, daß die Angehörigen dieser Generation bereit sind, alle Jahre wieder das Risiko einer sich wiederholenden Arbeitslosigkeit und Verarmung in Kauf zu nehmen. Aus diesen Gründen dürfte die Akzeptanz von Reformen in den Beitrittsländern höher einzuschätzen sein als in Deutschland, wo der Reformbedarf seit Beginn der siebziger Jahre mit einer dem System inhärenten Eigendynamik kontinuierlich zunahm, die zugleich – wie im zweiten Kapitel beschrieben – die Durchführung marktwirtschaftlicher Reformen erschwert. In dieser Hinsicht wird der entscheidende Vorteil der Reformländer sichtbar: während es nämlich in der deutschen (Konsens)Gesellschaft gegen marktwirtschaftliche Reformen – vor allem auf dem Arbeitsmarkt und in der sozialen Sicherung – gewachsene Widerstände gibt[103, 104], handelt es sich bei den mittel- und osteuropäischen Staaten um Gesellschaften im Um- bzw. Aufbruch, in denen neu entstandene politische Strukturen noch nicht verkrustet sind.[105] Dies mag auch darauf zurückzuführen sein, daß aufgrund der kommunistischen Vergangenheit individuelle Interessen bislang nur mangelhaft ausdifferenziert und organisiert sind, so daß die Regierungen auch bei harten Reformmaßnahmen nicht auf massiven Widerstand treffen.[106, 107] Ferner ist anzunehmen, daß der Organisationsgrad der

---

[102] In dem Sinne, daß die Wirtschaftssubjekte ihre Erwartungen schneller an die Realität anpassen.

[103] Vgl. o.V., Wort und Werk, in: Frankfurter Allgemeine Zeitung, Nr. 206 v. 05.09.2001, S. 17.

[104] Neben dem tief verwurzelten Anspruchsdenken gegenüber dem Staat, ist dies auch darauf zurückzuführen, daß in 50 Jahren Bundesrepublik Deutschland es nahezu jedem Partikularinteresse gelungen ist, sich zu organisieren, und viele – vor allem wichtige – es darüber hinaus geschafft haben, halbstaatliche Autorität zu erlangen und diese mit einer mehr oder weniger scheindemokratischen Legitimation zu versehen [Vgl. Weimann, J., Deutschland mangelt es an grundlegenden Reformen!, in: Wirtschaftsdienst – Zeitschrift für Wirtschaftspolitik, 81. Jg. (2001), H. 9, S. 496].

[105] Vgl. zu diesem Argument auch Schrader, K., a.a.O., S. 183.

[106] Vgl. Wagener, H.-J., Rückkehr nach Europa, in: Osterweiterung und Transformationskrisen, Hrsg.: H. G. Nutzinger, (Schriften des Vereins für Socialpolitik, Gesellschaft für Wirtschafts- und Sozialwissenschaften; N.F., Bd. 277) Berlin 2000, S. 115.

[107] Dieses Argument trifft allerdings auch auf diejenigen osteuropäischen Reformländer zu, deren Fortschritte im Transformationsprozeß im Vergleich zu den mittel- und osteuropäischen Beitrittskandidaten wesentlich geringer ausfallen (siehe hierzu beispielsweise die „transition indicators" der European Bank for Reconstruction and Development, Transition report 2002, a.a.O.). Dies deutet darauf hin, daß der politische Reformwille in den Vorreiterstaaten der Transformation deutlich stärker ausgeprägt

Interessen eine Funktion des Pro-Kopf-Einkommens ist. Die vergleichsweise geringen Pro-Kopf-Einkommen in den Beitrittsländern sprechen mithin für einen schwächeren Organisationsgrad der Interessen und damit für eine schwächere Blockade ordnungspolitischer Reformen. Die durchaus radikalen Reformen der Arbeitslosenversicherungen in allen drei betrachteten Ländern und die der deutschen Rentenreform vorauseilenden Reformen der Rentenversicherungen in Polen und in Ungarn stehen als prominenteste Beispiele dafür, daß die Fehler im Transformationsprozeß erkannt und marktwirtschaftlich orientiert korrigiert werden.[108] Schließlich wird die Reformbereitschaft auf seiten der politisch Verantwortlichen in den Beitrittsländern auch dadurch gefördert, daß mittlerweile die gesamtwirtschaftlichen Einkommenseinbrüche überwunden sind, den Menschen also ein höheres Maß an Eigenverantwortung zugemutet werden kann. In summa kann somit den mittel- und osteuropäischen Gesellschaften ein vergleichsweise hohes Maß an Reformbereitschaft unterstellt werden.

---

sein muß. Die Gründe hierfür können im historischen Erbe (z.B. eine lange vorkommunistische Tradition unternehmerischen Wirtschaftens und demokratischer Rechtsstaatlichkeit, an die schnellstmöglich wieder angeknüpft werden soll) wie auch in den Erwartungen an die Zukunft (z.B. der angestrebte Mitgliedschaft in der Europäischen Union) zu suchen sein. Siehe hierzu Wagener, H.-J., a.a.O., S. 108f.

[108] Dies ist selbstverständlich als eine Tendenzaussage gemeint. Das gewisse Inkonsistenzen in bezug auf die Ausrichtung auf eine leistungsorientierte Marktwirtschaft festzustellen sind, ist nicht von der Hand zu weisen, so z.B., daß zumindest noch Ende der neunziger Jahre in allen drei betrachteten Ländern im erheblichen Umfang Frühverrentungen durchgeführt wurden [Siehe zu diesem Aspekt Feldmann, H., Arbeitsmarktrigiditäten..., a.a.O., S. 174].

5. Konsequenzen der Ost-Erweiterung für die Beitrittsländer: Übernahme des Gemeinschaftlichen Besitzstandes der Europäischen Union und Auswirkungen hieraus auf die erforderlichen Reformprozesse

Ausgehend von den im vorangegangenen Kapitel dargestellten ordnungspolitischen Defiziten in Polen, Ungarn und der Tschechischen Republik werden in diesem Kapitel die Konsequenzen analysiert, die die Mitgliedschaft in der Europäischen Union für die Durchführung von Reformen impliziert, die zur Umsetzung einer freien leistungsfähigen Wettbewerbsordnung in diesen Ländern erforderlich sind. Damit zusammenhängend werden die Auswirkungen der Ost-Erweiterung auf den wirtschaftlichen Aufholprozeß in den Beitrittsländern untersucht. Denn wie im Zusammenhang mit Deutschland demonstriert wurde, hängen die Realisierungschancen marktwirtschaftlicher Reformen sehr stark vom wirtschaftlichen Umfeld ab. Darüber hinaus ist die Steigerung des Wohlstands Zweck der Mitgliedschaft in der Europäischen Union.

Die Folgen des Beitritts resultieren vor allem aus der Integration in die Zollunion und ferner aus der uneingeschränkten Liberalisierung der Faktorbewegungen, den finanziellen Transfers aus der gemeinschaftlichen Agrar- und Strukturpolitik sowie aus der Verpflichtung zur Anwendung von Gemeinschaftsregelungen in den Bereichen Wettbewerbs-, Sozial- und Umweltpolitik. Von weiterer Relevanz ist die mit dem Beitritt verbundene Verpflichtung, zu einem späteren Zeitpunkt am Euro-Währungsgebiet teilzunehmen. Dies setzt wiederum die Erfüllung der in Maastricht formulierten Konvergenzkriterien voraus. Alle diese Rechte und Pflichten sind im Gemeinschaftlichen Besitzstand (auch „Acquis Communautaire" genannt) enthalten. Er umfaßt u.a. den Inhalt, die Prinzipien und die politischen Ziele der Verträge (beispielsweise derer der Verträge von Maastricht, Amsterdam und Nizza) sowie die Gesetzgebung auf der Basis der Verträge und die Rechtsprechung des Europäischen Gerichtshofs.[1] Das gesamte Regelwerk ist von jedem Beitrittsland vollständig zu übernehmen. Im allgemeinen sind keine Abweichungen vom Gemeinschaftlichen Besitzstand erlaubt; jedoch können Bei-

---

[1] Des weiteren umfaßt der Gemeinschaftliche Besitzstand die angenommenen Stellungnahmen und Resolutionen innerhalb des Rahmens der Europäischen Union; die Positionen, Erklärungen und Entscheidungen im Rahmen der Gemeinsamen Außen- und Sicherheitspolitik; die Positionen, Entscheidungen und angenommenen Konventionen im Rahmen der Gemeinsamen Justiz- und Innenpolitik; die internationalen Abkommen der Europäischen Union und die Vereinbarungen zwischen den Mitgliedstaaten, die bezüglich der Aktivitäten der Europäischen Union geschlossen worden sind.

trittsländern Übergangsfristen für besonders schwierige Bereiche eingeräumt werden. Solche Regelungen sind Gegenstand der Beitrittsverhandlungen.[2]

5.1 Konsequenzen aus der Integration in die Zollunion

Wie in Kapitel 3.1 ausgeführt wurde, sind durch die bereits im Rahmen der Freihandelszone vollzogene Liberalisierung des Industriegüterhandels keine großen statischen Wohlfahrtswirkungen in diesem Bereich mehr zu erwarten. Die Integration in die Zollunion betrifft noch die Beseitigung verbliebener Handelsrestriktionen im Agrarsektor und bestehender Beschränkungen im Dienstleistungsverkehr sowie den Wegfall der Schutzklauseln und die Vereinheitlichung der Außenhandelspolitik. Aufgrund der Gemeinsamen Agrarpolitik, der Kabotage und der Beschränkungen für die Entsendung von Arbeitskräften ist aber auch im Bereich der Agrargüter und der Dienstleistungen nur eine relativ begrenzte Zunahme statischer Handelsgewinne zu erwarten (die Konsequenzen aus der Übertragung der Gemeinsamen Agrarpolitik werden im Abschnitt 5.3 behandelt). Diese Aussage gilt solange, wie es in diesen Bereichen nicht zu Reformen kommt – hiervon wird noch die Rede sein. Von Bedeutung werden allerdings die dynamischen Handelsgewinne sein. Vor allem die Reduktion von Unsicherheiten im Handel mit den Mitgliedstaaten der Europäischen Union und in den wirtschaftlichen und rechtlichen Rahmenbedingungen der Beitrittsländer läßt eine Erhöhung der in- und ausländischen Investitionstätigkeit erwarten. Gleichzeitig verpflichten sich die Neumitgliedstaaten allerdings auch zur Übernahme der Gemeinsamen Außenhandelspolitik. D.h. in den Bereichen, in denen die Beitrittsländer höhere Zollsätze als die Europäische Union anwenden, und die im Rahmen der Freihandelszone für handelsumlenkende Effekte verantwortlich gewesen sein können, müssen sie diese dann auf das gemeinschaftliche Niveau reduzieren, was zu einer Intensivierung des Außenhandels der Neumitgliedstaaten mit Drittländern beitragen kann. Bei den Gütern dagegen, bei denen die Beitrittsländer gegenüber Drittstaaten möglicherweise niedrigere Zollsätze als die Altmitgliedstaaten haben, ergeben sich durch die Übernahme der höheren Zollsätze Preissteigerungen mit entsprechenden Wohlfahrtsverlusten. Da aber die Zollsätze für gewerbliche Waren in den Beitrittsländern im Durchschnitt höher liegen als in der Gemeinschaft, ist die Gefahr derartiger Wohlfahrtsverluste relativ gering.[3]

---

[2] Vgl. Piazolo, D., Entwicklungsunterschiede innerhalb einer erweiterten EU – Herausforderungen und Chancen, in: Aus Politik und Zeitgeschichte, 52. Jg. (2002), Bd. 1-2, S. 19.
[3] Vgl. Abschnitt 3.1.4.

5.2 Konsequenzen aus der Liberalisierung der Faktorbewegungen

Die – spätestens nach Ablauf vereinbarter Übergangsfristen – vollständig und irreversibel herzustellende Kapitalverkehrsfreiheit wird für die Regierungen der Beitrittsländer die Schonfrist im internationalen Standortwettbewerb definitiv aufheben. Die Regierungen werden fortan bei wirtschaftspolitischen Maßnahmen die Angebotsbedingungen anderer Volkswirtschaften (noch) stärker berücksichtigen und Unsicherheiten, die aus häufigen Kurswechseln und Inkonsistenzen in der Wirtschaftspolitik resultieren, vermeiden müssen. Ansonsten drohen den in dieser Hinsicht unterlegenen Volkswirtschaften Kapitalabwanderungen und höhere Kapitalkosten auf den internationalen Finanzmärkten mit entsprechenden Konsequenzen für die relative Wohlstandsposition. Die Beitrittsländer werden daher zunächst einmal ihre Anstrengungen zur Stabilisierung des Geldwertes und zur Schaffung eines funktionierenden Finanzsektors deutlich intensivieren müssen.

Sollte es in spätestens sieben Jahren zur uneingeschränkten Gewährung der Arbeitnehmerfreizügigkeit kommen, und zwar vor allem von seiten Deutschlands und Österreichs als den beiden wichtigsten Zielländer der Migration aus Mittel- und Osteuropa, so gilt eine hohe Abwanderung aus dieser Region als sehr wahrscheinlich. Die Überweisungen der Abgewanderten an die zurückgebliebenen Angehörigen stellen für die Heimatländer eine Quelle zusätzlicher Deviseneinnahmen dar, die je nach Umfang zu einer spürbaren Entlastung der Leistungsbilanz beitragen können. Diese Transfers, aber auch die verbesserte Qualifikation derjenigen, die aus dem Ausland zurückkehren, tragen zu einer Förderung der wirtschaftlichen Entwicklung der Entsendeländer bei. Die Abwanderung unbeschäftigter Arbeitskräfte entlastet ferner den Arbeitsmarkt. Des weiteren verbessert sich durch Emigration die Kapitalausstattung pro Arbeitsplatz, und damit die marginale Arbeitsproduktivität. Eine hohe Auswanderung kann für die mittel- und osteuropäischen Länder allerdings auch mit einem Verlust an Humankapital verbunden sein, was wiederum dort zu einer Beeinträchtigung der gesamtwirtschaftlichen Produktivität beitragen kann. Da jedoch wie bereits erwähnt wurde die Nachfrage nach jungen hochqualifizierten Fachkräften in den Beitrittsländern schon gegenwärtig sehr hoch ist und in Zukunft aufgrund zunehmender Direktinvestitionen aus dem Ausland noch zunehmen wird, dürfte eine Abwanderung dieses Personenkreises eher begrenzt sein. Ferner ist mit dem Zufluß ausländischer Direktinvestitionen auch eine Zuwanderung hochqualifizierter Arbeitskräfte verbunden, die den abwanderungsbedingten Verlust an Humankapital reduzieren kann.

5.3 Konsequenzen aus der Übertragung der Gemeinsamen Agrarpolitik

Die Folgen einer Übertragung der Gemeinsamen Agrarpolitik auf Preise und Mengen hängen entscheidend von den Preisrelationen für landwirtschaftliche Erzeugnisse zwischen den Neu- und den Altmitgliedstaaten der Europäischen Union ab. Diesbezüglich ist festzustellen, daß es in den letzten Jahren bei einigen Agrarprodukten eine markante Annäherung der Preise zwischen der Europäischen Union und den Beitrittsländern gegeben hat. Diese erfolgte von beiden Seiten. Zum einen sind die Preise für landwirtschaftliche Produkte in den mittel- und osteuropäischen Ländern in den letzten Jahren insbesondere durch staatliche Interventionen (Preisstützung und Protektionismus) angestiegen.[4] Zum anderen wurden in der Europäischen Union die Preise für wichtige Agrarerzeugnisse durch die Agrarreform von 1992 reduziert. Diese Preissenkungen werden durch die im März 1999 in Berlin vereinbarte Agenda 2000 fortgeführt.[5] Erhebliche Preissteigerungen infolge der Übertragung der Gemeinsamen Agrarpolitik sind in erster Linie für Zucker, Milch und Rindfleisch zu erwarten.[6]

Was nun die zu erwartende Entwicklung der Produktions-, Verbrauchs- und Nettoexportmengen infolge der Übertragung der Gemeinsamen Agrarpolitik betrifft, so wird im folgenden auf eine jüngere Untersuchung des Instituts für Agrarentwicklung in Mittel- und Osteuropa (IAMO, 2001) verwiesen. Das verwendete Modell geht unter Berücksichtigung der Änderungen in der Gemeinsamen Agrarpolitik durch die Agenda 2000 davon aus, daß im Jahre 2007 alle zehn assoziierten mittel- und osteuropäischen Länder der Europäischen Union beitreten werden. Ferner wird unterstellt, daß die Veränderungen der Interventionspreise in allen neuen Mitgliedstaaten im gleichen Maße zu Anpassungen der Marktpreise führen und die Direktzahlungen (Flächenausgleichszahlungen und Tierprämien) den mittel- und osteuropäischen Landwirten in gleicher Höhe wie ihren westeuropäischen Kollegen gewährt werden. Abgesehen davon aber, daß die besonders stark agrarisch geprägten Länder Bulgarien und Rumänien nicht der ersten Erweiterungsrunde angehören werden, ist auch die letztgenannte Annahme mittlerweile insofern überholt, als daß auf dem Gipfeltreffen in Brüssel im Oktober 2002 zwar tatsächlich eine Übertragung der Direktzahlungen auf die Landwirte in den Beitrittsländern beschlossen wurde[7], jedoch erhalten diese von der Mitgliedschaft an zunächst einmal nur 25% dessen, was die Landwirte in den Altmitgliedstaaten erhalten, bis schließ-

---

[4] Vgl. Weise, C. et al., Reformbedarf bei den EU-Politiken im Zuge der Osterweiterung der EU, (Studie für das Bundesministerium der Finanzen; Forschungsauftrag Nr. 43/00) Berlin/Göttingen 2001, S. 39f.
[5] Vgl. Quaisser, W. et al., a.a.O., S. 78.
[6] Vgl. Frohberg, K. et al., Auswirkungen der EU-Osterweiterung auf die Beitrittsländer – Analyse unter Berücksichtigung der WTO-Verpflichtungen, Referat, gehalten auf der 41. Jahrestagung der Gesellschaft für Wirtschafts- und Sozialwissenschaften des Landbaues e.V. vom 8. bis 10. Oktober 2001 in Braunschweig, (Institut für Agrarentwicklung in Mittel- und Osteuropa) Halle (Saale) 2001, S. 6ff. sowie Weise, C. et al., Reformbedarf..., a.a.O., S. 44 und Abbildung 2.2-5.
[7] In der Agenda 2000 ist dieser Schritt nicht vorgesehen [Vgl. Quaisser, W. et al., a.a.O., S. 137].

lich im Jahre 2013 durch schrittweise Anhebungen der Zahlungen Parität erreicht werden soll[8] (allerdings wurde auf dem Gipfeltreffen in Kopenhagen im Dezember 2002 den Beitrittsländern das Recht zugesprochen, die Direktzahlungen im ersten Jahr der Mitgliedschaft auf 55% des in der Europäischen Union geltenden Niveaus aus nationalen Mittel aufzustocken (2005: 60%)[9]). Da aber in Brüssel auch vereinbart wurde, die Ausgaben für die Marktpolitik und die Direktzahlungen ab dem Jahr 2007 auf dem Niveau des Jahres 2006 einzufrieren, bedeutet das, daß die westeuropäischen Landwirte im Zuge der Anhebung der Direktzahlungen für die osteuropäischen Landwirte bzw. eines Anstiegs der Kosten der Gemeinsamen Agrarpolitik auf einen Teil ihrer Transfers verzichten müssen, die Einkommensbeihilfen mithin in Zukunft ein geringeres Niveau aufweisen werden als gegenwärtig. Das Ausmaß der Einkommenseinbußen ist allerdings ungewiß, da für das Jahr 2006 nicht die tatsächlichen Kosten der Direktzahlungen und der Marktstützung zugrunde gelegt werden, sondern die in der Agenda 2000 vereinbarten höheren Obergrenzen, und darüber hinaus ein Inflationsausgleich von einem Prozent p.a. vereinbart wurde.[10] Des weiteren wird in der zitierten Modellrechnung angenommen, daß für Zucker und Milch Produktionsquoten eingeführt werden und daß die in der Agenda 2000 vorgesehenen Transfers nicht nur bis zum Jahre 2006, sondern auch im Jahre 2007 mit Beginn der neuen mittelfristigen Finanzplanung gezahlt werden. Unter diesen Annahmen kommt das Institut zu dem Ergebnis, daß die Übertragung der Gemeinsamen Agrarpolitik nicht zur befürchteten Ausweitung der landwirtschaftlichen Produktion in den zehn untersuchten mittel- und osteuropäischen Ländern führen wird. Allerdings sind die Konsequenzen bei den einzelnen landwirtschaftlichen Erzeugnissen unterschiedlich (siehe Tabelle 24). Bei pflanzlichen Produkten werden lediglich geringe Preisanpassungen erwartet und folglich auch keine größeren Produktionsanreize. Bei Getreide und Ölsaaten sind zusätzlich Flächenstillegungsverpflichtungen zu beachten, die wiederum gegen Produktionssteigerungen sprechen. Ein deutlicher Preisanstieg und damit ein hoher Produktionsanreiz ist dagegen für Rindfleisch zu erwarten. Zugleich wirkt die Preissteigerung auf eine Verringerung der nachgefragten Menge um etwa ein Drittel hin, was auch darauf zurückzuführen ist, daß sich andere Fleischarten durch den Beitritt zur Europäischen Union verbilligen (z.B. Geflügel). Zusammengenommen führen die Angebots- und Nachfrageänderung zu einem hohen Anstieg der Nettoexporte von Rindfleisch. Bei Milch und Zucker werden zwar markante Preiserhöhungen vorausgesagt, dennoch wird die Produktion sinken, da gemäß den getroffenen Annahmen die Quotenregelungen der Europäischen Union von den Beitrittsländern übernommen

---

[8] Die weiteren Anpassungsschritte gestalten sich wie folgt: 2005: 30%; 2006: 35%; 2007: 40%. Danach erfolgt die Steigerung in Schritten von 10%. Vgl. Europäischer Rat, Schlußfolgerungen des Vorsitzes, Brüssel – 24. und 25. Oktober 2002, S. 5.
[9] Vgl. o.V., Die EU öffnet sich für 75 Millionen Neubürger, in: Handelsblatt, Nr. 242 v. 16.12.2002, S. 6.
[10] Vgl. Europäischer Rat, Schlußfolgerungen des Vorsitzes, Brüssel – 24. und 25. Oktober 2002, S. 5.

werden. Zugleich sinkt infolge der Preiserhöhungen die nachgefragte Menge, wodurch sich die Nettoexporte erhöhen. Bei Schweine- und Geflügelfleisch sowie bei Eiern lagen im Jahre 1997 die Preise in den mittel- und osteuropäischen Ländern über den vergleichbaren Preisen in der Europäischen Union. Hier ist mithin ein Rückgang von Erzeuger- und Konsumentenpreise zu erwarten. Dies wird einen Anstieg der nachgefragten Menge bei gleichzeitiger Verringerung der Produktion zur Folge haben und damit einen vermehrten Importbedarf auslösen.[11]

Tabelle 24: Prozentuale Veränderungen von Produktion, Nachfrage sowie Nettoexporten und -importen im Agrarsektor aller zehn mittel- und osteuropäischen Beitrittsländer im Jahre 2007 als Folge eines Beitritts zur Europäischen Union[1]

	Änderung der		
	Produktion in %	Nachfrage in %	Nettoexporte gegenüber 1997 in %
Weizen	-7	4	43
Grobgetreide	-1	-0[2]	58
Kartoffeln	-3	4	n.b.[3]
Ölsaaten	-0	+0	-29
Rohzucker	-4	-13	121
Gemüse	-14	4	1551
Milch	-4	-17	689
Rindfleisch	22	-33	5442
Schweinefleisch	-5	8	-79
Eier	1	14	n.b.
Geflügelfleisch	-11	30	n.b.

Anmerkungen: [1] Vergleich mit den im Jahr 2007 in den zehn Beitrittsländern realisierten Angebots- und Nachfragemengen ohne Beitritt bei gleichzeitiger Weiterführung der im Jahre 1997 geltenden nationalen Agrarpolitiken (Referenzszenario). [2] Eine negative Null weist auf eine geringe Abnahme hin; eine positive Null weist auf eine geringe Zunahme hin. [3] Wegen Wechsel des Saldos bei den Handelsmengen nicht berechnet.
Quelle: Frohberg, K. et al., a.a.O., S. 7 und S. 9.

Eine Untersuchung von Weise et al. (2001) kommt zwar zu teilweise divergierenden Schätzergebnissen hinsichtlich der Produktions-, Nachfrage- und Nettoexportmengen, aber auch hier bewegen sich die Schätzwerte noch in einem verhältnismäßig überschaubaren Raum: Unter den Annahmen, daß im Jahre 2007 die Ost-Erweiterung um alle zehn mittel- und osteuropäischen Beitrittskandidaten abgeschlossen sein wird, und daß sowohl das Preisstützungssystem wie auch die Direktzahlungen ohne Abstriche auf die neuen Mitgliedstaaten übertragen und ebenfalls für die Beitrittsländer Quotenregelun-

---

[11] Vgl. Frohberg, K. et al., a.a.O., S. 6ff.

gen für Milch und Zucker eingeführt werden, kommen sie zu dem Resultat, daß im Jahre 2007 im Durchschnitt aller zehn Beitrittsländer die Produktion von Getreide um ca. 9,5% steigt, von Zucker um 4,8%, von Milch um 7,3% und von Rindfleisch um 18% wohin gegen die Erzeugung von Schweinefleisch um 30,5% sinkt.[12]

Was die Haushaltseffekte betrifft, so erhöhen sich laut IAMO im Jahre 2007 durch die Aufnahme Polens, Ungarns, der Tschechischen Republik, Sloweniens und Estlands die jährlichen agrarpolitischen Ausgaben der Europäischen Union um 4,3 Mrd. Euro. Davon entfällt mit 3,8 Mrd. Euro der größte Anteil auf die Direktzahlungen. Die Ausgaben für Exporterstattungen betragen rund 0,5 Mrd. Euro (zu Preisen von 1999).[13] Weise et al. dagegen schätzen die Mehrausgaben der Europäischen Union für diese Ländergruppe im Jahre 2007 auf knapp 8,6 Mrd. Euro; davon entfallen 2 Mrd. Euro auf die reine Marktpolitik, 4,9 Mrd. Euro auf Direktzahlungen und etwa 1,7 Mrd. Euro auf die „zweite Säule" der Gemeinsamen Agrarpolitik[14] (zu Preisen von 1999). Erweitert man diese Gruppe um die Slowakische Republik, Lettland und Litauen, dann belaufen sich die geschätzten Zusatzausgaben im Jahre 2007 auf rund 10,1 Mrd. Euro.[15, 16] Im Vergleich dazu sieht der Haushaltsplan der Europäischen Union im Jahre 2006, dem letzten Jahr des derzeit geltenden Finanzrahmens, maximale Zahlungen in Höhe von rund 4,1 Mrd. Euro vor.[17]

Trotz der sehr stark voneinander abweichenden Kostenschätzungen stimmen beide Untersuchungen darin überein, daß die Direktzahlungen den größten Teil der Einkommenszuwächse für die mittel- und osteuropäischen Landwirte ausmachen. An dieser Relation ändert auch der genannte Brüsseler Beschluß nichts, zumal bezüglich der Ein-

---

[12] Vgl. Weise, C. et al., Reformbedarf..., a.a.O., S. 112 und 84f. sowie Weise, C. et al., Reformbedarf bei den EU-Politiken im Zuge der Osterweiterung der EU – Tabellenband, (Studie für das Bundesministerium der Finanzen; Forschungsauftrag Nr. 43/00) Berlin/Göttingen 2001, Tabelle AII-3.

[13] Vgl. Weber, G./Wahl, O./Meinlschmidt, E., Auswirkungen einer EU-Osterweiterung im Bereich der Agrarpolitik auf den EU-Haushalt, (Institut für Agrarentwicklung in Mittel- und Osteuropa, Discussion Paper Nr. 26) Halle (Saale) 2000, S. 11.

[14] Unter die „zweite Säule" der Gemeinsamen Agrarpolitik fallen beispielsweise Zahlungen im Zusammenhang mit Umweltzielen und zur Förderung der ländlichen Entwicklung. Die Maßnahmen der „zweiten Säule" sind in der Ratsverordnung 1257/1999 vom 17. Mai 1999 geregelt [Vgl. Weise, C. et al., Reformbedarf..., a.a.O., S. 91].

[15] Vgl. Weise, C. et al., Reformbedarf... – Tabellenband, a.a.O., Tabelle 4.2.2-5.

[16] Zu ähnlichen Größenordnungen kommt die Dresdner Bank. Unter der Annahme, daß die Direktbeihilfen, Interventionszahlungen und Flächenstillegungsprämien vollständig auf die zehn Beitrittsländer der ersten Erweiterungsrunde übertragen werden, ermittelt die Forschergruppe ab dem unterstellten Beitrittsjahr 2005 jährliche Mehrausgaben in Höhe von 9,2 Mrd. Euro. Hinzu kommen etwa 2,3 Mrd. Euro p.a. für die Fischerei und rund 2,2 Mrd. Euro für ländliche Entwicklungsmaßen. Insgesamt ergeben sich damit durch die Beitritte Mehrausgaben in Höhe von 13,7 Mrd. Euro p.a. [Vgl. Dresdner Bank, a.a.O., S. 24].

[17] Vgl. Europäischer Rat, Schlußfolgerungen des Vorsitzes, Kopenhagen – 12. und 13. Dezember 2002, S. 11.

kommenszuwächse aus der reinen Marktpolitik zu beachten ist, daß die angegebenen Zahlen nicht die Nettowerte markieren, da – wie anfangs erwähnt wurde – die Preise für landwirtschaftliche Produkte in Mittel- und Osteuropa bereits in den letzten Jahren durch staatliche Interventionen an das Niveau der Europäischen Union angenähert wurden. Für diesen Teil der Einkommen ändert sich lediglich die Finanzierungsquelle; die Hauptlast der Kosten für die Preisstützungspolitik wird dann von den Altmitgliedstaaten getragen. Durch die partielle Vorwegnahme der interventionistischen Agrarpolitik der Europäischen Union liegt hier aber ein Bereich vor, in dem die marktwirtschaftliche Transformation eindeutig fehlgeleitet wurde und damit Fehlallokationen in Kauf genommen werden. Durch die komplette Übertragung der Gemeinsamen Agrarpolitik werden die Interventionen im agrarischen Sektor noch verstärkt. Jedoch können die Nettozahlungen aus dem gemeinschaftlichen Agrarbudget die Wohlfahrtseinbußen aus den Allokationsverzerrungen relativieren (allerdings auf Kosten des gemeinschaftlichen Sozialprodukts). Die Zahlungen aus der Gemeinsamen Agrarpolitik wirken allerdings auch strukturkonservierend.

Es wurde bereits darauf hingewiesen, daß im Zuge der Ost-Erweiterung eine Liberalisierung der Gemeinsamen Agrarpolitik wahrscheinlicher wird. Zunächst einmal gilt unabhängig von der Erweiterung, daß die Direktzahlungen, die bereits gegenwärtig weit mehr als die Hälfte des gemeinschaftlichen Agrarbudgets beanspruchen[18], eine wettbewerbsverzerrende Subventionierung des Faktoreinsatzes darstellen, da sie an die bestellte Fläche und die gehaltene Tierzahl gebunden sind.[19] Dieser Tatbestand wird zusammen mit dem hohen Protektionsniveau und der erheblichen Exportsubventionierung von den agrarexportierenden Staaten außerhalb der Europäischen Union nicht länger toleriert und es gilt als sicher, daß diese Länder in den kommenden Verhandlungsrunden der World Trade Organization neben einem weiteren Abbau des Außenschutzes und der Exportsubventionierung eine Reduktion oder ein Verbot von Transfers an Landwirte, die nicht strikt produktionsneutral sind, fordern werden.[20] Bereits die Durchsetzung der letztgenannte Maßnahme bietet eine Chance für die Liberalisierung der Gemeinsamen Agrarpolitik, da produktionsneutrale Transfers an eine bestimmte Berufs- bzw. Unternehmergruppe politisch kaum zu begründen sind. Die Übertragung der Gemeinsamen Agrarpolitik auf die Beitrittsländer übt nun insofern einen zusätzlichen Reformdruck aus, als daß ein Teil der steigenden Kosten gemäß der vereinbarten Dekkelung der Agrarausgaben von den Landwirten in den Altmitgliedstaaten getragen werden soll. Einkommenseinbußen für die westeuropäische Landwirtschaft, die eventuell durch eine von der World Trade Organization erzwungene Aufgabe oder Senkung der Preisstützung verschärft werden, werden jedoch zwangsläufig mit Betriebsaufgaben einhergehen. Insofern wird es alles in allem für die Nettozahlerländer, allen voran

---

[18] Vgl. Haupt, S., WTO drängt Europa zu Agrarreform, in: Handelsblatt, Nr. 208 v. 29.10.2002, S. 8.
[19] Vgl. Quaisser, W. et al., a.a.O., S. 70.
[20] Vgl. Weise, C. et al., Reformbedarf..., a.a.O., S. 33f.

Deutschland, rational, dezidiert eine fundamentale Liberalisierung der Gemeinsamen Agrarpolitik zu fordern, bei der die bisherigen Interventionsmittel für die Förderung und die soziale Abfederung des Strukturwandels einzusetzen sind. Diese Forderung dürfte zwar von den Beitrittsländern politisch nicht unterstützt werden.[21] Sollte es jedoch dennoch zu einer Liberalisierung der Gemeinsamen Agrarpolitik kommen, dann wird sich in vielen Fällen die künstliche, weil schutzbegründete Wettbewerbsfähigkeit der westeuropäischen Landwirtschaft gegenüber dem osteuropäischen Agrarsektor in einen echten Wettbewerbsnachteil umwandeln. D.h. für die mittel- und osteuropäischen Agrarsektoren entständen in diesem Falle angesichts ihres großes agrarisches Potentials (hierzu zählen neben zum Teil günstigen natürlichen Produktionsbedingungen niedrige Bodenpreise und Löhne) mit der Zeit hohe Exportchancen.

5.4 Konsequenzen aus der Übertragung der Strukturpolitik

Die Integration in die Europäische Union ist – wie nicht anders zu erwarten – mit einem wesentlich höheren Zufluß von Transferzahlungen aus den Strukturfonds verbunden. Während in der Agenda 2000 für die zehn mittel- und osteuropäischen Kandidatenländer im Zeitraum von 2000 bis 2006 als Hilfe zur Vorbereitung auf den Beitritt strukturpolitische Mittel in Höhe von knapp 7,3 Mrd. Euro vorgesehen sind (1 Mrd. jährlich)[22], [23], werden laut Beschluß des Gipfeltreffens in Kopenhagen im Dezember 2002 für die zehn Beitrittsländer der ersten Erweiterungsrunde für den Zeitraum von 2004 bis 2006 Strukturhilfen in Höhe von rund 22 Mrd. Euro bereitgestellt.[24] Da das zum Kaufkraftparitätenkurs umgerechnete Bruttoinlandsprodukt je Einwohner in allen drei betrachteten Beitrittsländern mit Ausnahme einiger weniger Wohlstandsinseln im nationalen Mittel deutlich unter dem für die strukturpolitische Förderung entscheidenden Schwellenwert

---

[21] Es ist naheliegend, daß die Agrarlobbies dieser Länder sich gegen eine Liberalisierung stemmen werden und statt dessen von ihren Regierungen verlangen, daß diese eine wie auch immer geartete interventionistische Agrarpolitik einfordern oder unterstützen sollen. Dabei ist zu berücksichtigen, daß aufgrund des hohen Anteils der in der Landwirtschaft beschäftigten Personen an der Gesamtbevölkerung, diese Wählerschichten im politischen Prozeß der Beitrittsländer eine wichtige Rolle spielen – dies gilt insbesondere für Polen [Vgl. Hartwig, K.-H./Welfens, P. J. J., EU und Osteuropa, in: Handbuch Europäische Wirtschaftspolitik, Hrsg.: P. Klemmer, München 1998, S. 432].

[22] Diese Zahl ist etwas zu niedrig gegriffen, da auch im Rahmen des Phare-Programms, das mit 10,92 Mrd. Euro für den gesamten Zeitraum von 2000 bis 2006 dotiert ist, d.h. 1,56 Mrd. Euro jährlich, Mittel zur Förderung der Infrastruktur in den mittel- und osteuropäischen Beitrittsländern angesetzt sind [Vgl. Quaisser, W. et al., a.a.O., S. 128].

[23] Vgl. Europäisches Parlament/Rat/Kommission, Interinstitutionelle Vereinbarung vom 6. Mai 1999, in: Amtsblatt der Europäischen Gemeinschaften (C 172/1), Luxemburg 1999.

[24] Vgl. Europäischer Rat, Schlußfolgerungen des Vorsitzes, Kopenhagen – 12. und 13. Dezember 2002, S. 11.

von 75% des Gemeinschaftsdurchschnitts liegt[25], und sich hieran auch infolge der beitrittsbedingten Reduktion des gemeinschaftlichen Durchschnitts nicht viel ändern dürfte, wird ein Großteil der Regionen der Neumitgliedstaaten für lange Zeit einen Anspruch auf Ziel-1-Förderung haben.

Der hohe Zufluß von strukturpolitischen Mitteln, der laut Beschluß des Gipfeltreffens in Berlin im März 1999 pro Jahr maximal bis zu 4% des nominalen Bruttoinlandsprodukts der Empfängerländer erreichen darf, kann bei sachgemäßer Verwendung zu einer Verbesserung der Infrastruktur, der Umweltqualität und des Humankapitals beitragen und mittels einer Politik, die die Mobilität und Flexibilität der Produktionsfaktoren fördert, den Strukturwandel wettbewerbsschwacher Branchen unterstützen, woraus wiederum eine Steigerung der gesamtwirtschaftlichen Produktivität zu erwarten ist.

5.5 Konsequenzen aus der Übertragung der gemeinschaftlichen Wettbewerbspolitik

Die Europäische Union verfügt über umfangreiche Kompetenzen im Bereich der Wettbewerbspolitik. Der EG-Vertrag enthält nicht nur unmittelbar anwendbare und von jedem Gericht zu berücksichtigende Wettbewerbsregeln für Unternehmen, sondern verleiht der Europäischen Union zugleich Aufsichts- und Rechtsetzungskompetenzen zur Bekämpfung sowohl wettbewerbsbeschränkenden Verhaltens der Privatwirtschaft als auch staatlicher Wettbewerbsverfälschungen inklusive der Vergabe von Beihilfen.[26] Nach dem Verständnis der Europäischen Kommission wird der Wettbewerb jedoch nicht als Selbstzweck betrachtet, sondern als ein Instrument im Hinblick auf die Ziele des EG-Vertrags[27]. Da die Zielsetzungen des EG-Vertrags neben der Errichtung eines Gemeinsamen Marktes auch durch verschiedene weitere Gemeinschaftspolitiken erreicht werden sollen, folgt daraus, daß die Wettbewerbspolitik mit diesen gemeinschaftlichen Politiken abgestimmt werden muß.[28] So zeigt sich dann auch, daß die Wettbewerbsordnung der Europäischen Union durch Ausnahmebereiche (Montan- und Agrarsektor) und durch die Rücksichtnahme auf industriepolitische Ziele aufgeweicht ist,[29] zu deren Verfolgung neben Freistellungsverordnungen auch Beihilfen aus Ge-

---

[25] Gemäß den jüngsten verfügbaren regionalen Angaben (1997) überschritten nur drei Regionen das 75%-Förderkriterium: Prag (120%), Bratislava (102%) und Zypern (78%) [Vgl. Weise, C. et al., Reformbedarf..., a.a.O., S. 28].

[26] Vgl. Müller-Graff, P.-C., Die Kompetenzen in der Europäischen Union, in: Europa-Handbuch, Hrsg.: W. Weidenfeld, Gütersloh 1999, S. 788.

[27] Zu diesen Zielen siehe Artikel 2 EG-Vertrag.

[28] Vgl. Schmidt, I./Binder, S., Wettbewerbspolitik, in: Handbuch Europäische Wirtschaftspolitik, Hrsg.: P. Klemmer, München 1998, S. 1236.

[29] Vgl. Schüller, A./Weber, R. L., Von der Transformation zur Integration: Eine ordnungs-, handels- und währungspolitische Aufgabenstellung, in: Die europäische Integration als ordnungspolitische Aufga-

meinschaftsmitteln gewährt oder staatliche Beihilfen genehmigt werden. Die Übertragung der Wettbewerbsordnung der Europäischen Union auf die Beitrittsländer wird folglich nur dort den Wettbewerb intensivieren und den Subventionsabbau forcieren, wo die Wettbewerbsbeschränkungen in diesen Ländern über die Ausnahmebereiche hinausgehen, die auch in der gemeinschaftlichen Wettbewerbsordnung enthalten sind, bzw. dort, wo die Praxis der Wettbewerbsbeschränkungen und Beihilfengewährung in den neuen Mitgliedstaaten mit gemeinschaftlichen Bestimmungen kollidiert. Schrader (1999) weist allerdings darauf hin, daß bei der Gestaltung des Wettbewerbsrechts in den Beitrittsländern die Harmonisierung mit dem Recht der Europäischen Union ausschlaggebend war.[30] Es ist mithin nicht auszuschließen, daß die in den Beitrittsländern festzustellenden Wettbewerbsbeschränkungen oftmals unter die gemeinschaftlichen Ausnahmebereiche fallen. Eine generelle Stärkung der Wettbewerbsfreiheit bzw. eine Verbesserung der Allokationseffizienz in den Beitrittsländern durch die Übernahme der Wettbewerbspolitik der Europäischen Union kann somit nicht unterstellt werden. Als sicher gilt jedoch, daß durch den Beitritt die intransparente Subventionsvergabepraxis in den Beitrittsländern, die oftmals über indirekte bzw. nicht-budgetäre Maßnahmen erfolgt (Kreditbegünstigungen und insbesondere das Hinnehmen von Rückständen bei Steuerzahlungen und Sozialversicherungsabgaben),[31] durch die Umsetzung der Beihilfenaufsicht der Gemeinschaft quantifizierbarer wird. Da viele dieser Beihilfen nicht mit dem Gemeinschaftsrecht in Einklang stehen, ist auf diesem Wege mit einer Reduktion des Subventionsvolumens und damit mit einer Verschärfung der Privatisierung und Liquidierung von Staatsbetrieben zu rechnen. Ein Voranschreiten bei der Privatisierung läßt wiederum eine weitere Preisliberalisierung erwarten.

---

be, Hrsg.: H. Gröner/A. Schüller, (Schriften zum Vergleich von Wirtschaftsordnungen; Bd. 43) Stuttgart/Jena/New York 1993, S. 457.

[30] Vgl. Schrader, K., a.a.O., S.104.

[31] Vgl. Schwarz, A., Subventionspolitik in den mittel- und osteuropäischen Transformationsländern: Gegenwärtige Strukturen, Probleme und Transparenzdefizite, Potsdam 1997, S. 5ff. Dieser Tatbestand wird für Polen auch noch im jüngsten Fortschrittsbericht der Europäischen Kommission festgestellt [Vgl. Europäische Kommission, Regelmäßiger Bericht 2002 über die Fortschritte Polens auf dem Weg zum Beitritt [Fortschrittsbericht], a.a.O., S. 50].

5.6 Konsequenzen aus der Übertragung der gemeinschaftlichen Sozialpolitik

Die Basis für eine gemeinschaftliche Sozialpolitik bildet das im Jahre 1992 verabschiedete und 1997 in den EG-Vertrag einbezogene „Abkommen über die Sozialpolitik".[32] Dieses Abkommen ermächtigt die Europäische Union auf den Gebieten Schutz der Gesundheit und Sicherheit der Arbeitnehmer, Arbeitsbedingungen, Unterrichtung und Anhörung der Arbeitnehmer, Chancengleichheit und Gleichbehandlung von Männern und Frauen sowie berufliche Eingliederung der aus dem Arbeitsmarkt ausgegrenzten Personen mit qualifizierter Mehrheit durch Richtlinien bestimmte Mindestnormen zu erlassen. Ferner ermöglicht das Abkommen in Fällen, in denen sich die Bestimmungen auf den sozialen Schutz der Arbeitnehmer beziehen, wie beispielsweise im Falle des Kündigungsschutzes und der Mitbestimmung, oder auch bei der finanziellen Förderung von Beschäftigungsmöglichkeiten, einstimmige Entscheidungen des Ministerrates.[33] Ausdrücklich ausgeschlossen aus dem Kompetenzbereich der Gemeinschaft sind die Themen Arbeitsentgelt, Koalitions-, Streik- und Aussperrungsrecht.[34] Trotz dieses relativ umfangreichen Kompetenzkatalogs ist die Europäische Union von einem europäischen Sozialstaat mit gleichen Arbeits- und Sozialbedingungen noch weit entfernt: Im Jahre 1999 wurden noch mindestens 95% aller Fragen des Arbeits- und Sozialrechts weiter auf rein nationaler Grundlage entschieden.[35] Dennoch aber kann bereits die Umsetzung dieser vergleichsweise geringen Zahl an gemeinschaftlichen sozialpolitischen Regulierungen den wirtschaftlichen Aufholprozeß in den Beitrittsländern verlangsamen. Zwar können die Beitrittsländer selbst entscheiden, ob sie die auf der Basis des Sozialpolitischen Abkommens verabschiedeten Mindestnormen überschreiten wollen, aber bereits die Mindestanforderungen reflektieren nicht notwendigerweise die Möglichkeiten und Präferenzen der Beitrittsländer. Dies betrifft insbesondere diejenigen Regelungen, die Arbeitszeiten und Kosten der Einstellung, Beschäftigung und Kündigung beeinflussen, und damit wiederum die Anpassungsflexibilität der Unternehmen als auch die Grün-

---

[32] Die Sozialpolitik wird zwar schon im EWG-Vertrag (Artikel 117-122), in der Einheitlichen Europäischen Akte (Artikel 100a, Absatz 3; Artikel 118a) und in der „Sozialcharta" des Jahres 1989 erwähnt. Diese Bestimmungen sind allerdings sehr eng gefaßt oder weitgehend unverbindlich [Vgl. Vaubel, R., Das Sozialpolitische Abkommen von Maastricht widerspricht dem Subsidiaritätsprinzip, in: Europa 2000 – Perspektive wohin?, Hrsg.: L. Gerken, (Walter Eucken Institut) Freiburg i. Br. 1993, S. 107f.].

[33] Aufgrund der unklaren Abgrenzung zwischen diesen Bereichen ist die Wahl des zugrundeliegenden Entscheidungsverfahrens (einstimmig oder qualifizierte Mehrheit) schwierig und daher Gegenstand kontroverser Debatten. Die Europäische Kommission war allerdings in der Vergangenheit bei der Wahl der Rechtsgrundlage nie sehr zimperlich, wenn es darum ging, einer einstimmigen Entscheidung des Ministerrats auszuweichen [Vgl. Vaubel, R., a.a.O., S. 109].

[34] Vgl. ebenda, S. 108.

[35] Vgl. Däubler, W., Die soziale Dimension des Europäischen Binnenmarktes, in: Europa-Handbuch, Hrsg.: W. Weidenfeld, Gütersloh 1999, S. 526.

dung neuer Unternehmen beeinträchtigen können.[36] Beispielsweise schreibt die im Jahre 1993 erlassene Arbeitszeitrichtlinie u.a. eine wöchentliche Höchstarbeitszeit von 48 Stunden (einschließlich Überstunden) sowie einen bezahlten Mindestjahresurlaub von vier Wochen vor. Repräsentative Umfragen innerhalb der Europäischen Union haben jedoch ergeben, das Freizeit als Luxusgut betrachtet wird: Die Elastizität der Freizeitpräferenz der Arbeitnehmer in bezug auf das nationale Pro-Kopf-Einkommen ist größer als eins. Die Arbeitnehmer der ärmeren Mitgliedstaaten haben somit eine stärkere Präferenz für Einkommen. Da die Arbeitszeit jedoch durch die gemeinschaftliche Richtlinie begrenzt wird, wird ihr Einkommen geringer sein, als dies ansonsten möglich wäre.[37] Ferner sind starke Kostenbelastungen für die Unternehmen in den Beitrittsländern durch die Übernahme der Bestimmungen der Europäischen Union im Bereich Gesundheitsschutz und Sicherheit am Arbeitsplatz zu erwarten. Nicht nur, daß der Gesundheitsschutzbegriff der gemeinschaftlichen Arbeitsschutzrichtlinien sehr umfassend ist[38], sondern die zahllosen Normen in diesem Bereich sind auch auf sehr hohem Niveau festgelegt und enthalten oft selbst für die Mitgliedstaaten mit dem höchsten Schutzniveau noch erhebliche Verschärfungen. Für weniger entwickelte Mitgliedstaaten mit vergleichsweise niedrigem Schutzniveau bedeuten die Vorschriften der Europäischen Union mithin wesentlich höhere Kostenbelastungen, die bestehende Arbeitsplätze gefährden und die Entstehung neuer behindern. Bedroht sind vor allem kleine und mittlere Unternehmen, weil deren Kosten durch die Normen meist relativ stärker steigen. Dadurch erhöhen diese Vorschriften tendenziell auch die Konzentration auf den dortigen Märkten.[39]

Als noch schwerwiegender für den wirtschaftlichen Aufholprozeß in den Beitrittsländern könnte sich erweisen, daß das Sozialpolitische Abkommen den wohlhabenden Mitgliedstaaten die Möglichkeit bietet, unter dem Schlagwort der „Vertiefung" der europäischen Integration arbeits- und sozialrechtliche Standards auf breiter Basis und auf hohem Niveau gemeinschaftsweit festzusetzen. Auf diese Weise könnten Hochlohnländer wie Deutschland, die Beneluxländer und die skandinavischen Staaten die Produktionskosten in den mittel- und osteuropäischen Niedriglohnländern erhöhen und dadurch den durch die Ost-Erweiterung verschärften Standortwettbewerb innerhalb der Europäischen Union abschwächen. Diese Überlegungen gewinnen angesichts der erheblichen Vergrößerung des Binnenmarktes an Attraktivität. Denn in einer erweiterten und nach außen hin abgeschotteten Union könnten die Kosten einer auf hohem Niveau angegli-

---

[36] Vgl. International Monetary Fund, World Economic Outlook, a.a.O., S. 161f.
[37] Vgl. Feldmann, H., Zehn Jahre EU-Sozialcharta, in: Wirtschaftsdienst – Zeitschrift für Wirtschaftspolitik, 79. Jg. (1999), H. 11, S. 672.
[38] So werden beispielsweise selbst gesundheitliche Belastungen wie Streß und Monotonie am Arbeitsplatz in gemeinschaftlichen Regelungen berücksichtigt [Vgl. Heusinger, F. v., Beschäftigungs- und Sozialpolitik, in: Die Europäische Union – Ein Kompendium aus deutscher Sicht, Hrsg.: R. Strohmeier, 2., neu bearb. und aktualisierte Aufl., Opladen/Wiesbaden 1999, S. 174].
[39] Vgl. Feldmann, H., Zehn Jahre..., a.a.O., S. 675f.

chenen Sozialpolitik weitgehend auf die Preise überwälzt werden.[40] Solche Befürchtungen sind jedoch zu relativieren. Harmonisierungsbestrebungen können in einer erweiterten Europäischen Union kaum gegen den Willen der mittel- und osteuropäischen Beitrittsländer durchgesetzt werden. Ob diese Länder aber sozialpolitischen Regelungen zustimmen werden, die zu Lasten ihrer Wettbewerbsfähigkeit gehen und mit hohen Beschäftigungseinbußen verbunden wären, darf bezweifelt werden. Denn einerseits können sie weder mit kompensatorischen Transferzahlungen rechnen[41] noch erscheint im Rahmen der neuen Welthandelsordnung die Gewährung von Protektion gegenüber Drittländern mit geringeren Sozialstandards als sicher. Andererseits legen auch die positiven Erfahrungen der sich rasch entwickelten Volkswirtschaften, die konsequent auf die Nutzung ihrer Kostenvorteile bei arbeitsintensiven Produktionen gesetzt haben, und die negativen Erfahrungen in Ostdeutschland, wo die Sozialstandards schlagartig auf das westdeutsche Niveau angehoben wurden, einen Widerstand der Beitrittsländer gegen sozialpolitische Harmonisierungsbestrebungen nahe. Schließlich ist es auch speziell für Deutschland nicht rational, eine solche Maßnahme ernsthaft zu verfolgen. Denn die Harmonisierung der Sozialstandards auf hohem Niveau wird in den Beitrittsländern unweigerlich einen sprunghaften Anstieg der Arbeitslosigkeit zur Folge haben und damit die Abwanderung in Richtung Deutschland forcieren. Auch hierfür steht Ostdeutschland als mahnendes Beispiel.

5.7 Konsequenzen aus der Übertragung der gemeinschaftlichen Umweltpolitik

Der Umweltschutz zählt zu den zentralen Vertragszielen der Europäischen Union. So wird im Artikel 2 EG-Vertrag darauf verwiesen, daß es zu den Aufgaben der Gemeinschaft zählt, „ein hohes Maß an Umweltschutz und an Verbesserung der Qualität der Umwelt" zu fördern. Weitere Rechtsgrundlagen für umweltpolitische Aktivitäten der Gemeinschaft bilden die Artikel 95[42] und 174 EG-Vertrag[43]. Die Vorgaben der Gemein-

---

[40] Vgl. Welfens, P. J. J., a.a.O., S. 181f.
[41] Die Altmitgliedstaaten sind mit Sicherheit nicht bereit, ein Transfervolumen bereitzustellen, daß dem Volumen der deutschen West-Ost-Transfers in nichts nachsteht.
[42] Im Rahmen von Artikel 95 EG-Vertrag können umweltpolitische Maßnahmen ergriffen werden, wenn sie für die Errichtung und Funktionsfähigkeit des Binnenmarktes notwendig sind. Der Rat beschließt hier mit qualifizierter Mehrheit, es sei denn, Unstimmigkeiten zwischen Parlament und Rat führen im Rahmen des sogenannten Mitentscheidungsverfahrens dazu, daß einstimmige Beschlüsse notwendig werden [Vgl. Karl, H., Umweltpolitik, in: Handbuch Europäische Wirtschaftspolitik, Hrsg.: P. Klemmer, München 1998, S. 1075].
[43] Artikel 174 EG-Vertrag legitimiert die Harmonisierung von Rechtsvorschriften, die nicht auf die Errichtung und Funktionsfähigkeit des Gemeinsamen Binnenmarktes abzielen. Dabei beschließt der Rat über Aktivitäten zur Umsetzung der Ziele mit qualifizierter Mehrheit (siehe Artikel 95 und 251 EG-

schaft im Umweltbereich ergehen dabei überwiegend in Form von Richtlinien.[44] So sind bislang über 240 Richtlinien entstanden (schwerpunktmäßig in den Bereichen Luftreinhalte- und Antilärmpolitik, Schutz von Grund- und Oberflächengewässern sowie Abfallwirtschaftspolitik[45]), die von den Beitrittsländer in nationales Recht transformiert und effektiv umgesetzt werden müssen.[46] Die Verpflichtung der Beitrittsländer zur vollständigen Übernahme des umweltrechtlichen Besitzstandes wird von der Europäischen Kommission mit der andernfalls bedrohten Funktionsfähigkeit des Binnenmarktes begründet.[47] Auffällig ist jedoch, daß viele Richtlinien nationale Umweltgüter betreffen, so etwa im Falle der Festlegung von Qualitätsstandards für Trinkwasser und kommunale Abwasser sowie Badegewässer. Sofern aber keine grenzüberschreitenden Externalitäten vorliegen, kann aus ökonomischer Sicht ein gemeinsamer Handlungsbedarf bzw. eine zentralisierte Gütevorgabe, und damit eine Verpflichtung zur Rechtsangleichung, nicht begründet werden.[48, 49] Hinter der Verpflichtung zur Übernahme des gemein-

---

Vertrag). Davon abweichend wird gemäß Artikel 175 Absatz 2 EG-Vertrag einstimmig entschieden bei:
- Vorschriften überwiegend steuerlicher Art,
- Maßnahmen der Raumordnung, Bodennutzung (Ausnahme Abfallwirtschaft) und Bewirtschaftung von Wasserressourcen,
- Maßnahmen, die die Wahl der Energiequellen und die Struktur der Energieversorgung in den Mitgliedstaaten erheblich berühren.

Der Rat kann allerdings auch für diese Bereiche einstimmig beschließen, daß er auf der Basis einer qualifizierten Mehrheit entscheiden möchte [Vgl. Karl, H., a.a.O., S. 1074f].

[44] Vgl. Arp, H./Riess, W./Kempis, K. v., Umweltpolitik der EU, in: Die Europäische Union – Ein Kompendium aus deutscher Sicht, Hrsg.: R. Strohmeier, 2., neu bearb. und aktualisierte Aufl., Opladen / Wiesbaden 1999, S. 283.

[45] Siehe hierzu beispielsweise Karl, H., a.a.O., S. 1091ff.

[46] Vgl. Dziegielewska, D. A., How much does it cost to join the European Union and who is going to pay for it? Cost estimates for the Czech Republic, Hungary, Poland and Slovenia, complying with the EU environmental standards, (IIASA Interim Report-00-001) Laxenburg 2000, S. 1.

[47] „Bestünde beim Niveau des Umweltschutzes ein Gefälle zwischen den jetzigen und den neuen Mitgliedstaaten fort, so würde dies das Funktionieren des Binnenmarktes stören und protektionistische Reaktionen heraufbeschwören" [Europäische Kommission, Agenda 2000 – Eine stärkere und erweiterte Union, in: Bulletin der Europäischen Union, Beilage 5/97, Luxemburg 1997, S. 54].

[48] Anders verhält es sich in den Fällen, in denen externe Effekte beim Konsum handelbarer Güter entstehen (z.B. Lärmemissionen). Hier kann eine gemeinschaftsweite Angleichung von Produktnormen (z.B. Lärmemissionsgrenzwerte) begründet sein, um umweltpolitische Ineffizienzen zu vermeiden und um gleichzeitig die Funktionsfähigkeit des Binnenmarktes zu gewährleisten. Diese Fälle werden jedoch im folgenden nicht weiter berücksichtigt. Es sei allerdings darauf hingewiesen, daß viele Produktnormen der Europäischen Union sich nicht umwelt- oder integrationspolitisch begründen lassen. Hierzu zählt beispielsweise ein großer Teil der vermeintlich zum Schutz des Konsumenten nötigen Normierungen, etwa des Lebensmittelrechts. Bei diesen Normen handelt es sich mithin um nichttarifäre Handelshemmnisse [Vgl. Peschutter, G., Integration mittel- und osteuropäischer Länder durch Rechtsangleichung? – Eine Analyse am Beispiel Handel und Umwelt, in: Die ökonomischen Außen-

schaftlichen Umweltrechts durch die Beitrittsländer scheint sich folglich auch das Interesse einiger Altmitgliedstaaten an einer Reduktion des Standortwettbewerbs sowie der Schaffung neuer Absatzmärkte für Umweltschutzgüter zu verbergen.

Unterstellt, daß der Beitritt im Jahre 2005 erfolgt und bis dahin (ausgehend vom Stand des Jahres 1998) die Umweltstandards der Europäischen Union in den Beitrittsländern erfüllt sein müssen, wird der jährliche Investitionsbedarf – jeweils bezogen auf das Bruttoinlandsprodukt – in der Tschechischen Republik auf 1,65%, in Ungarn auf 2,12% bis 2,90% und in Polen auf 1,64% bis 3,17%[50] taxiert. Zumindest für die Tschechische Republik und für Polen gelten die Zahlen jedoch als unterschätzt. Beispielsweise werden im Falle der Tschechischen Republik die Investitionskosten einer Reduktion der Luftverschmutzung durch mobile Emissionsquellen nicht berücksichtigt. Die Schätzung für Polen dagegen stellt ausschließlich auf die notwendigen Investitionen des öffentlichen Sektors ab, nicht aber auf die des privaten Sektors. Im Falle von dreijährigen Übergangsfristen reduziert sich der jährliche Investitionsbedarf (bezogen auf das Bruttoinlandsprodukt und auf den Zeitraum von 1998 bis 2008) in der Tschechischen Republik auf 1,05%, in Ungarn auf 1,44% bis 1,97% und in Polen auf 1,11% bis 2,16%.[51]

Trotz aller Unzulänglichkeiten[52] weist die Schätzung darauf hin, daß die Beitrittsländer noch nach der Aufnahme in die Europäische Union erhebliche Investitionen im Umweltschutz zu tätigen haben. Entscheidend für die Beurteilung der Wohlfahrtswirkungen dieser Umweltschutzinvestitionen bzw. der Rechtsangleichung ist zunächst einmal, daß die Pro-Kopf-Einkommen in den Beitrittsländern wesentlich niedriger sind als im Durchschnitt der Gemeinschaft. Folglich ist der Grenznutzen des Einkommens für die Menschen dort höher als in den Altmitgliedstaaten. Dies deutet wiederum darauf hin, daß sie ausgehend von ihren Präferenzen eine im Vergleich zu den gemeinschaftlichen Standards weniger anspruchsvolle Umweltqualität als angemessen betrachten.[53] D.h. übernehmen die mittel- und osteuropäischen Länder die Umweltstandards der Europäischen Union, dann realisieren sie höchstwahrscheinlich einen überoptimalen Umweltschutz, da in diesem Fall die Opportunitätskosten für die Mittel, die im Umweltschutz eingesetzt werden, höher liegen als der Nutzen des erzielten Umweltschutzes bzw. als die erzielte Verbesserung der Umweltqualität. Sofern die Differenz zwischen den Kosten, die die Realisierung einer Umweltqualität mittels einer internalisierungs-

---

beziehungen der EWU – Währungs- und handelspolitische Aspekte, Hrsg.: R. H. Hasse/W. Schäfer, Göttingen 1998, S. 232f.].
[49] Vgl. Karl, H., a.a.O., S. 1099f.
[50] Der obere Wert basiert auf einer sehr strikten Interpretation der Richtlinien.
[51] Vgl. Dziegielewska, D. A., a.a.O., S. 3ff.
[52] Siehe hierzu im Detail ebenda, S. 10ff.
[53] Daneben wird die optimale Umweltschutzgesetzgebung eines Landes auch von der Assimilationskapazität der Umwelt und ihrer Beanspruchung ab. Da zur natürlichen Verarbeitungskapazität der Umwelt keine detaillierten ökologischen Studien vorliegen, muß der Einfluß dieses Faktors auf die optimalen Umweltstandards offen bleiben [Vgl. Peschutter, G., a.a.O., S. 230].

orientierten Umweltpolitik entsprechend den Präferenzen und den Assimilationskapazitäten der Umwelt in den Beitrittsländern verursachen würde, und den Kosten, die die Übernahme der höheren gemeinschaftlichen Standards verursacht, nicht von der Europäischen Union bzw. den Nutznießern im Falle grenzüberschreitender Umweltmedien kompensiert wird, ist die Umsetzung der gemeinschaftlichen Umweltpolitik für die Beitrittsländer mit Allokationsverzerrungen und Wachstumseinbußen verbunden. Gleichzeitig werden in diesem Fall die Anrainerstaaten, namentlich Deutschland, von den Beitrittsländern subventioniert.[54] Entsprechend früherer Erfahrungen und offiziellen Aussagen der Europäischen Union, können die Beitrittsländer erwarten, daß die Gemeinschaft 10 bis 20% der nationalen Umweltschutzausgaben abdecken wird.[55] Somit ist es eher unwahrscheinlich, daß die Differenz zwischen den höheren Opportunitätskosten und dem geringeren Nutzen der gemeinschaftlichen Umweltpolitik in den Beitrittsländern ausgeglichen wird.

Was die in dieser Situation zu erwartenden Wachstumseinbußen anbelangt, so resultieren diese nicht nur aus der nicht wohlfahrtskonformen Umlenkung von Investivmitteln in den Umweltschutz, sondern auch aus den sinkenden Gewinnen in den betroffenen Branchen. Folglich werden sie ihre Investitionen in die Produktion von Endprodukten weiter reduzieren. Andererseits kann die negative Wirkung des Umweltschutzes auf endproduktbezogene Investitionen relativiert werden, indem sich zum einen die verbesserte Umweltqualität positiv auf die Produktivität der Arbeitskräfte auswirkt. Produktionssteigerungen ermöglichen wiederum höhere Investitionen. Zum anderen kann die negative Wirkung auf endproduktbezogene Investitionen auch durch eine hohe Faktorpreisflexibilität eingeschränkt werden. D.h. nehmen die Arbeitnehmer für die bessere Umwelt und damit eine höhere Wohlfahrt eine niedrigere Entlohnung in Kauf, dann steigen die Gewinne und es kann mehr investiert werden. Dem steht jedoch entgegen, daß im Falle einer überoptimalen Umweltschutzpolitik die Arbeitnehmer ihre Lohnforderungen nicht entsprechend zurücknehmen werden, weil die Rücknahme der Lohnforderung, und damit der Verzicht auf Konsumgüter, nicht durch einen entsprechenden Nutzen für die Verbesserung der Umwelt kompensiert wird. D.h. ausgehend davon, daß der Grenznutzen durch Umweltverbesserung für die Arbeitnehmer dort gering ist, ist diese kompensatorische Wirkung nicht zu erwarten. Da die Verbesserung

---

[54] Als Beispiel für diese Aussage mag die Untersuchung von Gren et al. (1996) dienen, die im Zusammenhang mit dem Programm zur Reinigung der Baltischen See zu dem Ergebnis kommen, daß die mittel- und osteuropäischen Anrainer (mit Ausnahme Rußlands) zu den Verlierern dieses Programms zählen, und Nettokosten in Höhe von ungefähr 1,2 Mrd. Euro zu tragen haben (wovon auf Polen ca. 630 Mill. Euro entfallen), während die Anrainerstaaten der Europäischen Union, und insbesondere Schweden, zu den Gewinnern zählen mit geschätzten Vorteilen von ungefähr 1,3 Mrd. Euro [Vgl. Gren, I. et al., Reduced Nutrient Lads to the Baltic Sea: Ecological Consequences, Costs and Benefits, (Beijer Discussion Paper; Bd. 83) Stockholm 1996 zitiert nach Organisation for Economic Co-Operation and Development, Economic Surveys – Poland, Paris 2001, S. 137f.].
[55] Vgl. Dziegielewska, D. A., a.a.O., S. 2.

der Produktivität infolge der Verbesserung der Umwelt und damit der Gesundheit, diese Kosten ebenfalls nicht decken wird, ist eine negative Wirkung eines überoptimalen Umweltschutzes auf das Wirtschaftswachstum sehr wahrscheinlich.

Die Gefahr, daß der wirtschaftliche Aufholprozeß in den Beitrittsländern durch die obligatorische Übernahme von auf hohem Niveau festgesetzten gemeinschaftlichen Umweltstandards beeinträchtigt wird, könnte zunehmen, wenn die wohlhabenderen Altmitgliedstaaten weitere umweltpolitische Standards auf hohem Niveau gemeinschaftsweit harmonisieren oder bestehende verschärfen, um so den durch die Ost-Erweiterung intensivierten Standortwettbewerb innerhalb der Europäischen Union abzuschwächen. Da über umweltpolitische Aktivitäten der Union in vielen Fällen auf der Basis qualifizierter Mehrheiten im Rat entschieden wird, erscheint diese Bedrohung als nicht unbegründet. Zumindest für die Zeit nach der Ost-Erweiterung können diese Befürchtungen jedoch relativiert werden. Denn sofern die Differenz zwischen den höheren Opportunitätskosten und dem geringeren Nutzen einer gemeinschaftlichen Umweltpolitik auf hohem Niveau in den Beitrittsländern bzw. den ärmeren Mitgliedstaaten nicht durch Finanztransfers der reicheren Mitgliedstaaten kompensiert wird, ist zu erwarten, daß die ärmeren Länder geschlossen gegen derartige Pläne votieren und die Sperrminorität erreichen werden.[56]

5.8 Konsequenzen aus der Aufnahme in die Wirtschafts- und Währungsunion

Wie bereits in Abschnitt 3.2.5 erwähnt wurde, bedeutet der Beitritt zur Europäischen Union für die neuen Mitgliedstaaten automatisch die Aufnahme in die Wirtschafts- und Währungsunion mit dem Status von Mitgliedstaaten, für die eine Ausnahmeregelung gilt. D.h. die Beitrittsländer sind verpflichtet, zu einem späteren Zeitpunkt am Euro-Währungsgebiet teilzunehmen,[57] was wiederum die Erfüllung der in Maastricht formu-

---

[56] Zur Stimmengewichtung im Rat und zur Schwelle für die Beschlußfassung mit qualifizierter Mehrheit in der erweiterten Union siehe Europäischer Rat, Schlußfolgerungen des Vorsitzes, Brüssel – 24. und 25. Oktober 2002, S. 12ff.

[57] Damit unterscheidet sich die Situation der neuen Mitgliedstaaten grundlegend von der Großbritanniens, Dänemarks und Schwedens. Zwar haben diese drei Staaten ebenfalls den Status von Mitgliedstaaten, für die eine Ausnahmeregelung gilt, im Falle Großbritanniens und Dänemarks basiert diese allerdings auf einer sogenannten opting-out-Klausel, die ihnen die Möglichkeit gibt, nicht an der dritten Stufe der Währungsunion teilzunehmen. Eine solche opting-out-Klausel wurde allerdings für künftige Mitgliedstaaten ausgeschlossen. Schweden dagegen erfüllt formal ein Konvergenzkriterium nicht, denn es nimmt nicht am Europäischen Wechselkurssystem teil [Vgl. Breuss, F., Wann sind die MOEL reif für die Wirtschafts- und Währungsunion?, in: Reifegrad der mittel- und osteuropäischen EU-Beitrittswerber, (Studie des Österreichischen Instituts für Wirtschaftsforschung im Auftrag des Bundesministeriums für auswärtige Angelegenheiten) Wien 1999, S. 218].

lierten Konvergenzkriterien voraussetzt. Gemäß Artikel 121 EG-Vertrag und dem beigefügten Protokoll lauten diese Kriterien:

1) Eine Abweichung der jahresdurchschnittlichen Inflationsrate von weniger als 1,5 Prozentpunkte nach oben vom Durchschnitt jener – höchstens drei – Mitgliedstaaten der Europäischen Währungsunion mit der geringsten Inflationsrate.
2) Ein Staatsbudgetdefizit, das 3% am Bruttoinlandsprodukt (zu Marktpreisen) nicht überschreitet, es sei denn, daß entweder das Verhältnis erheblich und laufend zurückgegangen ist und einen Wert in Nähe der 3%-Marke erreicht hat, oder die 3%-Marke nur vorübergehend überschritten wird und das Verhältnis in der Nähe des Referenzwertes bleibt.
3) Eine Verschuldung der öffentlichen Haushalte, die 60% am Bruttoinlandsprodukt (zu Marktpreisen) nicht überschreitet oder sich zumindest diesem Wert erkennbar nähert.
4) Eine Abweichung des durchschnittlichen Nominalzinssatzes auf langfristige Staatsschuldverschreibungen von weniger als 2 Prozentpunkte nach oben vom Durchschnitt jener – höchstens drei – Mitgliedstaaten der Europäischen Währungsunion mit der geringsten Inflationsrate.
5) Der Wechselkurs der jeweiligen Währung gegenüber dem Euro muß mindestens zwei Jahre lang im Europäischen Wechselkurssystem ohne Änderung der zentralen Parität geblieben sein (wobei der Wechselkurs gegenwärtig um plus/minus 15% um diesen Zentralkurs schwanken darf).

Neben diesen quantifizierten Konvergenzkriterien im engeren Sinne sind nach den Regelungen des Artikel 121 EG-Vertrag bei der Beurteilung der Nachhaltigkeit der erzielten Konvergenz auch die Ergebnisse bei der Integration der Märkte, der Stand und die Entwicklung der Leistungsbilanzen, die Entwicklung bei den Lohnstückkosten und andere Preisindizes zu berücksichtigen.[58] Ferner verlangt der Beitritt zur Europäischen Union bereits im Vorfeld die Umsetzung zahlreicher Bestimmungen, die in Bezug zur Europäischen Wirtschafts- und Währungsunion stehen.[59] Zu diesen Maßnahmen zählt insbesondere die bereits angesprochene vollständige Liberalisierung des Kapitalverkehrs (auch gegenüber Drittländern) sowie die Gewährleistung der Unabhängigkeit der Zentralbank. Hierunter fällt laut EG-Vertrag und Satzung des Europäischen Systems der Zentralbanken auch die gesetzliche Verankerung der Sicherung der Preisniveaustabilität als vorrangiges Ziel der Zentralbanken sowie das gesetzliche Verbot der Finanzierung von öffentlichen Haushaltsdefiziten durch die Zentralbanken. Des weiteren sind die Richtlinien der Europäischen Union zur Schaffung adäquater Rahmenbedingungen für stabile Bankensysteme und Finanzmärkte umzusetzen und die nationalen Finanzmärkte

---

[58] Im folgenden wird jedoch allein auf die Konvergenzkriterien im engeren Sinne abgestellt, da sie die Diskussion der Beitrittsreife einer Volkswirtschaft für die Teilnahme am Euro dominieren.
[59] Vgl. European Central Bank, a.a.O., S. 39.

für ausländische Finanzdienstleister vollständig zu öffnen.[60] Der Beitritt leistet mithin vor allem in diesem Bereich bereits vorab einen positiven Beitrag für die Schaffung der Voraussetzungen einer freien leistungsfähigen Wettbewerbsordnung. Was nun die Erfüllung der Konvergenzkriterien im engeren Sinne betrifft, so zeigt ein Blick auf Tabelle 25, daß gegenwärtig vor allem die Erfüllung des Haushaltsdefizitkriteriums Probleme bereiten wird.

Tabelle 25: Realisierungsgrad der Maastricht-Kriterien in den Beitrittsländern im Jahre 2002[1,2]

	Jahresdurchschnittliche Inflationsrate in %	Langfristige Zinssätze	Finanzlage der öffentlichen Hand	
			Defizit in % des BIP[3]	Schuldenstand in % des BIP[3]
Referenzwert	3,0	7,0	-3,0	60
Polen	2,1	5,7	-5,4	48,0
Ungarn	5,3	6,3	-9,3	53,3
Tschechische Republik	1,8	4,3	-4,1	23,3

Anmerkungen: [1] Wegen der engen Abhängigkeit zwischen Inflationsraten, Zinssätzen und Wechselkursen sowie der bisher fehlenden Mitgliedschaft der Beitrittskandidaten im Europäischen Wechselkurssystem (womit formal schon ein Teil des Wechselkurskriteriums nicht erfüllt ist) wird in Tabelle 25 auf die Darstellung des Wechselkurskriteriums verzichtet. [2] Vorläufige Zahlen. [3] Definitionen können von denen der Europäischen Union abweichen.
Quelle: Deutsche Bank Research, Monetäre Konvergenz: Datenüberblick, in: Monitor EU-Erweiterung – Mittel- und Osteuropa, o.Jg. (2002), Nr. 10, S. 30.

Hinsichtlich des Konsolidierungsbedarfs wird zudem auf zahlreiche Risiken und Faktoren verwiesen, die in den Reformländern in der Zukunft hohe finanzielle Belastungen implizieren und damit zu einem deutlichen Anstieg der Haushaltsdefizite und der öffentlichen Verschuldung führen können. Hierzu zählen beispielsweise die nach wie vor hohen Volumina an notleidenden Krediten, die gegebenenfalls von der Regierung übernommen werden müssen. Ferner die Kosten der Umsetzung des Regelwerks der Europäischen Union, insbesondere im Zusammenhang mit den umweltpolitischen Auflagen, sowie die hohen Aufwendungen für die Instandsetzung und den Ausbau der Infrastruktur.[61] Diese Befürchtungen sind allerdings zu relativieren. Denn die umweltpolitischen Kosten sind nicht notwendigerweise bzw. sinnvollerweise vom Staat zu tragen, sondern vielmehr von den Verursachern. Ferner können zahlreiche Infrastrukturinvestitionen ebenfalls dem privaten Sektor überlassen werden. Was eine eventuelle Übernahme der notleidenden Kredite durch den Staat betrifft, so dürfte diese Maßnahme angesichts der

---

[60] Vgl. European Central Bank, a.a.O., S. 47f.
[61] Vgl. International Monetary Fund, World Economic Outlook, a.a.O., S. 174.

relativ niedrigen Verschuldungsquoten dieser Länder[62] nicht zu einer signifikanten Verletzung des 60%-Kriterium führen.[63]

Trotz der insgesamt vergleichsweise günstigen Ausgangslage stellt die Erfüllung der Konvergenzkriterien an die Wirtschaftspolitiken der Beitrittsländer hohe Anforderungen. Die Rückführung der Inflationsraten bzw. Sicherung der Preisniveaustabilität sowie die Reduktion der öffentlichen Defizite kann mit Anpassungsfriktionen in Form von Beschäftigungs- und Wachstumseinbußen verbunden sein. Dennoch gibt es für diese Politik keine Alternative, da eine inflatorische Geldpolitik und hohe Staatsdefizite sich als wesentlich problematischer für Wachstum und Beschäftigung erweisen als zeitlich begrenzte Stabilisierungshärten.

Das Ausmaß der Anpassungsfriktionen hängt zum einen vom Restriktionsgrad der Geld- und Finanzpolitik sowie vom Verantwortungsbewußtsein der Lohnpolitik ab. Angesichts der bisher erreichten Stabilisierungserfolge und des Umstands, daß für die Einführung des Euro kein vorab festgelegter Zeitplan existiert[64], mithin Handlungsspielraum für die Erfüllung der Konvergenzkriterien besteht, ist eine Stabilisierungskrise eher unwahrscheinlich. Dennoch können temporäre Beschäftigungsverluste nicht ausgeschlossen werden. Hierfür spricht nicht zuletzt der sogenannte Balassa-Samuelson-Effekt. Dieser entsteht in weniger entwickelten Ländern dadurch, daß im wirtschaftlichen Aufholprozeß die Produktivität im Bereich der international handelbaren Güter (typischerweise das Verarbeitende Gewerbe) überproportional ansteigt und sich allmählich dem Niveau der Industrieländer nähert. Die sich daraus ergebenden Ertragsverbesserungen schlagen sich allerdings vielfach nicht in entsprechenden Preissenkungen bei den betroffenen Produkten nieder. Dies ist darauf zurückzuführen, daß es sich hier um kleine offene Volkswirtschaften handelt, die sich an den Weltmarktpreisen für die jeweiligen Produkte orientieren. Dadurch ergeben sich Spielräume für Lohnerhöhungen im Verarbeitenden Gewerbe, die auch in anderen Sektoren der Volkswirtschaft (typischerweise im Dienstleistungsgewerbe bzw. im Bereich der international nicht handelbaren Güter), welche nicht die gleichen Produktivitätsfortschritte verzeichnen, zu entsprechenden Lohnforderungen führen können.[65] Sofern nun aber aufgrund einer stabilitätsorientierten Geldpolitik diese möglichen Lohnforderungen, die nicht durch einen

---

[62] Schuldenstand in Relation zum Bruttoinlandsprodukt.
[63] Vgl. Gros, D., How fit are the Candidates for EMU?, in: The world economy, Vol. 23 (2000), No. 10, S. 1374. Gros beziffert den Anteil notleidender Kredite am Bruttoinlandsprodukt im Jahre 1999 in der Tschechischen Republik auf 15,6%, in Ungarn auf 0,8% und in Polen auf 3,5%.
[64] Laut Europäischer Kommission müssen die Konvergenzkriterien „von den neuen Mitgliedstaaten zu gegebener Zeit auf Dauer erfüllt werden" [Europäische Kommission, Agenda 2000 – Stellungnahme der Kommission zum Antrag der Tschechischen Republik auf Beitritt zur Europäischen Union, in: Bulletin der Europäischen Union, Beilage 4/97, Luxemburg 1997, S. 54].
[65] Vgl. Deutsche Bundesbank, Währungspolitische Aspekte der EU-Erweiterung, Monatsbericht, Oktober 2001, Frankfurt am Main, S. 22.

entsprechenden Produktivitätsfortschritt gedeckt sind, nicht monetär alimentiert werden, sind temporäre Beschäftigungseinbußen die Folge.

Zum anderen hängen die Anpassungshärten bzw. die Dauer ihrer Überwindung von den Wechselkursen ab, mit denen die Beitrittsländer in die Europäische Union bzw. in das Europäische Wechselkurssystem aufgenommen werden. Bei letzterem wird eine Über- oder Unterbewertung der Währungen bei der Wahl des Wechselkursniveaus nur zufällig vermeidbar sein.[66] Während eine Überbewertung mit einem Verlust an internationaler Wettbewerbsfähigkeit einhergeht, erzeugt eine Unterbewertung zwar einen Gewinn an Wettbewerbsfähigkeit, dieser ist jedoch mit einer Verschlechterung der Terms of Trade und folglich mit einem Einkommenstransfer ins Ausland verbunden. Wie aus Tabelle 21 zu entnehmen ist, haben die Währungen aller drei betrachteten Beitrittsländer seit dem Basisjahr 1995 real aufgewertet. Dies deutet auf einen Verlust an internationaler Wettbewerbsfähigkeit hin. Insbesondere im Falle Polens spricht zugleich das seit 1998 permanent hohe Leistungsbilanzdefizit sowie die seit Jahren hohe und kontinuierlich steigende Arbeitslosigkeit und das stark gesunkene Wirtschaftswachstum für eine korrekturbedürftige Überbewertung des Zloty. Für die Beitrittsländer ist es mithin überlegenswert, beim Eintritt in das Europäische Wechselkurssystem eine neue Paritätsfestlegung vorzunehmen, d.h. die vorangegangene reale Aufwertung durch eine entsprechende Reduktion des nominalen Wechselkurses zu neutralisieren. Da die Differenzen zwischen den Inflationsraten in den einzelnen Beitrittsländern und der des Euro-Raums vergleichsweise gering sind, empfiehlt sich ein frühzeitiger Eintritt in das Europäische Wechselkurssystem, um dadurch den Druck, eine stabilitätsorientierte Wirtschaftspolitik zu verfolgen, zu erhöhen.

Summa summarum ist es durchaus möglich, daß die Beitrittsländer mittelfristig die Konvergenzkriterien erfüllen, ohne daß dies mit ausgeprägten Anpassungshärten verbunden sein muß.[67] Die mit der Erfüllung der Konvergenzkriterien ermöglichte Mitgliedschaft in der Währungsunion wird neben positiven Allokations- und Wettbewerbswirkungen mit einer weiteren Verringerung der von Investoren und Gläubigern geforderten Risikoprämie auf den Zinsanspruch verbunden sein, was wiederum eine Zunahme der Investitionsquote und damit eine Beschleunigung der Entwicklungskonvergenz erwarten läßt.

---

[66] Vgl. Schüller, A./Weber, R. L., Von der Transformation..., a.a.O., S. 483.
[67] Diese Aussage wird im Hinblick auf die Erfüllung des Defizitkriteriums auch dadurch gestützt, daß die Transferzahlungen aus den Struktur- und Kohäsionsfonds, die bis zu 4% des nationalen Bruttoinlandsprodukts erreichen können, den Abbau der Haushaltsdefizite massiv unterstützen können.

5.9 Fazit: Konsequenzen der Ost-Erweiterung für die erforderlichen Reformprozesse

Zusammenfassend lassen sich hinsichtlich der Konsequenzen der Ost-Erweiterung für die erforderlichen Reformprozesse in den Beitrittsländern folgende Schlußfolgerungen ziehen: Die Umsetzung einer freien leistungsfähigen Wettbewerbsordnung wird aufgrund der obligatorischen Akkommodation verschiedener Aspekte des Rechts-, Verwaltungs- und Wirtschaftssystems an die Regelungen der Europäischen Union gefördert. Die politische Absicherung der marktwirtschaftlichen Prinzipien infolge der Rechtsangleichung, verbunden mit der Elimination von Unklarheiten und Ermessensspielräumen im Bereich der Rechtssysteme, aber auch die uneingeschränkte und irreversible Handelsliberalisierung, tragen zu einer signifikanten Verbesserung der Standortsicherheit und damit auch zu einer deutlichen Reduktion der Risikoprämie für finanzielle Engagements in den Beitrittsländern bei. Durch eine spätere Partizipation am Euro wird die von Investoren und Gläubigern geforderte Risikoprämie noch einmal deutlich sinken, da Wechselkursrisiken entfallen und die Konvergenzkriterien bzw. der Stabilitäts- und Wachstumspakt die Verpflichtung zu einem stabilen Geldwert und einer kalkulierbaren Staatsverschuldung vertraglich absichern. Da der geforderte Realzins maßgeblich von der Risikoprämie determiniert wird, werden sich infolge des Beitritts die Kapitalkosten sowohl für den öffentlichen als auch für den privaten Sektor verringern, so daß mit einer deutlichen Ausweitung der in- und ausländischen Investitionstätigkeit und damit einer Beschleunigung des wirtschaftlichen Aufholprozesses in den Beitrittsländern zu rechnen ist. Dabei ist – anders als im Falle der Aufnahme in die Europäische Union – die Teilnahme am Euro deutlich weniger von der Interpretation subjektiver Kriterien abhängig als vielmehr von der Erfüllung quantifizierter Größen. D.h. erfüllen die Beitrittsländer die Konvergenzkriterien im engeren Sinnen, also das Inflations-, Zins-, Wechselkurs- und Verschuldungskriterium, dann kann ihnen eine Integration in das Euro-Währungsgebiet schwerlich verweigert werden.

Zwar müssen die Beitrittsländer auch Standards bzw. Regulierungen übernehmen, die, wenn sie umgesetzt werden, ihre derzeitigen komparativen Kostenvorteile reduzieren und damit wiederum den wirtschaftlichen Aufholprozeß beeinträchtigen. Bei besonders kostspieligen und ökonomisch nicht zu rechtfertigenden Richtlinien, deren Umsetzung erst in die Zeit nach der Ost-Erweiterung fällt, wie beispielsweise die Kommunalabwasserrichtlinie[68], ist es allerdings vorstellbar, daß die neuen Mitgliedstaaten vertragliche Vereinbarungen verletzen und die Umsetzung aussetzen. Zwar hat die Europäische Union für diesen Fall eine Schutzklausel in die Beitrittsverträge aufgenommen[69], diese könnte sich aber als wertlos erweisen, da die Beitrittsländer zum einen darauf verweisen können, das Deutschland für eine solche Vorgehensweise erst jüngst einen Präzedenz-

---

[68] Vgl. Europäische Kommission, Report on the results..., a.a.O., S. 46.
[69] Vgl. Abschnitt 3.1.4, Fußnote 47.

fall geschaffen hat durch die Verhinderung einer Verwarnung im Zusammenhang mit der drohenden Zielverfehlung beim Budgetdefizit[70] (überhaupt behielten und behalten es sich die Altmitgliedstaaten immer wieder vor, einzelne Regelungen der Europäischen Union ausdrücklich und ungestraft zu mißachten bzw. erst mit erheblicher Verzögerung umzusetzen[71]), und zum anderen kann die Europäische Kommission die Notwendigkeit der Umsetzung solcher Richtlinien weder integrationspolitisch noch – wie im genannten Beispiel – umweltpolitisch überzeugend begründen. Insofern dürften die Beitrittsländer aus solchen Spannungen durchaus als Gewinner hervorgehen. Die künftigen Mitgliedstaaten haben es mithin durchaus in der Hand, auch nach dem Beitritt ihre komparativen Kostenvorteile zu verteidigen. Auf der anderen Seite ist es nicht unwahrscheinlich, daß die mittel- und osteuropäischen Neumitglieder ihre Verhandlungsmacht dafür einsetzen werden, ihre gegebenen Vorteile bei den Arbeitskosten stärker über den Kanal der Dienstleistungsfreiheit ausnutzen zu können, indem sie etwa für die Aufhebung von Werkvertragsabkommen und Entsendegesetz eintreten werden. Ein Erfolg hierbei verspricht wiederum positive Wachstumsimpulse für die Beitrittsländer.

Ungeachtet aller Gemeinschaftspolitiken liegt der Schwerpunkt der wirtschaftspolitischen Kompetenz nach wie vor bei jedem einzelnen Mitgliedstaat. Das gilt insbesondere für die Arbeitsmarkt- und Sozialpolitik, aber auch für die Steuerpolitik (trotz der Annäherungen bei den indirekten Steuern). Das in der Europäischen Union zu konstatierende Spektrum an nationalen ordnungspolitischen Regelungen ist Ausdruck dessen, daß trotz aller gemeinschaftlichen Politikbereiche nach wie vor ein Wettbewerb der ordnungspolitischen Systeme stattfindet, der durch die Liberalisierung der Güter- und Faktorbewegungen nach innen und außen an Intensität gewinnt. Die Aufnahme in die Europäische Union bedeutet für die Beitrittsländer mithin in erster Linie die vollständige und irreversible Integration in den Standortwettbewerb. In diesem Wettbewerb der Systeme werden die Beitrittsländer ihre wirtschaftspolitischen Handlungsspielräume nutzen müssen, um überzeugende ordnungspolitische Angebote bereitzustellen. Dabei stehen sie unter der besonderen Herausforderung, daß sie den wirtschaftlichen Vorsprung des Westens nur dann reduzieren können, wenn sie auf ihren Märkten das Entdeckungsverfahrens des Wettbewerbs flexibler wirken lassen,[72] als dies in anderen konkurrierenden Volkswirtschaften der Fall ist. Die Ost-Erweiterung fordert aber nicht nur ein ordnungspolitisches Voranschreiten, sondern gleichzeitig begünstigt sie auch diesen Prozeß. Denn abgesehen von der beitrittsbedingten Steigerung der Standortsicherheit, die andere aufholende Schwellenländer nur sehr langfristig aufbauen können, fördern die Integrationsgewinne, d.h. ein höheres Wirtschaftswachstum und die Nettotransferzahlungen aus

---

[70] Das Budgetdefizit Deutschlands bewegte sich Ende 2001 nahe der erlaubten 3-Prozent-Grenze.
[71] Vgl. Achten, P., Die Osterweiterung der Europäischen Union – Beitritts- und Erweiterungshindernisse im Spiegel ökonomischer Kritik, (Reihe: Internationale Wirtschaft; Bd. 9) Bergisch Gladbach/Köln 1996, zugl. Diss. Köln 1996, S. 74f.
[72] Vgl. Schüller, A./Weber, R. L., Von der Transformation..., a.a.O., S. 461.

dem Haushalt der Europäischen Union, die Reformbereitschaft der Gesellschaften dort, und zwar nicht zuletzt dadurch, daß sie die Abfederung sozialer Härten ermöglichen. Sofern die Beitrittsländer diese Chance nutzen und gegenüber den Altmitgliedstaaten und speziell Deutschland einen ordnungspolitischen Vorsprung aufbauen (insbesondere auf den Feldern Flexibilität des Arbeitsmarktes und soziale Sicherheit), wird sich dieser in Kombination mit ihren Kostenvorteilen in einem massiven Zufluß von Kapital und qualifizierten Fachkräften aus Westeuropa niederschlagen, und zwar in einem Ausmaß, das höher ausfallen und rascher anfallen wird, als wenn die Beitrittsländer die marktwirtschaftliche Konsolidierung außerhalb der Europäischen Union vornehmen würden. Daß den Beitrittsländern bereits gegenwärtig eine im Vergleich zu Deutschland höhere Reformbereitschaft unterstellt werden kann, wurde bereits ausgeführt.

Neben diesem optimistischen Szenario kann ein pessimistisches Szenario nicht ausgeschlossen werden. Dieses Szenario wäre dadurch charakterisiert, daß die Beitrittsländer die Aufnahme in die Europäische Union als „krönenden" Abschluß der Reformprozesse betrachten, und sich, statt marktwirtschaftliche Reformen voranzutreiben, auf die Erwirkung gemeinschaftlicher Transferzahlungen konzentrieren, um sie dann überwiegend ineffizient zu verwenden. In diesem Szenario käme es nur zu zögerlichen und verhaltenen privaten Kapitalzuflüssen und der wirtschaftliche Konvergenzprozeß würde in weite Ferne rücken. Die fortschrittlichen Reformen in der Renten- und Arbeitsmarktpolitik weisen aber darauf hin, daß diese Entwicklung eher unwahrscheinlich ist. Eindeutig schlechter gestellt wären die mittel- und osteuropäischen Länder durch die Aufnahme in die Europäische Union nur dann, wenn die Idee eines uniformen Europas mit einheitlichen Politiken bzw. einheitlichen Standards auf hohem Niveau Realität würde. Ein solches Szenario, das den unterschiedlichen wirtschaftlichen Leistungsfähigkeiten und gesellschaftlichen Präferenzen der Mitgliedstaaten widerspricht, wird aber derzeit weder von den Altmitgliedstaaten ernsthaft angestrebt noch kann es gegen den Willen der neuen Mitgliedstaaten durchgesetzt werden.

Zusammenfassend kann es als wahrscheinlich betrachtet werden, daß die Beitrittsländer die Chance, die ihnen die Ost-Erweiterung im Hinblick auf die Umsetzung einer freien leistungsfähigen Wettbewerbsordnung bietet, nutzen werden. In diesem Fall werden unternehmerische Initiative, niedrige Produktionskosten, ein vergleichsweise hoher Humankapitalbestand und ein massiver Kapitalzufluß aus den Altmitgliedstaaten und speziell aus Deutschland zu einem dauerhaften Anstieg der Produktion und der Arbeitsnachfrage führen und die Konvergenz der Entwicklungsniveaus beschleunigen.

6. Fazit und politische Handlungsempfehlung

Als Quintessenz der Kapitel 3 und 5 läßt sich festhalten, daß die Ost-Erweiterung die Umsetzung einer freien leistungsfähigen Wettbewerbsordnung in Deutschland sehr stark beeinträchtigen dürfte, während sie umgekehrt die Durchführung entsprechender marktwirtschaftlicher Reformen in den Beitrittsländern begünstigt. Dies ist vor allem darauf zurückzuführen, daß sich aufgrund der umfangreichen Integrationsgewinne das Umfeld für marktwirtschaftliche Reformen in den mittel- und osteuropäischen Neumitgliedstaaten signifikant verbessert – nicht zuletzt deshalb, weil hohes Wirtschaftswachstum die Möglichkeiten zur Abfederung sozialer Härten erweitert –, während die Verteilungswirkungen der Ost-Erweiterung in Deutschland (Einkommenseinbußen und steigende Arbeitslosigkeit) die Akzeptanz marktwirtschaftlicher Reformen mit ihren, wenn auch nur temporären, in diesem Fall aber zusätzlichen, Anpassungshärten sehr stark reduziert. Und wie ausgeführt wurde, bietet der politische Tauschprozeß den von Reformen „negativ" Betroffenen die Möglichkeit, ihre Privilegien erfolgreich zu verteidigen, die Reformen mithin zu verhindern. Andererseits kann die erzwungene Durchsetzung einzelner Reformen gegen den entschiedenen Widerstand der Reformgegner zu Lasten des sozialen Friedens und der politischen Stabilität gehen, wodurch dem Standort Deutschland größerer Schaden als Nutzen durch diese Reformen entstehen kann. Dies ist insbesondere dann zu erwarten, wenn es sich bei den betreffenden Reformen nur um kleine Schritte hinsichtlich der Umsetzung einer freien leistungsfähigen Wettbewerbsordnung handelt. An eine Fortsetzung des Reformprozesses ist unter diesen Umständen bis auf weiteres nicht mehr zu denken.

Widerstand von seiten betroffener Interessengruppen ist freilich bei jeder marktwirtschaftlichen Reform vorprogrammiert. Durch ihre Zustimmung zur Ost-Erweiterung trägt die Bundesregierung jedoch unbegründet zur Zuspitzung der sozialen Härten bei, so daß der Reformwiderstand ungleich intensiver auszufallen droht als unter den gegenwärtigen Rahmenbedingungen, da nämlich der Wert der zu eliminierenden Privilegien mit der Verschlechterung der individuellen wirtschaftlichen Lage zunimmt.

Die Schlußfolgerung, daß die Integration der mittel- und osteuropäischen Staaten die Durchführung marktwirtschaftlicher Reformen in Deutschland beeinträchtigt, steht im absoluten Gegensatz zu der häufig vorgebrachten These, daß die Verteilungswirkungen der Ost-Erweiterung den Reformdruck in Deutschland erhöhen und damit geradezu die Durchführung von Reformen forcieren. Burda (2000), als ein prominenter Vertreter dieser Behauptung, bezeichnet die Ost-Erweiterung gar als „Trojanisches Pferd", „das eine Reform der verkrusteten Institutionen des Westens nicht nur ermöglicht, sondern erzwingt."[1] Den Vertretern dieser These ist jedoch entgegenzuhalten, daß sie die tempo-

---

[1] Burda, M., Mehr Arbeitslose..., a.a.O., S. 96.

rären Anpassungshärten negligieren, die automatisch mit marktwirtschaftliche Reformen verbunden sind, und die – im Gegensatz zu den Verteilungswirkungen, die die Ost-Erweiterung mit sich bringt – im politischen Prozeß verhindert werden können. Wie in der vorliegenden Arbeit ausgeführt wurde, ist kaum zu erwarten, daß sich die Bevölkerung in einer Zeit, die durch Einkommenseinbußen und steigende Arbeitslosigkeit geprägt ist, bereitwillig zusätzliche Anpassungshärten und weitere Verluste an Einkünften vom Staat aufbürden läßt. D.h. in demokratisch verfaßten Wohlfahrtsstaaten deutet ein steigender Reformdruck eher auf eine abnehmende Reformbereitschaft der Gesellschaft hin, was wiederum die Durchführung marktwirtschaftlicher Reformen sehr stark limitiert. Die Vertreter der „Burda-These" müssen mithin begründen, warum ausgerechnet durch die Ost-Erweiterung die Akzeptanz von Reformen in der deutschen Bevölkerung zunehmen soll?

Wenn aber Polen, Ungarn und die Tschechische Republik eingebunden in den Gemeinsamen Markt ordnungspolitisch gegenüber Deutschland voranschreiten, und in Deutschland gar eine Verschlechterung des sozialen Friedens und der politischen Stabilität nicht auszuschließen ist, dann ist mit einer Verschärfung der Abwanderung wertvoller Produktionsfaktoren aus Deutschland zu rechnen, was wiederum mit erheblichen negativen Konsequenzen für die deutsche Wohlstandsposition verbunden sein wird.

Die Empfehlung für die Politik, die aus diesem Fazit für Deutschland zwingend folgt, lautet, daß die Integration der mittel- und osteuropäischen Länder in die Europäische Union solange aufzuschieben ist, bis Deutschland hinreichend marktwirtschaftlich reformiert ist. Denn nur durch die Verschiebung der Ost-Erweiterung kann die Gefahr einer massenhaften Zuwanderung und/oder eines intensivierten Kapitalabflusses mit ihren negativen Rückwirkungen auf den Reformprozeß verhindert werden. Dagegen kann wie gezeigt wurde die Ost-Erweiterung mit Übergangsregel im Bereich der Arbeitnehmerfreizügigkeit die Probleme der Zuwanderung für Deutschland lediglich relativieren, aber nicht eliminieren, zumal die Stabilität dieser Lösung aufgrund ihrer diskriminierenden Wirkung stark in Frage zu stellen ist. Ferner ist in diesem Fall die Interaktion zwischen Migration und Kapitalabfluß zu berücksichtigen: Eine starke Limitation der Migration akzeleriert den Kapitalabfluß (während umgekehrt der Kapitalabfluß bei einer hohen Zuwanderung abgeschwächt wird). Die Übergangsregel kann daher kaum, wie jedoch mitunter in der Literatur vertreten wird[2], eine Grundlage für einen marktwirtschaftlichen Reformprozeß in Deutschland sein, zumal ein solcher auch bislang von keiner großen Partei glaubhaft angekündigt worden ist.

Um aber im Falle der Verschiebung der Ost-Erweiterung die wirtschaftliche Entwicklung in den Beitrittsländern zu fördern und um gleichzeitig hierzulande statische und dynamische Handelsgewinne zu realisieren sowie um den Reformdruck aufrechtzuerhalten, ohne ihn jedoch zu übertreiben, sollte Deutschland auf Ebene der Europäischen Union dezidiert für die irreversible und weitestgehend uneingeschränkte Liberali-

---

[2] Siehe hierzu beispielsweise Sinn, H.-W. et al., a.a.O., S. XXXIV oder Kunze, C., a.a.O., S. 128f.

sierung des Güterhandels gegenüber den mittel- und osteuropäischen Staaten eintreten bei gleichzeitiger Aufrechterhaltung der Kapitalverkehrsfreiheit. Diese Empfehlung schließt die Beseitigung von Handelsrestriktionen und sonstigen Interventionen im Agrarbereich mit ein. Die dabei entstehenden Anpassungshärten sind aus Gründen des Vertrauensschutzes für eine Übergangszeit durch produktionsneutrale, personenbezogene (und nach dem Alter der Arbeitskräfte differenzierten), abnehmend befristeten Transferzahlungen aufzufangen. Limitationen des Freihandels sind dagegen im Bau- und Transportgewerbe indiziert, beim erstgenannten beispielsweise durch die Beibehaltung der Werkvertragsabkommen. Denn aufgrund der in diesen Sektoren im allgemeinen niedrigen Qualifikationsanforderungen sind sie im Falle einer vollständigen Liberalisierung des Handels mit Dienstleistungen einem besonders starken Verdrängungswettbewerb ausgesetzt. Da der Schutz dieser Sektoren vor ausländischer Konkurrenz jedoch darauf ausgerichtet ist, die Realisierungschancen marktwirtschaftlicher Reformen zu steigern, ist er nur transitorisch. Er dient mithin nicht, wie gegenwärtige Regulierungen, so vor allem das Entsendegesetz, der ausschließlichen und dauerhaft orientierten Verteidigung des herrschenden Lohnniveaus in diesen Branchen.

Was die mittel- und osteuropäischen Staaten betrifft, so sind diese ihrerseits gut beraten, den Güter- und Kapitalverkehr zu liberalisieren und mit der Europäischen Union entsprechende Verträge zu schließen. Die deutsche Position in der Frage der Ost-Erweiterung muß folglich bis zum Abschluß der obligaten Reformen lauten: Keine Mitgliedschaft für mittel- und osteuropäische Staaten in der Europäischen Union, damit auch keine Ausstattung dieser Länder mit Transferansprüchen und Verhandlungsmacht auf Ebene der Gemeinschaft, dafür aber freier Güterhandel und freie Kapitalbewegungen zwischen selbständigen Nationen, jedoch temporäre Reglementierung des Handels mit Dienstleistungen im Bereich des Bau- und Transportgewerbes und starke Limitation der Wanderung des Faktors Arbeit.

Dieser Forderung mag man vorwerfen, daß sie in summa protektionistisch ist und zu Lasten der Beitrittsländer geht. Sie ist jedoch moralisch und ökonomisch legitim. Denn abgesehen davon, daß die Ost-Erweiterung die Durchführung marktwirtschaftlicher Reformen hierzulande erschwert mit nicht absehbaren negativen Konsequenzen für die deutsche Wohlstandsposition, was bereits für sich den Aufschub der Ost-Erweiterung aus deutscher Sicht rechtfertigt, sind die Vorteile, die sich für die Beitrittsländer aus der Ost-Erweiterung ergeben, und die hierzulande für die Zuspitzung der sozialen Härten verantwortlich sind, ungerechtfertigt. So ist zum einen die Integration in den Gemeinsamen Markt zwingend mit der Gewährung der vollen Arbeitnehmerfreizügigkeit verbunden, die lediglich für maximal sieben Jahre ausgesetzt werden kann. Angesichts der enormen Einkommensunterschiede und den Zeiten, die zu ihrer Überwindung erforderlich sind, verliert die Übergangsfrist, deren Permanenz ohnehin in Frage zu stellen ist, jedoch an Relevanz: sofern es nicht zu einem dramatischen Abfluß deutschen Kapitals in die mittel- und osteuropäischen Neumitgliedstaaten kommt, wird zum Zeitpunkt der Freigabe noch immer ein massives Einkommensgefälle zwischen Deutschland und den

Beitrittsländern, speziell Polen, existieren, das wiederum ein signifikantes Migrationspotential erwarten läßt, das hierzulande aufgrund der insuffizienten Rahmenbedingungen erhebliche Verdrängungseffekte und fiskalische Belastungen generieren wird. Da aber die deutlich höheren Einkommen in Deutschland auf der hierzulande besseren Kapitalausstattung basieren, die wiederum auf den Leistungen vorangegangener einheimischer Generationen beruht, ist es nicht nur aufgrund von Reformüberlegungen, sondern auch aufgrund von Gerechtigkeitsargumenten legitim, wenn Deutschland die Zuwanderung gegenüber Mittel- und Osteuropa bzw. generell gegenüber ärmeren Volkswirtschaften limitiert bzw. steuert. Ansonsten käme es bei einer uneingeschränkten Zuwanderung zu einer Sozialisierung der Leistungen eben dieser vorangegangenen Generationen.[3] Eine Zuwanderungspolitik entsprechend nationaler Interessen ist jedoch in einem Gemeinsamen Markt ausgeschlossen. Zum anderen ist die im Zuge der Ost-Erweiterung zu befürchtende massive Verlagerung von Produktionen und Investitionen in die mittel- und osteuropäischen Beitrittsländer gerade darauf zurückzuführen, daß die Mitgliedschaft in der Europäischen Union, und die damit verbundene Möglichkeit zur Teilnahme am Euro, Kosten und Risiken finanzieller Engagements in diesen Ländern reduziert – und zwar nicht zuletzt unter Zuhilfenahme deutscher Steuergelder. Die Mitgliedschaft in der Europäischen Union verschafft mithin diesen Ländern eine Verbesserung der Standortwettbewerbsfähigkeit, die sie aus eigener Kraft in absehbarer Zeit nicht erreicht hätten. Zwar kann bei Kapital nicht argumentiert werden, daß es auf den Leistungen vorangegangener einheimischer Generationen basiert und folglich aus Gründen der Gerechtigkeit im Inland zu investieren ist, damit die Inländer weiterhin hohe Einkommen erzielen können. Denn aus dem Recht auf Privateigentum folgt, daß jeder Kapitaleigner berechtigt ist, sein Kapital dort anzulegen, wo es die höchste Rendite erwirtschaftet. Eine Verschiebung der Ost-Erweiterung ist aber dadurch gerechtfertigt, daß wenn die Bundesregierung umgekehrt dieser Aktion zustimmt, sie dazu beiträgt, daß deutsche Investoren in den Beitrittsländern höhere Renditen als in Deutschland zu weitgehend vergleichbaren Risiken erwirtschaften können – und zwar auf Kosten der hiesigen Bevölkerung bzw. speziell auf Kosten der unteren Einkommensgruppen. Es ist mithin absolut nicht nachvollziehbar, wenn Autoren die Gefahren einer massenhaften Einwanderung erkennen, hieraus jedoch die Empfehlung ableiten, daß die Bundesregierung, zusätzlich zu ihrer Zustimmung zur Ost-Erweiterung, die Investitionsbedingungen in den Beitrittsländern fördern soll, um somit via Direktinvestitionen die Einkommenslücke zwischen West- und Osteuropa, und damit das Migrationspotential, zu reduzieren.[4]

---

[3] Vgl. El-Shagi, E.-S., Diskussionsbeitrag in: Die Erweiterung der EU nach Osten – Wirtschaftspolitische Fragen, Hrsg.: Ludwig-Erhard-Stiftung (37. Symposion der Ludwig-Erhard-Stiftung, Bonn am 17.10.1995) Krefeld 1997, S. 61.
[4] Siehe zu diesem Kalkül beispielsweise Schäfer, W., Wirtschaftspolitische Herausforderungen der EU-Osterweiterung, in: Kompendium Europäische Wirtschaftspolitik, Hrsg.: R. Ohr/T. Theurl, München

Schließlich ist darauf zu verweisen, daß nur jene institutionellen Vereinbarungen politisch überlebensfähig sind, die allen Beteiligten Vorteile bringen. Die Ost-Erweiterung unter den gegenwärtigen Bedingungen verschafft jedoch den Beitrittsländern Vorteile zu Lasten Deutschlands. Das eine solche Konstellation in Deutschland auf Dauer nicht toleriert wird und damit die europäische Integration als ganzes in Frage gestellt wird, ist absehbar. Es ist mithin im Interesse aller gegenwärtigen und künftigen Mitgliedstaaten der Europäischen Union, die Aufnahme der mittel- und osteuropäischen Staaten in die Gemeinschaft so lange aufzuschieben, bis sie auch Deutschland Vorteile bringt. Dabei ist die Ost-Erweiterung nicht deshalb ein Problem für Deutschland, weil die Beitrittsländer verhältnismäßig arme und zum Teil bevölkerungsreiche Volkswirtschaften sind, sondern sie ist deshalb ein Problem, weil Deutschland gegenwärtig mit falschen und dringend reformbedürftigen Rahmenbedingungen der signifikanten Veränderung der Faktorproportionen begegnen will bzw. muß. Unter den Bedingungen einer freien leistungsfähigen Wettbewerbsordnung, die hierzulande umzusetzen ist, würde die Erweiterung zwar auch Druck auf die Löhne ausüben, da sich die Knappheitsverhältnisse zugunsten des Kapitals verschieben, diese Verteilungswirkung wird aber langfristig durch die volle Realisierung statischer und dynamischer Integrationsgewinne überkompensiert. Unter den gegenwärtigen Rahmenbedingungen wird eine effiziente Re-Allokation von Arbeit und Kapital jedoch verhindert, was wiederum die Durchführung der obligaten Reformen beeinträchtigen dürfte und damit langfristig eine Verschlechterung der deutschen Wohlstandsposition erwarten läßt. Die Ost-Erweiterung wird sich somit für den erforderlichen Reformprozeß in Deutschland eher als ein „Danaergeschenk" erweisen.

2001, S. 257 oder Bárta, V./Richter, S., Eastern Enlargement of the European Union from a Western and an Eastern Perspective, (Forschungsbericht des Wiener Instituts für Internationale Wirtschaftsvergleiche (WIIW); Bd. 227) Wien 1996, S. 11.

Literaturverzeichnis

Achten, P.: Die Osterweiterung der Europäischen Union – Beitritts- und Erweiterungshindernisse im Spiegel ökonomischer Kritik, (Reihe: Internationale Wirtschaft; Bd. 9) Bergisch Gladbach/Köln 1996, zugl. Diss. Köln 1996.

Agarwal, J. P./Dicke, H./Foders, F.: Die wirtschaftlichen Auswirkungen für EU-Mitgliedstaaten im Gefolge einer EU-Erweiterung, (Forschungsauftrag des Bundesministeriums für Finanzen) Kiel 2000.

Angenendt, S.: Freizügigkeit: Ein Hindernis für die Osterweiterung der Europäischen Union?, in: List Forum für Wirtschafts- und Finanzpolitik, 21. Jg. (1995), H. 1, S. 36-52.

Arnim, H. H. v.: Ist der Reformstau jetzt vorbei? Von der Handlungs(un)fähigkeit der Politik, in: Stand und Perspektiven der Öffentlichen Betriebswirtschaftslehre (Festschrift für Peter Eichhorn), Hrsg.: D. Bräunig/D. Greiling, Berlin 1999, S. 297-312.

Arp, H./Riess, W./Kempis, K. v.: Umweltpolitik der EU, in: Die Europäische Union – Ein Kompendium aus deutscher Sicht, Hrsg.: R. Strohmeier, 2., neu bearb. und aktualisierte Aufl., Opladen/Wiesbaden 1999, S. 281-294.

Aturupane, C./Djankov, S./Hoekman, B.: Horizontal and Vertical Intra-Industry Trade between Eastern Europe and the European Union, in: Weltwirtschaftliches Archiv, Vol. 135 (1999), No. 1, S. 62-81.

Bachmayer, E.: Gewerkschaften, in: Mittel- und Osteuropa Perspektiven (Jahrbuch 1998/99; Bd. 2), Hrsg.: Frankfurter Allgemeine Zeitung GmbH Informationsdienste u.a., Frankfurt am Main 1998, S. 134-138.

Baldwin, R. E.: Towards an Integrated Europe, (Centre for Economic Policy Research) London 1994.

Bárta, V./Richter, S.: Eastern Enlargement of the European Union from a Western and an Eastern Perspective, (Forschungsbericht des Wiener Instituts für Internationale Wirtschaftsvergleiche (WIIW); Bd. 227) Wien 1996.

Bauer, J.-P.: Zuständigkeit der Akteure, in: Handbuch der Arbeitsbeziehungen, Hrsg.: G. Endruweit et al., Berlin/New York 1985, S. 145-167.

Belke, A./Hebler, M.: EU-Osterweiterung, Euro und Arbeitsmärkte, München/Wien 2002.

Bellmann, L./Kohaut, S./Schnabel, C.: Ausmaß und Entwicklung der übertariflichen Entlohnung, in: iw-Trends, 25. Jg. (1998), H. 2, S. 5-14.

Berke, C./Trabold, H.: „Low-cost" oder „High-tech"? Strategische Außenwirtschaftsoptionen für die mittel- und osteuropäischen Länder, in: Transformation des Wirtschaftssystems in den mittel- und osteuropäischen Ländern, Hrsg.: D. Schumacher, (Sonderheft/Deutsches Institut für Wirtschaftsforschung; Bd. 161) Berlin 1997, S. 287-324.

Berthold, N.: Der Sozialstaat der Zukunft – mehr Markt weniger Staat, in: List Forum für Wirtschafts- und Finanzpolitik, 27. Jg. (2001), H. 1, S. 22-43.

Ders.: Mehr Beschäftigung, weniger Arbeitslosigkeit: Setzt sich das ökonomische Gesetz gegen (verbands-)politische Macht durch?, in: Ordo (Jahrbuch für die Ordnung von Wirtschaft und Gesellschaft; Bd. 51), Hrsg.: H. O. Lenel et al., Stuttgart 2000, S. 231-259.

Ders.: Der Sozialstaat auf dem Prüfstand, in: 100 Jahre Ludwig Erhard – Das Buch zur sozialen Marktwirtschaft, Düsseldorf 1997, S. 75-81.

Ders.: Arbeitslosigkeit in Europa – Ein schwer lösbares Rätsel?, in: Beschäftigungsentwicklung und Arbeitsmarktpolitik, Hrsg.: E. Kantzenbach/O. G. Mayer, (Schriften des Vereins für Socialpolitik, Gesellschaft für Wirtschafts- und Sozialwissenschaften; N.F., Bd. 219) Berlin 1992, S. 51-87.

Ders.: Wettbewerbsfähigkeit der deutschen Wirtschaft – Gefahr im Verzug?, (Wirtschaftspolitische Kolloquien der Adolf-Weber-Stiftung; Bd. 19) Berlin 1992.

Berthold, N./Heise, M.: Rahmenbedingung der Arbeit im internationalen Wettbewerb, in: Handbuch Banken und Personal, Hrsg.: P. Siebertz/J. H. v. Stein, Frankfurt am Main 1999, S. 77-100.

Berthold, N./Thode, E.: Globalisierung – Drohendes Unheil oder schöpferische Kraft für den Sozialstaat?, in: Ökonomische Theorie der Sozialpolitik (Festschrift für Bernhard Külp), Hrsg.: E. Knappe/N. Berthold, Heidelberg 1998, S. 319-360.

Berthold, N./Fehn, R.: Arbeitslosigkeit in Deutschland – Diagnose und Therapie, Würzburg 1994.

Beyfuß, J.: Erfahrungen deutscher Auslandsinvestoren in Reformländern Mittel- und Osteuropas, (Beiträge zur Wirtschafts- und Sozialpolitik; Bd. 232) Köln 1996.

Ders.: Standort Deutschland – Auslandsinvestitionen signalisieren Defizite, in: Sparkasse, 113. Jg. (1996), H. 11, S. 497-499.

Biehl, K.: EU-Osterweiterung und Arbeitsmarkt, in: Wirtschaftspolitische Blätter, 46. Jg. (1999), H. 1-2, S. 81-94.

Bispinck, R./Schulten, T.: Globalisierung und das deutsche Kollektivvertragssystem, in: WSI-Mitteilungen, 51. Jg. (1998), H. 4, S. 241-248.

Boeri, T./Börsch-Supan, A./Tabellini, G.: Der Sozialstaat in Europa. Die Reformbereitschaft der Bürger – Eine Umfrage in vier Ländern, (Hrsg.: Deutsches Institut für Altersvorsorge) Köln 2000.

Boeri, T./Brücker, H.: The Impact of Eastern Enlargement on Employment and Labour Markets in the EU Member States, (Gutachten im Auftrag der Europäischen Kommission) Berlin/Mailand 2000.

Boeri, T./Edwards, S.: Long-term unemployment and short-term unemployment benefits: The changing nature of non-employment subsidies in Central and Eastern Europe, in: Empirical Economics, Vol. 23 (1998), No. 1-2, S. 31-54.

Borrmann, A. et al.: Soziale Marktwirtschaft – Erfahrungen in der Bundesrepublik Deutschland und Überlegungen zur Übertragbarkeit auf Entwicklungsländer, Hamburg 1990.

Boss, A./Rosenschon, A.: Subventionen in Deutschland: Quantifizierung und finanzpolitische Bewertung, (Kieler Diskussionsbeiträge; Bd. 392/393) Kiel 2002.

Boss, A./Laaser, C.-F./Schatz, K.-W. et al.: Deregulierung in Deutschland: Eine empirische Analyse, (Kieler Studien; Bd. 275) Tübingen 1996.

Bräuninger, D.: Rentenreformen in den großen Beitrittsländern, in: Monitor EU-Erweiterung – Mittel- und Osteuropa (Hrsg.: Deutsche Bank Research), o.Jg. (2002), Nr. 9, S. 20-37.

Breuss, F.: Wann sind die MOEL reif für die Wirtschafts- und Währungsunion?, in: Reifegrad der mittel- und osteuropäischen EU-Beitrittswerber, (Studie des Österreichischen Instituts für Wirtschaftsforschung im Auftrag des Bundesministeriums für auswärtige Angelegenheiten) Wien 1999, S. 205-235.

Brücker, H.: Werden unsere Löhne künftig in Warschau festgesetzt?, in: List Forum für Wirtschafts- und Finanzpolitik, 27. Jg. (2001), H. 1, S. 71-92.

Brüstle, A./Döhrn, R.: Systemtransformation in Ostmitteleuropa – eine Zwischenbilanz, in: RWI-Mitteilungen, 45. Jg. (1994), H. 1, S. 177-203.

Brunner, G.: Privatisierung in Osteuropa – eine typologische Skizze, in: Osteuropa-Recht, 45. Jg. (1999), H. 1, S. 2-17.

Buch, C. M.: Capital Mobility and EU Enlargement, (Kiel Working Paper; Bd. 908) Kiel 1999.

Dies.: Banken im Transformationsprozeß – eine Bestandsaufnahme für Polen, die Tschechische Republik und Ungarn, in: Die Weltwirtschaft, o.Jg. (1996), H. 1, S. 70-102.

Bundesanstalt für Arbeit: Übersicht Werkvertragskontingente nach den Regierungsabkommen, Ia5-5751 (55), Stand September 2001.

Bundesministerium für Gesundheit und Soziale Sicherung: Statistisches Taschenbuch 2002 – Arbeits- und Sozialstatistik, Bonn 2002.

Bundesministerium der Finanzen: Bericht der Bundesregierung über die Entwicklung der Finanzhilfen des Bundes und der Steuervergünstigungen für die Jahre 1999 – 2002 (Achtzehnter Subventionsbericht), Berlin 2001.

Dass.: Die wichtigsten Steuern im internationalen Vergleich, Monatsbericht, Januar 2003, S. 55-68.

Burda, M.: Mehr Arbeitslose – Der Preis für die Osterweiterung? Zur Auswirkung der EU-Erweiterung auf die europäischen Arbeitsmärkte im Osten und Westen, in: Erweiterung der EU, Hrsg.: L. Hoffmann, (Schriften des Vereins für Socialpolitik, Gesellschaft für Wirtschafts- und Sozialwissenschaften; Bd. 279) Berlin 2000, S. 79-102.

Burda, M.: The consequences of EU enlargement for Central and Eastern European labour markets, in: Cahiers BEI, Vol. 3 (1998), No. 1, S. 65-82.

Carter, L./Sader, F./Holtedahl, P.: Foreign Direct Investment in Central and Eastern European Infrastructure, Washington, D.C. 1996.

Cassel, D.: Wirtschaftspolitik als Ordnungspolitik, in: Ordnungspolitik, Hrsg.: D. Cassel/B.-T. Ramb/H. J. Thieme, München 1988, S. 313-333.

Clausewitz, C. v., Vom Kriege, 18. Aufl., Bonn 1972.

Clement, H./Jungfer, J. et al.: Den Transformationsfortschritt messen: Die staatliche Einflußnahme auf die Wirtschaftstätigkeit in ausgewählten Transformationsstaaten, (Arbeiten aus dem Osteuropa-Institut München; Nr. 201/202, Gutachten im Auftrag des Bundesministeriums für Wirtschaft) München 1997.

Cluse, R.: Ausländische Direktinvestitionen in den Transformationsstaaten Mittel- und Osteuropas – Ansätze zur Verbesserung der Standortqualität, (Schriftenreihe des Instituts für Allgemeine Wirtschaftsforschung der Albert-Ludwigs-Universität Freiburg i. Br.; Bd. 62) Freiburg i. Br. 1999, zugl. Diss. Freiburg i. Br. 1998.

Däubler, W.: Die soziale Dimension des Europäischen Binnenmarktes, in: Europa-Handbuch, Hrsg.: W. Weidenfeld, Gütersloh 1999, S. 522-535.

Dahlmanns, G.: Mehr Markt für den Arbeitsmarkt, in: Aus Politik und Zeitgeschichte, 47. Jg. (1997), Bd. 35, S. 33-38.

Dauderstädt, M.: Die mittel- und osteuropäischen Beitrittskandidaten der ersten Reihe auf dem Weg in die Europäische Union, in: Osterweiterung der Europäischen Union – die doppelte Reifeprüfung, Hrsg.: B. Lippert, (Analysen zur Europapolitik des Instituts für Europäische Politik; Bd. 15) Bonn 2000, S. 167-221.

Daumann, F.: Interessenverbände im politischen Prozeß – Einflußnahme und Möglichkeiten der Begrenzung, in: Ordo (Jahrbuch für die Ordnung von Wirtschaft und Gesellschaft; Bd. 50), Hrsg.: H. O. Lenel et al., Stuttgart 1999, S. 171-206.

Ders.: Zur Erklärung des politischen Prozesses in Demokratien – Versuch einer evolutorischen individualistischen Fundierung der Neuen Politischen Ökonomie, in: Ordo (Jahrbuch für die Ordnung von Wirtschaft und Gesellschaft; Bd. 46), Hrsg.: H. O. Lenel et al., Stuttgart 1995, S. 77-99.

De New, J. P/Zimmermann, K. F.: Native wage impacts of foreign labor: a random effects panel analysis, in: Journal of Population Economics, Vol. 7 (1994), 177-192.

Deutsche Bank Research: Key economic indicators, http://www.dbresearch.de/servlet/reweb...wobj=keyecoind.Start.class&rwalias=CZE [HUN, POL], Stand: 05.02.2003.

Dies.: Monetäre Konvergenz: Datenüberblick, in: Monitor EU-Erweiterung – Mittel- und Osteuropa, o.Jg. (2002), Nr. 10, S. 30.

Deutsche Bundesbank: Währungspolitische Aspekte der EU-Erweiterung, Monatsbericht, Oktober 2001, S. 15-31.

Dies.: Die relative Stellung der deutschen Wirtschaft in den mittel- und osteuropäischen Reformländern, Monatsbericht, Oktober 1999, S. 15-28.

Dies.: Entwicklung und Bestimmungsgründe grenzüberschreitender Direktinvestitionen, Monatsbericht, August 1997, S. 63-82.

Dies.: Neuere Tendenzen in den wirtschaftlichen Beziehungen zwischen Deutschland und den mittel- und osteuropäischen Reformländern, Monatsbericht, Juli 1996, S. 31-47.

Dies.: Zahlungsbilanzstatistik, Statistisches Beiheft zum Monatsbericht, Nr. 3, lfd. Jgg.

Dies.: Kapitalverflechtung mit dem Ausland, Statistische Sonderveröffentlichung, Nr. 10, lfd. Jgg.

Deutscher Industrie- und Handelstag: Standort MOE – Fakten, Kontakte, Bedingungen für die EU-Erweiterung, Berlin 2000.

Deutsches Institut für Wirtschaftsforschung: Alternde Gesellschaft – Zur Bedeutung von Zuwanderungen für die Altersstruktur der Bevölkerung in Deutschland, in: Wochenbericht, 62. Jg. (1995), H. 33, S. 579-589.

Donges, J. B.: Die Wirtschaftspolitik im Spannungsverhältnis von Regulierung und Deregulierung, in: Ordo (Jahrbuch für die Ordnung von Wirtschaft und Gesellschaft; Bd. 48), Hrsg.: H. O. Lenel et al., Stuttgart 1997, S. 201-217.

Donges, J. B.: Deutschland in der Weltwirtschaft – Dynamik sichern, Herausforderungen bewältigen, (Meyers Forum; Bd. 30) Mannheim u.a. 1995.

Ders.: Deregulierung am Arbeitsmarkt und Beschäftigung, (Walter Eucken Institut, Vorträge und Aufsätze; Bd. 138) Tübingen 1992.

Donges, J. B. et al.: Privatisierung von Landesbanken und Sparkassen, (Frankfurter Institut – Stiftung Marktwirtschaft und Politik; Bd. 38) Bad Homburg 2001.

Donges, J. B. et al.: Osterweiterung der Europäischen Union – Als Chance zur Reform begreifen, (Frankfurter Institut – Stiftung Marktwirtschaft und Politik; Bd. 33) Bad Homburg 1998.

Dresdner Bank: Herausforderung EU-Erweiterung: Wachstumschancen nutzen – Reformen vorantrieben, (Trends Spezial; Mai 2001) Frankfurt am Main 2001.

Dürkop. U.: Bankwesen, in: Mittel- und Osteuropa Perspektiven (Jahrbuch; 2001/2002), Hrsg.: F.A.Z.-Institut für Management-, Markt- und Medieninformationen GmbH, Frankfurt am Main 2001, S. 295-299.

Dziegielewska, D. A.: How much does it cost to join the European Union and who is going to pay for it? Cost estimates for the Czech Republic, Hungary, Poland and Slovenia, complying with the EU environmental standards, (IIASA Interim Report-00-001) Laxenburg 2000.

El-Shagi, E.-S.: Sozialprodukt-Konzept und sozioökonomische Entwicklung, in: Das Wirtschaftsstudium, 32. Jg. (2003), H. 2, S. 239-244.

Ders.: Die Osterweiterung und ihre Konsequenzen für Deutschland, in: Das Wirtschaftsstudium, 29. Jg. (2000), H. 4, S. 592-600.

Ders.: Diskussionsbeitrag in: Die Erweiterung der EU nach Osten – Wirtschaftspolitische Fragen, Hrsg.: Ludwig-Erhard-Stiftung (37. Symposion der Ludwig-Erhard-Stiftung, Bonn am 17.10.1995) Krefeld 1997, S. 61.

Ders.: „Soziale Marktwirtschaft" – wohlgemeinte Idee mit negativen Folgen für die marktwirtschaftliche Ordnung, in: List Forum für Wirtschafts- und Finanzpolitik, 23. Jg. (1997), H. 4, S. 348-362.

Ders.: Marktwirtschaftliche Transformation in der Dritten Welt, in: Das Wirtschaftsstudium, 24. Jg. (1995), H. 3, S. 232-237.

El-Shagi, E.-S.: Plädoyer für eine Liberalisierung des Welthandels, in: List Forum, 19. Jg. (1993), H. 3, S. 183-206.

Ders.: Die Überlegenheit des marktwirtschaftlichen Entwicklungsweges, (Argumente der Freiheit – Friedrich-Naumann-Stiftung) Sankt Augustin 1992.

Ders.: Verteilen sich die Gewinne durch Freihandel zuungunsten der Entwicklungsländer?, in: Entwicklung und Strukturwandel – Beiträge zur Entwicklungspolitik, Hrsg.: J. Reinhardt/C. Uhlig, Frankfurt am Main u.a. 1990, S. 33-50.

Ders.: Handelsgewinne, Handelsrestriktionen und Annahmen der Außenhandelstheorie, in: Zeitschrift für Wirtschaftspolitik, 37. Jg. (1988), S. 251-263.

Ders.: Die Wettbewerbsordnung und ihre Relevanz für Länder der Dritten Welt, in: List Forum, 12. Jg. (1983/84), H. 2, S. 78-106.

Ders.: Ägypten – Ausländische Direktinvestitionen und ihre Bedeutung als Beitrag externer Entwicklungsfinanzierung, in: List Forum, 11. Jg. (1981/82), H. 2, S. 63-91.

Ders.: Strategie der wirtschaftlichen Integration, (Volkswirtschaftliche Schriften; Bd. 298) Berlin 1980, zugl. Habil.-Schr. Bochum 1980.

Europäische Gemeinschaften: Beschluß des Rates und der Kommission vom 13. Dezember 1993 über den Abschluß des Europa-Abkommens zwischen den Europäischen Gemeinschaften und ihren Mitgliedstaaten einerseits und der Republik Polen andererseits, Amtsblatt L348 vom 31.12.1993, Luxemburg.

Europäische Kommission: Report on the results of the negotiations on the accession of Cyprus, Malta, Hungary, Poland, the Slovak Republic, Latvia, Estonia, Lithuania, the Czech Republic and Slovenia to the European Union, http://europa.eu.int/comm/enlargement/negotiations/pdf/negotiations_report_to_ep.pdf, Stand: 28.05.2003.

Dies.: Regelmäßiger Bericht 2002 über die Fortschritte Polens auf dem Weg zum Beitritt [Fortschrittsbericht], Brüssel 2002.

Dies.: Regelmäßiger Bericht 2002 über die Fortschritte der Tschechischen Republik auf dem Weg zum Beitritt [Fortschrittsbericht], Brüssel 2002.

Europäische Kommission: Regelmäßiger Bericht 2002 über die Fortschritte Ungarns auf dem Weg zum Beitritt [Fortschrittsbericht], Brüssel 2002.

Dies.: Regelmäßiger Bericht 2000 über die Fortschritte Polens auf dem Weg zum Beitritt [Fortschrittsbericht], Brüssel 2000.

Dies.: Regelmäßiger Bericht 2000 über die Fortschritte der Tschechischen Republik auf dem Weg zum Beitritt [Fortschrittsbericht], Brüssel 2000.

Dies.: Regelmäßiger Bericht 2000 über die Fortschritte Ungarns auf dem Weg zum Beitritt [Fortschrittsbericht], Brüssel 2000.

Dies.: Agenda 2000 – Eine stärkere und erweiterte Union, in: Bulletin der Europäischen Union, Beilage 5/97, Luxemburg 1997.

Dies.: Agenda 2000 – Stellungnahme der Kommission zum Antrag der Tschechischen Republik auf Beitritt zur Europäischen Union, in: Bulletin der Europäischen Union, Beilage 4/97, Luxemburg 1997.

Europäischer Rat: Schlußfolgerungen des Vorsitzes, Kopenhagen – 12. und 13. Dezember 2002.

Ders.: Schlußfolgerungen des Vorsitzes, Brüssel – 24. und 25. Oktober 2002.

Ders.: Schlußfolgerungen des Vorsitzes, Berlin – 24. und 25. März 1999.

Ders.: Schlußfolgerungen des Vorsitzes, Kopenhagen – 21. und 22. Juni 1993.

Europäisches Parlament/Rat/Kommission: Interinstitutionelle Vereinbarung vom 6. Mai 1999, in: Amtsblatt der Europäischen Gemeinschaften (C 172/1), Luxemburg 1999.

European Bank for Reconstruction and Development: Transition report 2002 – Agriculture and rural transition, London 2002.

Dies.: Transition report 2001 – Energy in transition, London 2001.

Dies.: Transition report 2000 – Employment, skills and transition, London 2000.

Dies.: Transition report 1998 – Financial sector in transition, London 1998.

European Bank for Reconstruction and Development: Transition report 1996 – Infrastructure and savings, London 1996.

European Central Bank: The Eurosystem and the EU enlargement process, Monthly Bulletin, February 2000, S. 39-51.

Eurostat: Jahrbuch 2002, Luxemburg 2002.

Dies.: European Union foreign direct investment yearbook 2000, Luxemburg 2001.

Faßmann, H./Hintermann, C.: Migrationspotential Osteuropa – Struktur und Motivation potentieller Migranten aus Polen, der Slowakei, Tschechien und Ungarn, (ISR-Forschungsberichte; Bd. 15) Wien 1997.

Feldmann, H.: Arbeitsmarktrigiditäten in den EU-Beitrittsländern Polen, Tschechien und Ungarn, in: Konjunkturpolitik, 48. Jg. (2002), H. 2, S. 169-198.

Ders.: Zehn Jahre EU-Sozialcharta, in: Wirtschaftsdienst – Zeitschrift für Wirtschaftspolitik, 79. Jg. (1999), H. 11, S. 670-676.

Fertig, M./Schmidt, C. M.: Aggregate-Level Migration Studies as a Tool for Forecasting Future Migration Streams, (IZA Discussion Paper; Bd.: 183) Bonn 2000.

Fidrmuc, J./Grozea-Helmenstein, D./Wörgötter, A.: East-West Intra-Industry Trade Dynamics, in: Weltwirtschaftliches Archiv, Vol. 135 (1999), No. 2, S. 332-346.

Fischer, P. A./Straubhaar, T.: Ökonomische Integration und Migration in einem Gemeinsamen Markt – 40 Jahre Erfahrung im Nordischen Arbeitsmarkt, (Beiträge zur Wirtschaftspolitik; Bd. 59) Bern u.a. 1994.

Forschungsstelle für empirische Sozialökonomik e.V.: Einstellungen zum Beitritt zur Europäischen Union in Polen, Tschechien und Ungarn – Ergebnisse aus dem Transformationsbarometer Osteuropa 2002, (Arbeitspapiere zur Transformationsforschung der Forschungsstelle für empirische Sozialökonomik e.V.; Bd. 10a) Köln 2002.

Franz, W.: Arbeitsmarktökonomik, 4., überarb. Aufl., Berlin u.a. 1999.

Ders.: Zur ökonomischen Bedeutung von Wanderungen und den Möglichkeiten und Grenzen einer Einwanderungspolitik, Konstanz 1993.

Franzmeyer, F./Brücker, H.: Europäische Union: Osterweiterung und Arbeitskräftemigration, in: Wochenbericht (Deutsches Institut für Wirtschaftsforschung), 64. Jg. (1997), H. 5, S. 89-96.

Freytag, A.: International operierende Unternehmen und nationale Wirtschaftspolitik, in: Die Rolle des Staates in einer globalisierten Wirtschaft, Hrsg.: J. D. Donges/A. Freytag, Stuttgart 1998, S. 261-284.

Frohberg, K. et al.: Auswirkungen der EU-Osterweiterung auf die Beitrittsländer – Analyse unter Berücksichtigung der WTO-Verpflichtungen, Referat, gehalten auf der 41. Jahrestagung der Gesellschaft für Wirtschafts- und Sozialwissenschaften des Landbaues e.V. vom 8. bis 10. Oktober 2001 in Braunschweig, (Institut für Agrarentwicklung in Mittel- und Osteuropa) Halle (Saale) 2001.

Fuest, W./Huber, B.: Steuern als Standortfaktor im internationalen Wettbewerb, (Beiträge zur Wirtschafts- und Sozialpolitik; Bd. 252) Köln 1999.

Gächter, A.: Auswirkungen einer allfälligen Osterweiterung der Europäischen Union auf die Zuwanderung nach Österreich und auf die Akzeptanz von Zuwanderern, in: Europa 1996 – Auswirkungen einer EU-Osterweiterung, (Schriftenreihe Europa des Bundeskanzleramts) Wien 1995, S. 47-86.

Görgens, E.: Arbeitsmarktinstitutionen und Beschäftigung in Deutschland, in: Ordo (Jahrbuch für die Ordnung von Wirtschaft und Gesellschaft; Bd. 48), Hrsg.: H. O. Lenel et al., Stuttgart 1997, S. 385-410.

Götting, U.: Transformation der Wohlfahrtsstaaten in Mittel- und Osteuropa – Eine Zwischenbilanz, (Gesellschaftspolitik und Staatstätigkeit; Bd. 15) Opladen 1998.

Gren, I. et al.: Reduced Nutrient Lads to the Baltic Sea: Ecological Consequences, Costs and Benefits, (Beijer Discussion Paper; Bd. 83) Stockholm 1996.

Gries, T.: Internationale Wettbewerbsfähigkeit – Eine Fallstudie für Deutschland, Wiesbaden 1998.

Gros, D.: How fit are the Candidates for EMU?, in: The world economy, Vol. 23 (2000), No. 10, S. 1367-1377.

Grüske, K.-D./Recktenwald, H. C.: Wörterbuch der Wirtschaft, 12. Aufl., Stuttgart 1995.

Gumpel, W.: Engpässe des Verkehrswesens als limitationale Faktoren der wirtschaftlichen Entwicklung in Ost- und Südosteuropa, in: Barrieren im Bereich der Verkehrs-, Energie- und Agrarwirtschaft in Ost- und Südosteuropa, Hrsg.: W. Gumpel/P. Hampe, (Südosteuropa aktuell; Bd. 15) München 1993, S. 13-24.

Härtel, H.-H./Jungnickel, R. et al.: Grenzüberschreitende Produktion und Strukturwandel – Globalisierung der deutschen Wirtschaft, (Veröffentlichungen des HWWA-Institut für Wirtschaftsforschung; Bd. 29) Baden-Baden 1996.

Hamilton, C., B./Winters, L., A.: Opening up international trade with Eastern Europe, in: Economic Policy, 19. Jg. (1992), Nr. 14, S. 77-116.

Hank, R.: Das Ende der Gleichheit – oder Warum der Kapitalismus mehr Wettbewerb braucht, Frankfurt am Main 2000.

Hartwig, K.-H./Welfens, P. J. J.: EU und Osteuropa, in: Handbuch Europäische Wirtschaftspolitik, Hrsg.: P. Klemmer, München 1998, S. 375-455.

Haupt, S.: WTO drängt Europa zu Agrarreform, in: Handelsblatt, Nr. 208 v. 29.10.2002, S. 8.

Havlik, P.: Wages, Productivity and Labour Cost in the CEECs, in: Structural Developments in Central and Eastern Europe, Hrsg.: M. Landesmann et al., (WIIW Structural Report 1999) Wien 1999, S. 121-157.

Heilemann, U./Loeffelholz, H. D.: Ökonomische und fiskalische Implikationen der Zuwanderung nach Deutschland, (RWI-Papiere; Bd. 52) Essen 1998.

Heimann, D./Ziener, M.: Polen startet neuen Privatisierungsvorstoß, in: Handelsblatt, Nr. 85 v. 3./4.5.2002, S. 6.

Heinrich, R. P.: Der Außenhandel zwischen der Europäischen Union und Ostmitteleuropa, in: List Forum für Wirtschafts- und Finanzpolitik, 20. Jg. (1994), H. 3, S. 211-225.

Heinrich, R. P./Koop, M. J. et al.: Sozialpolitik im Transformationsprozeß Mittel- und Osteuropas, (Kieler Studien; Bd. 273) Tübingen 1996.

Heitger, B.: Wachstums- und Beschäftigungseffekte einer Rückführung öffentlicher Ausgaben – Eine empirische Analyse für die OECD-Länder, (Kieler Studien; Bd. 291) Tübingen 1998.

Hencsey, N./Conrad, J./Klett, B.: Der Bankensektor: entscheidend für Konvergenz und Integration, in: Monitor EU-Erweiterung – Mittel- und Osteuropa (Hrsg.: Deutsche Bank Research), o.Jg. (2001), Nr. 5, S. 3-15.

Heusinger, F. v.: Beschäftigungs- und Sozialpolitik, in: Die Europäische Union – Ein Kompendium aus deutscher Sicht, Hrsg.: R. Strohmeier, 2., neu bearb. und aktualisierte Aufl., Opladen/Wiesbaden 1999, S. 163-194.

Hoffmann, L.: Der Standort Deutschland im internationalen Vergleich, in: Deutschland im internationalen Standortwettbewerb, Hrsg.: E. Kantzenbach/O. G. Mayer, (Veröffentlichungen des HWWA-Institut für Wirtschaftsforschung – Hamburg; Bd. 18) Baden-Baden 1994/95, S. 47-76.

Hultgren, G./Hencsey, N.: Kapitalmärkte: der Aufholprozeß ist mühsam, in: Monitor EU-Erweiterung – Mittel- und Osteuropa (Hrsg.: Deutsche Bank Research), o.Jg. (2001), Nr. 5, S. 16-22.

Hunya, G.: International Competitiveness Impacts of Foreign Direct Investment in Central and East European Countries, in: Emergo, Vol. 7 (2000), No. 2, S. 20-39.

Husmann, M.: Ost-Erweiterung der EU und Arbeitnehmerfreizügigkeit, in: Zeitschrift für ausländisches und internationales Arbeits- und Sozialrecht, 13. Jg. (1999), H. 4, S. 419-440.

Institut der deutschen Wirtschaft: Hartz-Reform – Allenfalls ein Anfang, in: iwd – Informationsdienst des Instituts der deutschen Wirtschaft, o.Jg. (2003), H. 3, http://www.iw-koeln.de/Publikationen/frs_publikationen.htm, Stand: 19.02.2003.

Dies.: Deutschland in Zahlen – Ausgabe 2002, Köln 2002.

International Monetary Fund: World Economic Outlook, October 2000, Washington, D.C. 2000.

Dies.: Government Finance Statistics Yearbook, Washington, D.C. 1998.

Dies.: International Financial Statistics, Washington, D.C. lfd. Jgg.

Dies.: Direction of Trade Statistics Yearbook, Washington, D.C. lfd. Jgg.

International Telecommunication Union (ITU): World Telecommunication Development Report, Geneva 1999.

Issing, O.: Erfolgsbedingungen einer angebotsorientierten Wirtschaftspolitik, in: Perspektiven der deutschen Wirtschaftspolitik, Hrsg.: H. Siebert, Stuttgart u.a. 1983, S. 179-190.

Jäger, M.: Ökonomische Konsequenzen der Zuwanderung, (Schriften zur angewandten Wirtschaftsforschung; Bd. 84) Tübingen 1999.

Jahn, J./Schwenn, K.: Auf die Bürger kommt eine Fülle neuer Steuer- und Abgabenlasten zu, in: Frankfurter Allgemeine Zeitung, Nr. 301 v. 28.12.2002, S. 12.

Jahrreiß, W.: Zur Theorie der Direktinvestitionen im Ausland, (Volkswirtschaftliche Schriften; Bd. 337) Berlin 1984.

Jungnickel, R.: Direktinvestitionen – ein problematischer Standortindikator, in: Wirtschaftsdienst – Zeitschrift für Wirtschaftspolitik, 80. Jg. (2000), H. 6, S. 371-374.

Kaltefleiter, W.: Zum Spiel mit dem Wort Reformen, in: Wirtschaftsdienst – Zeitschrift für Wirtschaftspolitik, 77. Jg. (1997), H. 10, S. 557-560.

Karl, H.: Umweltpolitik, in: Handbuch Europäische Wirtschaftspolitik, Hrsg.: P. Klemmer, München 1998, S. 1001-1149.

Kaufmann, F./Menke, A.: Standortverlagerungen mittelständischer Unternehmen nach Mittel- und Osteuropa – Eine empirische Untersuchung am Beispiel der vier Visegrád-Staaten, (Schriften zur Mittelstandsforschung; Bd. 74 N.F.) Stuttgart 1997.

Kirsch, G.: Vorwärts zum geordneten Rückzug, in: Frankfurter Allgemeine Zeitung, Nr. 245 v. 21.10.2000, S. 15.

Klodt, H.: Perspektiven des Ost-West-Handels: Die komparativen Vorteile der mittel- und osteuropäischen Reformländer, in: Die Weltwirtschaft, o.Jg. (1993), H. 4, S. 424-440.

Klodt, H./Maurer, R.: Internationale Direktinvestitionen: Determinanten und Konsequenzen für den Standort Deutschland, (Kieler Diskussionsbeiträge; Bd. 284) Kiel 1996.

Klodt, H./Stehn, J. et al.: Standort Deutschland: Strukturelle Herausforderungen im neuen Europa, (Kieler Studien; Bd. 265) Tübingen 1994.

Knappe, E.: Umbau des Sozialstaates – Kranken-, Renten- und Arbeitslosenversicherung, in: List Forum für Wirtschafts- und Finanzpolitik, 21. Jg. (1995), H. 4, S. 342- 371.

Köddermann, R./Wilhelm, M.: Umfang und Bestimmungsgründe einfließender und ausfließender Direktinvestitionen ausgewählter Industrieländer – Entwicklungen und Perspektiven, (ifo-Studien zur Strukturforschung; Bd. 24, Gutachten im Auftrag des Bundesministeriums für Wirtschaft) München 1996.

Kotthoff, H.: Betriebliche Interessenvertretung durch Mitbestimmung des Betreibsrats, in: Handbuch der Arbeitsbeziehungen, Hrsg.: G. Endruweit et al., Berlin/New York 1985, S. 65-87.

Krugman, P. R./Venables, A. J.: Integration and the competitiveness of peripheral industry, in: Unity with diversity in the European economiy: the Community's Southern frontier, Hrsg.: C. Bliss/J. B. de Macedo, Cambridge u.a. 1990, S. 56-75.

Kuhn, A.: Der Außenhandel mit den EU-Beitrittskandidaten, in: Wirtschaft und Statistik, o. Jg. (1998), H. 9, S. 754-761.

Kunze, C.: Die Osterweiterung der Europäischen Union und ihre möglichen Folgen für den deutschen Arbeitsmarkt, in: Die Osterweiterung der EU – Reformerfordernisse und Anpassungsleistungen, Hrsg.: R. H. Hasse/C. Kunze, Leipzig 2000.

Lageman, B.: Die Osterweiterung der EU – Testfall für die „Strukturreife" der Beitrittskandidaten, (Berichte des Bundesinstituts für ostwissenschaftliche und internationale Studien; Bd. 38-1998) Köln 1998.

Lammich, K./Pöttinger, F. J.: Gütertransportrecht – Kommentar, Neuwied, Kriftel/Ts. 2000 (Stand nach Ergänzungslieferung Nr. 49 von Dezember 2000).

Layard, R. et al.: East-West Migration – The Alternatives, Cambridge (Mass.), London 1992.

Leipold, H.: Die EU im Spannungsverhältnis zwischen Vertiefung und Erweiterung, in: Ordnungsprobleme Europas: Die Europäische Union zwischen Vertiefung und Erweiterung, Hrsg.: H. Leipold, Marburg 1994, S. 39-78.

Linder, S. B.: An Essay on Trade and Transformation, Uppsala, New York 1961.

Loeffelholz, H. D. v./Köpp, G.: Ökonomische Auswirkungen der Zuwanderungen nach Deutschland, (Schriftenreihe des Rheinisch-Westfälischen Instituts für Wirtschaftsforschung; Bd. 63) Berlin 1998.

Lücke, M.: Wachstum und Warenstruktur der deutschen Exporte nach Mittel- und Osteuropa, in: Mittel- und Osteuropa als Produktionsstandort und Absatzmarkt für Westeuropa, Hrsg.: M. Miegel, Leipzig 1998, S. 70-85.

May, H.: Die Krise des Sozialstaates, in: Orientierungen zur Wirtschafts- und Gesellschaftspolitik, o.Jg. (1994), H. 1, S. 49-54.

Meißner, T.: Standortnachteile Mittel- und Osteuropas durch unzureichende Straßen- und Bahnnetze, in: Wirtschaft im Wandel, 2. Jg. (1996), H. 12, S. 15-19.

Menck, K. W.: Steuern und ausländische Direktinvestitionen in Entwicklungsländern, (HWWA-Report; Bd. 183) Hamburg 1998.

Miegel, M.: Rentenreform 2001: Ende einer Illusion, in: Aktuelle Themen (Hrsg.: Deutsche Bank Research), o.Jg. (2001), Nr. 220.

Mildenberger, M.: Die Europadebatte in Politik und Öffentlichkeit der ostmitteleuropäischen EU-Kandidatenländer, in: Aus Politik und Zeitgeschichte, 52. Jg. (2002), Bd. 1-2, S. 3-10.

Möbius, U.: Handelspolitik der EU gegenüber mittel- und osteuropäischen Ländern, in: Transformation des Wirtschaftssystems in den mittel- und osteuropäischen Ländern, Hrsg.: D. Schumacher, (Sonderheft/Deutsches Institut für Wirtschaftsforschung; Bd. 161) Berlin 1997, S. 390-410.

Mohr, E.: Ungarn: Die Konsolidierungsmaßnahmen tragen Früchte – Wirtschaft auf Wachstumskurs, in: ifo-Schnelldienst, 51. Jg. (1998), H. 1-2, S. 27-40.

Mühleisen, M./Zimmermann, K. F.: A panel analysis of job changes and unemployment, in: European Economic Review, 38. Jg. (1994), S. 793-801.

Müller-Graff, P.-C.: Die Kompetenzen in der Europäischen Union, in: Europa-Handbuch, Hrsg.: W. Weidenfeld, Gütersloh 1999, S. 779-801.

Neumann, M. J. M.: Deutschlands Regelwerk für den Arbeitsmarkt – Reformbedarf und Modernisierungschancen, in: Arbeitsplätze durch mehr Mut zum Markt, Hrsg.: Konrad-Adenauer-Stiftung, (Aktuelle Fragen der Politik; Bd. 55) Sankt Augustin 1998, S. 15-20.

Nienhüser, W.: „Legal, illegal,..." – Die Nutzung und Ausgestaltung von Arbeitskräftestrategien in der Bauwirtschaft?, in: Industrielle Beziehungen, 6. Jg. (1999), H. 3, S. 292-319.

Niskanen, W. A.: Bureaucracy and Representative Government, Chicago 1971.

Organisation for Economic Co-Operation and Development: Economic Surveys – Hungary, Paris 2002.

Dies.: Economic Surveys – Poland, Paris 2002.

Dies.: Economic Surveys – Czech Republic, Paris 2001.

Dies.: Economic Surveys – Czech Republic, Paris 2000.

Dies.: Economic Surveys – Hungary, Paris 2000.

Dies.: Economic Surveys – Poland, Paris 2000.

Dies.: International Direct Investment Statistics Yearbook 2000, Paris 2001.

O.V.: Die EU öffnet sich für 75 Millionen Neubürger, in: Handelsblatt, Nr. 242 v. 16.12.2002, S. 6.

O.V.: Brüssel klagt erneut gegen Bau-Entsendegesetz, in: Handelsblatt, Nr. 127 v. 05./06.07.2002, S. 4.

O.V.: Das Tarifergebnis von Böblingen, in: Frankfurter Allgemeine Zeitung, Nr. 113 v. 17.05.2002, S. 14.

O.V.: Wort und Werk, in: Frankfurter Allgemeine Zeitung, Nr. 206 v. 05.09.2001, S. 17.

O.V.: Osteuropas Lastwagen sollen warten, in: Frankfurter Allgemeine Zeitung, Nr. 106 v. 08.05.2001, S. 20.

Paprzycki, R.: Rentenreform, in: Mittel- und Osteuropa Perspektiven (Jahrbuch 1998/99; Bd. 2), Hrsg.: Frankfurter Allgemeine Zeitung GmbH Informationsdienste u.a., Frankfurt am Main 1998, S. 124-133.

Paqué, K.-H.: Beschäftigung für Arbeitskräfte mit geringer Produktivität, in: Jahrbücher für Nationalökonomie und Statistik, o.Jg. (1999), Bd. 219/1+2, S. 194-215.

Peffekoven, R.: Finanzpolitik im Konflikt zwischen Effizienz und Distribution, in: Ordo (Jahrbuch für die Ordnung von Wirtschaft und Gesellschaft; Bd. 48), Hrsg.: H. O. Lenel et al., Stuttgart 1997, S. 119-136.

Peffekoven, R.: Finanzpolitik für Wachstum und Beschäftigung, in: Politische Studien, 47. Jg. (1996), H. 348, S. 44-55.

Perlitz, M./Bufka, J./Schmidberger, M.: Die Bestimmung von Exportpotentialen mit Hilfe des Gravitationsansatzes - Das Beispiel bundesdeutscher Exporte nach Osteuropa, in: Wirtschaftswissenschaftliches Studium, 27. Jg. (1998), H. 3, S. 131-133.

Peschutter, G.: Integration mittel- und osteuropäischer Länder durch Rechtsangleichung? – Eine Analyse am Beispiel Handel und Umwelt, in: Die ökonomischen Außenbeziehungen der EWU – Währungs- und handelspolitische Aspekte, Hrsg.: R. H. Hasse/W. Schäfer, Göttingen 1998, S. 223-239.

Peter, W.: Das deutsche Sozialhilfesystem: Im Spannungsfeld zwischen sozialer Fürsorge und Hilfe zur Arbeit, in: iw-Trends, 27. Jg. (2000), H. 2, S. 57-70.

Dies.: Arbeitslosenversicherung in Deutschland, Großbritannien und den USA, in: iw-Trends, 25. Jg. (1998), H. 4, S. 53-63.

Petersen, H.-G./Bork, C.: Finanzpolitischer Reformbedarf jenseits der Besteuerung – Konsequenzen für die Ausgabenseite, (Finanzwissenschaftliche Diskussionsbeiträge der Universität Potsdam; Bd. 22) Potsdam 1999.

Piazolo, D.: Entwicklungsunterschiede innerhalb einer erweiterten EU – Herausforderungen und Chancen, in: Aus Politik und Zeitgeschichte, 52. Jg. (2002), Bd. 1-2, S. 11-22.

Ders.: The Integration Process between Eastern and Western Europe, (Kieler Studien; Bd. 310) Berlin u.a. 2001.

Quaisser, W. et al.: Die Osterweiterung der Europäischen Union: Konsequenzen für Wohlstand und Beschäftigung in Europa, (Gutachten der Friedrich-Ebert-Stiftung) Bonn 2000.

Quidde, G.: Indikatoren der Systemtransformation – Eine vergleichende Analyse unter besonderer Berücksichtigung der Privatisierung in 26 Staaten, Mainz 1996, zugl. Diss. Mainz 1996.

Ribhegge, H.: Sozialpolitische Reformen in demokratischen Systemen, in: Ökonomische Theorie der Sozialpolitik (Festschrift für Bernhard Külp), Hrsg.: E. Knappe/N. Berthold, Heidelberg 1998, S. 299-318.

Ders.: Chancen und Widerstände einer Reform der Sozialpolitik in demokratischen Systemen, in: Soziale und ökologische Ordnungspolitik in der Marktwirtschaft, Hrsg.: P. Oberender/M. E. Streit, Baden-Baden 1990, S. 74-93.

Robson, P.: The Economics of International Integration, 4th ed., London/New York 1998.

Roling, J.: Bedeuten deutsche Direktinvestitionen im Ausland einen „Export" deutscher Arbeitsplätze?, in: Zeitschrift für Wirtschaftspolitik, 48. Jg. (1999), H. 2, S. 147-167.

Rotte, R./Zimmermann, K. F.: Das Entsendegesetz: Sündenfall oder Lösung des Arbeitslosigkeitsproblems?, in: Staatswissenschaft und Staatspraxis, 9. Jg. (1998), H. 2, S. 191-208.

Rürup, B.: Die Rentenreform in Deutschland – eine kritische Würdigung, in: Die Zukunft des Sozial- und Steuerstaates (Festschrift für Dieter Fricke), Hrsg.: F. Söllner/A. Wilfert, Heidelberg 2001, S. 278-296.

Rüthers, B./Siebert, H.: Die kollektive Zwangsjacke abstreifen, in: Frankfurter Allgemeine Zeitung, Nr. 47 v. 24.02.2001, S. 15.

Sachverständigenrat zur Begutachtung der gesamtwirtschaftlichen Entwicklung: Jahresgutachten 2002/2003: Zwanzig Punkte für Beschäftigung und Wachstum, Stuttgart 2002.

Ders.: Jahresgutachten 2001/2002: Für Stetigkeit – Gegen Aktionismus, Stuttgart 2001.

Sachverständigenrat zur Begutachtung der gesamtwirtschaftlichen Entwicklung: Jahresgutachten 2000/2001: Chancen auf einen höheren Wachstumspfad, Stuttgart 2000.

Ders.: Jahresgutachten 1999/2000: Wirtschaftspolitik unter Reformdruck, Stuttgart 1999.

Ders.: Jahresgutachten 1998/1999: Vor weitreichenden Entscheidungen, Stuttgart 1998.

Ders.: Jahresgutachten 1997/1998: Wachstum, Beschäftigung, Währungsunion – Orientierungen für die Zukunft, Stuttgart 1997.

Ders.: Jahresgutachten 1996/1997: Reformen voranbringen, Stuttgart 1996.

Ders.: Jahresgutachten 1995/1996: Im Standortwettbewerb, Stuttgart 1995.

Ders.: Jahresgutachten 1991/1992: Die wirtschaftliche Integration in Deutschland: Perspektiven – Wege – Risiken, Stuttgart 1991.

Schäfer, W.: Wirtschaftspolitische Herausforderungen der EU-Osterweiterung, in: Kompendium Europäische Wirtschaftspolitik, Hrsg.: R. Ohr/T. Theurl, München 2001, S. 241-270.

Schlecht, O.: Ordnungspolitik für eine zukunftsfähige Marktwirtschaft – Erfahrungen, Orientierungen und Handlungsempfehlungen, (Zukunft der Marktwirtschaft; Bd. 1) Frankfurt am Main 2001.

Ders.: Deutschland kommt um nachhaltige Reformen nicht herum, in: Wirtschaftsdienst – Zeitschrift für Wirtschaftspolitik, 77. Jg. (1997), H. 10, S. 555-557.

Schmidt, I.: Wettbewerbspolitik und Kartellrecht – Eine Einführung, 6., neu bearb. und erweiterte Aufl., Stuttgart 1999.

Schmidt, I./Binder, S.: Wettbewerbspolitik, in: Handbuch Europäische Wirtschaftspolitik, Hrsg.: P. Klemmer, München 1998, S. 1229-1314.

Schmidt, K.-D. et al.: Im Anpassungsprozeß zurückgeworfen – Die deutsche Wirtschaft vor neuen Herausforderungen, (Kieler Studien; Bd. 185) Tübingen 1984.

Schmidt, M. G.: Reformen der Sozialpolitik in Deutschland: Lehren des historischen und internationalen Vergleichs, in: Der deutsche Sozialstaat: Bilanzen – Reformen – Perspektiven, Hrsg.: S. Leibfried/U. Wagschal, (Schriften des Zentrums für Sozialpolitik; Bd. 10) Frankfurt/New York 2000, S. 153-170.

Schnabel, R./Miegel, M.: Rentenreform 2001 – Auf dünnem Eis gebaut, (Hrsg.: Deutsches Institut für Altersvorsorge), Köln 2001.

Schneider, F.: Der Umfang der Schwarzarbeit des Jahres 2002 in Deutschland, Österreich und der Schweiz – Weiteres Anwachsen der Schwarzarbeit, http://www.economics.uni-linz.ac.at/Members/Schneider/PfuschOeDCH.PDF, Stand: 12.09.2002.

Schrader, K.: Ordnungspolitische Weichenstellungen für eine marktwirtschaftliche Entwicklung in mittel- und osteuropäischen Reformländern, (Kieler Studien; Bd. 297) Tübingen 1999.

Schröder, C.: Industrielle Arbeitskosten im internationalen Vergleich 1980/98, in: iw-Trends, 26. Jg. (1999), H. 2, S. 35-49.

Ders.: Industrielle Arbeitskosten in Mittel- und Osteuropa, in: iw-Trends, 26. Jg. (1999), H. 1, S. 21-27.

Ders.: Arbeitskosten in Südostasien und in den Reformstaaten Mittel- und Osteuropas, in: iw-Trends, 22. Jg. (1995), H. 1, S. 29-41.

Schrooten, M./Lodahl, M.: Rentenreformen – Polen, Tschechische Republik und Ungarn, in: Wirtschaftspolitische Blätter, 45. Jg. (1998), H. 4, S. 394-398.

Schüller, A./Weber, R. L.: Sozialpolitik in den Transformationsländern, in: Ökonomische Theorie der Sozialpolitik (Festschrift für Bernhard Külp), Hrsg.: E. Knappe/N. Berthold, Heidelberg 1998, S. 393-427.

Dies.: Von der Transformation zur Integration: Eine ordnungs-, handels- und währungspolitische Aufgabenstellung, in: Die europäische Integration als ordnungspolitische Aufgabe, Hrsg.: H. Gröner/A. Schüller, (Schriften zum Vergleich von Wirtschaftsordnungen; Bd. 43) Stuttgart/Jena/New York 1993, S. 445-491.

Schürfeld, A.: Die deutsche Arbeitsmarktordnung auf dem Prüfstand, in: Die Rolle des Staates in einer globalisierten Wirtschaft, Hrsg.: J. D. Donges/A. Freytag, Stuttgart 1998, S. 73-91.

Schumacher, D.: Perspektiven des Außenhandels zwischen West- und Osteuropa: ein disaggregierter Gravitationsansatz, in: Transformation des Wirtschaftssystems in den mittel- und osteuropäischen Ländern, Hrsg.: D. Schumacher, (Sonderheft/Deutsches Institut für Wirtschaftsforschung; Bd. 161) Berlin 1997, S. 325-389.

Schwarz, A.: Subventionspolitik in den mittel- und osteuropäischen Transformationsländern: Gegenwärtige Strukturen, Probleme und Transparenzdefizite, Potsdam 1997.

Siebert, H.: The Stalling Engine in Wirtschaftswunder-Land: Germany's Economic Policy Challenges, (Kieler Diskussionsbeiträge; Bd. 386) Kiel 2002.

Ders.: Wenn Steuern Wohlstand mindern – Thesen zur Steuerreform, (Kieler Diskussionsbeiträge; Bd. 344) Kiel 1999.

Ders.: Hundert Punkte für mehr Beschäftigung, (Kieler Diskussionsbeiträge; Bd. 264) Kiel 1996.

Ders.: Eine ordnungspolitische Agenda, in: Offensive für mehr Beschäftigung – Ordnungspolitische Leitlinien für den Arbeitsmarkt, Hrsg.: Bertelsmann Stiftung/Heinz Nixdorf Stiftung/Ludwig-Erhard-Stiftung, (Forschungsprogramm „Weiterentwicklung und Perspektiven der Sozialen Marktwirtschaft"; Konferenzbeiträge zum Schwerpunkt „Markt und Staat") Gütersloh 1996, S. 101-111.

Ders.: Geht den Deutschen die Arbeit aus? Wege zu mehr Beschäftigung, München 1994.

Sieveking, K./Reim, U./Sandbrink, S.: Werkvertragsarbeitnehmer aus osteuropäischen Ländern – politische Konzepte und arbeitsmarktpolitische Probleme, in: Recht in Ost und West – Zeitschrift für Ostrecht und Rechtsvergleichung, 42. Jg. (1998), H. 5, S. 157-166.

Sinn, H.-W./Werding, M.: Zuwanderung nach der EU-Osterweiterung: Wo liegen die Probleme?, in: ifo-Schnelldienst, 54. Jg. (2001), H. 8, S. 18-27.

Sinn, H.-W. et al.: EU-Erweiterung und Arbeitskräftemigration – Wege zu einer schrittweisen Annäherung der Arbeitsmärkte, (ifo Beiträge zur Wirtschaftsforschung; Bd. 2) München 2001.

Slembeck, T.: Probleme der Akzeptanz wirtschaftspolitischer Vorschläge, in: Finanz- und Wirtschaftspolitik in Theorie und Praxis (Festschrift für Alfred Meier), Hrsg.: H. Schmid/T. Slembeck, (Schriftenreihe Finanzwirtschaft und Finanzrecht; Bd. 86) Bern/Stuttgart/Wien 1997, S. 531-556.

Soltwedel, R.: Dynamische Märkte – Solide soziale Sicherung. Leitlinien der institutionellen Reform, Hrsg.: Bertelsmann Stiftung/Heinz Nixdorf Stiftung/Ludwig-Erhard-Stiftung, (Forschungsprogramm „Weiterentwicklung und Perspektiven der Sozialen Marktwirtschaft"; Abschlußbericht zum Schwerpunkt „Markt und Staat") Gütersloh 1997.

Stankovsky, J.: Die gesamtwirtschaftliche Performance der MOEL, in: Reifegrad der mittel- und osteuropäischen EU-Beitrittswerber, (Studie des Österreichischen Instituts für Wirtschaftsforschung im Auftrag des Bundesministeriums für auswärtige Angelegenheiten) Wien 1999, S. 5-70.

Statistisches Bundesamt: Sozialleistungen, Fachserie 13, Reihe 2 (Sozialhilfe), 2000, Stuttgart 2002.

Dass.: Statistisches Jahrbuch 2002 für die Bundesrepublik Deutschland, Stuttgart 2002.

Dass.: Statistisches Jahrbuch 2002 – Für das Ausland, Wiesbaden 2002.

Stehn, J.: Stufen einer Osterweiterung der Europäischen Union, in: Die Weltwirtschaft, o.Jg. (1994), H. 2, S. 194-219.

Straubhaar, T.: Ost-West-Migrationspotential: Wie groß ist es?, (HWWA Discussion Paper; Bd. 137) Hamburg 2001.

Streit, M. E.: Wohlfahrtsstaatlicher Interessenpluralismus und marktwirtschaftliche Ordnung – Eine Kritik verbändestaatlicher Ordnungsvorstellungen, in: Wirtschaftspolitik zwischen ökonomischer und politischer Rationalität (Festschrift für Herbert Giersch), Hrsg.: M. E. Streit, Wiesbaden 1988, S. 253-274.

Ders.: Zur politischen Ökonomie von Reformen wohlfahrtsstaatlicher Institutionen, in: Perspektiven der deutschen Wirtschaftspolitik, Hrsg.: H. Siebert, Stuttgart u.a. 1983, S. 165-178.

Stupp, S.: Wirtschaftliche Integration Mittelosteuropas in die EU und Folgerungen für die Arbeitsmarkt- und Lohnpolitik, (Europäische Hochschulschriften: Reihe 5, Volks- und Betriebswirtschaft; Bd. 2272) Frankfurt a. M. u.a. 1998, zugl. Diss. Trier 1997.

Temprano-Arroyo, H./Feldman, R. A.: Selected Transition and Mediterranean Countries: An Institutional Primer on EMU and EU Relations, (IMF Working Paper; No. 98/82) Washington, D.C. 1998.

Thuy, P.: Grundeinkommenssicherung in der Sozialen Marktwirtschaft, in: Ordo (Jahrbuch für die Ordnung von Wirtschaft und Gesellschaft; Bd. 50), Hrsg.: H. O. Lenel et al., Stuttgart 1999, S. 121-142.

Trabold, H./Berke, C.: Die komparativen Vorteile der mittel- und osteuropäischen Länder: gestern, heute und morgen, (Deutsches Institut für Wirtschaftsforschung, Diskussionspapier Nr. 123) Berlin 1995.

Union Bank of Switzerland (UBS): Prices and Earnings around the Globe 2000, Zürich 2000.

United Nations Conference on Trade and Development (UNCTAD): World Investment Report 2001 – Promoting Linkages, New York/Geneva 2001.

Van Suntum, U.: Deutschland braucht eine umfassende Finanzreform, in: Wirtschaftsdienst – Zeitschrift für Wirtschaftspolitik, 77. Jg. (1997), H. 10, S. 560-563.

Vaubel, R.: Das Sozialpolitische Abkommen von Maastricht widerspricht dem Subsidiaritätsprinzip, in: Europa 2000 – Perspektive wohin?, Hrsg.: L. Gerken, (Walter Eucken Institut) Freiburg i. Br. 1993, S. 107-130.

Viner, J.: The Customs Union Issue, New York 1950.

Wagener, H.-J.: Rückkehr nach Europa, in: Osterweiterung und Transformationskrisen, Hrsg.: H. G. Nutzinger, (Schriften des Vereins für Socialpolitik, Gesellschaft für Wirtschafts- und Sozialwissenschaften; N.F., Bd. 277) Berlin 2000, S. 93-117.

Wagner, U.: Reform des Tarifvertragsrechts und Änderungen der Verhaltensweisen der Tarifpartner als Voraussetzungen für eine wirksame Bekämpfung der Arbeitslosigkeit, in: Ordo (Jahrbuch für die Ordnung von Wirtschaft und Gesellschaft; Bd. 50), Hrsg.: H. O. Lenel et al., Stuttgart 1999, S. 143-169.

Walter, N.: Standort Deutschland bei alternder Bevölkerung, in: Demographische Alterung und Wirtschaftswachstum, Hrsg.: E. Grünheid/C. Höhn, (Schriftenreihe des Bundesinstituts für Bevölkerungsforschung; Bd. 29) Opladen 1999, S. 196-206.

Walterskirchen, E.: Auswirkungen der EU-Osterweiterung auf den österreichischen Arbeitsmarkt, in: Monatsberichte (Österreichisches Institut für Wirtschaftsforschung), 71. Jg. (1998), H. 8, S. 531-540.

Weber, R. L.: Währungs- und Finanzkrisen: Ursachen und Lehren für Transformationsländer, in: Ordo (Jahrbuch für die Ordnung von Wirtschaft und Gesellschaft; Bd. 50), Hrsg.: H. O. Lenel et al., Stuttgart 1999, S. 371-404.

Weber, G./Wahl, O./Meinlschmidt, E.: Auswirkungen einer EU-Osterweiterung im Bereich der Agrarpolitik auf den EU-Haushalt, (Institut für Agrarentwicklung in Mittel- und Osteuropa, Discussion Paper Nr. 26) Halle (Saale) 2000.

Weimann, J.: Deutschland mangelt es an grundlegenden Reformen!, in: Wirtschaftsdienst – Zeitschrift für Wirtschaftspolitik, 81. Jg. (2001), H. 9, S. 495-498.

Weise, C. et al.: Reformbedarf bei den EU-Politiken im Zuge der Osterweiterung der EU, (Studie für das Bundesministerium der Finanzen; Forschungsauftrag Nr. 43/00) Berlin/Göttingen 2001.

Dies.: Reformbedarf bei den EU-Politiken im Zuge der Osterweiterung der EU – Tabellenband, (Studie für das Bundesministerium der Finanzen; Forschungsauftrag Nr. 43/00) Berlin/Göttingen 2001.

Weise, C. et al.: Ostmitteleuropa auf dem Weg in die EU – Transformation, Verflechtung, Reformbedarf, (Deutsches Institut für Wirtschaftsforschung, Beiträge zur Strukturforschung; Bd. 167) Berlin 1997.

Welfens, P. J. J.: Konsequenzen einer Osterweiterung für die EU und deren Reformbedarf, in: Osterweiterung der Europäischen Union: Sind die mittel- und osteuropäischen Länder und die EU reif für eine Erweiterung?, Hrsg.: O. G. Mayer/H.-E. Scharrer, (Veröffentlichungen des HWWA-Institut für Wirtschaftsforschung; Bd. 35) Baden-Baden 1997.

Weltbank: Weltentwicklungsbericht 2000/2001 – Bekämpfung der Armut, Bonn 2001.

Dies.: Weltentwicklungsbericht 1999/2000 – Globalisierung und Lokalisierung, Frankfurt am Main 2000.

Werner, H.: Wirtschaftliche Integration und Arbeitskräftewanderungen: Das Beispiel Europa, in: Mitteilungen aus Arbeitsmarkt- und Berufsforschung, 27. Jg. (1994), H. 3, S. 232-245.

Werner, K.: Hohe Außenhandelsdynamik der mittel- und osteuropäischen Reformländer – Deutschland behauptet seine Marktanteile, in: Wirtschaft im Wandel, 2. Jg. (1996), H. 2, S. 12-19.

Westerhoff, H.-D.: Die Staatsquote als Zwischenziel der Politik?, in: Orientierungen zur Wirtschafts- und Gesellschaftspolitik, o.Jg. (1995), H. 3, S. 19-24.

Winkelmann, R./Zimmermann, K. F.: Ageing, Migration and Labor Mobility, in: Labour Markets in an Ageing Europe, Hrsg.: P. Johnson/K. F. Zimmermann, Cambridge 1993, S. 255-283.

Wissenschaftlicher Beirat beim Bundesministerium der Finanzen: Freizügigkeit und soziale Sicherung in Europa, in: Schriftenreihe des BMF, Nr. 69, Bonn 2001.

World Economic Forum: Emerging Market Economies Report – 1993, Lausanne/Genf 1993.

Worthmann, G.: Der Bauarbeitsmarkt unter Veränderungsdruck – Kontrolldefizit in Folge der Transnationalisierung, in: Institut Arbeit und Technik – Jahrbuch 1997/98, S. 70-85, http://www.iatge.de/aktuell/veroeff/am/worthmann98a.html, Stand: 29.5.2003.

Zimmermann, K. F.: Immigration und Arbeitsmarkt: Eine ökonomische Perspektive, in: Europa zwischen Integration und Regionalismus, Hrsg.: K.-A. Boesler/G. Heinritz/R. Wiessner, (Tagungsbericht und wissenschaftliche Abhandlungen, 51. Deutscher Geographentag Bonn, 6. bis 11. Oktober 1997) Stuttgart 1998, S. 57-66.

CENTAURUS VERLAG

El-Shagi, El-Shagi / Knappe, Eckhard / Müller-Hagedorn, Lothar (Hg.)
Umweltpolitik in der Marktwirtschaft.
Herausforderungen für Unternehmen, Verbraucher und Staat
Bd. 1, 1991, 219 S., ISBN 978-3-89085-601-8, *19,43 €*

Ambrosi, Gerhard Michael
Systemtransformation und Zahlungsunion
Bd. 2, 1993, 190 S., ISBN 978-3-89085-808-1, *44,99 €*

Osbild, Reiner
Staatliche Eingriffe in Arbeitsverhältnisse.
Allokationstheoretische Begründungen, volkswirtschaftliche
Nebenwirkungen und Ausgestaltung im europäischen Vergleich
Bd. 3, 1993, XII 219 S., ISBN 978-3-89085-890-6, *34,77 €*

Bell, Gerwin
Rigide Märkte und Arbeitslosigkeit
Bd. 4, 1995, 276 S., ISBN 978-3-89085-908-8, *35,28 €*

Rosar, Alexander
Strategie der Markteintrittsverhinderung
Bd. 5, 1997, 216 + X S., ISBN 978-3-89085-776-3, *35,28 €*

Hallet, Martin
Wirkungen wirtschaftlicher Integration auf periphere Regionen.
Eine Untersuchung anhand der Integration Griechenlands und
Portugals in der Europäischen Gemeinschaft
Bd. 6, 1997, 240 S., ISBN 978-3-8255-0070-2, *44,99 €*

Schlichting, Georg
Das Verschuldungsproblem der Dritten Welt.
Lösungsmöglichkeiten und Ansätze zur Vermeidung
zukünftiger Schuldenkrisen
Bd. 7, 1997, 316 S., ISBN 978-3-8255-0142-6, *44,99 €*

Hennecke, Joachim
Umweltökonomik, Umweltpolitik und Marktwirtschaft.
Mit einer Betrachtung der bundesdeutschen Verhältnisse
Bd. 8, 1999, 192 S., ISBN 978-3-8255-0266-9, *35,28 €*

Müller, Willy
Anreizstrukturen bei deutschen Kreditgenossenschaftbanken.
Eine agencytheoretische Untersuchung
Bd. 9, 2000, ISBN 978-3-8255-0277-5, *40,80 €*

CENTAURUS VERLAG

MIX
Papier aus verantwortungsvollen Quellen
Paper from responsible sources
FSC® C105338

If you have any concerns about our products,
you can contact us on
ProductSafety@springernature.com

In case Publisher is established outside the EU,
the EU authorized representative is:
**Springer Nature Customer Service Center GmbH
Europaplatz 3, 69115 Heidelberg, Germany**

Printed by Libri Plureos GmbH
in Hamburg, Germany